Albert Forbiger

**Gellas und Rom**

Albert Forbiger

**Gellas und Rom**

ISBN/EAN: 9783741172007

Hergestellt in Europa, USA, Kanada, Australien, Japan

Cover: Foto ©Andreas Hilbeck / pixelio.de

Manufactured and distributed by brebook publishing software (www.brebook.com)

Albert Forbiger

**Gellas und Rom**

# Hellas und Rom.

Populäre Darstellung
des öffentlichen und häuslichen Lebens
der
Griechen und Römer
von
Dr. Albert Forbiger,
Conrector em. des Nicolai-Gymnasiums zu Leipzig.

Zweite Abtheilung:
Griechenland im Zeitalter des Perikles.

2. Band
(oder des ganzen Werkes 5. Band).

---

Leipzig,
Jues's Verlag (R. Reisland).
1876.

# Hellas und Rom.

## Populäre Darstellung
des öffentlichen und häuslichen Lebens

der

## Griechen und Römer

von

Dr. Albert Forbiger,
Conrector em. des Nicolai-Gymnasiums zu Leipzig.

Zweite Abtheilung:
## Griechenland im Zeitalter des Perikles.

2. Band
(oder des ganzen Werkes 5. Band).

---

Leipzig,
Jnet's Verlag (R. Reisland).
1878.

# Inhalt.

**14. Kapitel.** Der Gottesdienst. Kurze Geschichte und Charakter des Cultus. Gottheiten: Obere (olympische) und niedere Götter. Heroen oder Halbgötter. Heilige Lokalitäten: (Anhöhen. Haine. Quellen. Grotten.) Altäre. Tempel. Götterbilder. Personal des Cultus: Priester und Priesterinnen. Tempeldiener und Tempeldienerinnen. (Kanephoren. Arrephoren. Neokoren. Kerykes.) Tempelsklaven. Cultushandlungen: Gebet. Weihgeschenke. Opfer: Unblutige und blutige. Trankopfer. Hergang beim Opfer. Mysterien. Allgemeine Schilderung derselben und ihrer Aemter (Mystagog, Hierophantes, Daduchos, Hierokeryx, Epibomios) und speciell der Eleusinien und der samothracischen Mysterien.

**15. Kapitel.** Mantik und Orakel. Aberglaube und Magie. Alter der Mantik. Kunstlose Weissagung durch unmittelbare, göttliche Inspiration (Ekstase, Träume, Orakel). Künstliche Weissagung durch Deutung von Zeichen, theils sich von selbst darbietenden (in der Natur, der Thier- und Menschenwelt), theils von den Menschen erst gesuchter. (Opferschau.) Wahrlager. Orakel. Wesen und Arten derselben: Zeichenorakel. Traumorakel. Todtenorakel. Spruchorakel. Beschreibung der Orakel des Trophonius, des Zeus zu Dodona und des Apollo zu Delphi. Kurze Angabe anderer Orakel. — Aberglaube. Magie. Ihr Alter, ihr Wirken und ihre Arten. Zauber und Gegenzauber. (Amulete, Talismane.) Todten- oder Geisterbeschwörung. Gespensterbannung. (Dämonen.) Frühere, edlere Betreibung und spätere Entartung der Magie. Zauberei treibende Gottheiten, Heroen und berühmte Männer. Spätere, handwerksmäßig thätige Zauberer.

**16. Kapitel.** Die Feste. Charakter und Wesen derselben. Festzeiten. Arten der Feste. Die einzelnen Hauptfeste: (außer den vier großen Nationalfesten zu Olympia, Delphi, auf dem Isthmus und zu Nemea und den Eleusinien, die schon früher beschrieben worden sind), die Panathenäen (große und kleine), die Thesmophorien, die kleinern oder ländlichen Dionysien, die Lenäen, die Anthesterien (Pidoigia, Choes, Chytren), die großen oder städtischen Dionysien, die orgiastische Dionysosfeier. Die merkwürdigeren Feste der einzelnen Staaten: Oschophorien, Aeora, Apaturien,

Phanepsien, Thargelien, Skirophorien und Plynterien in Athen; Hyacinthien, Karneen, Gymnopädien und Tithenidien in Sparta; Herden, Hybristika und Chthonia in Argos; Herden in Elis; Agrionien in Orchomenos; Tabala in Platää und Daphnephorien in Theben.

17. Kapitel. Staatsverfassung und Staatsverwaltung. A. Sparta. Lykurg's Einrichtungen. Gleiche Theilung des Grundbesitzes. Spartiaten, Periöken und Heloten. Gemeinschaftliche Mahlzeiten oder Syssitien. Die Könige und deren sehr beschränkte Macht. Der Rath der Alten oder die Gerusia. Die Ephoren; die weite Ausdehnung ihres Wirkungskreises und die Wichtigkeit ihrer Stellung. Die übrigen, minder bedeutenden Staatsbeamten (der Pädanomos, die Bidäer, die Harmosynen, die Empelaren und die Nomophylakes.) Die Volksversammlung. — B. Athen. Zustände vor Solon. Solon's Einrichtungen. Verwandlung der Aristokratie in Temokratie. Staatsverfassung: Bürgerrecht. Eintheilung der Bürgerschaft. (Aeltere in Phylen, Trittien, Naukrarien und Phratrien. Solon's Censuseintheilung in 4 Klassen: Pentakosiomedimnoi, Hippeis, Zeugitai und Theten. Neue Eintheilung durch Klisthenes. Zehn neue Phylen und Temen.) Metöken und deren Verhältnisse. Sklaven und Freigelassene. Volksversammlung u. Hergang dabei. (Ostracismus.) — Staatsverwaltung. Der hohe Rath. Höhere und niedere Beamte. Ihre Ernennung durch Wahl oder durch's Loos. Ihre Verhältnisse. (Dokasten und Euthynen.) Klassen derselben: (Cultus-, Gerichts-) Polizei- und Finanzbeamte. (Polizeibeamte: Sophronisten, Gynäkokosmoi, Astynomen, Agoranomen, Sitophylakes, Metronomen, Oplonomen, Hafen- und Wasserinspectoren, Lexiarchen. Finanzbeamte: Poleten, Apodekten, Tamiä, Praktoren, Kolakreten, Poristen.) Dazu in einer Note: Einkünfte und Ausgaben des Staats. C. Die übrigen griechischen Staaten. Argos. (Volksversammlung. Rath, Collegium der Achtzig und Artynen. Strategen. Volksgericht. Ostracismus. Lagabas.) Korinth. (Phylen. Phratrien. Volksversammlung. Rath, Epidemiurgen und Strategen.) Sicyon. Achaja. Elis. (Phylen und Temen. Rath, Demiurgen, Thesmophylakes und Collegium der Sechshundert.) Messenien. (Volksversammlung. Rath, Ephoren, Temarchen und Timuchen.) Mantinea. (Volksversammlung. Rath, Demiurgen, Theoren und Polemarchen. Megara. Ostracismus. Volksversammlung. Rath der Dreihundert, Prytanen und Strategen.) Theben. (Volksversammlung. Wahl der Beamten. Rath, Archon, Polemarchen und ein Temarch. In einer Note: Böotischer Städtebund. Kreta. Den spartanischen ähnliche Einrichtungen und Verfassung. Volksversammlung. Rath oder Gerusia und Kosmen.)

18. Kapitel. Der ätolische und achäische Bund. Ätolischer Bund. Kurze Geschichte desselben. Verfassung. Bundesversammlung. Apokleten. Hipparch. Grammateus (Bundesschreiber) und Nomographen (Gesetzschreiber.) Achäischer Bund. Kurze Geschichte und demokratische Verfassung desselben. Bundesversammlung und ihr Geschäftskreis. Die Buld, ein Bundestagsausschuß. Der Stratege. (Unterstrategen. Die zehn Demiurgen. Der Hipparch und der Grammateus.

19. Kapitel. Gesetzgebung. Gerichtswesen. Polizei. Die ältesten

## Inhalt.

Gesetzgeber Pittakus, Zaleukus und Charondas. Lykurg's Gesetzgebung. Drakon's Gesetze. Solon's Gesetzgebung. Merkwürdigere athenische Gesetze. — Gerichtswesen. Gerichtliche Behörden in Athen und ihr Wirkungskreis: Epheten. Areopag. Collegium der Eilfmänner. Archonten. Diäteten (öffentliche und Privatschiedrichter). Volksgericht. Heliäa. Nautodiken. Collegium der Dreißig oder Vierzig. Gerichtliches Verfahren in Athen. Hergang der Verhandlungen im Areopag und im Volksgerichte oder der Heliäa. — Polizei in Sparta und Athen. Höhere Polizeibehörden: Areopag und Rath der Fünfhundert. Nomophylakes. Proëdroi. Polemarch. Unterbeamte. Polizeisoldaten.

20. Kapitel. Der Amphiktyonenbund. Amphiktyonen in Onchestos und auf den Inseln Delos und Kalauria. Die große delphisch-pyläische Amphiktyonie. Die sie bildenden Staaten. Ihr Zweck und ihr strenges Wirken. Ihr Verfahren gegen Cirrha, Phoris und Amphissa. Ihre Verfassung. Versammlungen zu Delphi und Anthela. Art der Abstimmung. Pylagoren und Hieromnemonen und ihre Geschäfte. Spätere Schicksale des Bundes.

21. Kapitel. Das Heerwesen. Allgemeines. Heerwesen Sparta's. Wehrpflicht und lange Dienstzeit nach Altersklassen. Hippeis. Truppengattungen: Hopliten. Leichtes Fußvolk. Reiterei. Skiriten. Peltasten. Bewaffnung der Hopliten und Peltasten. Eintheilung und Stärke des Heeres. Frühere Eintheilung des Fußvolks in Enomotien, Triakaden und Sysstien; spätere in 6 Moren, 24 Lochen, 48 Pentekostyen und 96 Enomotien; noch spätere des aus Spartiaten und Perioiken gemischten Heeres in 6 Lochen, 24 Pentekostyen und 96 Enomotien. Die Reiterei in Phylaleis (οὐλαμοί) von 50 Mann getheilt. Anführer: die Könige und Oberfeldherrn mit ihrer Tamuchos und ihrem Beirath. Polemarchen, Lochagen, Pentekosteren und Enomotarchen. Hippagreten der Hippeis. Der Hipparmostes der Reiterei. Beamte des Verwaltungswesens. Marsch-, Lager- und Schlachtordnung. Train. Aufstellung. Kampfort. Verfall nach der Schlacht. Festungskrieg. — Heerwesen Athens. Wehrpflicht nach Steuer- und Altersklassen. Befreiung vom Kriegsdienste. Truppengattungen: Grenzwächter περίπολοι, Hopliten, Leichtes Fußvolk (Peltasten, Wurfspießschützen, Bogenschützen, Schleuderer). Reiterei. Bewaffnung: leichtere der Hopliten (seit Iphikrates), der Peltasten und der Reiterei. Eintheilung des Heeres nach den 10 Phylen. Anführer: beim Fußvolk 10 Strategen und 10 Taxiarchen, bei der Reiterei 2 Hipparchen und 10 Phylarchen. Marschordnung. Aufstellung zur Schlacht. Kampfart. Festungen. Festungskrieg. Blokade. Belagerung. Bestürmung. Belagerungsmaschinen.)

22. Kapitel. Das Seewesen und die Marine. Ausbildung des Seewesens sehr geringe in Sparta, desto größere in Athen. Die Schiffe, ihre Gattungen: Transport-, Last-, Handels- und Kriegsschiffe: Trieren, Penteloniren u. s. w. Ihre Bestandtheile, Geräthe: Maste, Raaen, Segel, Tauwerk, Ruder, Steuerruder, Anker u. s. w., Bemannung. Seesoldaten, Ruderer und Matrosen. Steuermann und Taktschläger für die Ruderer. Der Befehlshaber: Strategen und Trierarchen. Art des Seekampfes. Als Anhang: Die Windrose.

23. Kapitel. Die Colonisirung. Veranlassungen dazu. Zwei Klassen von Colonien, ohne und unter Autorität des Staats gegründet. Ihr Verhältniß zur Mutterstadt. Gebräuche bei ihrer Ausführung. Aeolische, ionische und dorische Colonien. (Namen und Lage derselben.) Ihre Verfassung (ursprünglich monarchische und oligarchische, später demokratische). Auftreten von Tyrannen. Timokratie. Bürgerausschuß von tausend Mitgliedern als oberste Staatsgewalt. Gesetzgebung.

24. Kapitel. Das Kalenderwesen. Jahreseintheilung. Schaltcyklen und Schaltjahre. Tageseintheilung. Monate in Athen, Sparta, Böotien und Delphi. (Ihre Namen, Reihenfolge und Vergleichung mit unsern Monaten.) Festkalender.

## 14. Kapitel.

## Der Gottesdienst.

(Kurze Geschichte und Charakter des Cultus. Gottheiten. Altäre und Tempel. Priester und Tempelpersonal. Weihgeschenke. Opfer und Opfergebräuche. Mysterien.)

Der Cultus hatte bei seiner mit dem frühesten Auftreten des Hellenenvolkes zusammenfallenden Entstehung[1]) einen rein patriarchalischen Charakter und das religiöse und bürgerliche Element waren im Volksleben der Griechen schon seit den ältesten Zeiten auf's engste verknüpft. Aus der Verehrung der uns umgebenden Natur und ihrer Kräfte, also aus Naturbetrachtung, nicht aus religiösem Gefühl hervorgegangen, beruhte der griechische Cultus auf dem innigsten Verkehr der Menschen mit der Gottheit; bei allen Ereignissen des häuslichen und öffentlichen Lebens war man sich der göttlichen Nähe und Einwirkung bewußt.[2]) allen sich bildenden Sitten und Einrichtungen schrieb man einen sie heiligenden göttlichen Ursprung zu,[3]) und so waren denn Cultus und bürgerliches Leben zu einer patriarchalischen Einheit verbunden, Religion und Cultus die Grundlagen der geselligen Ordnung im ältesten Griechenland; der Cultus aber gründete sich, ohne alle schriftliche Satzungen,[4]) blos auf das durch mündliche Ueberlieferung seiner Verwalter fortgepflanzte Herkommen. Da jedoch schon die physische Beschaffenheit Griechenlands durch die vielen es durchziehenden Gebirgsketten seine Bewohner auseinander hielt, die einzelnen Stämme auf einen kleinen Flächenraum beschränkte und auf verschiedene Beschäftigungen (hier Ackerbau, dort Viehzucht, hier

Jagd, dort Fischerei u. s. w.) hinweist, so darf man sich nicht darüber wundern, daß der griechische Cultus keinen allgemeinen Charakter hatte, sondern abhängig von dem Wohnsitze, der Lebensart und Geistesrichtung der einzelnen Stämme,\*) sehr verschiedene Formen annahm uud ebenso auch nach dem verschiedenen Standpunkte der Cultur in den einzelnen Staaten auf verschiedene Weise fortschritt und sich ausbildete. Eben daher aber kann man auch in dem gesammten Götterstaate keine Einheit, keinen engen Zusammenhang erwarten. Ursprünglich verehrte wohl jeder Stamm nur eine Gottheit, die ihm als Repräsentant alles Göttlichen in der Natur erschien, als aber im Laufe der Zeit die einzelnen Volksstämme in immer lebhafteren Verkehr mit einander traten und so auch die Gottheiten und Culte anderer Stämme kennen lernten und mit den ihrigen anstauschten oder verbanden, nahm die Religion der Griechen allmählich den späteren polytheistischen Charakter⁶) und der anfangs sehr einfache Cultus eine größere Mannichfaltigkeit und mit fortwährend steigendem Glanze umgeben ein immer sinnlicheres Gepräge an, wenn auch die durch die Sitte geheiligten Grundzüge desselben von den frühesten Zeiten an dieselben blieben, ja selbst seine Formen bei einzelnen, in örtlicher Abgeschiedenheit lebenden Stämmen unverändert fortdauerten, während sie bei den meisten anderen, bei denen auch der Cultus der übrigen zu allgemeiner, öffentlicher Anerkennung gelangte, wesentlichen Veränderungen nicht entgehen konnten. Unrichtig aber ist es, wenn man dem Auslande, namentlich Aegypten,⁷) einen wesentlichen Einfluß auf die Ausbildung des griechischen Cultus zuschreibt, wenn auch nicht geleugnet werden soll, daß später dem Cultus einiger Gottheiten, besonders der Aphrodite und des Dionysos, asiatische Elemente beigemischt waren. Die oben erwähnte patriarchalische Einheit des Cultus und des bürgerlichen Lebens aber hörte auf mit der großen politischen Umgestaltung, welche Griechenland durch den Heraklidenzug und die dorischen Wanderungen erfuhr, in deren Folge der Cultus durch sein stetes Festhalten am Herkommen in einen gewissen Gegensatz zu dem sich freier entwickelnden bürgerlichen und Staatsleben trat, und auf Letzteres nur noch einen verminderten Einfluß übte. Hatte auch der Heraklidenzug der Unordnung und der Verwilderung ein Ende gemacht, die durch das Auftreten frecher, gewaltthätiger, sich sogar gegen die Götter selbst auflehnender Fürsten und Anführer (wie uns die Mythe im Tityus, Sisyphus, Salmoneus, Tantalus u. s. w. vorführt) eingerissen war, und war nun Gottesfurcht und Ansehen der Religion wieder hergestellt worden, so blieb doch letztere, wenn auch der Cultus eine größere Ausdehnung und Mannichfaltigkeit gewann, als im homerischen Zeitalter, des früheren innigen Zusammenhanges mit dem bürgerlichen Leben und des mächtigen Einflusses auf dasselbe verlustig, wogegen nun, besonders in Folge der Ausbreitung und Uebermacht des dorischen Stammes mit seinem sich dem monotheistischen Glauben nähernden und die phantastischen Auswüchse der Mythologie beseitigenden Apollocultus, die allerdings auch mit dem Cultus in Verbindung stehende Mantik und die Oratel den größten Einfluß auf das Leben der Griechen gewannen und der geheime Gottesdienst oder die Mysterien eine bedeutende Rolle zu spielen begannen, deren Entstehen sich wohl aus jenen Zeiten der Verwilderung herschreibt, wo einzelne Gegenden oder Geschlechter ihren alten, auf das Herkommen gegründeten Cultus vor den Stürmen der Zeit und gewaltsamen Störungen verschlossen und im Geheimen fortsetzten, so daß der frühere Particularismus des griechischen Cultus nie ganz aufhörte. Im Allgemeinen aber erhielt nun der Cultus die größte Mannichfaltigkeit, so daß weder alle Götter bei den verschiedenen Stämmen in gleicher Verehrung standen, noch dieselbe Gottheit an verschiedenen Orten auf dieselbe Weise verehrt wurde, und sich ein Unterschied bildete zwischen allgemein anerkannten Stamm- oder Staatsgöttern,[8] deren Verehrung Sache des ganzen Volksstammes war,[9] und der ungleich größeren Zahl der blos von einzelnen Gemeinden und Familien verehrten Gottheiten, deren Cultus nur dann größere Bedeutung hatte, wenn er auch an einen Tempel geknüpft war und von den Priestern desselben geleitet und geregelt wurde.[10] Dann lag den einzelnen Gemeinden allein die Sorge dafür ob, daß die Tempelgebäude, die ihr ausschließliches Eigenthum waren, in gehörigem Stande erhalten, die Kosten des Cultus bestritten, die dazu nöthigen Personen angestellt wurden u. s. w. Später traten auch mehrere kleine Gemeinden oder eine Anzahl von Familien zu Vereinen oder Brüderschaften zusammen,[11] die sich entweder an einen schon bestehenden

Tempelcultus anschlossen, oder einem von ihnen nach Belieben
gewählten Gotte einen neuen Tempel erbauten, für den sie nun
auf gleiche Weise, wie einzelne Gemeinden, zu sorgen hatten.
Nur wenige solcher Tempel einzelner Gemeinden oder Brüderschaften aber verschlossen sich jedem Anderen, der nicht zu der
Gemeinde oder Brüderschaft gehörte;[12]) den meisten Tempel-
besitzern konnte eine allgemeinere Theilnahme an ihrem Cultus,
die den Ruhm ihres Gottes und die Einkünfte des Tempels
vermehrte, nur erwünscht sein;[13]) und eine solche Theilnahme
fand denn auch bei der herrschenden religiösen Stimmung des
griechischen Volkes theils von Seiten der Nachbarn,[14]) theils
von Seiten fremder Wanderer,[15] besonders an festlichen Tagen,[16])
in ausgedehnter Weise statt, und den Tempeln flossen meistens
reiche Einkünfte zu. Aber auch der Staat, der jeden rechtmäßigen Cultus schützte, betheiligte sich nicht selten daran durch
Unterstützungen, die theils in regelmäßigen Beiträgen zu den
Kosten der Tempel und der Feste,[17]) theils in außerordentlichen
Gaben[18]) bestanden. Es mußte nämlich dem Staate ungemein
viel daran gelegen sein, die von ihm getroffenen Einrichtungen
und Satzungen unter den Schutz der Religion zu stellen und
mit dem Nimbus ihrer durch uraltes Herkommen geheiligten
Formen zu umkleiden, von der Uebertretung derselben nicht nur
durch die Furcht vor menschlicher Strafe, sondern auch vor
göttlicher Ahndung abzuschrecken, und so den Cultus auch zur
Stütze des bürgerlichen Rechts zu machen. Dagegen aber
schützte auch wieder der Staat den Cultus in solchem Grade,
daß er jede Verletzung desselben mit den härtesten Strafen be-
legte[19], und das Asylrecht der Tempel, sowie die Unverletzlichkeit aller mit dem Cultus in Berührung stehender Personen
oder Gegenstände mit großer Strenge aufrecht erhielt, während
er sich allerdings auch wieder das Recht vindicirte den Cultus
zu überwachen und zu regeln, und dazu eine namhafte Anzahl
von Beamten anstellte, wie wir weiter unten sehen werden,
wenn wir von den beim Cultus beschäftigten Personen handeln. In späterer Zeit freilich sehen wir bei immer mehr steigender Verweichlichung und Unsittlichkeit auf der einen und der
durch die Lehren der Philosophie verbreiteten Aufklärung auf
der anderen Seite den Cultus, der sich nur noch durch Gewohnheit und Herkommen und als eine den Göttern zukommende

Schuldigkeit erhielt, immer mehr in Verfall gerathen; denn während er allerdings an äußerem Umfange und in die Augen fallender Theilnahme durch Aufnahme ausländischer Culte,[20]) durch Vermehrung der Feste[21]) und glänzenderes Gepränge[22]) sichtlich zunahm, kam doch seine wahre Bedeutung und sein eigentliches Wesen besonders in der macedonischen und römischen Zeit immer mehr in Vergessenheit; man suchte für ihn, der dem religiösen Bedürfniß einer aufgeklärten Zeit nicht mehr entsprach, Ersatz in der Philosophie, oder verfiel dem Aberglauben und seinen Auswüchsen, und fand höchstens noch Geschmack an den der Sinnlichkeit schmeichelnden Culten des Orients, bis endlich Constantin d. Gr. dem griechischen Cultus auch noch den Staatsschutz entzog, der ihn bisher noch gestützt hatte, worauf ihm die Ausbreitung des Christenthums bald ein völliges Ende machte.

Wir haben jetzt noch der göttlichen Wesen kurz zu gedenken, denen dieser Cultus gewidmet war. Hier tritt uns nun in dem polytheistischen Volksglauben[23]) eine große Menge von Gottheiten unter verschiedenen Namen und in verschiedenen Klassen entgegen. Die erste Klasse bilden seit Homer, der uns als Quelle der Mythologie gelten muß, die zwölf olympischen Götter,[24]) gleichsam ein Götterfenat, der von allen griechischen Staaten anerkannt und verehrt wurde, wenn auch an einzelnen Orten hier diesem, dort jenem Mitgliede desselben hauptsächliche Verehrung widerfuhr,[25]) und wo daher auch der Gott mit besonderer Vorliebe verweilen sollte.[26]) Neben diesem olympischen oder himmlischen Götterkreise aber gab es, auch schon aus der vorhomerischen Zeit her, noch eine sich stets vermehrende Menge irdischer (und unterirdischer) Gottheiten,[27]) indem nicht nur Naturkräfte und Naturerscheinungen,[28]) Flüsse, Berge, Wälder u. s. w., sondern selbst körperliche, geistige und sittliche Eigenschaften des Menschengeschlechts[29]) und Vorkommnisse des Menschenlebens[30]) als Gottheiten personificirt wurden, so daß die Zahl der Landes-, Stadt- und Familiengötter immer größer wurde. Ist nun auch das Rang- und Machtverhältniß der einzelnen Götter unter einander sehr schwer zu bestimmen, so lassen sich doch mit Rücksicht auf Ansehen, Geltung und Verehrung mehrere Rangstufen der Götterwelt unterscheiden.[31]) Zu diesen ursprünglichen oder gleich als solche auftretenden Gott-

## 14. Kapitel.

heiten und Dämonen (unter welchem Namen man eigentlich alle nicht zu den Olympiern gehörende göttliche Wesen außer den Heroen, namentlich aber solche, die nur in der Idee bestanden, nicht plastisch dargestellt wurden, zusammenfassen kann), von denen manche als stete Begleiter und Diener der Hauptgottheiten erscheinen,³²) kommen nun als eine besondere, niedrigere Klasse noch die Heroen und Heroinen oder Halbgötter, d. h. entweder von Göttern mit Menschen erzeugte Wesen³³) oder ursprünglich rein menschliche, aber ihrer Heldenthaten und Verdienste wegen vergötterte Personen,³⁴) deren Cultus zwar erst im Zeitalter Hesiod's beginnt, später aber eine immer größere Ausdehnung erfährt.³⁵)

Betrachten wir nun die dem Cultus dieser Gottheiten gewidmeten heiligen Oertlichkeiten, so waren es schon von den ältesten Zeiten an besonders Berge und Anhöhen, die der sich himmelwärts richtende Blick der Andacht zu geweihten Stätten der Gottesverehrung erkor,³⁶) doch auch heilige Haine,³⁷) Quellen,³⁸) Grotten und Höhlen³⁹) waren ihr gewidmet. Da aber der Cultus hauptsächlich in Brandopfern bestand und daher zur Darbringung derselben einer Feuerstätte bedurfte, so finden wir schon seit frühester Zeit solche von Menschenhänden gefertigte Opferstätten oder Altäre (βωμοί und ἐσχάραι).⁴⁰) Sie standen stets unter freiem Himmel⁴¹) und gen Osten gerichtet,⁴²) und waren anfangs sehr einfach, oft blos aus Laub und Rasen,⁴³) aus Holz und Reisig (wo sie dann mit dem Opfer selbst verbrannt wurden),⁴⁴) aus Haufen von Kieselsteinen,⁴⁵) aus ungebrannten Ziegeln⁴⁶) gefertigt, später aber wurden sie, besonders in den Tempeln, immer stattlicher und verzierter, auf Stufen und Unterbauten erhöht,⁴⁷) aus Marmor gearbeitet, mit Reliefdarstellungen geschmückt⁴⁸) u. s. w. Ihr Umfang und ihre Höhe war oft sehr bedeutend,⁴⁹) und der Form nach waren sie entweder rund⁵⁰) oder viereckig,⁵¹) und standen stets etwas niedriger, als das Götterbild.⁵²) Die nicht zu einem Tempel gehörigen, im Freien errichteten Altäre standen wohl nur in seltenen Fällen⁵³) mit einem Bilde der Gottheit in Verbindung, auch wenn sie nur einem Gotte geweiht waren, öfters aber dienten sie auch zu Opfern für mehrere Götter,⁵⁴) wo selbstverständlich von Götterbildern nicht die Rede sein konnte. Vielmehr ging man, als man angefangen hatte die Götter plastisch darzustellen, von bloßen Altären zu Tempeln (ναοί und ἱερά)⁵⁵) über, da das Bild der Gottheit eines Obdachs, einer Wohnung bedurfte,⁵⁶) die nicht gerade ein wirkliches Gebäude zu sein brauchte, da wir anfangs für die noch kleinen Götterbilder auch Tempel von Lorbeerzweigen, Wachs, Erz und Cedernholz erwähnt finden.⁵⁷) Erst später entstanden wirkliche Tempelhäuser, die anfangs auch nur sehr einfach, von geringem Umfang und aus ungebrannten Backsteinen erbaut waren;⁵⁸) später aber, als man angefangen hatte, das Bild⁵⁹) mit der in menschlicher Gestalt dargestellten Gottheit selbst zu identificiren⁶⁰), und ihre Anwesenheit im Heiligthume vorauszusetzen, vermehrte sich nicht nur die Zahl der Tempel bedeutend, sondern sie wurden auch immer größer und prächtiger, namentlich hinsichtlich des Säulenschmuckes. Man wählte zu ihrer Erbauung am liebsten in die Augen fallende Plätze⁶¹) und umgab sie gern mit Baumpflanzungen.⁶²) Sie waren stets durch eine Umfriedigung (ἕρκος oder περίβολος),⁶³) die meistens aus einem Gehege, bei größeren Tempelanlagen aber auch aus einer Mauer bestand,⁶⁴) von dem ungeweihten Gefilde umher geschieden und der so abgeschlossene heilige Raum, der den Tempel umgab, war oft von solchem Umfange, daß sich Haine, Partanlagen und verschiedene dem Cultus gewidmete Gebäude darin befanden.⁶⁵ Die Tempel selbst zerfielen in zwei Theile, das innere Heiligthum (σηκός),⁶⁶) worin die Bildsäule des Gottes stand, und das äußere oder das Vorhaus (den πρόδομος oder πρόναος). Ersteres befand sich stets im Hintergrunde und gewöhnlich auf der Westseite⁶⁷) des Tempels und das Bild der Gottheit⁶⁸) schaute gen Osten, wo der Eingang zum Tempel war.⁶⁹) Es erhob sich auf einem Unterfaß von mehreren Stufen,⁷⁰) wurde vom Pronaos durch eine Säulenstellung geschieden und hatte, gleich dem ganzen Tempel, keine Fenster, so daß das darin herrschende Halbdunkel den religiösen Eindruck wesentlich erhöhte; doch war das Götterbild (das in den Tempeln des mysteriösen Cultus ausgenommen,⁷¹) wenigstens an Festtagen allen Besuchern des Tempels sichtbar, obgleich es in manchen Tempeln an anderen Tagen mit einem Vorhange bedeckt zu sein pflegte. Von diesem eigentlichen Cultusbilde im σηκός sind aber andere Götterbilder, die im Vorhofe standen⁷²) oder den Tempel blos zur Zierde umgaben, ohne Gegenstand der Verehrung zu sein, wohl zu unterscheiben. Reichere Tempel hatten auch noch hintere Zellen, worin die Weihgeschenke, Geräthe und Schätze des Tempels aufbewahrt wurden,⁷²) während manche große Tempel auch besondere Schatzhäuser hatten.⁷⁴) (Einer genaueren Beschreibung der Tempel bedarf es hier nicht, da eine solche schon früher geliefert worden ist,⁷⁵˙ denn die dort geschilderten römischen Tempel waren ganz nach dem Muster der griechischen gebaut.) Dagegen sind noch einige Worte von dem Eigenthume und den Einkünften der Tempel hinzuzufügen. Letztere bestanden hauptsächlich aus dem Ertrage der gewöhnlich verpachteten Ländereien, welche, durch Grenzsteine (ὅροι) bezeichnet,⁷⁶) der Gottheit als Eigenthum zuertheilt⁷⁷) und somit eigentlich doch Besitzthum des Tempels waren (obgleich allerdings manche solche Ländereien auch brach und unbenutzt liegen bleiben mußten),⁷⁸) ferner aus Zehnten aller Art,⁷⁹) aus freiwilligen Geschenken⁸⁰) und dem Ertrag von Einsammlungen,⁸¹) wozu noch eine Menge von Weihgeschenken der verschiedensten Art kam.⁸²) Dadurch gelangten denn die meisten Tempel zu bedeutendem Reichthum, wovon die Kosten des Cultus und seiner Diener bestritten, die Tempel ausgeschmückt, Feste angestellt und dennoch ansehnliche Summen bei Bankiers niedergelegt werden konnten.⁸³)

Wir kommen nun zu den beim Gottesdienst beschäftigten Personen. Da der Cultus der Griechen seinem Begriffe und Wesen nach ein Wechselverhältniß zwischen Göttern und Menschen darstellen sollte,⁸⁴) bedurfte es einer Vermittelung durch dazu berufene Personen, und zwar in doppelter Beziehung, theils zur Besorgung dessen, was der Gottheit von den Menschen dargebracht werden solle, theils zur Auslegung dessen, was von den Göttern durch allerlei Zeichen und ungewöhnliche Erscheinungen im Reiche der Natur den Menschen offenbart und geheißen wurde. Demnach zerfiel das Personal des Cultus in zwei ihrer Wirksamkeit nach genau zu unterscheidende Klassen, die eigentlichen Priester (ἱερεῖς), welche die gottesdienstlichen Handlungen im engeren Sinne, den Tempel-, Altar- und Opferdienst und die religiösen Weihen zu besorgen hatten, und in die Wahrsager (μάντεις), die Dolmetscher des göttlichen Willens, die wenigstens früher⁸⁵) in noch größerem Ansehen standen, als die Priester, da ihre Kunst, die Mantik,⁸⁶) für ein Mitwissen und Verstehen der von den Göttern ausgehenden Schicksalsordnung galt und von Niemandem geübt werden konnte, als von Personen, welche die Gottheit durch einen ihnen verliehenen Seherblick besonders dazu begnadigt hatte, während dagegen Opferhandlungen auch ohne Zuziehung eines Priesters blos vom Hausvater, von Beamten und Gemeindevorstehern vorgenommen werden konnten, und diese, wenn sie sich nicht genug Uebung und Kenntnisse zutrauten, um allein ein Opfer zur Zufriedenheit der Gottheit zu vollziehen, gewöhnlich lieber einen Wahrsager, als einen Priester zu Hülfe nahmen,⁸⁷) besonders da jener ohnehin schon der Eingeweideschau wegen in der Regel zugegen sein mußte.⁸⁸) Ueberhaupt hatten in der frühesten Zeit, wo der Cultus noch einen rein patriarchalischen Charakter hatte, die Familienväter und Stammältesten auch die priesterlichen Geschäfte besorgt und im heroischen Zeitalter war das Priesterthum nicht vom Königthum getrennt gewesen. Erst später entstanden noch besondere Priesterthümer neben dem des Königs, und erst seitdem das heroische Fürstenthum verschwunden war, bildeten die Priester einen eigenen Stand, dem jedoch Jeder angehören konnte, der die weiter unten angeführten Bedingungen erfüllte,⁸⁹) so daß an eine Priesterkaste nicht zu denken ist. Der Wirkungskreis der Priester, der stets nur auf gewisse Opfer- und Cultushandlungen beschränkt blieb, bestand im Tempeldienst, namentlich in Besorgung der Opfer⁹⁰) und Gebete,⁹¹) aber auch in der Aufsicht über die heiligen Opferstätten, die Altäre und Tempel, und in der Verwaltung des zu letzteren gehörigen Grundbesitzes und der übrigen Tempeleinkünfte,⁹²) wozu bei manchen Priesterthümern auch noch die Besorgung mysteriöser Reinigungen und Weihungen kam. Da das Priesterthum mit dem Nimbus einer gewissen Heiligkeit umgeben war, erforderte auch seine Verwaltung besondere dazu befähigende Eigenschaften. Der Priester mußte vorerst ein eingeborenes und vollberechtigtes Mitglied derjenigen Gemeinde sein, deren Cultus er vorstehen sollte,⁹³) d. h. es mußten ihr schon seine Eltern als Bürger angehört haben, sodann aber war auch körperliche Makellosigkeit⁹⁴) eine wesentliche Bedingung, und Krüppel und Verstümmelte waren von der Priesterwürde ausgeschlossen;⁹⁵) dagegen wurde hervorragende Geistesbildung und ein gewisses Maaß von Kenntnissen keineswegs gefordert, während allerdings auf sittlichen Lebenswandel gesehen wurde.⁹⁶) Daher war auch bei manchen weiblichen Priesterthümern⁹⁷) Jungfrauschaft ein nothwendiges Erforderniß, gänzliche Entsagung der Ehe aber wurde nicht verlangt, weshalb man zu Priesterinnen gewöhnlich erst heranreifende Jungfrauen wählte, die dann beim Eintritt ehelicher Reife des Priesteramtes wieder enthoben wurden.⁹⁸) (Zu Kanephoren, Ehrenjungfrauen, welche die Körbe mit den heiligen Gefäßen auf dem Haupte trugen, und Arrephoren, Jungfrauen, welche den symbolischen Tempeldienst der Athene Polias verrichteten, wurden schon Mädchen zwischen 5 und 10 Jahren gewählt.)⁹⁹) Doch waren zu manchen Priesterthümern auch Ehefrauen geeignet, besonders beim Cultus der Demeter und des Dionysos,¹⁰⁰) während bei anderen wieder für beide Geschlechter strenge Enthaltung vom ehelichen Umgange, so lange ihr Priesteramt dauerte, eine wesentliche Bedingung war.¹⁰¹) Ueberhaupt mußten die Priester auf stete Reinheit halten¹⁰² und als in beständiger Berührung mit der Gottheit stehend Alles vermeiden, wodurch diese Reinheit verletzt werden konnte.¹⁰³) Für manches männliche Priesterthum wurden bloß schöne Knaben gewählt,¹⁰⁴) deren fünfjährige Dienstzeit abgelaufen sein mußte, ehe sie mannbar wurden und ihnen der Bart wuchs.¹⁰⁵) Im Allgemeinen hatten die männlichen Gottheiten Priester, die Göttinnen aber Priesterinnen, doch fanden hier auch manche Ausnahmen statt. Die meisten Priesterthümer wurden auf Lebenszeit, viele aber auch nur auf eine bestimmte Reihe von Jahren verliehen.¹⁰⁶) Die Ernennung erfolgte entweder durch Wahl,¹⁰⁷) oder durch das Loos;¹⁰⁸) doch gab es auch manche erbliche Priesterthümer,¹⁰⁹) und dann galt gewöhnlich das Recht der Erstgeburt, in manchen Fällen aber entschied auch hier das Loos; für streitige Rechtsansprüche gab es auch gerichtliche Entscheidung.¹¹⁰) Als Eigenthum der Gottheit, deren Cultus sie besorgten, genossen sie das Recht der Unverletzlichkeit und standen überhaupt als Vertreter der Götter in größtem Ansehen,¹¹¹) so daß sie auch im Theater und in Volksversammlungen einen Ehrenplatz hatten.¹¹²) Auch genossen sie Immunität von bürgerlichen Lasten und vom Kriegsdienste.¹¹³) Sie wohnten bisweilen mit im Tempel¹¹⁴) und hatten Theil am Schatze desselben und anderen für den Cultus bestimmten Einkünften, auch kamen ihnen die Häute und andere Theile der Opferthiere zu.¹¹⁵)

Was ihre äußere Erscheinung betrifft, so entsprach sie natürlich der Würde ihres Amtes.¹¹⁶) Sie trugen weite, mantelähnliche Gewänder, meistens von glänzend weißer,¹¹⁷) bisweilen jedoch auch von purpurrother Farbe.¹¹⁸) Da die Opfer mit entblößtem Haupte dargebracht wurden, war auch langherabwallendes Haar und ein Kranz oder eine Binde um dasselbe ein allgemeines Erforderniß der priesterlichen Tracht,¹¹⁹) und in früherer Zeit gehörte auch ein Stab in der Hand zur Erscheinung eines Priesters.¹²⁰) Bei mimisch-symbolischen Aufführungen erschien der Priester, welcher dann die Person des Gottes selbst repräsentirte, auch in der typisch hergebrachten Tracht und mit den Attributen desselben.¹²¹) An den meisten Tempeln war nicht blos ein Priester, sondern mehrere angestellt, über die Zahl und das Rangverhältniß derselben aber haben wir nur sehr mangelhafte Nachrichten.¹²²) Da nun der Cultus auch in das Gebiet der Politik eingriff, mußte der Staat auch an der Liturgie Theil haben und die Priester in einer gewissen Abhängigkeit von ihm stehen; und wenn sich auch die Staatsregierung nicht das Recht anmaßte die Priesterstellen zu besetzen, was Sache der Gemeinden war, so beanspruchte sie doch ein Aufsichtsrecht über sie. Die Priester mußten sich vor ihrer Anstellung und Weihe¹²³) einer Prüfung ihrer Befähigung (δοκιμασία) unterwerfen,¹²⁴) und nach derselben über die Verwaltung ihres Amtes, besonders in Bezug auf Finanzsachen, Rechenschaft (εὔθυνα) ablegen;¹²⁵) weshalb es auch eine Anzahl gottesdienstlicher Beamten gab, die nicht selbst Priester waren.¹²⁶) — Zu den eigentlichen Priestern kam nun noch eine Menge anderer beim Cultus beschäftigter Personen, die bei den einzelnen gottesdienstlichen Verrichtungen gewisse Gebräuche zu vollziehen und die Priester in der Verwaltung der Tempel und bei den Opferhandlungen zu unterstützen hatten, und auf die daher auch ein Theil des priesterlichen Ansehens und der priesterlichen Unverletzlichkeit und Heiligkeit überging. Man hat zwei Klassen derselben zu unterscheiden, eine höher und eine niedriger stehende. Zur ersteren gehörten die Träger und Trägerinnen heiliger Gegenstände bei den Prozessionen,¹²⁷) sowie die Knaben und Mädchen, welche den Chorreigen aufführten¹²⁸) und der Gottheit sonstige Dienste zu leisten hatten. Sie wurden aus den angesehensten Familien ausgewählt, und mußten sich durch sittliche

Unbescholtenheit [128]) und körperliche Schönheit auszeichnen, [130]) standen aber zu dem Cultus selbst in keiner weiteren Beziehung, als in ihren vorübergehenden Geschäften selbst lag. Die zweite Klasse bildeten die ständigen Tempeldiener, die anfangs wohl nur aus dem niederen Bürgerstande gewählt und für ihre Dienste besoldet wurden, später aber, besonders da sie auch mit den Priestern zusammen im Tempelraume speißten, zu immer größerem Ansehen gelangten, was besonders von den Neokoren [131]) oder Küstern beiderlei Geschlechts, welchen die Obhut, Reinigung und Ausschmückung der Tempel und heiligen Geräthe oblag, [132]) und von den Herolden [133]) gilt, welche die Verkündigungen und Gebote des Cultus ausriefen und, wenigstens früher, auch die Zerlegung des Schlachtviehes bei den Opfern und Opfermahlzeiten, sowie das Einschenken des Weines bei letzteren zu besorgen hatten. [134] Hierher gehören ferner die zahlreichen, beim Cultus beschäftigten Sänger und Musiker. [135]) Endlich gab es auch noch wirkliche Tempelsklaven (ἱερόδουλοι) [136]) beiderlei Geschlechts, [137]) die entweder Kriegsgefangene oder Kaufsklaven waren, [138]) oft aber auch den Tempeln zum Geschenk gemacht wurden. [139])

Was nun die den Cultus bildenden Handlungen und Gebräuche betrifft, so ging alle Gottesverehrung unstreitig vom Gebete aus, durch welches sich der Mensch auf die einfachste und natürlichste Weise in Beziehung zur Gottheit setzt, und auch später, als das Opfer die Hauptsache geworden war, wurde doch neben ihm das Gebet als vom religiösen Gefühl verlangte gute Sitte beibehalten. [140]) So lange noch wahre Frömmigkeit im Volke herrschte, begann der Grieche keine nur etwas wichtigere Sache ohne Gebet; mit ihm begrüßte, mit ihm beschloß er den Tag, [141]) mit ihm endigte er die Mahlzeit; [142]) ohne Gebet wurde keine berathende Volksversammlung eröffnet, [143]) kein Heereszug unternommen, [144]) wobei gewöhnlich ein Herold die Worte des Gebetes vorsprach. [145]) Zu welcher Gottheit man, in der Regel mit Nennung ihres Namens, [146]) betete, hing natürlich von den Umständen und der Lage des Betenden ab, hatte man aber keine Veranlassung sich gerade an einen bestimmten Gott zu wenden, so wurde das Gebet an die Götter überhaupt oder an drei der obersten von ihnen gerichtet. [147]) Man betete stehend, [148]) mit unbedecktem Haupte [149]) und mit gen Himmel gehobenen Händen.¹⁵⁰) Nur wenn man zu Meergottheiten betete, streckte man die Hände vorwärts,¹⁵¹) und bei Gebeten zu Göttern der Unterwelt schlug man die Erde mit den Händen.¹⁵²) Leises Beten scheint nicht üblich gewesen zu sein.¹⁵³) Da man sich nun aber das Wesen der Götter ganz nach menschlichen Begriffen vorstellte, glaubte man gewöhnlich seine ihnen im Gebete vorgetragenen Wünsche und Bitten¹⁵⁴) auch durch sie begleitende Geschenke unterstützen zu müssen,¹⁵⁵) und aus der Sitte, den Göttern solche Weihgeschenke darzubringen, ging der spätere Hauptgegenstand des Cultus, das Opfer hervor, das doch eigentlich auch nichts Anderes war, als ein Geschenk, wodurch man sich die Gunst der Gottheit zu erwerben hoffte, und sich vom Weihgeschenke nur dadurch unterschied, daß jenes den Göttern zu dauerndem Besitze geweiht wurde, dieses aber ihnen nur einen vorübergehenden Genuß bereiten sollte. Ehe wir daher von den Opfern selbst handeln, müssen wir ein paar Worte über die Weihgeschenke (ἀναθήματα) vorausschicken. Sie bestanden in den verschiedenartigsten Gegenständen, Feierkleidern,¹⁵⁶) Schmucksachen, Waffen,¹⁵⁷) Jagdgeräth, musikalischen Instrumenten, Werkzeugen, Münzen,¹⁵⁸) Spielzeug, Masken, kleinen Götter- und Thierbildern, Püppchen¹⁵⁹) und anderen Kleinigkeiten, durch die man den Göttern gleichsam ein Vergnügen machen wollte.¹⁶⁰) Ein sehr beliebtes größeres Weihgeschenk waren auch Dreifüße (Tripodes), die meistens aus der Kriegsbeute hergestellt wurden.¹⁶¹) Jünglinge, Frauen und Mädchen weihten öfters sogar ihr abgeschnittenes Haupthaar.¹⁶²) Die Weihgeschenke wurden meistens mit daran befestigten Wollenbinden und viele auch mit Aufschriften versehen dargebracht,¹⁶³) welche zugleich die Person des Gebers und den Grund der Gabe verewigten. Den einen Grund ihrer Darbringung haben wir schon oben kennen gelernt; weit häufiger aber waren sie Dankesspenden für schon empfangene Beweise göttlicher Gnade,¹⁶⁴) namentlich für Heilung von Krankheiten und Rettung aus Gefahren (z. B. Schiffbruch), und in dieser Beziehung waren sie oft nur schuldige Erfüllung früherer Gelübde, und traten zuweilen auch an die Stelle gelobter Opfer;¹⁶⁵) wohl nur in seltenen Fällen wurden sie auch als auferlegte Strafe dargebracht.¹⁶⁶)

Gehen wir nun zu den Opfern über, so müssen wir zuerst derjenigen gedenken, die wohl als die älteste Art aller Opfer¹⁶⁶ᵇ) in der Mitte stehen zwischen den Weihgeschenken und den später üblichen Opfern, d. h. solcher, wobei der geopferte Gegenstand nicht verbrannt, sondern nur einfach auf dem Altar niedergelegt wurde,¹⁶⁷) was namentlich mit den Erstlingen des Feldes und der Gärten der Fall war.¹⁶⁸) Da man aber durch das Opfer den Göttern einen wirklichen Genuß bereiten wollte, so blieb doch immer das Verbrennen, wobei man annahm, daß der aufsteigende Rauch (und bei den blutigen Opfern der Fettdampf, der die Substanz des Opferthiers selbst ersetzen sollte¹⁶⁹) den Göttern ein wohlthuendes Gefühl erregen werde, die Hauptsache bei der Opferhandlung. So schließen sich denn an jene feuerlosen Opfer zunächst die Rauchopfer, bei welchen anfangs nur inländische Spezereien,¹⁷⁰) später aber stets ausländisches Räucherwerk, Myrrhen, Caffia, besonders aber Weihrauch, verbrannt wurde.¹⁷¹) Hierher gehört auch das Verbrennen von Honigkuchen ¹⁷²) und anderem Backwerk,¹⁷³) namentlich von kleinen Thierfiguren, die von Aermeren statt der wirklichen Thiere geopfert wurden.¹⁷⁴) Dergleichen Rauchopfer brachte man entweder allein, oder in Verbindung mit Thieropfern dar.¹⁷⁵) Die letzteren oder die blutigen Opfer blieben aber stets die hauptsächlichsten und häufigsten. Man hatte wohl einen doppelten Grund zu ihrer Einführung, auf der einen Seite die Absicht, die Götter dafür, daß man des Feldbaues wegen unter ihrer Obhut stehende Thiere schlachtete, um sie als Nahrungsmittel zu benutzen, dadurch zu versöhnen, daß man sie ihnen selbst als Speiseopfer darbrachte und einen Theil davon abgab, auf der anderen aber auch, um ihnen dadurch einen Dienst zu erweisen, daß man ihnen Thiere opferte, welche einer sich ihres Schutzes erfreuenden Beschäftigung der Menschen Schaden brachten.¹⁷⁶) Sie waren in Bezug auf die zu opfernden Thiere äußerst mannichfaltig. Im Allgemeinen ist anzunehmen, daß nur solche Thiere geopfert wurden, die wirklich zur Speise dienten, d. h. Rinder, Schafe, Ziegen und Schweine,¹⁷⁷) und von Aermeren Vögel,¹⁷⁸) dagegen Wildpret¹⁷⁹) und Fische,¹⁸⁰) die zu der Zeit, wo sich der Cultus bildete, noch nicht gegessen zu werden pflegten,¹⁸¹) nur in äußerst seltenen Fällen. Doch wurden allerdings von Thieren, die sonst auch nicht zur Nahrung dienten, dem Helios, den Meer- und Flußgöttern, sowie denen der Unterwelt, auch Rosse,¹⁸²) dem Apollo auch Esel¹⁸³) und der Hekate und dem Enyalios (Mars) Hunde ¹⁶⁴) geopfert. Hierbei muß nämlich bemerkt werden, daß manche Götter sich gewisse Thiere am liebsten geopfert sehen,¹⁶⁵) andere aber ganz verschmähen sollen,¹⁶⁶) so daß es keineswegs gleichgültig war, welche Thiergattung man zum Opfer wählen wollte. Ebenso wenig aber durfte auch das erste beste Thier einer Gattung zum Opfer verwendet werden, es mußte vielmehr vorher eine Prüfung stattfinden,¹⁶⁷) ob es völlig gesund und unversehrt sei,¹⁶⁸) in kräftigem Alter stehe,¹⁶⁹) und noch nicht zum Dienste der Menschen oder zur Zucht verwendet worden sei.¹⁷⁰) Auch kamen noch manche andere Umstände sowohl hinsichtlich des Geschlechts als der Farbe in Betracht. Männlichen Gottheiten opferte man in der Regel auch männliche, Göttinnen aber weibliche Thiere;¹⁷¹) den Göttern der Oberwelt brachte man gern Thiere von weißer, denen der Unterwelt aber von schwarzer Farbe dar.¹⁷²) Ursprünglich wurde das ganze Opferthier verbrannt;¹⁷³) obgleich man aber diese Sitte auch späterhin zuweilen noch beibehielt,¹⁷⁴) so wurde es doch schon frühzeitig herrschender Gebrauch, nur einzelne Theile des Thieres, namentlich die Schenkel, einige Eingeweide und bisweilen auch die Zungen¹⁷⁵) zu opfern und das übrige Fleisch zu einer Festmahlzeit zu verwenden, die bei keinem Opfer fehlen durfte.¹⁷⁶) Zahl, Größe und Werth der geopferten Thiere hing natürlich von den Mitteln des Opfernden ab,¹⁷⁷) im Allgemeinen jedoch ist zu bemerken, daß in Sparta die Opfer zu jeder Zeit ziemlich karg ausfielen,¹⁷⁸) in Athen dagegen, wo der Opferluxus immer höher stieg, in der späteren Zeit selbst von Privatleuten nicht selten Hekatomben oder Opfer von hundert Rindern¹⁷⁹) dargebracht wurden. Uebrigens versteht es sich wohl von selbst, daß am liebsten Thiere geopfert wurden, die dem Stande und also auch dem Besitzthum des Opfernden entsprachen, also vom Landmann Stiere, vom Hirten Schafe und Ziegen u. s. w. ¹⁸⁰) — Ehe wir die blutigen Opfer verlassen, muß noch erwähnt werden, daß leider auch bei den Griechen, die hierin wohl nur einer ausländischen, besonders phönizischen Sitte folgten, in ältester, hier und da aber auch noch in späterer Zeit selbst Menschenopfer üblich waren, da man entweder in Folge eigener Roheit auch bei manchen Gottheiten einen so thierischen Charakter voraussetzte, daß man ihnen selbst Menschenfleisch als willkommene Speise darbieten dürfe, oder glaubte, ihnen durch Opferung einzelner Mitglieder ihnen verhaßter Völkerschaften und Geschlechter ein Vergnügen zu bereiten; und so finden sich denn im mythischen Zeitalter noch viele Beispiele von Menschenopfern, besonders wenn es die Rettung des Vaterlandes durch solche Sühnopfer galt,²⁰¹) aber auch der historischen Zeit sind sie nicht fremd geblieben.²⁰²) Bei weiter fortschreitender Cultur kam man jedoch von dieser barbarischen Sitte immer mehr ab, oder suchte ihr wenigstens, wenn man ihr bestehender Satzungen wegen nicht ganz untreu werden zu dürfen glaubte, einen milderen Charakter zu geben. Nachdem man schon früher die Opferung durch's Messer in ein Herabstürzen vom Felsen verwandelt,²⁰³) oder wenigstens einen Verbrecher, der ohnehin den Tod verdiente, zum Opfer auserkoren hatte,²⁰⁴) ging man später von der Tödtung ganz ab und fand es für ausreichend, wenn nur Menschenblut floß, das Leben aber verschont blieb,²⁰⁵) oder gab dem zum Opfer Bestimmten noch am Altar Gelegenheit zur Flucht,²⁰⁶) in den meisten Fällen jedoch begnügte man sich mit einem stellvertretenden Gegenstande, gewöhnlich einem Thiere,²⁰⁷) zuweilen aber auch einer leblosen Sache.²⁰⁸) Von diesen den Göttern dargebrachten Menschenopfern sind übrigens die früher zuweilen bei Leichenbestattungen vorkommenden²⁰⁹) wohl zu unterscheiden. — Zu diesen bisher behandelten Arten von Opfern kommt endlich noch eine vierte Klasse, die Trankopfer, die gewöhnlich mit den Brandopfern verbunden waren,²¹⁰) doch bei Todtenopfern,²¹¹) feierlichen Anrufungen der Götter,²¹²) und in anderen Fällen²¹³) auch allein für sich gespendet wurden. Sie verdankten ihre Entstehung unstreitig der Absicht, den Gottheiten neben dem Genuß der Speise auch den des Trankes zu bereiten, wie die Griechen selbst nur bei einer mit Trinken verbundenen Mahlzeit wahres Wohlbehagen fühlten, und bestanden gewöhnlich in Ausgießung ungemischten Weines²¹⁴) in die Flamme des Altars,²¹⁵) zuweilen jedoch, besonders bei Todtenopfern, auch auf die Erde.²¹⁶) Außer dem Weine aber wurden zu den Libationen auch Wasser oder Milch mit Honig vermischt²¹⁷) und bisweilen (abermals besonders bei den Todtenopfern) auch alle drei Flüssigkeiten zugleich verwendet.²¹⁸) Manche Gottheiten, wie die Eumeniden und andere unterirdische, die Nymphen und Musen, Helios und die anderen Lichtgötter, auch selbst Dionysos und die Aphrodite Uranios, verschmähten

die Weinlibation, ²¹⁹) und andere überhaupt jedes Trankopfer. ²²⁰)

Endlich haben wir noch den Hergang bei der Opferhandlung kennen zu lernen, die immer mit einem gewissen Gepränge
verbunden war. Alle Opfernde trugen Kränze auf dem Haupte
und in den Händen, ²²¹) außer bei den Opfern für Kronos und
Herakles, ²²²) und auch das Opferthier selbst wurde bekränzt
und mit Binden geziert, ²²³) öfters auch mit vergoldeten Hörnern ²²⁴) zu dem gleichfalls mit Kränzen und Binden geschmückten Altare geführt. Als ein schlimmes Vorzeichen galt
es, wenn es sich nur mit Widerstreben dahin führen ließ, ²²⁵)
auch wartete man mit der Tödtung, bis es seine Einwilligung
dazu durch Brüllen und Kopfnicken gegeben zu haben schien. ²²⁶)
Nun wurden sämmtliche Anwesende, von welchen alle diejenigen,
welche Opfergegenstände zu berühren hatten, sich vorher die
Hände gewaschen haben mußten, ²²⁷) mittelst eines in Weihwasser vom Altar getauchten Feuerbrands besprengt. ²²⁸) Hierauf folgte die Ermahnung zu heiliger Stille, ²²⁹) welche besonders des nun gesprochenen Gebets wegen herrschen mußte,
das mit jedem Opfer verbunden zu sein pflegte, ²³⁰) und nun
begann das Opfer selbst damit, daß man den Nacken des Opferthieres mit gerösteten Gerstenkörnern bestreute, ²³¹) ihm auch
meistens als Todesweihe einen Büschel Haare von der Stirn
abschnitt und in's Opferfeuer warf. ²³²) Die Tödtung selbst erfolgte so, daß man bei Opfern für die Götter der Oberwelt
den Kopf des Opferthieres himmelwärts zurückbog, ²³³) bei
Opfern für die unterirdischen Gottheiten aber zur Erde nieder-
drückte, ²³⁴) und das Thier mit einer Keule ²³⁵) oder einem Beile
niederstreckte und ihm dann mit dem Opfermesser die Kehle
durchschnitt, ²³⁶) das Blut aber, womit der Altar benetzt werden mußte, ²³⁷) in einer Schale auffing. Den Fall des Thieres
begleiteten die anwesenden Frauen mit einem lauten Aufschrei. ²³⁸)
Nun wurde dem Thiere die Haut abgezogen, ²³⁹) (die, wie wir schon
oben ²⁴⁰) sahen, den Priestern zu Theil wurde), der Körper zer-
legt und die den Göttern zukommenden Theile ²⁴¹) sammt Räucherwerk und Opferkuchen unter entsprechenden Libationen ²⁴²)
auf dem Altar verbrannt. Nur die Todten- und Sühnopfer
machten eine Ausnahme, indem hier das Opferthier nicht verbrannt, sondern begraben oder auf sonstige Weise vernichtet

wurde.[443]) Bei Opfern für die unterirdischen Götter wurde das Blut des Opferthieres wie zum wirklichen Genuſſe für ſie [444]) in Gruben gegoſſen,[445]) die hier die Stelle des Altars vertraten. Noch iſt zu bemerken, daß den oberen Gottheiten früh am Tage, den unterirdiſchen aber Abends oder in der Nacht geopfert zu werden pflegte,[446]) daß die Opferhandlung gewöhnlich von Flötenſpiel begleitet war,[447]) und daß zuweilen auch feſtliche Reigen den Altar umkreiſten, während das Opfer darauf brannte.[448]) Daß jedem Opfer, wenn auch nicht unmittelbar, ein Opferſchmaus folgte, haben wir ſchon oben geſehen.[449])

Nachdem wir ſo vom öffentlichen Cultus gehandelt haben, müſſen wir auch noch von dem geheimen, nur von Geweihten geübten, oder den Myſterien [450]) ſprechen, einem der ſchwierigſten und dunkelſten Punkte des ganzen helleniſchen Alterthums, der daher auch die verſchiedenſten, zum Theil ganz falſche Anſichten hervorgerufen hat.[451]) Die wahrſcheinliche Entſtehung der Myſterien als eines Inſtitutes, welches den althergebrachten pelasgiſchen Cultus bei den durch die doriſchen Wanderungen herbeigeführten Veränderungen deſſelben gegen Profanation und Eindringen unliebſamer Neuerungen bewahren ſollte, haben wir ſchon oben kennen gelernt;[452]) was aber ihr Weſen betrifft, ſo iſt es ſicherlich ein Irrthum, wenn man ſie ſich, wie es gewöhnlich geſchieht, als einen geheimen Orden denkt, der in Beſitz einer reineren und beſſeren Lehre geweſen ſei, als die Volksreligion ſie zu bieten vermochte, und dieſelbe durch die den Cultus leitenden Prieſter als Inhabern einer höheren Weisheit Auserwählten unter dem Siegel der Verſchwiegenheit habe mittheilen laſſen. Die Myſterien waren vielmehr nichts weniger, als geheime Orden, deſſen Mitglieder von den Prieſtern auserwählt wurden, ſondern es ſtand Jedermann ohne Unterſchied des Geſchlechts und Standes der Beitritt zu ihnen frei, und die Prieſter ragten keineswegs durch Bildung und Kenntniſſe vor Anderen ſo hervor, daß ſie ſich in Beſitz einer höheren Gotteserkenntniß befinden und dieſelbe als Lehrer Anderen hätten mittheilen können, ſondern ihre Kenntniſſe beſchränkten ſich, wie bei allen anderen Prieſtern, nur auf das Rituelle und Ceremonielle des Gottesdienſtes. Das weſentlichſte Merkmal der Myſterien war die äußere Heimlichkeit und Verborgenheit ihrer Gebräuche, und der

Hauptgrund ihres außerordentlichen Ansehens und ihrer weiten Verbreitung ist wohl in dem Reiz, den das Geheimnißvolle für den Menschen hat, verbunden mit der sinnlichen Pracht und glänzenden Ausstattung, womit die Mysten ihre Feste feierten, zu suchen. Sie waren aber in den Bedürfnissen der Zeit begründet, da man nicht nur bei zunehmender Sittenlosigkeit nach Entsündigung und Reinigung trachtete,[248]) sondern auch bei fortschreitender Bildung sich im Cultus etwas Höheres und Geistigeres geboten sehen wollte, als der Volksgottesdienst gewährte, und Beides, theils Entsühnung und mit ihr sittliche Förderung, da man die durch sie von Neuem gewonnene Gemeinschaft mit der Gottheit durch neue Sünden nicht wieder verscherzen wollte,[254]) theils richtigeres Verständniß der Götterlehre und mit ihm auch religiöse Förderung wurde auch wirklich in den Mysterien gefunden, obgleich an eine durch sie bewirkte Ueberlieferung einer reineren, wohl gar monotheistischen Gottesauffassung durchaus nicht zu denken ist; da sich vielmehr die Lehre der Mysterien immer nur auf die Cultuslegende (τὰ λεγόμενα) und die Cultusgebräuche (τὰ δρώμενα) beschränkte,[255]) und nie über die gottesdienstlichen Formen des jedesmaligen Cultus und den Inhalt seiner Mythen hinausging. Ehe wir nun von den einzelnen Arten der Mysterien sprechen, die in den verschiedenen Civilisationsperioden auch sehr verschiedenartig auftraten, müssen wir uns vorerst mit den allgemeinen, allen Mysterien eigenen Gebräuchen bekannt machen. Griechische Abstammung und vor Allem Reinheit von jeder Schuld[256]) war die erste Bedingung zur Aufnahme in die Mysterien; aber auch nach der Aufnahme mußten sich die Mysten nicht nur alles dessen enthalten, was im strengeren Religionsbegriff für verunreinigend galt,[257]) sondern auch häufig Reinigungen vornehmen, wozu bei manchen Mysterien (namentlich bei den Thesmophorien) auch noch strenge Fasten und sonstige Kasteiungen kamen.[258]) Ueberhaupt waren Reinigungen, Sühnungen und Büßungen eine Hauptsache bei ihnen, und obgleich dieselben auch im öffentlichen Cultus vorkamen, wurden sie doch nirgends dringender gefordert und häufiger und strenger vorgenommen, als hier. Bei allen Mysterien finden wir Opfer, Processionen, Gesänge und Tänze, die aber einen ganz anderen Charakter hatten, als bei den übrigen Gottesdiensten, nämlich einen orgiastischen, ekstatischen, der aber doch lange Zeit hindurch bei den Griechen ein gehaltener und würdevoller blieb, bis später aus Thracien und Phrygien jener wilde, ausschweifende Fanatismus, welcher Sinnentaumel für Begeisterung hielt, auch in Griechenland eindrang, wo er jedoch allen Besseren und Gebildeteren des Volks stets fremd und widerwärtig blieb. Dazu kamen bei den meisten Mysterien noch nächtliche Feier, Fackelbeleuchtung und aufregende Musik. Die Festfeier war größtentheils symbolischer Art,⁸⁵⁹) und bestand, wie überhaupt die Mysterien einen dramatischen Charakter hatten,⁸⁶⁰) in mimischdramatischen Aufführungen der Göttergeschichte,⁸⁶¹) bei denen besonders der allegorische Sinn der Mythen hervorgehoben werden sollte.⁸⁶²) Denn auch Mythen und bildliche Darstellungen der Gottheiten waren den Mysterien nicht fremd, nur herrschte auch bei ihnen das symbolische und allegorische Element vor, obgleich sich übrigens die Mythologie den Mysterien in Bezug auf Geburt, eheliche Verbindungen,⁸⁶³) Liebschaften und sonstige Handlungen der Götter in nichts von der Götterlehre der Volksreligion unterschied, als höchstens in Namen⁸⁶⁴) und Genealogie⁸⁶⁵) der Götter. Was nun die Aufnahme und Weihe betrifft, so konnte zwar, wie wir schon bemerkten, Jedermann, auch Frauen, selbst Kinder, eingeweiht werden,⁸⁶⁶) doch bedurfte es vor der Weihe gewisser Vorbereitungen und geistlicher Uebungen, die Weihe selbst aber erfolgte nach verschiedenen Graden, d. h. die Eingeweihten wurden von Stufe zu Stufe der Erkenntniß geführt, bis sie endlich auf die höchste und zur vollen Anschauung (ἐποπτεία) gelangten, die ihnen den Genuß einer gewissen Seligkeit verschaffen sollte. Bei den meisten Mysterien gab es drei solche Stufen,⁸⁶⁷) und so z. B. bei den Eleusinien die kleinen, großen und epoptischen Mysterien.⁸⁶⁸) Nachdem gewöhnlich im Frühjahr die Weihe zu den kleinen Mysterien stattgefunden hatte, erfolgte im Herbst die zu den großen und im nächsten Jahre die zur Epoptie.⁸⁶⁹) Durch Erreichung der höchsten Stufe erlangten auch die Mysten unter Verleihung entsprechender Insignien eine geistliche Weihe und einen priesterlichen Charakter. Eine Hauptperson bei den Mysterien war der Mystagog,⁸⁷⁰) der Einführer und Begleiter der Einzuweihenden, der bei den Eleusinien ein Athener⁸⁷¹) sein mußte,⁸⁷²) jedoch kein Priester,⁸⁷³) natürlich aber ein vollständig Eingeweihter des höchsten Grades, der wieder jüngere Mitglieder in dem vermuthlich sehr complicirten Ceremoniell der Mysterienordnung unterrichtete. Uebrigens gab es gewisse Formeln, an welchen die Eingeweihten einander und zugleich die Stufe ihrer Weihe erkannten.²⁷⁴) Gegenwart von Unbetheiligten bei den Versammlungen der Mysten und Mittheilung ihrer Lehren und Gebräuche an solche war streng verpönt;²⁷⁵) doch gab es auch Mysterien, in denen man nur den Mythus verschwieg, ohne die darauf bezüglichen Gebräuche und Bilder der Oeffentlichkeit zu entziehen.

Wir gehen nun zu den verschiedenen einzelnen Mysterien über; da es aber deren in vielen Staaten und Culten gab, müssen wir uns hier nur auf die bedeutendsten derselben, die eleusinischen und samothracischen, beschränken. Die berühmtesten unter allen waren die uralten, zu Eleusis in der Nähe von Athen²⁷⁶) gefeierten, von da aus aber über ganz Griechenland und selbst über Kleinasien verbreiteten, zum Cultus der Demeter und des Dionysos gehörigen²⁷⁷) Eleusinien, deren hohes Ansehen sich noch bis in die Römerzeit hinein erhielt,²⁷⁸) obgleich freilich ihre höchste Blüthe bereits entschwunden war. Die Oberaufsicht darüber war von den attischen Königen auf den Archon Basileus übergegangen,²⁷⁹) dem vier Epimeleten zur Seite standen;²⁷⁹) die Priesterthümer aber blieben fortwährend im Besitz der heiligen Geschlechter, die sie gegründet hatten, namentlich der eleusinischen Eumolpiden, welche die Hierophantie erblich verwalteten,²⁸⁰) und der athenischen Keryken (später der Lykomeden), die stets neben jenen im Aufsichtsrath erscheinen²⁸¹) und im Besitz der Daduchie waren.²⁸²) Das höchste Amt der eleusinischen Mysterien nämlich war die Hierophantie. Es ist noch zweifelhaft, ob es nur einen Hierophanten (ἱεροφάντης²⁸³) oder mehrere gab,²⁸⁴) während es gewiß ist, daß mehrere Hierophantinnen fungirten.²⁸⁵) Er verwaltete sein Amt lebenslang und sein Geschäft war, die Cultuslegende und heiligen Gebräuche zu lehren und in die religiösen Geheimnisse einzuweihen,²⁸⁶) zugleich aber auch den Gesang zu leiten.²⁸⁷) Das zweite Amt war das des Daduchos (δᾳδοῦχος),²⁸⁸) der nicht blos das Geschäft zu verrichten hatte, wovon er seinen Titel (Fackelträger) führte und welches bei der Opferhandlung für ein Ehrenamt galt,²⁸⁹) sondern auch den Hierophanten im Lehramte unterftühle ²⁰⁰) und gemeinschaftlich mit ihm die Reinigungen ²⁰¹) und die sogenannte Prorresis (προῤῥησις) besorgte, d. h. den Aufruf, wodurch zu Athen die Einzuweihenden mit der Ordnung des Festes und den Bedingungen der Theilnahme bekannt gemacht und Unreine und Ausländer davon ausgeschlossen wurden. ²⁰²) Eine dritte Würde war die des Hierokeryx (Ἱεροκῆρυξ), ²⁰³) welchem die Verkündigung des Gottesfriedens, Beginn der Eleusinien, sowie andere darauf bezügliche Ausrufungen, auch mancherlei Functionen beim Opfer obgelegen zu haben scheinen. ²⁰⁴) Endlich ist noch der Epibomios (ἐπιβώμιος) ²⁰⁵) zu erwähnen, der wahrscheinlich dem Hierokeryx ebenso zur Seite stand, wie der Dabuchos dem Hierophanten, und gleichfalls beim Opfergeschäft betheiligt war. Die Inhaber dieser vier Würden bildeten zusammen einen heiligen Rath, ²⁰⁶) der selbst eine richterliche Gewalt besaß und bei welchem Klagen wegen Gottlosigkeit und Verletzung heiliger Gebräuche u. s. w. angebracht werden konnten, ²⁰⁷) und genossen mancherlei Vorrechte, z. B. das Recht öffentlicher Speisung, hatten eine stattliche Kleidung ²⁰⁸) erhielten Ehrenstücke vom Opferfleische, besondere Einkünfte u. s. w. ²⁰⁹) Merkwürdig ist auch, daß ihr profaner Name, selbst in amtlichen Urkunden, stets verschwiegen wurde. ³⁰⁰) Was nun noch die Festfeier der Eleusinien betrifft, so fand sie, besonders in der Zeit zwischen dem Perser- und dem peloponnesischen Kriege, mit welchem schon der Unglaube einzureißen begann, unter dem Zudrange von ganz Griechenland auf glänzende Weise statt. ³⁰¹) Auch durch den während ihr herrschenden Gottesfrieden ³⁰²) wurde das Zusammenströmen von Theilnehmern aus allen Staaten und Kolonien Griechenlands wesentlich begünstigt, und fast mit jedem Feste wuchs die Zahl der es Besuchenden, ³⁰³) besonders da später auch Fremde Theil nehmen durften, wenn sie nur von einem attischen Bürger als Mystagogen eingeführt wurden; weshalb auch die Athener in diesen Tagen eine Menge Ausländer als Gäste bei sich zu sehen pflegten. ³⁰⁴) Wenigstens gilt dieß von den großen Eleusinien, von denen wir die kleinen wohl zu unterscheiden haben. Letztere, die als ein besonderes, selbstständiges Fest zu betrachten sind, wurden zu Ehren der Demeter und des Dionysos im Monat Anthesterion (der unserm Februar u. März entspricht) in der athenischen Vorstadt Agrä am Ilissus ³⁰⁵) in einem besonderen Gebäude, dem Eleusinion,³⁰⁶) gefeiert, ohne Eleusis selbst zu berühren, doch ist uns nur sehr wenig von ihnen bekannt. Auch während ihrer Feier herrschte der Gottesfriede und wahrscheinlich waren auch sie von lärmenden Umzügen, Gesang und Tanz begleitet. Besser, als von ihnen, aber doch nicht vollständig, sind wir von den großen Eleusinien unterrichtet, die in Athen nur begannen, ihren Abschluß aber in Eleusis selbst fanden. Sie nahmen ihren Anfang am 15. Boedromion (unserm August und September) und dauerten mindestens 12 Tage bis zum 27sten. ³⁰⁷) Am ersten Tage erfolgte in Athen die oben genannte Prorresis, am zweiten ein Reinigungsact der Einzuweihenden mit Seewasser am Meere, höchst wahrscheinlich im Piräeus, dem Hafen von Athen,³⁰⁸) am dritten fand das Hauptopfer für Demeter und Kore und am vierten Opfer für Dionysos und die übrigen Götter statt. ³⁰⁹) Der fünfte Tag hieß Epidauria ('Επιδαύρια) und diente zu Opfern für die Heroen (namentlich den Aesculap, Herkules und die Dioskuren,³¹⁰) vielleicht auch zu nachträglicher Weihe der zu spät Gekommenen.³¹¹) Alle diese in Athen dargebrachten Opfer aber waren wohl mit Opferschmäusen, festlichen Umzügen und anderen Feierlichkeiten verbunden. Der sechste Tag, Jakchos ('Ίακχος) benannt, war der Haupttag, an welchem der Jakchos oder Dionysos (natürlich als Statue)³¹²) mit einem Myrthenkranze um's Haupt und einer Fackel in der Hand als Festgenossen der beiden Göttinnen³¹³) in feierlichem Zuge nach Eleusis, dem eigentlichen Mittelpunkte des Festes, geführt wurde und daselbst der Beginn der Hauptfeier erfolgte.³¹⁴) Viele Tausende nahmen am Festzuge Theil,³¹⁵) Priester, Obrigkeiten und die ganze Schaar der Mysten beiderlei Geschlechts, alle mit Myrthe und Eppich bekränzt, Aehren, Ackergeräth und Fackeln in der Hand tragend, da der Zug gegen Abend von Athen abging und nach einem Marsche von vier Stunden³¹⁶) bei eingetretener Dunkelheit an Ort und Stelle anlangte. Er nahm seinen Anfang am städtischen Eleusinion, passirte das heilige Thor oder Dipylon³¹⁷) und schritt dann auf der heiligen Straße weiter. Sein Charakter war ein ziemlich ausgelassener und orgiastischer, von Gesängen und Tänzen, Mummenschanz, Neckereien, Spöttereien und anderen bacchischen Lustbarkeiten begleitet.³¹⁸) War der Zug in Eleusis angelangt, so begannen die eigentlichen Mysterien mit einer Pannychis oder Nachtfeier, wie sie sich auch in den folgenden Nächten wiederholle,²¹⁹) und diese Nachtfeier besonders war es, die den geheimnißvollen Zauber der Eleusinien ausübte, welche den Mythus der Demeter, die neun Tage lang ohne zu essen und zu trinken mit brennenden Fackeln die Erde durchirrt, um ihre verlorene Tochter Persephone zu suchen, bis sie am zehnten Tage in Eleusis die Kunde von ihrem Raube durch Hades (Pluto) empfängt und sich nun wieder der Heiterkeit hingibt, durch mimisch-orchestrische Darstellungen vergegenwärtigen sollen,³²⁰) so daß sich die Festgemeinde selbst gleichsam an die Stelle der Demeter versetzte. Daher auch ihre Fackelläufe,³²¹) ihr neuntägiges Fasten bis zum Einbruch der Nacht,³²²) der Ausbruch wilden Schmerzes beim Suchen der Tochter, und dann ihre ausgelassene Freude und trunkene Lust nach dem Wiederfinden derselben. So hatten denn die ersten Tage der Feier einen düsteren und traurigen, die letzten aber einen heiteren und freudigen Charakter, und erst wenn die nächtliche Feier vorüber war, begann ein gewöhnliches Volksfest³²³) mit Opferschmäusen, Wettkämpfen mit ausgesetzten Preisen³²⁴ u. s. w.; doch haben wir über den späteren Verlauf des Festes keine genaueren Nachrichten. Nur das wissen wir, daß die sogenannten Plemochoë (πλημοχόη),³²⁵) mit welchem Namen auch der ganze Tag benannt wurde, d. h. eine Wasserspende als Sühnungslibation den Schluß der ganzen Feier bildete.³²⁶)

Den Eleusinien in Berühmtheit am nächsten standen die samothracischen Mysterien,³²⁷) deren Ansehen auch in späterer Zeit noch so groß war, daß selbst Philipp und Alexander von Macedonien³²⁸) und auch noch vornehme Römer sich einweihen ließen.³²⁹) Gleichwohl ist in Folge des tiefen Geheimnisses, in das sie sich hüllten,³³⁰) unsere Kenntniß von ihnen noch weit dürftiger, als die von den Eleusinien. Das Wenige, was wir von ihnen wissen, ist Folgendes. Sie wurden schon seit uralter Zeit³³¹) auf der Insel Samothrake zu Ehren der Kabiren (Κάβειροι) gefeiert, d. h. auch auf Lemnos und Imbros verehrter Gottheiten der alten Pelasger, über welche aber schon die Ansichten der Alten selbst, und ebenso der Neueren, sowohl in Hinsicht auf Zahl (zwei, drei, vier), als auf Identität mit uns bekannten Göttern der Hellenen (Zeus und Dionysos, Poseidon und Apollo, die Dioskuren, Uranos und Göa, Demeter, Rhea, Hera, Aphrodite u. s. w.) sehr von einander abweichen und von benen genauer zu handeln hier nicht der Ort ist. Auch in diese Mysterien wurden sowohl Frauen[332]) als Knaben[333]) aufgenommen. Vor der Einweihung mußte man, wie es scheint, ein Bekenntniß ablegen, ob man im früheren Leben kein Verbrechen begangen hatte,[334]) und war dieß der Fall gewesen, so mußte erst eine Entsühnung erfolgen.[335]) Bei der Einweihung selbst, die Niemandem mitgetheilt werden durfte,[336]) erhielten die Aufgenommenen eine purpurrothe Binde um den Leib, die sie vor Gefahren zur See schützen sollte,[337]) und einen Schleier,[338]) und wurden auf einen Thron gesetzt,[339]) die anwesenden Mysten schlossen einen Kreis, faßten einander bei den Händen und führten Hymnen singend einen Tanz auf. Die übrigen Gebräuche stimmten wohl größtentheils mit denen der Eleusinien überein. Gewiß kamen auch bei ihnen Reinigungen, Umzüge mit bacchischen Gesängen und Tänzen,[340]) mimische Darstellungen des Mythus der Kabiren[341]) u. s. w. vor. — Zum Schlusse erwähne ich noch, daß auch zu Thebä in Böotien, Andania in Messenien, Lerna, Epidaurus, Hermione und Phlius in Argolis, Titane in Sicyonien, auf den Inseln Aegina, Amorgos, Kreta und anderwärts Mysterien gefeiert wurden.

## Anmerkungen zum 14. Kapitel.

¹) Vgl. Herod. II, 50—53., wo sich aber manche unrichtige Ansichten finden.
²) Hesiod. bei Orig. c. Cels. IV. p. 216. Schol. zu Arat. Phaen. 91. vgl. Plat. Polit. p. 271. Leg. IV. p. 713.
³) Strab. XVI p. 762. Dio Chrys. Or. LXVII. p. 646.
⁴) Vgl. Hermann's Lehrb. d. griech. Antiquit. 2. Theil S. 4. Note 11. b. 2. Aufl.
⁵) Gewiß unrichtig ist die sich allerdings auch schon bei griech. Schriftstellern (Themist. Or. XXIX. p. 349. b. u. Max. Tyr. Or. XXX, 5.) findende Ansicht, daß aller griech. Cultus einen agrarischen Ursprung und Grundcharakter gehabt habe. Vgl. Hermann ebendas. S. 9. Note 5.
⁶) Schon zu Homers Zeiten war dieser polytheistische Cultus vollständig ausgebildet. Vgl. Nitzsch Anmerk. zur Odyssee II. S. 96. und andere Stellen Neuerer bei Hermann a. a. O. Note 10.
⁷) Wie allerdings schon Herod. II, 50 ff. (vgl. mit II, 42. 58 f. 144.) annimmt. Siehe dagegen Plut. de malign. Herod. 13. de Is. et Osir. 31. u. Diod. Sic. I, 69.
⁸) Θεοὶ κενοί. Vgl. Herod. II, 90.
⁹) Daher z. B. Ζεὺς ἑλλήνιος oder πανελλήνιος: Pind. Nem. V, 10. Aristoph. Equ. 1253. Paus. I, 18, 9. I, 44, 13. II, 29, 6.
¹⁰) Vgl. Aristot. Pol. III, 9, 7. VI, 5, 11.
¹¹) Ihre Mitglieder hießen φράτορες, auch ὀργιῶνες und θιασῶται: Pollux III, 52. VIII, 107. vgl. Athen V, 2. p. 185. c. VIII, 64. p. 362. e. Aristot. Eth. ad Nicom. VIII, 9, 5. Phot. Exc. 62.
¹²) Vgl. Corp. Inscr. Gr. n. 101. u. Lobeck Aglaoph. p. 272. mit Herod. I, 143. V, 72. VI, 81.

Anmerkungen zum 14. Kapitel

¹³) Vgl. Lucian. Phalar. 2, 8.
¹⁴) Vgl. Plaut. Bacch. II, 1, 3.
¹⁵) Lucian. Alex. 30. Arnob. I, 39.
¹⁶) Athen VIII, 65. p. 369. d. Porphyr. de abstin. II. 16.
¹⁷) Herod. VI, 57. Aeschin. in Timarch. §. 21. Dem. in Neaer. §. 85. p. 1373. Hesych. I. p. 933.
¹⁸) Plat. Alcib. II. p. 148. e.
¹⁹) Isocr. c. Lochit. §. 6. Xen. Mem. I, 2, 62. Hellen. I, 7, 22. Aelian. V. H. V, 17. Paus. II, 28, 9. Dio Chrys. Or. XXXI. p. 336. Damit steht die ungestrafte Verspottung göttlicher Personen in der attischen Komödie keineswegs in Widerspruch, da sie dem Cultus derselben keinen Eintrag that, weshalb sich die Götter den Spott hier ebensogut gefallen lassen mußten, wie hochgestellte Staatsmänner und berühmte Philosophen und Dichter.
²⁰) Vgl. z. B. Lucian. Icarom. 24.
²¹) In Athen bestand zuletzt der sechste Theil des Jahres aus Festtagen. Vgl. Schol. zu Aristoph. Vesp. 661. Xen. Rep. Ath. 3, 2. Strab. VI. p. 280.
²²) Vgl. Isocr. Areop. §. 29. mit Athen. VIII, 67. p. 364. d.
²³) Denn bei den Gebildeteren der Nation, nicht bloß bei Philosophen (z. B. Plato Polit. p. 271. c. Theaet. p. 176. b. c. u. s. w.) finden wir auch schon den Glauben an ein namenloses höchstes Wesen, das an der Spitze der Weltregierung steht und durch die Ausdrücke $\vartheta \varepsilon \acute{o} \varsigma$ (Aesch. S. c. Theb. 616. Pers. 94 f. Plat. Rep. II. p. 280. a. Demosth. in Aristog. I. §. 2. p. 770.), $\tau \grave{o} \vartheta \varepsilon \~{\iota} o \nu$ (Aesch. Agam. 475.), $\acute{o} \delta \alpha \acute{\iota} \mu \omega \nu$ (Aesch. Eumen. 546.) u. s. w. bezeichnet wird.
²⁴) Zeus (der allgemein als Haupt der ganzen Götterwelt anerkannt wurde) und Hera, Poseidon und Athene, Ares und Aphrodite, Apollon und Artemis, Hephästos und Hestia, Hermes und Demeter (oder mit ihren römischen Namen Jupiter und Juno, Neptunus und Minerva, Mars und Venus, Apollo und Diana, Vulcanus und Vesta, Mercurius und Ceres).
²⁵) Ueber diese Localculte vgl. Wachsmuth Hellen. Alterthumskunde 2. Band. §. 127 ff. S. 473 ff. der 2. Aufl.
²⁶) Vgl. Hom. Il. I, 38. IV, 51. XIII, 21. Od. VIII, 363. u. s. w.
²⁷) Ueber diesen Unterschied vgl. Porphyr. antr. Nymph. c. 6. Pollux I. 23. u. Artemid. Onerocr. II, 34.
²⁸) Wie Helios oder Phöbos (der Sonnengott) und Selene (die Mondgöttin), oft mit Apollo und Artemis identificirt, Eos (die Morgenröthe), Hesperos (der Abendstern), Iris (der Regenbogen), Boreas (der Nordwind und die anderen Winde), Uranos (der Himmel), Ge oder Gäa (die Erde), Oceanos (das Meer) u. s. w.
²⁹) Wie Furcht (Phobos), Schaam (Aidos), Mitleid (Eleos), Uebermuth (Hybris), Ueberredungskunst (Peitho) u. s. w.

28 Anmerkungen zum 11. Kapitel.

³⁰) Wie Tod (Thanatos), Schlaf (Hypnos), Glück (Tyche), Reichthum (Plutos), Sieg (Nike), Friede (Eirene), Ruf (Pheme) u. s. w.

³¹) Den Olympiern am nächsten standen unter den irdischen und unterirdischen Gottheiten Dionysos (Bacchus), Kronos (Saturnus), Aides (Pluto) und Kore oder Persephone (Proserpina), dann auf einer etwas tieferen Stufe Pan, Eros (Amor), Leto (Latona), Hebe, Enyo (Bellona), Nemesis, die Mören (Parzen) und andere in Note 32 genannte Gottheiten. Den directen Gegensatz zu den olympischen Gottheiten bildeten die unterirdischen, d. h. die schon genannten Aides und Persephone und die Erynnien oder Eumeniden (Furien).

³²) Wie die Musen, Gratien, Horen, Nymphen, Tritonen (und andere Meergottheiten: Nereus, Glaukos, Proteus, Thetis, Leukothea u. A.), Satyrn und andere ländliche Gottheiten: (Silenos, Priapos u. s. w.)

³³) Da die Griechen ihren Göttern nicht nur menschliche Gestalt, sondern auch alle menschlichen Triebe und Leidenschaften zuschrieben, spielt die Genealogie in der griechischen Mythologie eine sehr bedeutende Rolle und ein großer Theil der Götterwelt ist durch Zeugung hervorgegangen.

³⁴) Die berühmtesten der ersten Klasse sind Herakles (Hercules), der Nationalheros, der oft geradezu als wirklicher und vollkommener Gott verehrt (Paus. II, 19, 3. Aelian. H. an. XVII, 44. u. A.), ja selbst auf den Olympus entrückt wurde (Herod. II, 43 ff.) und der Heilgott Asklepios (Aesculap), der fast in gleichem Ansehen stand; zur zweiten Klasse aber gehörten besonders die Dioskuren (Castor und Pollux), Theseus, Jason, Perseus, Bellerophon, Agamemnon, Menelaus und viele andere.

³⁵) Es wurden ihnen nicht nur Tempel erbaut und Opfer dargebracht, sondern auch ihnen zu Ehren Processionen, Feste und Kampfspiele angestellt.

³⁶) Hom. Il. XXII, 170. Plut. Qu. Gr. 7. Qu. Rom. 94. Lucian. de sacrif. 10. Strab. IX. p. 417. X. p. 456. Paus. I. 32, 2. (vgl. mit VIII, 17, 1. 21, 3. 44, 4. IX. 3, 4. 19, 3. Soph. Trach. 1193. u. s. w.)

³⁷) Herod. V, 76. Aelian. V. Hist. V, 17. Strab. VIII. p. 348. IX. 369. 417. u. s. w.

³⁸) Plut. Qu. Rom. 94. Vitruv. I, 2, 20. Paus. IV. 31, 1. VII, 27, 4. (vgl. mit VIII, 6, 2. 32, 4. 42, 5. IX, 24, 4. Strab. VIII. p. 346. u. s. w.)

³⁹) Hom. Od. XIII, 104 ff. 347 ff. IV, 186. Paus. VIII, 36, 2. X, 32, 4. 38, 6. Strab. X. p. 468.

⁴⁰) βωμοί: Ammon. v. βωμός, Eustath. zu Hom. Il. VIII, 441. u. Od. II, 273. Paus. VIII. 38, 5. u. s. w., ἐσχάραι: Pollux I. 8. Schol. zu Eurip. Phoen. 291. Paus. V, 13, 5. Porphyr. antr. Nymph. c. 6. u. s. w. Gewöhnlich versteht man

unter βωμοί größere Altäre für die oberen Götter und unter ἐσχάραι niedrigere für die unteren Götter und Heroen.

⁴¹) Daher wachsen oft Bäume neben ihnen. (Vgl. Hom. Il. II, 307. Od. VI, 162. Dion. Hal. do Dinarcho p. 637.) Selbst die zu Brandopfern bestimmten Altäre der Tempel standen gewöhnlich vor ihnen im Tempelhofe (Aeschyl. Suppl. 495. Pauf. III, 20, 8. vgl. Apoll. Rh. II, 1171.) und wo sie im Innern derselben standen, befand sich über ihnen ein offener Raum, durch welchen der Rauch abziehen konnte. (Vgl. Pauf. I, 26, 6.) Dagegen standen allerdings Räucherheerde (θυμιατήρια u. ἐσχάρια: Hesych. I. p. 1474.) und Heerde mit ewigem Feuer (Plut. Num. 9. Pauf. V, 15, 9. VIII. 9, 1. 37, 8.), sowie Tische zur Niederlegung von Weihgaben (Arist. Plut. 687. Demosth. in Mid. §. 53. p. 531. Pauf. VIII, 30, 2. IX, 40, 6. Athen. XV, 48. p. 693. e. u. f. w.) im Innern der Tempel.

⁴²) Vitruv. IV, 8.
⁴³) Theocr. XXVI, 3.
⁴⁴) Pauf. IX, 3, 4.
⁴⁵) Apoll. Rhod. I, 1123. II, 695. Ueber solche improvisirte ἐσχάραι αὐτοσχέδιαι vgl. Pauf. V, 13, 5. VI, 24, 2. Selbst aus Opferasche (Pauf. V, 13, 5. 14, 6. 8. 15, 5. IX, 11, 5.) u. (als nur einmal vorgekommene Beispiele) aus Opferblut (Pauf. V, 13, 11.) u. Hörnern von Ziegen (Plut. Thes. 21. u. solert. anim. 35. vgl. Ovid. Her. XXI, 99. Mart. Spect. 1, 4.) werden erwähnt.

⁴⁶) Pauf. VI, 20, 7.
⁴⁷) Pauf. V, 13, 3. Hesych. II. p. 345.
⁴⁸) Pauf. V, 13, 5. Diod. XVI, 81. Strab. XIV. p. 641.
⁴⁹) Der Altar des Zeus in Olympia hatte einen Umfang von 125 und eine Höhe von 22 Fuß, der aus Marmor gefertigte Altar in Pergamos war gar 40 Fuß hoch u. f. w.
⁵⁰) Eustath. zu Hom. Od. XVII, 209.
⁵¹) Und zwar bildeten sie meistens ein Quadrat (Pauf. V, 14, 5.), doch zuweilen auch ein Parallelogramm (Pauf. V, 15, 4.)
⁵²) Vitruv. IV, 8.
⁵³) Vgl. z. B. Pauf. IX, 2, 4. u. IX, 12, 2. u. Plut. Aristid. 20.
⁵⁴) Κοινοβωμία: Pauf. VIII, 32, 4. vgl. denf. I, 34, 3.
⁵⁵) Herod. VI, 19. (vgl. IV, 108.) Thuc. V, 18. (vgl. IV, 90.) Pauf. VII, 30, 2. VIII, 37, 1. Pollux I, 6. Etym. M. p. 751, 43. u. f. w. Ammon. diff. vocabb. 6. p. 79. macht jedoch einen Unterschied zwischen νεώς, dem eigentlichen Tempel, und ἱερόν, dem geheiligten Tempelraume oder dem περίβολος. Vgl. auch Pauf. V, 6, 4.
⁵⁶) Daß dieß die eigentliche Veranlassung zum Tempelbau war, unterliegt wohl keinem Zweifel, und auch späterhin waren Tempel

und Bildsäule der Gottheit unzertrennliche Begriffe. Tempel ohne letztere waren wohl äußerst selten. (Vgl. Paus. II, 13, 4. V. 5, 6. mit X, 38, 4.) Umgekehrt aber war auch nicht leicht ein eigentliches Cultusbild ohne Tempel, denn die zahlreichen Götterbilder, die besonders später auf öffentlichen Plätzen, an Straßen und in Hainen aufgestellt wurden, waren nicht Gegenstände des Cultus.

⁴⁷) Paus. X. 5, 5. u. VIII. 13, 2.
⁴⁸) Vgl. z. B. Paus. V, 5, 6.
⁴⁹) Das stets plastisch, meistens aus Stein, oft aber auch aus Erz (vgl. z. B. Paus. X. 38, 5.) und zuweilen auch aus Elfenbein (Paus. IX. 33, 5.) und besonders früher aus Holz (Paus. I. 27, 1. VII. 25, 7. VIII, 42, 3. Athen. XIV, 2. p. 614. b.) gearbeitet war, da Gemälde der Götter als Gegenstand des Cultus den Griechen stets fremd geblieben sind. Der allgemeine Name der Götterbilder (besonders der steinernen und ehernen) ist ἀγάλματα (Plat. Legg. XI. p. 931. a. Paus. IX, 38, 4. X, 33, 5. Pollux I, 7. u. s. w.), der hölzernen aber ξόανα u. ἕδανα Paus. VIII, 42, 5. 7. Pollux l. l. Hesych. I. p. 764. Schol. zu Aeschyl. Sept. 289. vgl. Serv. zu Verg. Aen. II, 225.)

⁴⁰) Lucian. Jup. Confut. 6. Jup. Trag. 7. Sacrif. 11. Piscat. 11. Demon. 27. vgl. mit Sen. Epist. 41. u. Minuc. Felix Octav. 23, 10.

⁴¹) Xen. Mem. III, 8, 10. Aristot. Pol. VIII, 12, 1. Stob. Serm. 58, 14.

⁴²) Soph. Oed. Col. 16. Xen. Anab. V, 3, 12. Paus. IX, 24, 4.

⁴³) Herod. VI. 134. Strab. XIV. p. 634. Paus. I, 20, 2. VI, 6, 8. VIII, 30, 2. Pollux I, 10. Ammon. diff. vocabb. p. 73. u. s. w.

⁴⁴) Auch gab es von einer Mauer umschlossene geheiligte Plätze, die keinen Tempel enthielten. (Vgl. Paus. II, 3, 9. V, 13, 1.)

⁴⁵) Herod. VII, 197. Strab. XIV. p. 634. Paus. I, 21, 9. V, 13, 1. VIII, 37, 7. X, 32, 6.

⁴⁶) Plut. Aristid. 19. Strab. IX. p. 395. Paus. I, 17, 6. Pollux I. 6. Schol. zu Soph. Oed. T. 15. Bei mysteriösen Gottesdiensten hieß es ἄδυτον (Pollux I, 9. Caes. D. C. III. 105.), μέγαρον (Herod. VIII, 53. Paus. VIII, 6, 2. 37, 5. IX, 3, 1. Suid. I. p. 899. II. p. 102. u. 516.) und ἀνακτόριον (Herod. IX, 65. Eurip. Ion 55. 1224. Hippol. adv. haer. V, 8. p. 113.) und durfte bloß von Priestern und Wissenden betreten werden (Cael. l. l. Suid. l. l. vgl. auch Paus. X, 32, 9.) Auch gab es Tempel, die überhaupt für Menschen unzugänglich waren, z. B. den der Eumeniden bei Soph. Oed. Col. 37. (vgl. 39 f.) Vgl. auch Paus. VIII, 5, 3. u. Herod. IX, 65.

⁶¹) Lucian. de domo 6. Dio Caſſ. LIV, 7. Porphyr. de antro Nymph. 1. Vitruv. IV, 5, 9.

⁶⁸) Ober die Bilder; denn es gab auch Tempel, die mehreren Gottheiten zugleich geweiht waren (Thuc. IV. 97. Plut. Qu. Symp. VII, 6, 3. Athen. VIII, 18. p. 337. c.) und zwar entweder nur einer und derſelbe Tempel oder ein Doppeltempel (Pauſ. II, 25, 1. VI, 20, 3.). Derſelbe Schriftſteller erwähnt III, 15, 8. ſogar einen ſolchen Doppeltempel von zwei Stockwerken.

⁶⁹) Doch ſiehe auch die entgegengeſetzte Anſicht bei Hygin. de agr. limit. p. 153. u. Clem. Aleg. Strom. VII. p. 724.

¹⁰) Ihre Zahl mußte ungleich ſein, damit ſowohl die unterſte als die oberſte Stufe zuerſt mit dem rechten Fuße betreten werden konnte. (Vgl. Vitruv. III, 2, 8. mit Becker's Gallus II. S. 64.)

¹¹) Pauſ. II, 4, 7. II, 7, 6. Vgl. Note 66.

¹²) Θεοὶ πρόναοι: Pauſ. IX, 10, 2.

¹³) Schol. zu Lucian. Timon. 53.

¹⁴) Strab. IX. p. 419. Athen. XI, 39. p. 479, f. Pauſ. VI, 19, 7.

¹⁵) Siehe Band 2. S. 64. u. 69.

¹⁶) Corp. Inscr. Gr. n. 1870. vgl. Xen. Anab. V, 3, 13.

¹⁷) Es wird durch τέμενος bezeichnet. Heſych. II. p. 1363. Pauſ. V, 6, 4.

¹⁸) Soph. Trach. 400. Aeſchin. c. Cteſiph. §. 107 ff. Pauſ. X, 37, 7. Heſych. II. p. 7.

¹⁹) Ueber das δεκατεύειν überhaupt vgl. Herod. 7, 132. Diod. XI, 3. Polyb. 4, 33. Harpocr. p. 76. auch Callim. H. in Del. 278. Solche Zehnten kamen den Tempeln zu vom Landertrag (Xen. Anab. V, 3, 9. vgl. Lycurg. c. Leocr. §. 19.), von der Kriegsbeute (Xen. Anab. V, 3, 4. Hell. IV, 3, 21. Pauſ. X, 13, 5.), von Strafgeldern (Xen. Hell. I, 7, 10. Demoſth. in Macart. §. 71. p. 1074. vgl. Corp. Inscr. Gr. n. 2008.), von Bergwerken (Pauſ. X, 12, 2.), vom Fiſchfang (Pauſ. X, 9, 2.) u. ſ. w.

⁸⁰) Vgl. z. B. über die großartigen Geſchenke des Cröſus Herod. I, 50 f. 92. V, 36. Ueber andere Schenkungen, beſonders zum Bau und zur Ausſchmückung von Tempeln, vgl. Herod. II, 180. Strab. XIV. p. 640. Diog. L. II, 103. Plin. XXXVI, 14, 21. u. ſ. w.

⁸¹) Herod. II, 180. vgl. Corp. Inscr. Gr. n. 2656.

⁸²) Ἀναθήματα. Vgl. die Aufzählung verſchiedener Arten derſelben bei Pollux I, 28. X, 126. und die Verzeichniſſe im Corp. Inscr. Gr. n. 137—147. 1570. 1837. c. 2852—2860. 3071. ſo wie in Rangabé Antiq. Hell. I. n. 105—107. II. n. 371. 372. 1008—1236.

⁸³) Vgl. Corp. Inscr. Gr. n. 2599. u. Band 4. S. 242. unſers Werkes.

⁸⁴) Plat. Eutyphr. p. 4. e. Symp. p. 188. b.

⁸⁵) Denn in den ſpätern, durch die Lehren der Philoſophie

aufgeklärten Zeiten wurde allerdings diese Klasse privilegirter Wahrsager verlacht und verspottet.

⁸⁶) Vgl. das folgende Kapitel.

⁸⁷) Vgl. Eurip. Iphig. Aul. 1565. Der μάντις als θύτης oder Opferer z. B. bei Plut. Cim. 18. Arrian. Epict. I, 17, 18. (vgl. Plut. Nic. 4.), selbst bei Staatsopfern (Xen. Hell. III, 8, 41.)

⁸⁸) Homer, der die Eingeweideschau noch nicht kennt, erwähnt Il. XXIV, 221. für dergleichen Opfer besondere Privatopferer (θυοσκόοι).

⁸⁹) Isocr. Nicocl. §. 5.

⁹⁰) Daher die Ausdrücke ἱερεύς θυοσκόος (Hom. Il. XXIV, 221.), θυηκόλος, θεοκόλος (Paus. V, 19, 2. 16, 6.), ἱεροθύτης (Corp. Inscr. Gr. I. p. 640.) und ἱεροποιός (Ulpian. zu Demosth. in Mid. p. 365.)

⁹¹) Daher ἀρητήρ schon bei Hom. Il. I, 11. 94. V, 78.

⁹²) Erst in späteren Zeiten mischte sich hierein auch der Staat durch Anstellung eines Tempelschatzmeisters (ταμίας: Herod. VIII, 51. Aristot. Pol. VI. 5, 11. Harpocr. u. Suid. s. v. ταμίας.)

⁹³) Demosth. in Eubul. §. 48.

⁹⁴) Die ἀφέλεια (Etym. M. p. 176. Hesych. s. v. ἀφελής.) Bei manchen Priesterthümern wurde die Bedingung körperlicher Unversehrtheit sogar auf die Blutsverwandten ausgedehnt.

⁹⁵) Weshalb auch Selbstverstümmelungen, wie bei den Priestern der Cybele in Asien, bei den Griechen nie Eingang fanden.

⁹⁶) Aeschin. in Tim. §. 21 ff. 188. vgl. Demosth. in Androt. §. 73. p. 616. u. Sen. Controv. I, 2.

⁹⁷) Z. B. bei der der Athene Alea zu Tegea (Paus. VIII, 47, 2.), der Artemis Hymnia zu Orchomenos (Paus. VIII. 5, 7. 13, 1.), der Artemis Trillaria zu Patra (Paus. VII. 19, 1.), des Herakles in Thespiä (Paus. IX. 27, 5.) u. s. w. Vgl. überhaupt Adrian, Die Priesterinnen der Griechen. Frankf. a./M. 1822.

⁹⁸) Paus. II. 33, 3. VII, 19, 1. VIII, 47, 2. vgl. VIII, 5, 8.

⁹⁹) Thuc. VI, 56. Aristoph. Lys. 642. Paus. 1, 27, 5. Suid. s. v. ἄρκτος, Harpocr. s. v. δεκατεύειν, Hesych. s. v. ἀρκτεία u. δεκατεύειν. Uebrigens vgl. über die Kanephoren auch Aristoph. Lys. 646. Acharn. 242. Schol. zu Theocr. IV, 25. Hesych. II. p. 136. Corp. Inscr. Gr. n. 2298. 3602. 4362. und über die Arrephoren Etym. M. p. 149. Harpocr. p. 48. u. Corp. Inscr. Gr. n. 481.

¹⁰⁰) Paus. VI, 20, 6.

¹⁰¹) Plut. Pyth. Orac. 29. Paus. VII, 25, 8. Hesych. s. v. Καρυάτιαι. Man nahm daher zu manchen Priesterthümern nur alle Ehefrauen, die solchen Umgang hinter sich hatten. (Paus. VI, 20, 2.)

¹⁰²) Vgl. Demosth. in Androt. §. 78. p. 618. u. in Neaer. §. 78. p. 1371.

Anmerkungen zum 14. Kapitel.

¹⁰³) Wie z. B. durch Theilnahme an Begräbnissen (Plat. Legg. XII. p. 947. c.)
¹⁰⁴) Pauf. VII, 24, 2. IX, 22, 2.
¹⁰⁵) Pauf. VII, 24, 2. X, 34, 4.
¹⁰⁶) Vgl. überhaupt Plat. Legg. VI. p. 759. d. Pauf. II, 10, 4. IV, 33, 3. VI, 20, 6. IX, 10, 4. Athen. XII, 73. p. 549. f. Cic. Verr. II, 58.
¹⁰⁷) Hom. Il. VI, 300.
¹⁰⁸) Plat. Legg. VI. p. 759. b. Demosth. c. Eubul. §. 46. p. 1313. Vitae X oratt. p. 843. f. Corp. Inscr. Gr. II. p. 363.
¹⁰⁹) Solche erbliche Priesterthümer waren z. B. in Athen das der Eumolpiden und Keryken im Dienste der eleusinischen Demeter und der Eteobutaden im Dienste der Athene Polias. (Vgl. überhaupt Bohler de gentibus et familiis Atticae sacerdotalibus. Darmst. 1839.) Von den an gewisse Geschlechter geknüpften erblichen Priesterthümern waren auch manche nicht öffentliche, sondern nur mit der Pflege eines nicht für die Gesammtheit geltenden Privatcultus betraute.
¹¹⁰) Eurip. Ion 416. Pauf. VII, 25, 7. Corp. Inscr. Gr. II. p. 225. n. 1075. Cic. Verr. II, 51.
¹¹¹) Hom. Il. V, 78. XVI. 604. Lucian. Lexiph. 10. Plut. Alcib. 29. Alex. 11. Qu. Rom. 113. Aelian. V. Hist. XIII, 7.
¹¹²) Schol. zu Aristoph. Ran. 297. Corp. Inscr. Gr. n. 101. u. 2421.
¹¹³) Wenn sie auch das ausziehende Heer begleiteten und sich wohl auch zuweilen selbst am Kampfe betheiligten (Herod. IX, 85. Plut. Arist. 5. vgl. auch Pauf. IV, 16, 1. 2.) Ihre Befreiung vom Kriegsdienste aber bezeugt Strab. IX. p. 413.
¹¹⁴) Hom. Od. IX, 200. Pauf. X, 34, 4. (7.) Bisweilen hatten sie auch Wohnungen in Staatsgebäuden. (Vgl. Vitruv. II, 8.)
¹¹⁵) Hesych. I. p. 1606. Schol. zu Aristoph. Plut. 1181. Vesp. 695. Corp. Inscr. Gr. n. 2656.
¹¹⁶) Xen. Symp. 8, 40. Eurip. Ion 56. Diog. Laert. VIII, 40. Athen. I, 39. p. 21, e.
¹¹⁷) Plat. Legg. XII. p. 956. a. Pollux IV, 116. Hesych. u. Etym. M. s. v. ἀργής.
¹¹⁸) Aeschyl. Eumen. 1010. Strab. XIV. p. 648. Athen. V, 54. p. 215. b. c. Ein safranfarbiges Gewand trugen die Priesterinnen der brauronischen Artemis. (Suid. s. v. ἄρκτος.)
¹¹⁹) Plut. Aristid. 5. Lucian. Pseud. 11. Artemid. Oneir. I, 18. Arrian. diss. Epict. III, 21, 16. Schol. zu Arist. Thesm. 146. Plaut. Rud. II, 3, 46. Macrob. Sat. III, 6, 17. Die attischen Kanephoren trugen gepudertes Haar und Feigenschnüre um den Hals. (Arist. Eccl. 732. Lysist. 647.)

Anmerkungen zum 14. Kapitel.

¹²⁰) Hom. Il. I, 15.
¹²¹) Polyän. Strat. VIII, 59. Pauſ. VIII, 15, 1. Schol. zu Ariſtid. T. III. p. 22.
¹²²) Ein Oberprieſter wird zuerſt von Plat. Legg. XII. p. 947. a., ſpäter aber ſehr oft erwähnt. Bei den Eleuſinien in Athen ſtand an der Spitze der Hierophant aus dem Geſchlechte der Eumolpiden (Diog. Laert. VII, 186. vgl. Plut. Alcib. 22. u. Arrian. diss. Epict. III, 21, 16.), dann folgte der Daduchos aus dem Geſchlechte der Hipponiken, ſpäter der Lykomeden (Plut. Ariſt. 5. Euſtath. zu Hom. Il. 1, 275.), der Hierokeryx aus dem Geſchlechte der Keryken (Athen. VI, 26. p. 234. e. vgl. Demoſth. c. Neaer. §. 78. p. 1371. Xen. Hell. II, 4, 20. u. Pollux VIII, 103.) und der Epibomios (Euseb. praep. evang. III, 12. Corp. Inscr. Gr. n. 71. 184. 192—194.)
¹²³) Ueber dieſe ὁσίωσις vgl. Lucian. Lexiph. 10. mit Val. Flacc. VI, 29, 4.
¹²⁴) Plat. Legg. VI. 7. p. 759. c.
¹²⁵) Aeſchin. c. Ctesiph. §. 18. p. 406.
¹²⁶) Der erſte derſelben war in Athen der Archon Baſileus, der, unterſtützt von Epimeleten, beſonders bei den Dionyſien beſchäftigt war (Pollux VIII, 9.) und deſſen Gattin, die Baſiliſſa, dabei ein feierliches Opfer darzubringen hatte. (Demoſth. c. Neaer. §. 76. p. 1371.)
¹²⁷) Vgl. oben S. 10. die Kanephoren und Arrephoren.
¹²⁸) Athen. X, 24. p. 424. f.
¹²⁹) Schol. zu Theocr. IV, 25.
¹³⁰) Ariſtoph. Lys. 646. Pauſ. IX, 22, 1. Xen. Symp. 4, 17. Lucian. Alex. 41.
¹³¹) νεωκόροι (Ariſtoph. Nub. 44. Philo Vol. II. p. 236, 12. vgl. Xen. Anab. V, 3, 6.) oder ζάκοροι (Plut. Camill. 30. Sulla 7. Inſchr. b. Gruter p. 85, 5.) Eine γυνὴ νεωκόρος bei Pauſ. II, 10, 4. und eine ζάκορος bei Athen. XIII, 59. p. 590. e. Thom. Mag. p. 404. macht einen Unterſchied zwiſchen νεωκόρος u. ζάκορος, welcher letztere σεμνότερος geweſen ſein ſoll. Vgl. über ſie beſonders Plat. Legg. VI. p. 759. a—c., auch Athen. XIII, 56. p. 590. e. u. Suid. II. p. 940.
¹³²) Der Luſtſpieldichter Machon bei Athen. VIII, 18. p. 337. c. läßt den νεωκόρος ſogar ein Opfer vollziehen. Trotz ihres gewachſenen Anſehens aber blieben ſie ſtets den Prieſtern untergeordnet. (Aelian. V. Hist. IX, 39. Polyän. Strat. II, 2, 8. Ariſtid. serm. sacr. IV. p. 516.) Bei Aeſch. Suppl. 290. erſcheint neben ihnen auch eine wirkliche Prieſterin als κλειδοῦχος oder Tempelſchließerin.
¹³³) Ἱεροποιήτης: Demoſth. c. Neaer. §. 78. p. 1371. Athen. IV, 32. p. 149. e. Plut. Dion 13.
¹³⁴) Athen XIV, 79. p. 660. a. Später gab es dazu eigene θύται oder μάγειροι (Athen. IX, 31. p. 383. f. XIV, 78.

p. 659. d. Corp. Inscr. Gr. n. 1793 b. u. 1849 c.) und οἰνοχόοι (Athen. X, 24. p. 421. e. Corp. Inscr. Gr. n. 1798. u. 1849 c.)

¹³⁵) Pollux 1, 35. IV, 87. Paus. V, 13, 2. 16, 6. Athen. VIII, 41. p. 349. c. Corp. Inscr. Gr. n. 1969. 2007 b. 2983.

¹³⁶) Auch δοῦλοι τῶν θεῶν: Paus. X, 32, 8. vgl. V, 13, 2.

¹³⁷) Ueber die weiblichen Hierodulen und ihre schändliche Preisgebung vgl. Band 4. S. 10., wo zu Note 142. noch Plat. Rep. III. p. 404. Athen. XIII, 32. p. 573. c. Pind. Fr. 87. p. 608. Böckh. Schol. zu Aristoph. Plut. 149. u. Lysist. 645. hinzugefügt werden können.

¹³⁸) Paus. III, 18, 3. vgl. Herod. VI, 134.

¹³⁹) Eurip. Ion 310. vgl. Plut. de sera num. vind. c. 12.

¹⁴⁰) Vgl. Plat. Alcib. II. p. 148. c. mit Eutyphr. p. 13 f. u. Timon p. 27. c.

¹⁴¹) Hesiod O. et D. 339. Plat. Legg. X. p. 887. e. Symp. p. 220. d. vgl. Arrian. diss. Epict. III, 91, 12. u. Schol. zu Aristoph. Vesp. 862.

¹⁴²) Xen. Symp. 2, 1. vgl. mit Plat. Symp. p. 176. a. u. Athen. XI, 7. p. 462. e.

¹⁴³) Aeschin. c. Timarch. §. 23. p. 48. Demosth. in Mid. §. 114. p. 552. Thuc. VIII, 70.

¹⁴⁴) Vgl. z. B. Thuc. VI, 32.

¹⁴⁵) Vgl. Thuc. a. a. O.

¹⁴⁶) Hom. Il. XVI, 97. Od. IV, 341. u. f. w.

¹⁴⁷) Vgl. die eben angeführten Stellen Homers.

¹⁴⁸) Hom. Il. XXIV, 306. Philostr. Vit. Apollon. VI, 4. Knieende und zu Boden geworfene Stellung galt als eine ausländische Sitte für abergläubisch und tadelnswerth. (Theophr. XVI, 1. Plut. de superst. c. 3. vgl. Diog. L. VI, 37. u. Polyb. XXXII, 25.)

¹⁴⁹) Plut. Qu. Rom. 10 ff. Macrob. Sat. I, 8, 2. 10, 22. III, 6, 17.

¹⁵⁰) Aristot. de mundo c. 6. vgl. Demosth. in Mid. §. 52. p. 531. u. Corp. Inscr. Gr. n. 1464.

¹⁵¹) Vgl. Hom. Il. I, 351. mit Berg. Aen. V, 233.

¹⁵²) Hom. Il. IX, 568. vgl. H. in Apoll. 333. u. Stat. Theb. 1, 55.

¹⁵³) Vgl. Clem. Alex. Strom. IV. p. 543. Einen Ausnahmefall und den Grund dazu siehe bei Hom. Il. VII, 194.

¹⁵⁴) Denn Dankgebete scheinen wenig üblich gewesen zu sein und auch wo sie vorkamen (vgl. Eustath. zu Hom. Il. I, 449.), bezweckten sie doch mehr die Fortdauer der göttlichen Gnade für die Zukunft.

¹⁵⁵) Hesiod. bei Plat. Rep. III. p. 390. e. Hom. Il. IX, 499. Eurip. Med. 964. (Vgl. Suid. I. p. 623.) Die Philosophie

freilich verwarf diese Ansicht. (Vgl. Plat. Legg. III. p. 716. e. mit Cic. Legg. II, 16. u. Plaut. Rud. Prol. 23.)

¹⁵⁶) Vgl. Aristoph. Av. 827. Paus. V, 16, 2.

¹⁵⁷) Hom. Il. VII, 83. Paus. IV, 15, 5. X, 19, 3. Corp. Inscr. Gr. n. 16. 1837. c. u. f. w.

¹⁵⁸) Paus. I, 34, 8. Lucian. Philops. 20.

¹⁵⁹) Bekkeri Anecd. p. 102. vgl. Plat. Phaedr. p. 239. b. u. Persius Sat. II. 70.

¹⁶⁰) Plat. Phaedr. p. 239. b. Anthol. Pal. VI. 224. Bekkeri Anecd. u. Persius a. a. O. Vgl. über die verschiedenen Arten der Weihgeschenke überhaupt die oben Note 82. angeführten Stellen.

¹⁶¹) Vgl. Herod. VIII, 82. Thucyd. I, 132. Paus. III, 18, 7.

¹⁶²) Paus. I. 37, 2. I. 43, 4. II, 11, 5. VII. 17, 4. VIII, 41, 3. Herod. IV, 34. Callim. in Del. 296 ff. Plut. Thes. 5. Aeschyl. Choeph. 6. vgl. schon Hom. Il. XXIII, 141. u. dazu Eustath. Ueber das Herkommen, die Knaben beim Eintritt der Pubertät nach Delphi zu führen, dort ihr Haupthaar abscheeren zu lassen und im Tempel dem Apollo zu weihen, vgl. Band 4. S. 90. Vgl. damit die Sitte Verstorbenen eine Locke des Haupthaares als Todtenopfer darzubringen (Paus. I. 43, 4. VII. 17, 4.)

¹⁶³) Vgl. z. B. Paus. IV, 15, 5.

¹⁶⁴) Plat. Legg. XII. p. 955. b.

¹⁶⁵) Paus. X, 18, 4.

¹⁶⁶) Vgl. Plut. Solon 25.

¹⁶⁶) Vgl. Plat. Legg. VI. p. 782. Porphyr. de abstin. II. 27. Paus. VIII, 2, 1.

¹⁶⁷) Sogenannte feuerlose (ἄπυρα) Opfer. Vgl. Diod. V, 56. u. Diog. L. VIII. 19.

¹⁶⁸) Hom. Il. IX. 534. Plat. Legg. VI. p. 782. c. Apoll. Rh. I. 8, 1. Plut. Qu. Symp. VIII, 8, 3. Porphyr. de abstin. II, 5 ff. vgl. Ovid. Fast. I, 337. u. Min. IV, 12, 26.

¹⁶⁹) Hom. Il. 1. 301. VIII. 549. Lucian. de sacrif. 9. Prom. 19. Icarom. 25. Athen. VIII, 65. p. 363. Schol. zu Aristoph. Plut. 137.

¹⁷⁰) Das θύον (Hom. Od. 11. Athen. V. 41. p. 207. e.), eine wohlriechende Holzart (Ceder oder Citrus?), Storax (Strab. XII. p. 570 f.), Lorbeerblätter (Philostr. Vit. Soph. II, 5.)

¹⁷¹) Athen. I. 16. p. 9. f. VII. 88. p. 309. d. Paus. V, 15, 6. Porphyr. de abst. II. 5. Plin. XIII, 1, 1. Arnob. VII, 26.

¹⁷²) Paus. I. 26, 6. VIII, 2, 1. IX, 39, 5. Aristoph. Nub. 504. Plat. Legg. VI, 22.

¹⁷³) Paus. I. 26, 6. VIII, 2, 1. Pollux I, 28. Aristoph. Plut. 158, 659. vgl. Hesych. II. p. 96, 502, 744. u. Anth. Pal. VI, 258.

¹⁷⁴) Herod. II, 47. Plut. Lucull. 19. Zenob. V, 5. 22.

Suid. 1. p. 448. Serv. zu Verg. Aen. 11, 116. Hier mag auch der komischen Sitte gedacht sein, daß man dem Herkules in Böotien Aepfel statt Schafe opferte, weil μῆλα beides bedeutete. (Pollux I, 30.)

¹⁷⁵) Hom. Il. VI. 270. IX, 495. XXIV, 69. Hesiod. O. et D. 338.

¹⁷⁶) Vgl. unten Note 185.

¹⁷⁷) Suid. I. p. 448. II. p. 215. Paus. IV, 31, 6. Plin. VIII, 45, 70. (Nach Varro R. R. II, 4, 9. wären von allen diesen Thieren zuerst Schweine geopfert worden.) Von diesen Gattungen wurden zuweilen auch drei zugleich geopfert. (Schol. zu Aristoph. Plut. 820. Eustath. zu Hom. Od. XI, 130. vgl. Diod. IV, 39.)

¹⁷⁸) Paus. II, 11, 7. IV, 31, 7. Suid. II. p. 215. Plat. Phaed. p. 118. a. Plut. Inst. Lac. 25. Qu. Symp. VI, 10, 1. Lucian. Jup. trag. 15. Lydus de mens. IV, 44.

¹⁷⁹) Z. B. Hirsche (Nekkeri Anecd. p. 249.) und Hasen (Philostr. Imag. I. 6.)

¹⁸⁰) Vgl. Athen. VII, 50. p. 297. d. Nach Plut. Qu. Symp. VIII, 8, 3. wären Fische überhaupt niemals geopfert worden.

¹⁸¹) Hinsichtlich der Fische vgl. Plat. Rep. III. p. 404. c. Eustath. zur Odyss. XII, 329. Athen. 1, 16. p. 9. d. 22. p. 13. 46. p. 25. b. In alter Zeit wurden Fische (Hom. Od. XII, 330 f.) und Wildpret (Hom. Od. X, 177.) nur im Nothfalle gegessen. Ueber das Fischessen überhaupt vgl. Plut. Qu. Symp. IV, 4. VIII, 8. u. de Is. et Osir. 7.

¹⁸²) Paus. III, 20, 5. VIII, 7, 2. Hom. Il. XXI, 132. vgl. auch Plut. Pelop. 22. Die den Wassergottheiten geopferten wurden jedoch nicht auf dem Altare verbrannt, sondern lebend in's Meer oder in den Fluß gestürzt (Hom. a. a. O. vgl. auch Paus. VIII, 7, 2.)

¹⁸³) Vgl. Eustath. zu Hom. Il. I, 41. u. dazu Böckh ad Pind. Pyth. X, 36. u. Corp. Inscr. Gr. I. p. 809.

¹⁸⁴) Lycophr. Alex. 77. Julian. Or. V. p. 176. Paus. III, 14, 9. Plut. Qu. Rom. 111.

¹⁸⁵) So z. B. dem Dionysos Böcke und der Demeter Schweine, weil die Böcke den Weinstöcken, die Schweine aber durch Aufwühlen der Erde den Saatfeldern schaden (Serv. zu Verg. Georg. II, 380. vgl. mit Varro R. R. I, 2, 19. Schol. zu Aristoph. Ran. 338. Ovid. Met. XV, 111. u. Fast. I. 349 ff.), so daß also auch der Widerwille der Götter gegen gewisse Thiere der Grund ihrer Opferung wurde.

¹⁸⁶) So wurden z. B. der Athene (Athen. XIII, 51. p. 587. a.) u. der Hera (blos mit Ausnahme von Lacedämon: Paus. III, 15, 7.) keine Ziegen, der Aphrodite nach Aristoph. Acharn. 793. mit Schol.

Pauſ. II, 10, 4. u. Aeſop. Fab. 230. keine Schweine geopfert, obgleich mit letzterer Nachricht Athen. III, 49. p. 95. f. u. Strab. IX. p. 436. in Widerſpruch ſtehen.

¹⁸⁷) Lucian. de sacrif. 12. In ſpäterer Zeit wurden die tauglich befundenen Opferthiere auch durch ein (eingebranntes?) Zeichen ihrer künftigen Beſtimmung vorbehalten. (Porphyr. de abstin. I, 25.)

¹⁸⁸) Pollux I, 29. Plut. de def. orac. 49. Athen. XV, 16. p. 674. f. Ueber ſeltene Ausnahmen in Sparta und Eretria vgl. Plat. Alcib. II. p. 149. a. u. Aelian. Hist. anim. XII, 34.

¹⁸⁹) Die Angaben über das nöthige Alter differiren. Während Hom. Il. X, 292. einen einjährigen Stier für geeignet findet, verlangt er Il. II, 403. u. Od. XIV, 419. (vgl. Ariſtoph. Acharn. 783.) ſowohl einen Stier als ein Schwein von 5 Jahren. Jedenfalls wurde eine gewiſſe Reife erfordert. (Vgl. Corp. Inscr. Gr. n. 2360.)

¹⁹⁰) Hom. Il. VI, 94. 275. 309. X, 293. Pollux I, 29. Aelian. V. Hist. V, 14. Hist. an. XII, 14. Babr. Fab. 37. Macrob. Sat. III, 5, 5. Doch kamen in beiden Punkten auch Ausnahmen vor. Hinſichtlich des erſten vgl. Pauſ. IX, 12, 1. und des zweiten Pauſ. II, 11, 4. IX, 25, 6.

¹⁹¹) Arnob. VII. 19. vgl. Porphyr. antr. Nymph. 6. u. Euseb. praep. evang. IV, 9.

¹⁹²) Schol. zu Hom. Il. III. 103. u. zu Soph. Oed. Col. 42. Pauſ. X, 29, 1. Auch Meergottheiten wurden ſchwarze Rinder geopfert. (Hom. Od. III, 6.)

¹⁹³) Ὁλοκαυτεῖν: Xen. Anab. VII, 8, 5. Plut. Qu. Symp. VI. 8, 1. vgl. Xen. Cyrop. VIII, 3, 24. Apoll. Rhod. III, 193. Pauſ. VII, 18, 7. IX, 3, 4.

¹⁹⁴) Pauſ. II, 11, 7. Apoll. Rhod. III, 1030.

¹⁹⁵) Hom. Od. III, 332. 341. Pollux VI, 55. Plut. Phoc. 1. Athen. I, 28. p. 16. c. Schol. zu Apoll. Rhod. I, 516.

¹⁹⁶) Hom. Il. I, 462. II, 423. Od. III, 439. XII, 360. XIV, 427. Eurip. Ion 1124. Dion. Hal. VII, 72. vgl. Pollux VI, 55. Athen. I, 28. p. 16. b. VII, 39. p. 292. a. Plut. Phoc. 1. Schol. zu Ariſtoph. Pax 1060. u. ſ. w.

¹⁹⁷) Heſiod. O. et D. 336. vgl. Xen. Mem. I, 3. Pauſ. VIII, 37, 5. IX, 3, 4. Epictet. 31, 5.

¹⁹⁸) Vgl. Plut. Lycurg. 19.

¹⁹⁹) Vgl. z. B. Herod. VI, 129. Athen. I, 5. p. 3. d. u. ſ. w. Doch beſtanden die Hekatomben nicht immer wirklich aus 100 Rindern, ſondern waren auch öfters aus Rindern, Schafen und Ziegen zuſammengeſetzt. (Porphyr. de abstin. I, 32. Euſtath. zu Hom. Od. XI, 130.) Für eine wahre Hekatombe jedoch galt immer nur

ein Opfer von 100 Rindern. (Vgl. Athen. a. a. O.) Uebrigens wird mit dem Namen Hekatombe bald eine kleinere, bald eine größere Zahl von Opferthieren bezeichnet, z. B. schon von 12 Kühen bei Hom. Il. VI, 93. vgl. mit v. 115., von 450 Stieren dagegen bei Diod. XI, 72. und von 500 Ziegen bei Plut. de malign. Herod. c. 26.

¹⁰⁰) Lucian. de sacrif. 12. u. Alciphr. III, 35.

¹⁰¹) Vgl. Eurip. Ion 279. Phoen. 927. Demosth. c. Neaer. §. 123. p. 1387. Lycurg. c. Leocr. p. 202. Apoll. III, 6, 7. III, 15. 4. 8. Pauf. IV, 9, 2. Athen. XIII, 78. p. 602. c. Diog. L. I, 110.

¹⁰²) Vgl. Herod. VII, 197. Pauf. VII, 19, 2. 21, 1. VIII, 2, 1. IX, 8, 1. Plut. Qu. Gr. 7. Plat. Legg. VI, 22. Porphyr. de abstin. II, 27. 55. Tzetz. zu Lycophr. 229.

¹⁰³) Vgl. Pauf. X, 2, 4. u. Strab. X. p. 452.

¹⁰⁴) Porphyr. de abstin. a. a. O.

¹⁰⁵) So namentlich im Cultus der taurischen Artemis (Eurip. Iph. Taur. 1470.) Uebrigens vgl. Pauf. IX, 8, 1. Dion. Hal. I, 38. Plut. Qu. Rom. 32. Macrob. Sat. I, 7, 15. Hygin. Fab. 130. u. A. Hierher gehört auch die Geißelung der spartanischen Jugend am Altar der Artemis Orthia, welche nach Pauf. III, 16, 7. u. Sext. Empir. Hypot. Pyrrh. III, 208. die Stelle früherer Menschenopfer vertrat. Vgl. auch Pauf. VIII, 23, 1. über die Geißelung der arkadischen Frauen.

¹⁰⁶) Wenn jedoch der Flüchtling eingeholt wurde (Plut. Qu. Gr. 38.) oder später selbst zurückkehrte (Herod. VII, 197.), blieb das Recht ihn zu tödten unverändert.

¹⁰⁷) Welches in alten Mythen die Gottheit selbst an die Stelle des Opfers setzt, wie im Mythus der Iphigenia (Eurip. Iph. Taur. 10 ff. u. 783. u. Iph. Aul. 1540 ff.) Uebrigens vgl. Pauf. IX, 8, 1. Porphyr. de abst. II, 55. u. Suid. I. p. 720.

¹⁰⁸) Namentlich die sogenannten αἰῶραι oder oscilla, die nach Hygin. Fab. 130. u. Serv. zu Verg. Georg. II, 389. die Stelle aufgeknüpfter Menschen vertreten zu haben scheinen. Vgl. auch Dion. Hal. I, 38. Plut. Qu. Rom. 32. Macrob. Sat. I, 7, 31. u. Band 2. S. 161. unseres Werkes.

¹⁰⁹) Vgl. z. B. Hom. Il. XXI, 28.

¹¹⁰) Vgl. Aesch. Suppl. 959. Aristoph. Pax 1103. Athen. XIV, 78. p. 659. d. Corp. Inscr. Gr. n. 2536.

¹¹¹) Vgl. Hom. Od. XI, 27 f.

¹¹²) Vgl. Hom. Il. XVI, 293.

¹¹³) Wie bei den jede Mahlzeit begleitenden Libationen.

¹¹⁴) Plin. XIV, 19, 23. erwähnt auch noch manche andern Forderungen, denen der zu opfernde Wein genügen mußte.

¹¹⁵) Dion. Hal. VII, 72. Arnob. adv. gent. VII, 30.

Anmerkungen zum 14. Kapitel.

¹¹⁶) Aeschyl Choeph. 100. Eurip. Orest. 115. Eustath. zu Hom. Od. X, 518. vgl. auch Hom. Il. VII, 480.
¹¹⁷) Soph. Oed. Col. 407. Plut. Qu. Symp. IV, 6, 2. Porphyr. de abstin. II, 20. Eustath. zu Hom. Od. X, 519. Meines Wissens wurde wohl nur in Nothfällen libirt (wie Hom. Od. VII, 138.), bloße Milch aber öfter. (Soph. Elect. 895. Schol. zu Aeschin. c. Timarch. §. 188.)
¹¹⁸) Hom. Od. XI, 27. Aeschyl. Pers. 610 ff. Eurip. Orest. 115. Lucian. Char. 22.
¹¹⁹) Aeschyl. Eum. 107. Soph. Oed. Col. 100. u. 491. Athen. XV, 48. p. 693. c. Paul. V, 15, 10. und besonders d. Schol. zu Soph. l. l.
¹²⁰) Schol. zu Soph. Oed. Col. 100. vgl. Paul. 1, 26, 6. VI, 20, 2.
¹²¹) Apollod. III, 15, 7. Schol. zu Soph. Oed. T. 3. Apoll. Rhod. II, 159.
¹²²) Macrob. Sat. I, 8, 2. 10, 22. III, 6, 17.
¹²³) Aristoph. Nub. 255 f. vgl. Berg. Aen. V, 366.
¹²⁴) Hom. Il. X, 294. Od. III, 384. 426. vgl. Berg. Aen. IX, 627. und dazu Serv. Ovid. Met. VII, 161. Tibull. IV, 1, 15. u. s. w.
¹²⁵) Macrob. Sat. III, 5, 8. Serv. zu Berg. Aen. IX, 627. Rellan. II. an. XI, 4. vgl. Lucan. VII, 165.
¹²⁶) Plut. Qu. Symp. VIII, 8, 3. Strab. VIII. p. 384. Schol. zu Aristoph. Pax 960. Ein Mittel dieß zu bewirken war, daß man dem Opferthiere Wasser in's Ohr goß. (Schol. zu Apoll. Rhod. I, 415.)
¹²⁷) Hom. Il. I, 449. vgl. Od. III, 338. Il. VI, 266. Hesiod. O. et D. 732. u. Dion. Hal. VII, 72.
¹²⁸) Athen. IX, 76. p. 409. b. Schol. zu Aristoph. Pax 959. u. Suid. s. v. δαλίον.
¹²⁹) Aristoph. Acharn. 237. Aves 959.
¹³⁰) Hom. Il. IX, 171. Aristoph. Thesm. 295. Acharn. 247. Dion. Hal. VII, 72.
¹³¹) Hom. Il. I, 458. Aristoph. Pax 946. Eurip. El. 1146. Dion. Hal. VII, 72. Statt der Gerstenkörner genommene kleine Kiesel erwähnt Paul. I, 41, 6.
¹³²) Hom. Il. I, 459. III, 278. XIX, 254. Od. XIV, 422. Hesych. Il. p. 183.
¹³³) Hom. Il. I, 458. u. dazu Eustath. p. 134. Schol. Apoll. Rhod. I, 587. Etym. M. p. 345, 25.
¹³⁴) Vgl. dieselben Stellen.
¹³⁵) Hom. Od. XIV, 425. Dion. Hal. VII, 72.
¹³⁶) Hom. Od. III, 449. vgl. Il. I, 459. Orph. Argon. 311. Paul. VIII, 37, 6. Dion. Hal. a. a. O.

²³⁷) Pollux I. 27. vgl. Lucian. de sacrif. 13.
²³⁸) Hesych. II. p. 744.
²³⁹) Dion. Hal. a. a. O.
²⁴⁰) Vgl. S. 33. mit Note 115.
²⁴¹) Daß nicht leicht das ganze Thier verbrannt wurde, haben wir schon oben S. 15. gesehen.
²⁴²) Vgl. Hom. Il. I. 462. XI. 774. u. Dion. Hal. a. a. O.
²⁴³) Eine θυσία ἄγευστος: Plut. sanit. praec. p. 124. b. vgl. Paus. II, 10, 1.
²⁴⁴) Pind. Ol. I, 90. Eurip. Hecub. 536. Paus. X, 4, 7. vgl. Val. Flacc. I, 828.
²⁴⁵) Hom. Od. XI, 25. Apoll. Rhod. III, 1092. Philostr. Vit. Apoll. VI, 11. Porphyr. antr. Nymph. c. 6.
²⁴⁶) Schol. zu Pind. Isthm. III, 10. Etym. M. p. 468. vgl. Paus. X, 38, 4. u. Verg. Aen. VI, 252.
²⁴⁷) Herod. I, 132. Apollod. III, 15, 6.
²⁴⁸) Etym. M. p. 690. vgl. Plut. Qu. Symp. IX, 15, 2.
²⁴⁹) Vgl. S. 15.
²⁵⁰) Ursprünglich τελεταί (so wie die Geweihten τελούμενοι u. τετελεσμένοι) genannt (Etym. M. p. 751. vgl. mit Herod. II, 171. Plat. Phaedr. p. 249. c. Diod. V, 49. Plut. Is. et Osir. c. 78. Suid. II. p. 592. u. s. w.), erst später μυστήρια und die Eingeweihten μύσται. (Suid. a. a. O.)
²⁵¹) Die richtigsten Ansichten sind die von Lobeck in seinem Aglaophamus sive de theologiae mysticae Graecorum causis. Regiom. 1829. 8. aufgestellten.
²⁵²) Siehe oben S. 18.
²⁵³) Vgl. Theon. Smyrn. Arithm. p. 18. mit Arrian. diss. Epict. III, 21, 14. u. Proclus zu Plat. Cratyl. §. 175. Namentlich suchte man diese Entsündigung und Heiligung in den orphischen Mysterien, in den bacchischen aber eine Sicherheit vor Gefahren und Beseligung hier auf Erden und in den eleusinischen Trost und Beruhigung für das Jenseits.
²⁵⁴) Diod. V, 49. vgl. Juven. XV, 140. Selbst ein Sündenbekenntniß scheint bei manchen Mysterien verlangt worden zu sein. (Vgl. Plut. Apophth. Lacon. p. 217. d. u. 229. d.)
²⁵⁵) Vgl. Paus. II, 37, 3. III, 22, 2. IX, 25, 6. 30, 6. Plut. Solon 9. Galen. de usu part. VII, 14.
²⁵⁶) Vgl. Suet. Nero 34.
²⁵⁷) Porphyr. de abstin. IV, 16.
²⁵⁸) Vgl. Plut. Demosth. 30.
²⁵⁹) Weshalb auch bei der Mysterienfeier, welche das männliche (Paus. II, 11, 3.) und besonders das weibliche Geschlecht (Schol. zu Aristoph. Lys. 1. u. Plat. 179. namentlich bei den Thesmophorien: Herod. II, 171. Stob. Serm. XI, 16. vgl. übrigens

Pauf. III, 20, 4. VIII, 31. 5. 36, 2. X. 9, 4.) an manchen Orten allein beging und bei welchen das rein Geschlechtliche in den Mittelpunkt trat, die anstößigen Symbole des Phallus (Schol. zu Aristoph. Acharn. 243. Theodoret. cur. Gr. aff. I. p. 722. u. f. w.) u. Kreis (Theodor. III. p. 152. vgl. Athen. XIV, 56. p. 647. a. u. Apollod. I. 5.) eine Hauptrolle spielten.

²⁶⁰) Vgl. Clem. Alex. Cohort. p. 12. Pott. u. Athenag. Legat. c. 32. p. 32.

²⁶¹) 3. B. des Raubes der Proserpina, der Geschichte des Attis, Adonis u. f. w.

²⁶²) Vgl. Clem. Alex. Protr. c. 2. p. 11 ff.

²⁶³) Diod. V, 72. Hesych. v. Διονύσου γάμος.

²⁶⁴) Vgl. z. B. Pauf. VIII, 37, 6. mit VIII, 25, 5.

²⁶⁵) Vgl. z. B. Herod. II, 156. mit Aristot. Eth. Nicom. III. 2. Pauf. I, 29, 2. VIII, 25, 5. u. Plut. Qu. Symp. IV, 6.

²⁶⁶) Herod. VIII, 65. Demosth. Mid. §. 176. p. 571. Lysias c. Andoc. §. 5. Aristot. Rhet. II, 24. Aristid. Or. XIX. p. 415. Philostr. Vit. Apoll. I, 18. Daß selbst Kinder schon aufgenommen wurden, ersehen wir aus Plut. Alex. 2. vgl. Terent. Phorm. I, 1, 15. u. Carp. Inscr. Gr. I. n. 392. u. 443 ff. (Vgl. Hermann Gr. Antiquit. II. S. 203. Note 25.) Natürlich aber erhielten sie nur die Vorweihen in die kleineren Mysterien.

²⁶⁷) Theo Smyrn. Astron. p. 18. spricht auch von 5 Stufen.

²⁶⁸) Plut. Qu. Symp. VIII, 2, 1. Clem. Alex. Strom. V. p. 582.

²⁶⁹) Vgl. Plut. Demetr. 26. u. Schol. zu Aristoph. Ran. 745. Ueber die davon abweichende Angabe des Tertull. adv. Valent. c. 1., der von einem fünfjährigen Zeitraume bis zum Erstrigen der höchsten Stufe spricht, vgl. Lobeck Aglaoph. p. 32 ff.

²⁷⁰) Μυσταγωγός: Plut. Alcib. 31. Dion 54. Hesych. h. v.

²⁷¹) Aristid. Panath. p. 266.

²⁷²) Plut. Amat. 19. Alcib. 34. Dion 54. Plat. Epist. VII. p. 333.

²⁷³) Wie Suid. II. p. 592. irrthümlich berichtet. Vgl. dagegen Plut. Alcib. 31.

²⁷⁴) Clem. Alex. Protr. p. 18.

²⁷⁵) Vgl. z. B. Pauf. II, 17, 4. IX, 25, 6. mit Plut. Alcib. 22.

²⁷⁶) Mit welchem es durch die heilige Straße verbunden war, welche die heilige Festprocession passirte.

²⁷⁷) Ueber Dionysos als Theilnehmer des eleusinischen Cultus vgl. Soph. Antig. 1119. Eurip. Ion 1074. Herod. VIII, 65. Strab. X. p. 468. Hesych. II. p. 5. Schol. zu Aristoph. Ran. 326. 999.

Anmerkungen zum 14. Kapitel. 43

⁸⁷⁵) Kaiser Hadrian ließ sich selbst in sie einweihen (Corp. Inscr. Gr. n. 434.), Antoninus schmückte Eleusis durch Prachtgebäude (Schol. zu Aristid. Vol. III. p. 308. Dind.) und der hohe Rath (vgl. Note 296.) sungirte noch unter Commodus. (Corp. Inscr. Gr. n. 397. 399.)

⁸⁷⁶) Hesych. I. p. 700. Pollux VIII, 9.

⁸⁷⁷) Einer von ihnen wurde aus den Eumolpiden, ein zweiter aus den Kerhken und die anderen beiden aus der Gesammtheit der athenischen Bürgerschaft gewählt. (Aristot. bei Harpocr. s. v. ἐπιμελητής τῶν μυστηρίων p. 118. Pollux VIII, 9, 90. Lysias c. Andoc. §. 4. Hesych. s. v. βασιλεύς.) Vgl. oben S. 34. Note 126.

⁸⁷⁸) Vgl. Plut. de exil. 17.

⁸⁷⁹) Plut. Alcib. 22. 33. Aristid. Dionys. Vol. I. p. 50. Dind. Thucyd. VIII, 53. Aeschin. c. Ctesiph. §. 18. Isocr. Paneg. §. 157.

⁸⁸⁰) Aristid. Eleusin. I. p. 417.

⁸⁸¹) Ἱεροφάντης: Plut. Alcib. 22. Arrian. Diss. Epict. III, 21, 16. Diog. Laert. VII, 186. Euseb. Praep. evang. III, 12. Phot. Lex. p. 80. Zonar. p. 1092. u. s. w.

⁸⁸²) Vgl. Suid. v. δᾳδοῦχει.

⁸⁸³) Schol. zu Soph. Oed. Col. 687. Phot. u. Suid. v. φιλλεῖδαι. Ueber die ἱερόφαντις vgl. Schol. zu Soph. a. a. O. u. Corp. Inscr. Gr. n. 432. Auch neben dem Dabuchos erscheint noch eine δᾳδουχήσασα im Corp. Inscr. Gr. n. 1535. Ueberhaupt gab es bei den Eleusinien außer der eigentlichen Priesterin der Demeter und Persephone aus dem Geschlecht der Phylliden (Phot. Lex. p. 648.) noch mehrere Priesterinnen. (Schol. zu Soph. Oed. Col. 683.)

⁸⁸⁴) Vgl. Note 289.

⁸⁸⁵) Wovon eben das Geschlecht der Eumolpiden (d. h. gute Sänger) seinen Namen führte.

⁸⁸⁶) Δᾳδοῦχος: Plut. Alcib. 22. Arrian. Diss. Epict. III, 21, 13. Euseb. Praep. evang. III, 12. Eustath. zu Hom. Il. I, 275. Suid. v. Διὸς κῴδιον.

⁸⁸⁷) Vgl. Orph. Arg. 331. Heliod. Aethiop. III, 5. Schol. zu Aristoph. Ran. 482.

⁸⁸⁸) Vgl. Paus. 1, 39, 6. mit Diog. Laert. II, 101. VII, 186. u. Philostr. Vit. Soph. II, 20.

⁸⁸⁹) Hesych. u. Suid. v. διοσκώδιον. Daher werden Hierophant und Dabuchos oft verbunden, wenn überhaupt die eleusinischen Mysterien bezeichnet werden sollen. (Lucian. Alex. §. 39. Menand. π. ἐπιδ. p. 258. Walz. Cic. Legg. II, 1.

⁸⁹⁰) Schol. zu Aristoph. Plut. 431. vgl. Isocr. Paneg. §. 157. u. Liban. T. IV. p. 356.

⁸⁹¹) Ἱεροκῆρυξ: Demosth. c. Neaer. §. 78. p. 1371. Im

Hell. II, 4, 20. Pollux VIII, 103. Plut. Alcib. 22. Arrian. Diss. Epict. III, 21, 13.

²⁹⁴) Vgl. Pollur IV, 91. VIII, 103. Athen. XIV, 79. p. 660.

²⁹⁵) Ἐπιδήμιος: Euseb. Praep. evang. III, 12. Corp. Inscr. Gr. n. 71. 184. 192—194.

²⁹⁶) Ἱερὰ γερουσία: Corp. Inscr. Gr. n. 399.

²⁹⁷) Demosth. c. Androt. §. 27. p. 601. Lysias c. Andoc. p. 601. Andoc. de myst. §. 29. 31. vgl. Plut. Alcib. 22. 33. Demetr. 26. u. Corn. Nepos Alcib. 4.

²⁹⁸) Ueber die des Hierophanten z. B. vgl. Plut. Alcib. 22. u. Arrian. Diss. Epict. III, 21, 16., über die des Dadouchos Plut. Aristid. 5. u. Corp. Inscr. Gr. III. p. 386 ff.

²⁹⁹) Vgl. Corp. Inscr. Gr. n. 184. u. dazu Böckh p. 325. 378 b. 436.

³⁰⁰) Lucian. Lexiph. 10. Eunap. p. 90. Comm.

³⁰¹) Vgl. Paus. V, 10, 1. X. 31, 11. Isocr. Paneg. 6. Cic. Legg. II. 14.

³⁰²) Aristid. Eleusin. p. 415. Dind.

³⁰³) Aristid. Eleusin. p. 415. 420. 421. u. Panath. p. 311. Dind.

³⁰⁴) Philostr. Vit. Apoll. I, 18, 155.

³⁰⁵) Clitodem. in Bekker's Anecd. I, 326. 334. Plut. de malign. Herod. 26. Hesych., Etym. M. u. Steph. Byz. v. Ἀγραι.

³⁰⁶) Lysias c. Andoc. p. 4. Corp. Inscr. Gr. n. 71.

³⁰⁷) Manche neuere Gelehrte geben ihnen minder richtig nur 9 bis 10 Tage. (Vgl. dagegen Meier zu Roß Demen von Attika S. X. u. Hermann Griech. Antiquit. II. S. 371. Note 8.

³⁰⁸) Der Tag hieß daher ἅλαδε, μύσται („an's Meer, ihr Mysten"). Vgl. Hesych. h. v. Polyän. Strat. III, 11, 11. Plut. Phoc. 6. u. de glor. Athen. c. 7.

³⁰⁹) Corp. Inscr. Gr. n. 523.

³¹⁰) Vgl. Paus. II, 26, 7. u. Philostr. Vit. Apoll. IV, 18.

³¹¹) Was jedoch von Preller in Pauly's Realencycl. III. S. 96 f. bestritten wird.

³¹²) Die wahrscheinlich in dem von Plut. Arist. 27. Alciphr. III, 59. u. im Corp. Inscr. Gr. n. 481. erwähnten Ἰακχεῖον in Athen aufgestellt war.

³¹³) Strab. X. p. 468. Hesych. II. p. 6. Schol. zu Aristoph. Ran. 326. 399.

³¹⁴) Plut. Phoc. 28. Camill. 19. Schol. zu Aristoph. Ran. 326.

³¹⁵) Herod. VIII, 65.

³¹⁶) Daher die Klage über den weiten Weg bei Aristoph. Ran. 400. Die Frauen Wohlhabender ließen sich deshalb gewöhnlich

fahren, bis ein Gesetz des Lykurg dieß verbot. (Plut. X oratt. 7. Aristoph. Plut. 1913.)

³¹⁷) Plut. Solla 14.

³¹⁸) Aristoph. Ran. 322 ff. 370 ff. Herod. VIII. 65. Athen. V, 51. p. 213. d. Aristid. Eleusin. I. p. 418. Diod. Ammon. de diff. verb. p. 128.

³¹⁹) Vgl. Himer. Orat. VII. p. 512. Polyän. III, 10, 4. Eurip. Ion 1074 f. Schol. zu Aristoph. Ran. 339. u. zu Soph. Oed. Col. 679. Cic. Legg. II, 14, 35. u. s. w.

³²⁰) Vgl. Hom. H. in Cer. 47 ff. 201 ff. Clem. Alex. Protr. p. 9. Procl. zu Plat. Rep. p. 884. Greg. Naz. XXXIX. p. 626. d.

³²¹) Soph. Oed. Col. 1045. mit b. Schol. Eurip. Ion 1075 ff. Lactant. Inst. I, 21, 24. Serv. zu Verg. Aen. IV, 609. Mythogr. Lat. II, 94. Nod. vgl. Stat. Silv. IV, 8, 50. u. Juven. XV, 140.

³²²) Callim. H. in Cer. 8. Ovid. Fast. IV, 535.

³²³) Plut. Qu. Symp. II. 2.

³²⁴) Vgl. Aristoph. Ran. 387. Aristid. I. p. 417.

³²⁵) Das Wort bezeichnet eigentlich ein zum Libiren bestimmtes Wassergefäß.

³²⁶) Pollux X. 74. Athen. XI, 93. p. 496. a. b. Eustath. p. 596, 9. Hesych. II. p. 979.

³²⁷) Aristid. Panath. p. 308. Diod. vgl. Galen. de usu part. XVII, 1. Diod. III. 55. IV. 43. Liv. XLV, 5.

³²⁸) Plut. Alex. 2. Curt. VIII, 1, 26.

³²⁹) Plut. Locull. 13. vgl. auch Tac. Ann. II. 54.

³³⁰) Vgl. Apoll. Rhod. I, 917. Orph. Argon. 469. Val. Fl. II. 435.

³³¹) Schon Orpheus (Diod. IV, 43. 48.), Odysseus und Agamemnon (Schol. zu Apoll. Rhod. a. a. O.) sollen der Sage nach Eingeweihte gewesen sein.

³³²) Plut. Alex. 2. Schol. zu Eurip. Phoen. 7.

³³³) Donat. zu Ter. Phorm. I, 15.

³³⁴) Plut. Laced. apophth. p. 197. 229. 246.

³³⁵) Schol. zu Theocr. II, 12. Eudocia p. 196. Hesych. II. p. 293.

³³⁶) Diod. V, 49.

³³⁷) Schol. zu Apoll. Rhod. I, 917. vgl. Schol. zu Aristoph. Pax 278. u. Diod. IV, 43. Ueberhaupt erscheinen die Kabiren auch als Schutzgötter der Seefahrer. (Außer den schon angef. Stellen vgl. auch Callim. Ep. 26. Lucian. Ep. 15.) Daher fanden sich auf der Insel auch viele den samothracischen Göttern für Rettung aus Sturm und Schiffbruch dargebrachte Weihgeschenke und Votivtafeln. (Diod. IV, 55. V, 47. Cic. N. D. III, 37, 89.)

⁸³⁸) Schol. zu Apoll. ibid. vgl. Hom. Od. V, 346.
⁸³⁹) Plat. Euthyd. p. 277. d. Dio Chrys. XII. p. 200. Lucian. de salt. 15. Procl. Theol. Plat. II, 13. Hesych. v. ἐνθρονισμός. Der Tempel (der später von cilicischen Seeräubern ausgeplündert wurde) besaß großen Reichthum. (Eustath. zu Hom. Il. XIII. 12. Vgl. auch Plut. Marcell. 30.)
³⁴⁰) Vgl. Stat. Achill. II, 157. Daher sollen auch nach Einiger Meinung die Tänze der Salier in Rom eine Nachahmung der samothracischen gewesen sein. (Vgl. Plut. Numa 13. u. Festus p. 474.)
³⁴¹ Vgl. Diod. V, 49. 77.

## 15. Kapitel.

## Mantik und Orakel. Aberglaube und Magie.

[Kunstlose und künstliche Weissagung. Inspiration und Zeichendeutung. Wahrsager. Orakel: Traum-, Todten- und Spruchorakel. Orakel des Trophonius. Orakel zu Dodona und Delphi. Aberglaube. Zauberei und Arten derselben. Zauberer.]

In einem gewissen Zusammenhange mit dem Cultus steht die Mantik oder Weissagung.¹) Im ganzen Alterthume herrscht der Glaube, daß der Mensch fähig sei, das Zukünftige vorauszusehen,²) und zwar nicht auf natürlichem Wege durch Nachdenken, Schlüsse und Combinationen des Verstandes, sondern durch göttliche Inspiration,³) und in den ältesten Zeiten, schon vor Homer, wo die Mantik bei den Griechen ihren Anfang nahm, fand man in Folge des Glaubens an einen innigen Verkehr zwischen Göttern und Menschen und bei noch großer Empfänglichkeit der Letzteren für Nahesein und Einwirken der Gottheit,⁴) die selbst die Gedanken, den Willen und Entschluß im Menschen schaffe, darin durchaus nichts Besonderes oder Wunderbares. Es lassen sich nun aber drei Formen dieser göttlichen Offenbarung unterscheiden. In den frühesten Zeiten glaubten die noch kindlich abergläubischen Menschen nicht selten die Stimme der zu ihnen sprechenden Gottheit selbst zu hören; und wenn auch später dieser Glaube und somit die erste Form der Offenbarung bei zunehmender Cultur nach und nach verschwand,⁵) so dauerten dagegen die beiden anderen Formen das ganze Alterthum hindurch fort, nämlich zuerst der Glaube, daß in der Menschenseele selbst eine Götterstimme wirke, die sie die Zukunft ahnen lasse, so daß also die Offenbarung nur für eine innere, geistige, nicht durch sinnliche Zeichen vermittelte galt,⁸) und sodann die Annahme, daß der Mensch den Willen der Gottheit durch äußere Vermittelung, aus sinnlich wahrnehmbaren Zeichen erkenne, die erst noch einer Deutung bedürften. Hierauf gründet sich der Unterschied zwischen kunstloser oder reiner und künstlicher oder gemischter Weissagung.⁹) Sprechen wir zunächst von ersterer, wo gleichsam ein Ausströmen des göttlichen Geistes in den menschlichen stattfinden und den Seher drängen soll, das ihm Inspirirte auch laut auszusprechen. Es ist dieß die edlere, ethische Art der Divination, welche, dem Prophetismus der Israeliten verwandt, wenn auch ihn nicht völlig erreichend, sich abwendet von der stummen Offenbarung Gottes in der Natur und nicht äußeren, leicht täuschenden Zeichen, sondern dem Gotte in der eigenen Brust folgt, wo der Mensch sich in stetigem Verkehr mit der Gottheit fühlt, wo kraft der göttlichen Inspiration die Scheidewand zwischen göttlichem und menschlichem Wissen aufhört und der Mensch zu der Gottheit selbst emporgehoben wird. Ein niedrigerer Grad dieser kunstlosen Weissagung, in der, verbunden mit der künstlichen Mantik, nach und nach der ganze Begriff der Divination aufging, ist die des Volksglaubens, bei welcher zwar immer noch der Glaube an göttliche Inspiration der Grundbegriff ist und alles Kunstmäßige ausgeschlossen bleibt, die sich aber von jener höheren Weissagung dadurch unterscheidet, daß die weissagende Kraft sich nur auf einzelne Momente beschränkt und äußere, ungeistige Bedingungen dabei die Hauptsache sind. Auch hier lassen sich drei Arten unterscheiden, die Ekstase,⁹) die Träume und die Orakel. Die Ekstase besteht in einer zeitweilig eintretenden, ungewöhnlichen Aufregung, wo der Mensch bei einer gewissen Abgezogenheit der Seele vom Körper sich in einem gehobenen, dem Göttlichen näheren Zustande befinden und in innigerem Verkehr mit der Gottheit stehen soll, so daß man diese selbst durch den Mund des Begeisterten sprechen zu hören glaubt.⁹) Diese der Trunkenheit ähnliche enthusiastische Stimmung aber wird durch den Einfluß äußerer, ungeistiger, besonders elementarischer Kräfte herbeigeführt. Erd-, Luft- und Wasserkräfte sollen das gebundene Divinationsvermögen frei machen.¹⁰) Auch krankhaften Zuständen des Körpers und der daraus entspringenden Melancholie,¹¹) so wie dem nervöseren weiblichen Geschlechte¹³) wird eine besondere Empfänglichkeit für göttliche Einflüsse zugeschrieben; daher die vielen Prophetinnen des Alterthums und die Priesterinnen zu Delphi und Dodona, welchen die Ertheilung von Orakeln anvertraut wird. Desgleichen sollte sich auch im Augenblick des Todes eine solche ekstatische, weissagende Kraft im Geiste regen.¹³) — Auch der Glaube, daß Träume eine momentane Offenbarung der Gottheit seien, war im Alterthume allgemein verbreitet, und selbst die gebildetsten Männer und größten Philosophen (Sokrates, Plato, Xenophon, Aristoteles) theilten ihn.¹⁴) Schon dem Homer kommen die Träume vom Zeus.¹⁵) Diese Traumweissagung aber basirt, gleich der Ekstase, auf der Voraussetzung, daß die Seele des Menschen in gewissen Zuständen für das Vernehmen des Göttlichen mehr empfänglich sei, als sonst.¹⁶) In den Träumen spricht entweder die Gottheit selbst theils in eigener, theils in fremder Gestalt aus, was sie den Schlafenden offenbaren sollen, oder es tritt keine redende Person auf, sondern der jenen zu offenbarende Gegenstand wird ihnen durch ein Gesicht, durch eine bildliche Anschauung vorgeführt,¹⁷) die sich meistens nicht von selbst deutet, sondern erst einer Auslegung bedarf, weshalb es schon seit den ältesten Zeiten Traumdeuter gab,¹⁸) deren Kunst, nachdem sie eine Zeit lang nach einer Art Methode betrieben worden war,¹⁹) zuletzt freilich in ein verschmitztes, nur auf Ausbeutung des Aberglaubens berechnetes Gewerbe ausartete.²⁰) Man unterschied aber wahre und täuschende Träume, und glaubte, daß die Morgenträume wahrhafter und bedeutsamer wären, als die vor Mitternacht,²¹) weil da die Seele, durch den Schlaf je länger je mehr abgezogen von den wirklichen Vorgängen der Vergangenheit, am empfänglichsten sei für neue, ungewöhnliche Aufschlüsse durch Traumerscheinungen. Man traf aber auch absichtliche Veranstaltung, um offenbarender Träume theilhaft zu werden, indem man im Innersten der Tempel unmittelbar neben der Bildsäule des Gottes auf dem Felle des Opferthieres schlief, was besonders in den Tempeln Aeskulaps der Fall war, wo man Angabe von Heilmitteln gegen Krankheiten zu erhalten hoffte.²²) Diese Traumorakel führen uns nun zu den wirklichen Orakeln, als der dritten Form der kunstlosen Weissagungen, von denen wir aber erst weiter unten

genauer handeln werden, nachdem wir vorher noch die künstliche
Weissagung kennen gelernt haben. Bei allen bisher erwähnten
Arten der kunstlosen Mantik glaubt der Mensch die Stimme der
Gottheit bald innerlich und geistig, bald unter Vermittelung
äusserer Eindrücke, aber doch immer frei von willkürlicher Deutung zufälliger Zeichen, zu vernehmen. Anders aber steht es bei
der zweiten Hauptform oder der künstlichen Weissagung,[13]) die
nicht auf unmittelbarer Einwirkung oder Inspiration der Gottheit, sondern auf Beobachtung gewisser von ihr gegebener Zeichen
beruht, durch welche sie sich offenbaren will, und deren Deutung erst erlernt werden muss. Diese Kunst, die schon bei Homer
als förmliches Gewerbe erscheint,[14]) und allerdings bei den Griechen nicht in solchem Grade ausgebildet war, als bei den Römern,[25]) erhielt sich bis in die spätesten Zeiten in ungeschwächtem
Ansehen.[16]) Sie gehört nicht dem Gebiete des Verstandes, sondern dem der Phantasie und des religiösen Gefühls an, so dass
eine Erscheinung, die der zersetzende Verstand als eine ganz natür-
liche erkennt, doch Gegenstand der Mantik werden[27]) und die
Phantasie selbst im Unbedeutendsten ein von der Gottheit ge-
gebenes Zeichen erblicken kann. Solcher Zeichen nun gab es
eine unendliche Menge, und wir haben hier sich von selbst dar-
bietende oder erst von den Menschen gesuchte zu unterscheiden.
Zur ersten Klasse gehören besonders siderische Erscheinungen, wie
Sonnen- und Mondfinsternisse, feurige Meteore, Kometen, Stern-
schnuppen,[28]) Regenbogen von auffallender Art u. s. w., ferner
tellurische, wie Blitz und Donner,[29]) Erdbeben und Erdrisse,[30])
Blut- und Steinregen,[31]) Austreten von Flüssen und Ueberschwemmungen[32]) u. s. w. Sehr zahlreich waren auch die von
der Thierwelt gegebenen Zeichen, namentlich durch den Flug und
die Stimme der Vögel,[33]) aber auch durch ungewöhnliche Grösse
und auffallende Körperbildung,[34]) durch Missgeburten,[35]) durch
Töne, die menschlicher Rede glichen,[36]) ja blos durch
unerwartete Erscheinung gewisser Thiere, z. B. in Athen einer
Eule, welche Glück, und eines Wiesels, welches Unglück verkündete.[37]) Endlich gehörten zu den sich von selbst darbietenden
Zeichen auch einige im Menschenleben gefundene, z. B. in un-
gewöhnlicher und abnormer Körperbildung,[38]) im Sprechen noch
ganz kleiner Kinder,[39]) im Niessen,[40]) Ohrenklingen u. s. w.
Die zweite Klasse, oder die von den Menschen erst gesuchten

Zeichen, die man zur Weissagung benutzen wollte, entlehnte man aus der Opferschau, indem man aus den Eingeweiden der Opferthiere,⁴¹) besonders aus der Beschaffenheit der Leber und Galle,⁴²) und aus dem Brennen und Rauche der Flamme⁴³) prophezeite. Doch fiel diese Art der Zeichendeuterei bei den Griechen schon frühzeitig in's Gebiet des Aberglaubens.⁴⁴) — Die Weissager (μάντεις), die nicht mit den Priestern zu verwechseln sind, sondern selbstständig neben ihnen wirkten und wie jeder andere Kunstverständige zu betrachten sind, der eine bestimmte Beschäftigung zum Lebensberufe und Erwerbszweige macht, standen alle unter besonderem Schutze des Apollo⁴⁵) und trugen daher auch einen Lorbeerstab.⁴⁶) Sie genossen früher sehr großes Ansehen und man schenkte ihnen gläubiges Vertrauen, später aber sank letzteres und sie selbst wurden im Laufe der Zeit immer mehr und mehr gering geschätzt,⁴⁷) und zwar meistens durch eigene Schuld, da sie ihre Kunst öfters absichtlich zur Täuschung mißbrauchten, weshalb auch später der Staat eine Controle über sie für nöthig erachtete.⁴⁸) Noch ist zu erwähnen, daß es auch erbliche Sehergeschlechter gab,⁴⁹) die natürlich nur künstliche Mantik treiben konnten, da sich die kunstlose als rein persönlich nicht auf Andere übertragen ließ, und daß auch von ganzen Völkerschaften die Rede ist, die mit einem Seherblick begnadigt waren, wie namentlich die Telmissier⁵⁰) und Akarnanen.⁵¹)

Wir gehen nun zu den eigentlichen Orakeln über,⁵²) die uns eine Verschmelzung der kunstlosen und künstlichen Divination zeigen und sich von sonstigen Weissagungen nur dadurch unterschieden, daß sie sich als ein systematisch organisirtes Institut an bestimmte Oertlichkeiten knüpften und mit dem Tempelcultus einer bestimmten Gottheit verbunden waren, weshalb ihre Verwaltung in den Händen einer am Orte ansässigen Priesterschaft lag, die in der Regel auch die Auslegung der Orakelsprüche besorgte und also als ein durch den Volksglauben legitimirtes Organ im Namen der Gottheit sprach und eine dem profanen Ohr an sich unverständliche Offenbarung erklärte und deutete. Da aber das Volk der Hellenen im Allgemeinen einen so hohen Werth auf diese Orakel legte, und ihren Aussprüchen ein so großes Vertrauen schenkte, so darf man sich auch nicht wundern, daß es deren eine so große Menge in sehr verschiedenen Formen gab. Denn außer den eigentlichen Spruch-, so wie den Traum- und Todtenoracleln, bei denen man eine unmittelbare göttliche Einwirkung annahm, und die somit mehr in das Gebiet der kunstlosen Mantik gehören, kommen auch zahlreiche Zeichenoracel vor, die nur der künstlichen Mantik anheimfallen. Um mit Letzteren zu beginnen, die sich zunächst an die zuletzt besprochenen Arten der Mantik anschließen und dabei auch älter waren, als die Spruchoracel, da ihnen eigentlich selbst das älteste und heiligste Oracel der Griechen, das dodonäische in Epirus, beizuzählen ist, so gab es verschiedene Tempel und Altäre,⁵³) wo man mit größerer Sicherheit, als anderswo, auf vorbedeutende Zeichen rechnen zu dürfen glaubte. So ertheilte z. B. das Zeusoracel zu Olympia seine Aussprüche nach der Art, wie das Opfer verbrannte,⁵⁴) und selbst zu Delphi bestanden neben dem berühmten Spruchoracel noch Zeichenoracel aus Opfern⁵⁵) und sogar aus Loosen.⁵⁶) Was nun die der kunstlosen Mantik angehörenden Oracel betrifft, so gehören hierher zuerst die Traum- und Todtenoracel. Von den Traumoraceln ist schon oben die Rede gewesen. Die Todtenoracel⁵⁷) aber, bei denen freilich Phantasmagorie und frommer Betrug eine Hauptrolle spielte, bestanden darin, daß man an schauerlichen Orten, besonders an graufigen Höhlen⁵⁸) oder mephitischen Seen,⁵⁹) die man für Eingänge zur Unterwelt hielt, durch eine besondere Art von Opfern, wie sie den unterirdischen Göttern dargebracht wurden,⁶⁰) Schatten aus dem Todtenreiche heraufbeschwor und ihnen Fragen zur Antwort vorlegte. Auch das berühmte, mit seltsamen Gebräuchen verbundene Oracel des Trophonius⁶¹) bei Lebadea in Böotien war im Grunde nichts Anderes, als ein solches Todtenoracel, obgleich uns deutliche Angaben über sein eigentliches Wesen fehlen. Dieses ganz eigenthümliche Oracel verdient eine nähere Beschreibung.⁶²) Der Tempel des Gottes stand in einem heiligen Haine auf einem Berge und der Eingang zum Oracel befand sich oberhalb dieses Haines, das Oracel selbst aber in der gleich zu erwähnenden Erdschlucht. Wer sich durch eine unterirdische Fahrt in dieselbe ein Oracel verschaffen wollte, mußte sich erst durch mehrtägiges Fasten und andere Asteke in einem besonderen, dem Agathodämon und der Tyche geweihten Gebäude dazu vorbereiten und dann im Bache Hercyna Bäder und Waschungen vornehmen und allen Gottheiten des Orts, namentlich der Demeter und Perse-

phone, doch auch dem Kronos, Apollo u. s. w., zahlreiche Opfer
darbringen. Das Hauptopfer aber war das eines Widders in
der Nacht des Herabsteigens selbst, wobei man das Blut in eine
Grube laufen ließ.⁴³) Bei allen Opfern aber war ein Wahrsager
zugegen, um aus den Eingeweiden zu prophezeien, ob Trophonius dem Befrageaden gnädig sei, wenn aber auch alle Ergebnisse der früheren Opfer günstig gewesen waren, fanden sie doch
keine Berücksichtigung, wofern nicht auch die Eingeweide jenes
Widders zugestimmt hatten. Die Niederfahrt selbst nämlich ging
stets in der Nacht vor sich, und zwar auf folgende Weise: Zuerst wurde man nochmals zu dem Bache Hercyna geführt und
dort von zwei Knaben, Bürgerssöhnen aus Lebadea von etwa
13 Jahren, gesalbt und gebadet, dann aber von Priestern zu
zwei Quellen geleitet, um aus ihnen zu trinken, aus der Lethe,
um Alles zu vergessen, was man vorher gedacht, und aus der
Mnemosyne, um die bevorstehenden Offenbarungen desto besser
im Gedächtniß zu behalten. Hier hatte man auch ein altes, der
Sage nach vom Dädalus verfertigtes Bild des Trophonius zu
betrachten und anzubeten. Nun ging man, angethan mit einem
linnenen, von heiligen Binden umgürteten Gewande und mit besonderen Schuhen aus Lebadea bekleidet, zu dem Orakel selbst.
Den Eingang dazu bildete ein Erdspalt, der mit einer kaum
zwei Ellen hohen Einfassung von weißem Marmor umgeben
war, und auf derselben stand ein Gitter, in welchem sich die
Pforten zu der zwar von der Natur gebildeten, aber durch
Menschenhand vervollkommneten und ausgemauerten Schlucht⁴⁴)
befanden, die einen Durchmesser von etwa vier und eine Tiefe
von etwa acht Ellen hatte, und in die man, mit einem Honigkuchen in der Hand, gleich als gelte es einen Cerberus zu be-
sänftigen,⁴⁵) auf einer schmalen und schwankenden Leiter hinab-
steigen mußte. Ehe man aber den Grund der Schlucht erreichte,
gelangte man an eine kleine, zwei Spannen breite und eine
Spanne hohe Oeffnung, in welche man die Füße bis an's Knie
hineinsteckte, während man den Körper rückwärts beugte, der
nun mit rapider Schnelligkeit den Füßen nachgezogen wurde.
Was aber jetzt im Abyton selbst vorging, wo der Fragende
wohl in einem Zustande zwischen Schlafen und Wachen
schwebte,⁴⁶) und sowohl Erscheinungen hatte, als Stimmen aus
der Unterwelt zu hören glaubte,⁴⁷) wie also eigentlich das Orakel

ertheilt wurde, darüber schwebt ein geheimnißvolles Dunkel. Nachdem es empfangen war, kehrte man wieder durch dieselbe Oeffnung zurück, und zwar so, daß die Füße zuerst herauskamen. Nun wurde der Empfänger des Orakels von den Priestern auf einen in der Nähe des Adyton stehenden Sessel der Mnemosyne gesetzt und gefragt, was er gehört und gesehen habe, dann aber seinen Angehörigen übergeben, die nun den noch ganz Aufgeregten und halb Besinnungslosen in jenes Vorbereitungshaus des Agathodämon und der Tyche zurückführten, wo ihm allmälig die Besinnung wiederkehrte, worauf er alles Gesehene und Gehörte auf einer Tafel niederschreiben und diese am Orte zurücklassen mußte.

Weil größere Bedeutung aber, als die bisher beschriebenen Orakel, hatten die eigentlichen Spruchorakel, von welchen das dodonäische und delphische die berühmtesten waren. Das älteste, schon dem Homer[8]) bekannte Orakel der Griechen war das zu Dodona in Epirus, welches lange den ersten Rang unter den griechischen Orakeln behauptete.[69]) Später jedoch stand es seiner weiten Entfernung vom eigentlichen Hellas wegen dem delphischen nach, obgleich es neben diesem und dem auswärtigen, mit dem dodonäischen verwandten[70]) Orakel des Zeus Ammon in Libyen bis in's macedonische und römische Zeitalter hinab,[71]) wo alle anderen griechischen Orakel bereits verstummt waren, noch immer großes Ansehen genoß.[72]) Es war ein Orakel des Zeus, der seine Aussprüche durch das Rauschen des Laubes einer heiligen Eiche verkünden sollte,[73]) die dann die zum Stamme der Heller oder Seller (Ἑλλοί, Σελλοί) gehörigen und Tomuri (Τομοῦροι) genannten Priester[74]) zu deuten hatten. Später aber fand eine Aenderung statt; denn als an die Seite des Zeus noch die Göttin Dione getreten war,[75]) die bald für Aphrodite, bald für Hera gehalten wird, wurden die Orakelsprüche von Priesterinnen, und zwar von drei alten Frauen, Peleiā (Πέλειαι) d. i. Tauben genannt,[76]) verkündet; nur den Böotern wurden auch späterhin die Orakel durch männliche Priester gedeutet.[77]) Anfangs stand das Orakel unter Aufsicht der Thesproter, später aber der Molosser. Uebrigens bleibt uns auch über dieses Orakel noch Manches dunkel und ungewiß; ja selbst über die Art, wie die Orakel ertheilt wurden, finden sich verschiedene Angaben, indem neben dem Rauschen der heiligen Eiche auch noch ein am Fuße derselben hervorsprudelnder Quell erwähnt wird, der durch sein Rauschen die Orakel gegeben habe,⁷⁴) und selbst von einem Loosorakel zu Dodona die Rede ist.⁷⁹) Daß aber auch die ehernen Becken daselbst⁸⁰) den mantischen Zwecken des Orakels gedient hätten, wie Einige glauben,⁸¹) läßt sich durchaus nicht nachweisen. Endlich bleibt auch der Antheil der weissagenden Priesterinnen an den Orakeln schwer zu bestimmen, da es scheint, daß man die Peleiä nicht blos für Deuterinnen der von der Eiche, der Quelle oder durch's Loos gegebenen Zeichen hielt, sondern als selbst von der Gottheit inspirirt ansah.⁸²) — Besser unterrichtet sind wir von dem apollinischen Orakel zu Delphi in der Landschaft Phocis am südlichen Abhange des Parnaß,⁸³) das gleichfalls schon dem Homer bekannt⁸⁴) und jedenfalls von Kreta aus angelegt war, der Sage nach aber vom Apollo selbst gegründet sein sollte.⁸⁵) Da der Mythus hier den Drachen Pytho vom Apollo getödtet werden ließ, wurde davon die Anlage zuerst Pytho genannt⁸⁶) und erhielt erst später den Namen Delphi,⁸⁷) der sich wahrscheinlich von der Quelle Delphusa herschreibt, an welcher Apollo den Drachen getödtet hatte.⁸⁸) Delphi erscheint zwar als Mittelpunkt sehr verschiedenartiger Divination,⁸⁹) der Hauptsitz derselben aber bleibt doch stets die eigentliche pythische Orakelstätte.⁹⁰) Dieß war ein Erdschlund im Hintergrunde des auf dem Plateau eines Felsens stehenden Apollotempels,⁹¹) aus welchem ein begeisternder Dampf aufstieg.⁹²) Ueber der nicht sehr großen Oeffnung desselben stand, von Lorbeerlaub umhüllt,⁹³) ein goldener Dreifuß von bedeutender Höhe,⁹⁴) auf dessen Gestell ein Becken mit einer runden, durchlöcherten Scheibe oder Platte ruhte, auf welcher eine Art von Stuhl für die Verkünderin der Orakel, die Pythia, gestellt war.⁹⁵) Auf diesem ließ sich die Priesterin, nachdem sie drei Tage lang gefastet, sich im kastalischen Quell gebadet,⁹⁶) ein Rauchopfer von Lorbeerblättern und Gerstenmehl dargebracht,⁹⁷) Lorbeerblätter gekaut⁹⁸) und aus der heiligen Quelle getrunken hatte, in Gegenwart des Befragenden,¹⁰⁰) des Propheten¹⁰¹) oder Dolmetschers der Pythia, und der fünf Hauptpriester des Gottes, ὅσιοι genannt,¹⁰²) nieder und sog die begeisternden Dämpfe ein,¹⁰³) worauf sie die ihr vorgelegte Frage¹⁰⁴) in ihrer Verzückung durch unartikulirte Töne beantwortete, die nun von dem Propheten und jenen fünf

## 15. Kapitel.

Priestern verdolmetscht und zu einem verständlichen Orakelspruche gestaltet wurden. Die Pythia selbst war eine Frau von mehr als 50 Jahren,[103]) die aus sämmtlichen Delphierinnen ausgewählt wurde,[106]) den Tempel nie wieder verließ, und ein reines, heiliges Leben zu führen hatte,[107]) wahrscheinlich aber nur selten ein sehr hohes Alter erreichte, da die heftige Aufregung, der sich die Pythia beständig aussetzen mußte, gewiß einen der Gesundheit schädlichen Einfluß hatte.[108]) Was ihre äußere Erscheinung betrifft, so trug sie ein langes, schleppendes Gewand, einen goldenen Kopfputz auf dem herabwallenden Haare und Kothurne.[109]) Ursprünglich war nur eine Pythia angestellt, als aber der Zudrang der das Orakel Befragenden immer größer wurde, bestiegen stets zwei Prophetinnen mit einander den Dreifuß;[110]) zu Plutarchs Zeiten jedoch, wo dieser Zudrang schon sehr nachgelassen hatte, war man wieder zu einer Pythia zurückgekehrt.[111]) Anfangs wurden nur einmal des Jahres, am 7. Tage des Frühlingsmonates Bysios (d. i. Pythios), später aber in jedem Monate einmal Orakel ertheilt.[112]) Ueber die Reihenfolge, in welcher zur blühendsten Zeit des Orakels die Befragenden vorgelassen wurden, entschied das Loos.[113]) Von Staatswegen aber wurden zur Einholung von Orakelsprüchen förmliche Gesandtschaften (Theorien)[114]) abgeordnet, oft auf höchst feierliche Weise.[115]) Dem Empfangen eines Orakels mußten Waschungen und Reinigungen in der Quelle Kastalia,[116]) Gebete und Opfer vorangehen, wobei der Lorbeerkranz als Hauptschmuck nicht fehlen durfte,[117]) und wenn das Opferthier, gewöhnlich eine Ziege,[118]) weil die Dunsthöhle durch eine solche entdeckt worden sein sollte,[119]) nicht über den ganzen Leib in Zittern gerieth, wurde kein Orakel gegeben.[120]) Die in der Regel etwas bunteln, zweideutigen und auf Schrauben gestellten[121]) Orakelsprüche waren theils in Prosa, theils in Versen[122]) und dann stets in Hexametern abgefaßt,[123]) die aber freilich oft schlecht genug ausfallen mochten,[124]) besonders da besondere Versemacher angestellt waren, die auch den in Prosa gegebenen Orakeln eine metrische Form gaben.[125]) In der späteren Zeit wurden jedoch alle Orakel nur in Prosa gegeben.[126]) Mächtig aber war der Einfluß, den das delphische Orakel, welches besonders dem Bunde der Amphiktyonen, der in Delphi seinen Sitz hatte, verdankte, daß es das angesehenste in ganz Griechen-

Land wurde, vornehmlich in früherer Zeit auf das ganze Staats-
wesen und Privatleben der Griechen äußerte, da keine nur
einigermaßen bedeutende Unternehmung im öffentlichen und häuslichen Leben, namentlich wenn sie nur irgend wie einen religiösen
Charakter hatte (und welcher Vorfall wäre in jener alten, guten
Zeit ohne religiöse Bedeutung gewesen?), ohne vorherige Befragung des Orakels stattfand,[127]) so wie dasselbe auch vom
Auslande zu Rathe gezogen[128]) und reichlich beschenkt[129]) wurde.
So waren denn die delphischen Priester zur Zeit der höchsten
Blüthe des Orakels eine kirchliche und bürgerliche Macht von
höchster Bedeutung, die jedoch das ihr geschenkte Vertrauen und
die Auctorität ihres Gottes zu weiser und staatskluger Leitung
der öffentlichen und religiösen Angelegenheiten benutzte und auch
einen unverkennbaren sittlichen Einfluß übte. Gewiß aber gründete sich das Orakelwesen auf die sichere Ueberzeugung, daß eine
Offenbarung des göttlichen Willens auf solche Weise wirklich
zu erlangen sei, und nicht bloß die Befrager des Orakels, sondern auch die Verweser desselben glaubten in frommer Schwär-
merei, die uns bei einem so erregbaren und phantasiereichen
Volke, wie das hellenische war, nicht befremden kann, wirklich
an die Göttlichkeit der Orakelsprüche, die sie im Interesse des
Staats und der Privatpersonen auf die redlichste und gewissen-
hafteste Weise zu deuten hätten; denn gleich vom Anfang an
einen Priesterbetrug anzunehmen, läßt sich durchaus nicht rechtfertigen. Später freilich änderte sich die Sache, als bei zu-
nehmendem Unglauben auch die Orakel ihr Ansehen und ihren
Einfluß verloren, und nun auch die delphischen Priester, die den
Glauben an die Göttlichkeit der Orakelsprüche allmälig verloren
hatten, nur auf Gewinn bedacht, ihre Stellung mit Berechnung
und Schlauheit zu absichtlichen Täuschungen mißbrauchten, aber
auch die meisten Befragenden selbst den Glauben an die Göttlichkeit der Orakel aufgegeben hatten und sie nur noch zum
Scheine befragten, um irgend einem Vorhaben in den Augen
der Menge einen Nimbus göttlicher Weihe zu geben und sich die
Erlangung irgend eines Vortheils durch Götterwort zu sichern,
und die Staatsmänner aus kluger Politik das Orakel bestachen,
um ihre eigenen Gedanken durch den Mund der Pythia aussprechen zu lassen. Das Orakel selbst aber bestand bis zur Zeit
der spätesten römischen Kaiser fort,[130]) und erst Theodosius

machte ihm ein definitives Ende. — Von den übrigen, minder bekannten Orakeln des Apollo zu Abä in Phocis,[131]) Ptoon,[132]) Hysiä[133]) und Tegyra[134]) in Böotien, Eutresia[135]) in Arkadien, Orobiä[136]) auf Euböa u. s. w. und von den Orakeln anderer Gottheiten, des Hermes,[137]) der Demeter,[138]) des Herkules[139]) u. s. w. zu sprechen, würde uns hier zu weit führen.

Dagegen darf zum Schlusse dieses Kapitels nicht verschwiegen werden, daß die von den Griechen so hoch gestellte Mantik auch den Aberglauben der großen Menge wesentlich befördert hat. Denn mag auch der Aberglaube des Volks im Keime uralt gewesen sein, so ist doch nicht zu leugnen, daß die Mantik und ihr Mißbrauch sehr Vieles dazu beigetragen hat, ihn groß zu ziehen und zu einer allgemeinen Verirrung des Volks zu machen. Allerdings ist der Glaube der Griechen an Zauberei uralten. Ursprungs, da sich schon bei Homer viele Beispiele desselben finden,[140]) und so tief in der Anschauungsweise des Volks gewurzelt, daß er auch mit der Mythologie auf's engste zusammenhängt und selbst die Götter- und Heroenwelt als Theilnehmer an der Zauberei in seinen Kreis zieht,[141]) weshalb auch diese ursprünglich nichts weniger als verrufen war und selbst von hoch gefeierten Dichtern, Sehern und Philosophen getrieben worden sein soll;[142]) späterhin jedoch nahm sie selbst und damit auch das Urtheil der Gebildeteren über sie einen ganz anderen Charakter an, und in dem Zeitalter, mit welchem wir es hier zunächst zu thun haben, dem des Perikles, war sie bereits sehr ausgeartet, gemein und vulgär geworden und bei dem besseren Theile des Volkes, als der Sittlichkeit verderblich, in Verruf gekommen. Da nämlich die Zeichen- und Traumdeuterei in der Mantik eine so bedeutende Rolle spielte, und später selbst in der öffentlichen Mantik die göttliche Auctorität zu mancherlei Täuschungen der abergläubischen Phantasie gemißbraucht wurde, so kann man sich nicht wundern, wenn bald genug eine Menge gewinnsüchtiger Betrüger auftrat, welche den Glauben der Menge an das Wirken geheimer, übernatürlicher Kräfte und an göttliche, durch Zeichen gegebene Offenbarungen in verderblicher Weise zu ihrem Nutzen ausbeuteten, die Zeichendeuterei auf jedes nur denkbare Gebiet ausdehnten,[143]) jede auffallende Erscheinung, die nicht aus bekannten, natürlichen Kräften erklärt werden konnte, auf dämonische Einflüsse zurückführten,[144]) die, wenn

fie fchäblicher Natur wären, abgewendet werden müßten, ja die
felbft vorgaben die Macht zu befitzen, durch Bannformeln die
Götter zu nöthigen, den Willen der Menfchen zu erfüllen, ¹⁴⁵)
und mittelft fymbolifcher Handlungen felbft in weite Ferne hin
auf Perfonen, ¹⁴⁶) wie auf die leblofe Natur ¹⁴⁷) nach Gefallen
einzuwirken, kurz jedes Mittel benutzten, um den Aberglauben
des Volks zu nähren und fich dadurch einen lohnenden Erwerbs-
zweig zu verfchaffen, befonders da der Staat die Sache als
rein privates Treiben betrachtete und nicht dagegen einfchritt, ¹⁴⁸)
wenn es nicht beftehende Staatsgefetze verletzte, z. B. mit Gift-
mifcherei verbunden war und Tod oder Wahnfinn zur Folge
hatte. In den Heilungen bewirkenden Traumorakeln fanden
fie eine Rechtfertigung der Anwendung fympathetifcher Heil-
mittel und der Befprechungen, ¹⁴⁹) wodurch der Weg zu dem
Unfuge mit Zauber und Gegenzauber¹⁵⁰) und zum Gebrauche
von Amuleten und Talismanen gebahnt war, ¹⁵¹) in den Toten-
orakeln aber eine Befchönigung der Todten- oder Geifter-
befchwörungen¹⁵²) und des Glaubens an Gefpenfter, ¹⁵³) die zu
bannen wären; die Spruchorakel führten zur Anwendung bauch-
rednerifcher Künfte, um Stimmen aus einer anderen Welt er-
tönen zu laffen, ¹⁵⁴) und fo war bald der Magie ein weites Feld eröffnet und dem Aberglauben reiche Nahrung geboten, die noch
vermehrt wurde, als fpäter die Einführung fchwärmerifcher
Culte des Orients ¹⁵⁵) hinzukam, die durch ihre Dämonologie den
bereits eingeriffenen Zauberfpuk in ein förmliches Syftem
brachten. Diefe Zauberkünfte, die am meiften in Theffalien
blühten, wurden zwar befonders von allen Frauen geübt, ¹⁵⁶)
doch fehlte es auch nicht an männlichen Zauberern, ¹⁵⁷) und obgleich diefelben fchon ihres meift bettelhaften Auftretens wegen ¹⁵⁸)
perfönlich verachtet waren, fo fchenkte doch der Aberglaube ihrer
Kunft blindes Vertrauen und gab fich ihren Täufchungen willig
hin, ja felbft in den höchften Ständen gab es fortwährend
Verehrer der Magie. Wir brauchen uns aber hier bei dem
Zauberwefen der Griechen nicht länger aufzuhalten, da es von
dem der Römer nicht wefentlich verfchieden war und von diefem
fchon im 11. Kapitel der 1. Abtheilung ausführlicher gehandelt
worden ift. ¹⁵⁹)

## Anmerkungen zum 15. Kapitel.

¹) Μαντική: Aeschyl. Prom. 484. Soph. Oed. Col. 311. Plat. Phaedr. p. 244 f. vgl. Tim. p. 71. e u. Epist. 22. 23. u. s. w.; mit dem Zusatz τέχνη: Plat. Rep. II. extr. u. Soph. Oed. Col. 709.

²) Plat. Phaedr. p. 242. Plut. de def. orac. 39. Cic. Div. I. 1. u. 6.

³) Plut. a. a. O. c. 40. Hippocr. de vict. rat. I. p. 345. Foes. vgl. Cic. Div. I, 6. 40. II, 4. 5. 63. Legg. II. 13.

⁴) Plut. Qu. Plat. p. 1001. vgl. Cic. Div. I, 49. N. D. I. 1. Tusc. V, 13. de Sen. 21.

⁵) Obgleich sich einzelne Beispiele dieses Glaubens auch später noch finden. Vgl. Herod. VI, 105. u. Liv. I, 31. II, 7. V, 32. 50. Cic. Div. I, 45. II, 32.

⁶) Vgl. Plut. Orac. Pyth. 21. 22. Aristot. Rhet. 2, 4. Pollux I, 15 ff. Cic. Div. I, 18, 34. Serv. zu Verg. Aen. III, 359. Später freilich verschwand bei den Gebildeteren auch dieser Glaube an unmittelbare Weissagung, so daß ihr nur noch in den Oracein eine geachtete Stelle verblieb.

⁷) Ueber diesen Unterschied vgl. Plut. Vit. Hom. c. 212. mit Cic. Div. I, 6. 18. 49. II, 11.

⁸) Vgl. Cic. Div. I, 3.

⁹) Ueber diese ἔνθεοι, θεόληπτοι, θεομάντεις und die Art ihrer Weissagung vgl. Plat. Phaedr. p. 265. Meno p. 99. Ion p. 536. Plut. Amat. 16. Aelian. Var. Hist. XII, 64. Dem Homer ist der Begriff dieses enthusiastischen Seherthums noch völlig fremd und nur im Traume läßt er die Gottheit sich den Menschen offenbaren.

¹⁰) Plut. de def. orac. 40. Schol. zu Pind. Pyth. VIII, 64. Cic. Div. I, 19. 50.

**Anmerkungen zum 15. Kapitel.**

¹¹) Aristot. Probl. XXX. p. 471. Aretäus de sign. et caus. morb. II, 1. Cic. Div. I, 38.
¹²) Wie auch bei den Germanen. Vgl. Tac. Germ. 8. u. Hist. IV, 61. 65.
¹³) Hom. Il. XVI, 848 ff. Od. XVIII, 153. Cic. Div. I, 30. 33.
¹⁴) Plat. Crit. I. Rep. IX. p. 572. Aristot. bei Sext. Empir. adv. Math. IX, 21. Vgl. Aeschyl. Choeph. 527. Soph. Electr. 639.
¹⁵) Il. I, 63. II, 5. vgl. mit X, 496. XXIII, 65. Od. II, 560. IV, 796. 839. VI, 13. XXIV, 12. u. Apoll. Lex. Hom. p. 121.
¹⁶) Plat. Rep. IX. p. 571. Cic. Div. I, 29. vgl. mit Div. I, 6. 64. 70. u. N. D. I, 12.
¹⁷) Merkwürdige Träume dieser Art siehe bei Herod. VI, 107. Apollod. III, 12, 4. Plut. Caes. 32. Cic. Div. I, 20. 21. 22. 23. Val. Max. I, 7, 2. 5. u. andere.
¹⁸) Schon bei Homer (Il. V, 149.) kommen solche ὀνειροπόλοι vor. Vgl. Eustath. zu Il. l. l. Philostr. Vit. Apoll. II, 37. Quint. Smyrn. IX, 331.
¹⁹) Vgl. Cic. Div. I, 51. II, 70. Artemid. II, 14. p. 167. Reiff.
²⁰) Vgl. Band 4. S. 277.
²¹) Hom. Od. IV, 841. Plat. Rep. IX. p. 572. Plut. Qu. Symp. VIII, 10. Plac. phil. V, 2. Philostr. V. Apoll. II, 37. vgl. Cic. Div. I, 51. Hor. Sat. I, 10, 33. Ovid. Her. XIX, 195. Propert. IV, 7, 87.
²²) Ueber diese Traumorakel vgl. Band 4. S. 151. mit Note 52. Ich bemerke hier nur noch, daß sich solche Heiltempel des Aeskulap (mit Traumorakeln) besonders zu Epidaurus in Argolis (Strab. VIII. p. 374. Paus. II, 27. Solin. Polyh. VII, 10.), Trikka in Thessalien (Strab. l. l. u. XIV. p. 647.) und auf der Insel Kos (Strab. l. l. u. XIV. p. 657.), außerdem aber in Kleinasien zu Pergamum (Philostr. V. Apoll. IV, 11. V. Sophist. I, 25, 4. II, 25, 5. Herodian. IV, 8.), Aega (Philostr. V. Apoll. I, 7. V. Soph. II, 4, 1. Euseb. V. Const. III, 56.) und anderwärts, namentlich aber an Orten fanden, die sich durch Heilquellen oder andere auf die Gesundheit wohlthätig einwirkende Naturkräfte besonders dazu eigneten. (Vgl. Plut. Qu. Rom. 94. Paus. VII, 27, 4. Vitruv. I, 2, 20.)
²³) Vgl. Cic. Div. II, 11.
²⁴) Odyss. IX, 135. XVII, 363. vgl. Eustath. p. 1410.
²⁵) Ueber die Divination der Römer siehe Band 2. S. 193 ff.
²⁶) Vgl. Artemid. Oneir. III, 13. mit Cic. Div. I, 43.
²⁷) Vgl. die bekannte Stelle bei Plut. Pericl. 6.
²⁸) Vgl. Dio Cass. LX, 26. Cic. Div. I, 43. 53. II, 6.

Liv. III, 5. 10. XXII, 1. XXIX, 4. Plin. II, 32, 32 fl. Sen.
Nat. Qu. VI, 17. Curt. IV, 10, 3.
²⁷) Hom. Il. II. 259. Od. XX, 102. Theocr. Id. 3. Aristot.
Met. 1, 4, 5. Cic. Div. 1, 43. Liv. XXI, 62. XXIV, 10. 44.
XXV, 7. u. f. w.
³⁰) Xen. Hell. IV, 7, 4.
³¹) Hom. Il. XI. 53. vgl. Cic. Div. 1, 43. II, 27. Liv.
XXIV, 10. XXXIX, 46. 56. — Liv. I, 31. VII, 28.
³²) Vgl. Cic. Div. 1, 44. Liv. V, 15. XXX, 30. (auch
Plut. Alex. 17.)
³³) Herod. I, 62. Plat. Phaedr. p. 244. Val. Max. 1, 4.
vgl. Porphyr. de abstin. III. 3. Auch auf die Himmelsgegend kam
es dabei an. Ein Vogel, namentlich ein Adler, der dem nach
Mitternacht gelehrten Beobachter (Cic. Div. II, 36.) zur Rechten
erschien, bedeutete den Griechen Unglück, ein zur Linken erscheinen-
der aber Glück. (Hom. Il. XIV, 274. XXIV, 310. Od. XV, 524.
— II. XII. 201 f. Od. II, 120 f. u. f. w.) Eine auf Staats-
verordnung angestellte Himmels- und Vogelschau aber ist bei den
Griechen nicht nachzuweisen.
³⁴) Curt. IV, 4. Val. Max. I, 8.
³⁵) Val. Max. 1, 6. Liv. XXIII, 31. XXVII, 4. 11.
37. u. f. w.
³⁶) Vgl. Liv. III, 10. XXIV, 10. XXVII, 11.
³⁷) Plut. Them. 12. — Aristoph. Eccl. 792.
³⁸) Vgl. Note 35.
³⁹) Herod. I, 85. Cic. Div. 1, 53.
⁴⁰) Ein zur Linken gehöriges Niesen galt für ein abrathendes,
eins zur Rechten aber für ein ermunterndes, eins am Morgen für
ein ungünstiges, eins zu Mittag aber für ein günstiges Zeichen.
(Vgl. Aristot. Probl. 11.)
⁴¹) Herod. I, 78. Aeschyl. Prom. 493. Eurip. Elect. 432.
Xen. Hell. III, 4, 15. Plut. Cim. 18. Alex. 73. Athen. IV, 74.
p. 174. Dio Cass. LXXVIII, 7. u. f. w.
⁴²) Aeschyl. Prom. 493. Eurip. Elect. 833.
⁴³) Ἐμπυρομαντεία: Aeschyl. Choeph. 462. Soph. Antig.
1005. mit d. Schol. Eurip. Phoen. 1262 ff. Pind. Ol. VIII, 4.
Apoll. Rhod. I, 145. Hesych. s. v. ἔμπυρα. Vgl. Plin. VII,
56, 57. §. 203.
⁴⁴) Ueber andere Arten der Weissagung aus Zeichen, die einen
noch abergläubischeren Charakter haben, vgl. Aristid. Or. de paleo,
Theocr. Id. 3. Apollod. III, 20, 2. Cic. Div. 1, 34. Curt. IV, 2.
Val. Max. 1, 6. u. A.
⁴⁵) Hom. Il. I, 72. Od. XV, 252. Soph. Oed. Tyr. 410.
Callim. H. in Apoll. 45. Quint. Smyrn. XII, 5.
⁴⁶) Hesych. T. II. p. 34.
⁴⁷) Eurip. Iph. Aul. 961. Plat. Rep. II. p. 364. b. Plut.

Lycurg. 9. Lucian. Demon. 37. Diog. Laert. VI, 24. Aesop.
Fab. 113. u. s. w.

⁴⁸) Demosth. in Mid. §. 115. p. 552. Plat. Lach. p. 199. a.
Xen. Cyr. 1, 6, 2.

⁴⁹) Hesych. II. p. 640. 690.

⁵⁰) Arrian. Anab. II. 3, 3.

⁵¹) Paus. IX, 31, 4.

⁵²) Die Orakel hießen μαντεῖα oder μαντεύματα und χρησμοί, zuweilen auch λόγια (gemeinschaftliche Bezeichnung aller Weissagungen), ohne daß zwischen diesen Ausdrücken ein bestimmter Unterschied gemacht wurde; doch scheint χρησμός zunächst ein unmittelbares Spruchorakel bedeutet zu haben. (Vgl. Hom. Od. VIII. 79. X, 492. u. Hermann Griech. Antiquit. II. S. 246. Note 7., daß aber χρησμός stets nur ein rhythmisch, λόγιον dagegen nur ein prosaisch abgefaßtes Orakel bedeutet habe, ist unbegründet.

⁵³) Daß auch bloße Altäre Orakelstätten abgaben, ersehen wir aus Paus. VII, 22, 3. u. IX. 11, 5. In der ersten Stelle ist von einem Altar mit einer Hermesbildsäule auf dem Markte zu Pharä in Achaja die Rede, wo der Auskunftsuchende seine Frage dem Götterbilde in's Ohr flüsterte, dann mit zugehaltenen Ohren davon eilte, und wenn er den Markt verlassen hatte, die Hände von den Ohren nahm und die erste Stimme, die er dann hörte, als Antwort des Gottes betrachtete. Nach der zweiten Stelle gab es auch in Theben einen Altar des Apollo, wo Orakel aus Stimmen ertheilt wurden.

⁵⁴) Soph. Oed. Tyr. 900. Herod. V, 134. Xen. Hell. IV, 7, 2. Pind. Ol. VIII. 3. mit b. Schol. zu Ol. VI. 7. Philostr. Vit. Apoll. V, 25. Hesych. II. p. 1086. s. v. ιερκόοι. Zu Strabo's Zeiten war dieses Orakel bereits eingegangen (VIII. p. 353.)

⁵⁵) Diod. XVI, 26. vgl. Paus. X. 5, 3.

⁵⁶) Suidas III. p. 237. Ueber Loosorakel überhaupt vgl. Schol. zu Pind. Pyth. IV. 337. u. Eustath. zu Hom. Il. VII, 191. mit Pind. Pyth. IV, 190. (c. Schol.) Eurip. Phoen. 841. u. Cic. Div. II, 32. der auch von einem Loosorakel in Dodona spricht.

⁵⁷) Νεκρομαντεία (Hesych. h. v. Diod. IV, 22. Cic. Tusc. I, 16.) oder ψυχοπομπεία, ψυχομαντεία (Plut. Cons. Apoll. c. 14. Cic. Tusc. 1, 48.)

⁵⁸) Vgl. die gleich zu erwähnende Höhle des Trophonius.

⁵⁹) Das berühmteste Todtenorakel war das am See Aornos in Thesprotien. (Diod. IV, 22. Paus. IX, 30, 3.)

⁶⁰) Aeschyl. Pers. 610 f.

⁶¹) Der wohl identisch mit dem Zeus Chthonios oder Hades (Pluto) war (daher Ζεὺς Τροφώνιος: vgl. Liv. XLV, 27.),

wenigstens als unterirdischer Heros und Orakelgott verehrt wurde. (Cic. N. D. III. 22. kennt ihn als Ἑρμῆς Τροφώνιος.)

⁶²) Ich gebe sie besonders nach Pauf. IX, 38. 39. Vgl. auch Philostr. V. Apoll. VIII, 19. Lucian. D. mort. III, 2. Schol. zu Aristoph. Nub. 504. u. Suid. v. Τροφώνιος. Die Localität ist von neueren Reisenden (Leake, Ulrich, Stephani, Göttling, Roß, Hellner, Vischer) genau untersucht und beschrieben worden.

⁶³) Vgl. oben S. 18.

⁶⁴) Pauf. a. a. O. vergleicht die ausgemauerte Schlucht mit einem Backofen.

⁶⁵) Vgl. auch Aristoph. Nub. 508. Max. Tyr. XIV, 2. Pollux VI, 76. Hesych. II. p. 520.

⁶⁶) Vgl. Plut. de gen. Socr. c. 22.

⁶⁷) Vgl. Pauf. u. Max. Tyr. a. a. O.

⁶⁸) Ilias XVI, 233. u. dazu Eustath. Vgl. auch Strab. VII. p. 327. u. Steph. Byz. v. Δωδώνη. Der Sage nach sollte es schon vom Dädalus gegründet worden sein. (Etym. M. s. v. Δωδώνη u. Schol. zu Hom. l. l.) Andere Sagen über seine Entstehung siehe bei Herod. II, 54 ff.

⁶⁹) Aeschyl. Prom. 830 ff. u. Soph. Trach. 1170 ff. sprechen mit höchster Verehrung von ihm.

⁷⁰) Vgl. Herod. II, 54 ff.

⁷¹) Noch Alexander von Epirus befragte das Orakel zu Dodona Strab. VI. p. 256. Andere Beispiele dodonäischer Orakel aus späterer Zeit siehe bei Demosth. in Mid. §. 52. p. 531. Plut. Phoc. 28. Pauf. VII, 25, 1. VIII, 28, 3. IX, 25, 6. Strab. IX. p. 402. Paroem. Gr. 1. p. 328. u. anderw. Zu Strabo's Zeiten war das Orakel bereits gesunken vgl. VII. p. 329.); Pausanias aber erwähnt es als noch vorhanden.

⁷²) Vgl. Cic. Div. 1. 1. 43. Die Stufenfolge des Ansehens, in welchem die drei Orakel standen, scheint sich aus Plut. Lys. 3. zu ergeben, wo sich Lysander erst nach Delphi, dann nach Dodona und zuletzt an's Ammonium wendet. Vgl. auch Plat. Legg. V. p. 738. b.)

⁷³) Hom. Od. XIV. 327. XIX, 296. Aeschyl. Prom. 832. Soph. Trach. 1170. u. s. w.

⁷⁴) Hom. Il. XVI, 234. u. dazu Eustath. Soph. Trach. 170 ff. 1168 ff. Strab. VII. p. 328. Lycophr. Alex. 223.

⁷⁵) Vgl. Demosth. de fals. leg. §. 299. p. 437.

⁷⁶) Strab. VII. p. 329. IX. p. 402. Pauf. X, 12, 5. Hesych. v. Ἑλλοτίαι. Serv. zu Verg. Ecl. IX, 13. Vgl. Soph. Trach. 172.

⁷⁷) Ephorus bei Strab. IX. p. 402. u. Proclus bei Photius p. 525. ed. Hoeschel.

⁷⁸) Serv. zu Verg. Aen. III, 460.

⁷⁹) Cic. de Div. I. 34.

⁸⁰) Nach Polemo Fragm. p. 57 ff. bei Steph. Byz. v. *Δωδώνη*, p. 111. Westerm.) gab es zu Dodona ein ehernes Weihgeschenk der Corcyräer, das aus zwei Gestellen bestand, deren eines ein nicht allzugroßes Becken trug, während auf dem anderen ein Knabe mit einer Peitsche in der Hand stand, die, wenn der Wind wehte, an das Becken anzuschlagen pflegte; gewiß mehr eine nette Spielerei, als eine für Zwecke der Wahrsagung bestimmte Vorrichtung. Uebrigens vgl. auch Callim. H. in Del. 285. u. Suidas s. v. *Δωδωναῖον χαλκεῖον*.

⁸¹) Selbst Wachsmuth Hell. Alterth. II. S. 586.

⁸²) Vgl. Paus. X. 12, 5.

⁸³) Vgl. besonders Paus. X. 5—32. u. Plut. de oraculo Pythio, auch Justin. XXIV. 6. u. Heliod. Aeth. II, 26.

⁸⁴) Vgl. Odyss. VIII, 79.

⁸⁵) Hom. H. in Apoll. 104 ff. (282 ff.). Nach anderen Angaben waren schon vor Apollo andere Gottheiten (Gäa, Themis und Phöbe) im Besitz des Orakels. (Aeschyl. Eum. 1 ff. Paus. X. 5, 9.)

⁸⁶) Hom. H. in Apoll. 194 ff. (372 ff.)

⁸⁷) Der Name *Δελφοί* kommt zuerst in dem späteren Homer. Hymnus XXVII. 14. und in einem Fragm. des Heraklit bei Plut. de orac. Pyth. c. 21. vor.

⁸⁸) Plut. l. l. c. 17. u. Steph. Byz. v. *Δελφοί*.

⁸⁹) Hier lebte z. B. die Wahrsagerin Herophile (Paus. X. 12, 1.), deren Mantik wohl mit einer begeisternden Quelle zu Delphi der Kassotis (Themist. Or. III. p. 282. ed. Pet.) in Verbindung stand, die zuweilen mit der Dunsthöhle der Pythia verwechselt wird; hier sollen die Thrien, drei geflügelte Nymphen, die Erfinderinnen der Weissagung durch Steinchen, als Prophetinnen gewirkt haben. (Hom. H. in Merc. 550 ff. Schol. zu Callim. H. in Apoll. 45.) Auch eines Zeichenorakels aus Opferfeuer und Asche zu Delphi gedenkt Heluch. v. *ἐμπυρον*.

⁹⁰) Das *μαντεῖον χθόνιον* des Eurip. Iph. Taur. 1249.

⁹¹) Daß sich der Erdschlund mit seiner Lorbeerumgebung (Eurip. Ion 76.) nicht im Tempelhofe, wie gewöhnlich angenommen wird, sondern im Tempel selbst befand, ergiebt sich aus Herod. VII, 140. Doch scheint dieses *ἄδυτον* (Eurip. Iph. Taur. 1274. oder dieser *ποκρατηρὶς μυχός* Aeschyl. Eum. 39. etwas tiefer gelegen zu haben, als der übrige Tempel. Vgl. Plut. Timol. 8. *καταβαίνειν εἰς τὸ μέγαρον*.

⁹²) Vgl. Strab. IX. p. 419. Justin. XXIV. 6. u. Cic. Div. 1. 36.

⁹³) Aristoph. Plut. 439.

⁹⁴) Diod. XVI, 26. Strab. a. a. C.

⁹⁵) Nach Diod. XVI, 26. hätte früher ein Jeder sich auf den

Dreifuß setzen und Orakelsprüche geben dürfen, was doch sehr unwahrscheinlich klingt. Uebrigens vgl. auch Pauf. X. 5, 4.
⁹⁶) Schol. zu Eurip. Phoen. 230.
⁹⁷) Plut. de def. orac. 7.
⁹⁸) Lucian. bis accus. c. 2., an welcher Angabe Tzetz. zu Lycophr. 9. wohl ohne Grund zweifelt.
⁹⁹) Lucian. ibid. u. Hermot. c. 60. Diese Quelle aber war nicht die tiefer liegende Kastalia (wie Lucian. Jup. Trag. c. 30. Schol. zu Eurip. Phoen. 230. Themist. Orat. XIII. p. 292. Clem. Alex. Protrept. p. 9. u. Orig. c. Cels. VII. p. 333. annehmen, sondern die schon oben Note 80. genannte Kassotis, welche auch in das Abyton geleitet war.
¹⁰⁰) Vgl. Herod. VII. 140.
¹⁰¹) *Προφῆτις*: Herod. VIII. 36. Plut. de def. or. 51. u. wohl auch Justin. XXIV. 8., wo die besten Handschr. ipse vates statt ipsi vates haben. Dagegen sprechen Eurip. Ion 426. Plut. Qu. Gr. 9. u. Aelian. H. A. X. 26. von mehreren *προφῆται*, vielleicht durch Verwechslung mit den oben erwähnten *ὅσιοι*.
¹⁰²) Diese der Pythia zur Seite stehenden und die Vorbereitungen zur Ertheilung von Orakeln leitenden Hauptpriester, welche auch auf die Abfassung der Orakel großen Einfluß hatten, wurden aus einer Anzahl von delphischen Familien gewählt, die vom Deukalion abstammen wollten. (Plut. Qu. Gr. 9.)
¹⁰³) Und zwar *δὰ τῶν τῶν γεναικείων*: Orig. c. Cels. III. p. 125. vgl. Joh. Chrysoft. Hom. XXIX. ad 1 Corinth. 23. u. Schol. zu Aristoph. Plut. 39.
¹⁰⁴) Nach dem eben angef. Scholion wäre die Frage auf ein Buchsbaumtäfelchen geschrieben, mit Lorbeer umkränzt und so der Pythia überreicht worden.
¹⁰⁵) Nach Diod. XVI. 26. wäre die Pythia anfangs stets ein junges Mädchen gewesen und erst als einmal eine solche geraubt worden, habe man eine 50jährige Frau gewählt; was jedoch zweifelhaft ist, da schon Aeschylus und Euripides die Pythia als *γραῦς* bezeichnen.
¹⁰⁶) Eurip. Ion 1357. Daß bei der Wahl besonders Armuth (Plut. Or. Pyth. c. 22.) und Einfalt (Max. Tyr. XIV, 1. Orig. c. Cels. VII. p. 333.) berücksichtigt worden sei, kann wohl nicht als Regel angenommen werden.
¹⁰⁷) Plut. Or. Pyth. 22. 46.
¹⁰⁸) Vgl. die Erzählung bei Plut. de def. orac. 51.
¹⁰⁹) Plut. or. Pyth. 24.
¹¹⁰) Vgl. Plut. de def. orac. 8.
¹¹¹) Plut. de def. orac. 8.
¹¹²) Plut. Qu. Gr. 9.
¹¹³) Aeschyl. Eumen. 32.
¹¹⁴) *Θεωρίαι* und die einzelnen Gesandten *θεωροί*. Harpocr.

p. 146. Pollux II. 55. Schol. zu Aristoph. Pax 342. Herod. VI, 87. VII, 140. Soph. Oed. Col. 413. Plut. Demetr. 11. Camill. 8. u. f. w.), Letztere auch θεοτρόποι. (Pollux X, 165.)

[115]) So sendete z. B. Chios einmal eine Theorie von 100 Jünglingen. (Herod. VI, 27.)

[116]) Schol. zu Eurip. Phoen. 230.

[117]) Eurip. Ion 225 ff.

[118]) Diod. XVI, 26.

[119]) Diod. a. a. O. u. Plut. de def. orac. 42.

[120]) Plut. de def. orac. 46. 49.

[121]) Vgl. Aeschyl. Prom. 661. Herod. I, 75. V, 91. Plut. de or. Pyth. 25. 26. Cic. Div. II, 56.

[122]) Strab. IX. p. 419. Plut. de or. Pyth. 19.

[123]) Pauf. X, 5, 4. Schol. zu Eurip. Orest. 1087. Daher wurde die erste Pythia Namens Phemonoe für die Gründerin des Herameters gehalten. Strab. IX. p. 419. Pauf. X. 5, 4.)

[124]) Vgl. Plut. de or. Pyth. 5.

[125]) Strab. IX. p. 419. Plut. de or. Pyth. 25.

[126]) Plut. de or. Pyth. 17. 19. vgl. mit 26. Cic. Div. II. 56. Vgl. die Orakel bei Demosth. in Mid. §. 52. p. 531. Thuc. V, 16. u. f. w.

[127]) Herod. VI. 52. VII, 140 ff. 220. VIII, 36 ff. Plat. Legg. I. in. u. VI. p. 759. c. Pauf. III, 1, 5. Plut. Lyc. 5. 6. 13. 29. (vgl. mit Herod. I, 65.) Aristid. 11. Strab. X. p. 482. Pauf. VIII, 23, 1. 28, 3. 42, 4. u. f. w.

[128]) Vgl. z. B. Herod. I, 13. 19. 51. Demosth. Phil. III. §. 32. p. 119.

[129]) Herod. I. 25. 46 ff. 54 f. 92.

[130]) Noch Pescennius Niger befragte es. Spartian. Pesc. Nig. 8.)

[131]) Herod. I. 46. VIII. 33. Pauf. X. 35, 2.

[132]) Herod. VIII, 135. Pauf. IX. 23, 5. Plut. de def. orac. 8.

[133]) Pauf. IX, 2, 1.

[134]) Plut. Pelop. 16. u. de def. or. 5.

[135]) Steph. Byz. s. v. Εὔτρησις.

[136]) Strab. X. p. 445.

[137]) Pauf. VII. 21, 5. 22, 2.

[138]) Pauf. VII. 18.

[139]) Pauf. VII. 25, 6.

[140]) Vgl. II. XII. 40 ff. XIII, 435. XX, 40 f. XXIV, 225 f. 343. Od. IV, 220 f. V, 47. X, 210 f. 233. 260 f. 302 f. 316 f. 389 f. 431 f. X, 340. 510 ff. XI, 22 ff. XIX. 457.

[141]) Man denke an Hermes, den Todtenbeschwörer (ψυχοπομπός und ἡγήτωρ ὀνείρων: Hom. Il. in Merc. 14.), an die Zaubergöttin Hekate (Apollon. Arg. III, 860 ff. 1212 f. Lucian.

Philops. 14. 22. Theocr. II, 15. Schol. zu Aristoph. Ran. 295. u. Eccl. 1049. Hor. Sat. I, 8, 33. Verg. Aen. IV, 511. Ovid. Met. VII. 194.), an Aphrodite mit ihrem Zaubergürtel und Zaubersprüchen (Hom. II. XIV, 225. Pind. Pyth. IV. 380 ff. vgl. Apulej. Apol. p. 37.), an Artemis als Mondgöttin (Hippocr. de morb. virg. 3. Diod. 4, 51. Schol. zu Theocr. II, 10. Verg. Aen. IV. 511. Stat. Theb. IX. 733. Talian. Or. c. Gr. c. 8.), an die phrygische Göttermutter (Hippocr. de morb. sacr. 2. Diod. III. 57. Dio Chrys. 1. p. 161.), an Circe (Hom. Od. X, 135. 236 ff. Apollon. Arg. III, 200. IV, 689. Plotin. Ennead. I, 6, 8. Ovid. Met. XIV, 10 ff.), Medea (Eurip. Med. 395. Diod. IV, 45 f. Apollon. Arg. III, 242. 860. 888. Apollod. I, 9, 23. Hor. Epod. V, 62. Ovid. Met. VII, 199 ff.), Pasiphae (Apollod. III, 15, 1.), Perimede oder Agamede (Hom. Il. XI, 740 f. Theocr. II, 15 f. mit d. Schol. Propert. II, 1, 73.) u. s. w.

[141] Wie von Orpheus (Eurip. Iph. Aul. 1211. Alc. 969. Cycl. 640. Orph. Arg. 40. 264. 702. 940. 990. 1363. u. s. w. vgl. Verg. Geo. IV, 453. u. Ovid. Met. X, 10.), Melampus (Eudoc. p. 286. Apollod. I, 9, 11. II, 2, 2. Paus. VIII, 18, 7. Apollon. Rh. I, 118. mit d. Schol. Plin. XXV, 5, 21.), Pythagoras (Diog. Laert. VIII, 21. 36. Lucian. Vit. auct. 2. Somn. 4. Plut. Numa 8. u. de mus. 37. Aristoph. Nub. 570. mit d. Schol. Jamblich. V. Pyth. p. 108. 148. 151. Porphyr. V. Pyth. p. 41. Philostr. V. Apoll. VI. 5. Plin. XXIV, 17, 99.), Empedokles (Diog. Laert. VIII, 59. 67. Philostr. V. Apoll. VI, 5. VIII, 7. 60. Jamblich. V. Pyth. p. 128. Clem. Aler. Strom. VI. p. 267. Suid. s. v. ἄπνους), Epimenides (Appulej. Apol. l. p. 326. Jamblich. V. Pyth. 28. Clem. Aler. Strom. VI. p. 755.) u. A.

[142] Artemid. Oneir. II, 69. Jamblich. de myst. III, 17. Pollux VII, 188. Cyrill. c. Julian. VI. p. 198. Aelian. V. Hist. VIII, 5. Theophr. Char. 16. Schol. zu Pind. Ol. XII, 10. u. s. w. Vgl. auch Aeschyl. Prom. 487 ff. u. Aristoph. Eccl. 792.

[143] Daher die Bezeichnung des Aberglaubens durch das Wort Deisidämonie (δεισιδαιμονία). Vgl. Theophr. Char. 16. Der Glaube an Dämonen, welche die Welt erfüllen, sowohl guter als böser (Plut. def. orac. c. 17. de Is. et Os. 25 f., ist sehr alt (Aristot. de anima I. 2. 5.) Vgl. besonders Plat. Legg. VIII. p. 828. 834. 848. Sympos. p. 202. Epinom. p. 984.

[144] Plat. Rep. II. p. 364. Appulej. de magia c. 26. Metam. III, 60. Arnob. II, 62. Iren. adv. haer. I, 25, 3. Lucan. VI, 440 ff. 730 ff.

[145] Plat. Legg. XI. p. 939. a. Lucian. de merc. cond. 40. u. Demon. 23. Hierher gehört besonders auch der Liebeszauber. Vgl. Xen. Mem. III. 11, 17. Lucian. Dial. mer. 4. 5. Theocr. Id. II. Verg. Ecl. VIII. u. Band 2. S. 215.

[146] Diod. V. 55. Appul. Met. I, 3. Hippocr. morb. sacr.

### Anmerkungen zum 15. Kapitel.

p. 327. Hesych. I. p. 362. Jamblich. V. Pythag. 115. Eustath. zu Hom. Od. X, 22. Clem. Alex. Strom. VI. p. 631. Phot. Bibl. p. 75.

¹⁴⁸) Vgl. z. B. Aristot. Eth. I, 17.

¹⁴⁹) Ἐνύδαι: Hom. Od. XIX, 457. Pind. Pyth. III, 51. Plat. Charm. p. 155. e. Rep. IV, 4. p. 426. b.

¹⁵⁰) Hierher gehört besonders die βασκανία oder fascinatio der Römer durch den bösen Blick (Heliod. Aeth. III, 7. 19. Plut. Qu. Symp. V, 7. Alciphr. Ep. I, 15. u. s. w. vgl. Bd. 2. Seite 212. u. sonstige Beherung (ἐπῳδεία: schon bei Hom. Il. in Cer. 228. in Merc. 37.), namentlich in Bezug auf Kinder und Vieh. Für Gegenmittel galten als Amulete am Halse, am Arme, über der Brust getragene Gehänge (περιάμματα) der verschiedensten Art, auch solche, die Furcht erregen und die Blicke ablenken sollten (ἀποτρόπαια), wozu namentlich der Phallus gehörte (vgl. Band 2. S. 216.), das Aussprechen kräftiger Flüche, das Spucken in den Busen (Theophr. Char. 16. Theocr. Id. VI, 39. mit d. Schol. Lucian. pro merc. cond. c. 6. Navig. 15. Liban. Epist. 714. Pers. II, 31. Tibull. I, 2, 97. Plin. XXVIII, 4, 7.) u. s. w.

¹⁵¹) Vgl. die vorige Note.

¹⁵²) Eurip. Alc. 1128. August. Civ. Dei VII, 35. VIII, 25. Varro fragm. 233. Vgl. Band 2. S. 214. mit den Citaten in Note 248.

¹⁵³) Solche gespenstige Wesen waren besonders Mormo, Lamia, Empusa u. s. w. Aristoph. Acharn. 582. Ran. 295. Equ. 690. Xen. Hell. IV, 4. 17. Lucian. Musc. eucom. §. 10. Philops. §. 2. Theocr. II, 13. Philostr. V. Apoll. II. 14. IV. 25. Schol. zu Aristoph. Eccl. 1049. u. s. w. Vgl. Band 2. S. 211.

¹⁵⁴) Plut. de def. orac. c. 9. Hesych. s. v. ἐγγαστρίμυθος Pollux II, 162. 168. Cyrill. c. Julian. VI. p. 198. Euseb. zu Jesaias c. 45. Der Erfinder dieser Kunst hieß Eurykles und daher alle Bauchredner εὐρυκλεῖται. Plat. Soph. p. 252. Aristid. I. p. 51. Schol. zu Aristoph. Vesp. 1019. Phot. Bibl. c. 94. p. 75.)

¹⁵⁵) Selbst der Name der Zauberei μαγία ist persischen Ursprungs; woraus man jedoch nicht schließen darf, daß die Magie überhaupt erst später (etwa seit den Zeiten der Perserkriege aus Persien nach Griechenland verpflanzt worden sei, da wir schon in Note 139. gesehen haben, daß der Glaube an sie schon im homerischen Zeitalter ein allgemein herrschender war.

¹⁵⁶) Plut. de superst. c. 6. Theocr. II, 92. Lucian. Philops. c. 9. Dial. meretr. 4. Galen. de simpl. med. VI. prooem. Philostr. V. Apoll. III, 43. Ovid. Amor. I, 8, 5. Fast. II, 571. Tibull. I, 2, 42. Appulej. Met. II, 38.

**Anmerkungen zum 15. Kapitel.**

¹⁵⁷. Vgl. die folgende Note.

¹⁵⁸) Daher μάγοι καὶ ἀγύρται bei Josim. 1, 11. u. ἀγύρται καὶ γόητες bei Plut. de superst. c. 3., so wie sonst μάντεις καὶ ἀγύρται bei Plat. Rep. III. p. 364. b. (vgl. auch Artemid. Oneir. III. 4., da allerdings auch die Wahrsager für eine Kleinigkeit prophezeihen (Max. Tyr. XIX, 3.) und somit auch in dieser Beziehung mit den Zauberern in eine Kategorie fallen.

¹⁵⁹) Vgl. Band 2. S. 209 fl.

## 16. Kapitel.
## Die Feste.

[Wesen, Zeiten und Arten der Feste. Die Hauptfeste Panathenäen, Thesmophorien, Dionysien und die merkwürdigsten Feste der einzelnen Staaten.]

So wie wir sahen, daß Mantik und Magie in einem theils engeren, theils weiteren Zusammenhange mit dem Cultus standen, so finden wir einen solchen auch zwischen ihm und der Feier von Festen, bei welchen man gleichfalls der Gottheit näher zu stehen glaubte, als sonst,[1] und nie verabsäumte, derselben vor Beginn des eigentlichen Festes durch Gebet, Opfer u. s. w. die schuldige Rücksicht zu erweisen, da man sich keinerlei Abweichung von der Einfachheit des Alltagslebens ohne gottesdienstliche Veranlassung erlaubte[2] und somit die Feste nur als Anhang zu einer Cultushandlung betrachtet wissen wollte, so wie umgekehrt auch mit den Opfern, namentlich den vom Staate dargebrachten, mancherlei Festlichkeiten (Gesänge, Tänze, Schmausereien) verbunden waren und die den Göttern zu erweisende Ehre zugleich auch zur Befriedigung verschiedenartigster Lust benutzt und manche Feste erst durch den Cultus selbst hervorgerufen wurden. Die Feste aber spielten im Leben der Griechen eine sehr bedeutende Rolle und hatten auf dasselbe den entschiedensten Einfluß, da sie namentlich durch Theilnahme von Fremden und Bürgern anderer griechischer Staaten, die man sehr gern sah,[3] die Gastfreundschaft, das Gefühl der Zusammengehörigkeit und den Nationalsinn nicht wenig förderten. Ist es nun aber für alle Menschen ein Bedürfniß, sich von den Arbeiten und Geschäften des Alltagslebens zuweilen zu erholen und sich der Luſt und dem Vergnügen hinzugeben, ſo mußte dieß bei einem ſo feurigen, lebensluſtigen und genußſüchtigen Volke, wie das helleniſche, ganz beſonders der Fall ſein, und wir können uns daher über die Menge der in allen griechiſchen Staaten ge- feierten Feſte nicht wundern. Die bei weitem größte Zahl der- ſelben aber waren heitere, ſelbſt ausgelaſſene Freudenfeſte, bei welchen man deshalb auch von den ſonſt herrſchenden Sitten und der Strenge der gewöhnlichen Lebensweiſe abging, was namentlich den Frauen und Sklaven zu Gute kam, von denen Erſtere bei ſolchen Gelegenheiten aus ihrer ſonſtigen Zurück- gezogenheit heraustraten und ſowohl eigene Feſte feierten (be- ſonders die unten beſchriebenen Thesmophorien), als auch an den allgemeinen Feſten nicht blos als Zuſchauerinnen, ſondern auch als Feſtgenoſſinnen durch Chorgeſänge und Tänze Theil nahmen.[¹]) Letztere aber einer Erleichterung ihrer Lage, ja zu- weilen ſogar einer Gleichſtellung mit den Herren theilhaft wur- den,[⁵]) wenn ſie auch von der Feſtfeier ſelbſt ausgeſchloſſen waren und ihr nur als Zuſchauer beiwohnen durften.[⁶]) Ebenſo waren an ſolchen Feſttagen die Gefangenen ihrer Feſſeln, und Schuldner gerichtlicher Verfolgung und Auspfändung ledig,[⁷]) damit ihnen die Theilnahme an der allgemeinen Freude nicht verkümmert würde, und ſo wie Staatsgeſchäfte, Gerichtsverhand- lungen und meiſtens auch die Betreibung bürgerlicher Gewerbe ausgeſetzt wurden, ruhten natürlich auch die Waffen,[⁸]) und daß Hinrichtungen noch weniger ſtattfinden durften,[⁹]) verſteht ſich wohl von ſelbſt. Uebrigens war bei jeder Feſtfeier die Theil- nahme nur unbeſcholtenen, mit keinem Verbrechen belaſteten Perſonen geſtattet,[¹⁰]) die vorher Reinigungen vorgenommen haben mußten,[¹¹]) und ſelbſtverſtändlich ihre beſten Kleider und allen ihren Schmuck anlegten,[¹²]) da überhaupt bei den meiſten Freudenfeſten die möglichſte Pracht entfaltet wurde und faſt alle von pomphaften Aufzügen[¹³]) und feierlichen Geſängen und Tänzen, zuweilen auch von gymnaſtiſchen Wettkämpfen begleitet waren,[¹⁴]) welche drei Elemente als die hauptſächlichſten Aeuße- rungen der Luſt bei den Griechen erſcheinen. Aber auch die Geſänge, meiſtens Hymnen und Päane[¹⁵]) nach einmal feſt- geſetzten Weiſen,[¹⁶]) in beſtimmten Tonarten und unter be- ſtimmter Inſtrumentalbegleitung (von Flöten oder Githern,[¹⁷]) nahmen zuweilen den Charakter von Wettkämpfen an,[¹⁸]) nament-

lich bei den dionysischen Chören.¹⁹) Oft vereinigte sich mit den
Gesängen auch der Tanz,²⁰) eine Hauptzierde des griechischen
Cultus, und zwar dann der Reigentanz, während sonst auch der
Tanz einzelner Personen die Freuden der Festfeier erhöhte, der
aber keineswegs blos in einer rhythmischen Bewegung der Füße
bestand, sondern alle Theile des Körpers, namentlich Arme und
Hände, harmonisch in Anspruch nahm²¹) und so zu jener reizen-
den Pantomimik wurde, welche die poesievolle mimische Darstellung mythologischer Scenen ermöglichte.²²) Daneben jedoch
ließ der bacchische Cultus auch dergleichen Darstellungen aus
dem gewöhnlichen Leben, Verkleidungen und sonstigen Muth-
willen zu,²³) und bei manchen Culten, z. B. des kretischen Zeus,
gehörte auch der Waffentanz zur Festfeier.²⁴) Die Art der Feste
nämlich war, da fast jeder Stamm, jeder Ort seine eigenen
Festgebräuche hatte, eine höchst verschiedene und theils durch den
Charakter der Gottheit, der zu Ehren sie gefeiert wurden, theils
durch Geschlecht, Stand und Stimmung der sie feiernden Personen bedingt. Ihrem Charakter nach gab es neben den Freu-
denfesten, wie Ernte-, Sieges- und Dankfesten für Errettung
aus Gefahren u. s. w., auch einige Trauerfeste,²⁵) bei welchen
alle und jede Geschäfte ruhten²⁶) und die gewöhnlich auch mit
Fasten und anderen Enthaltungen²⁷) verbunden waren; den
dabei betheiligten Personen nach aber zerfielen sie in allgemeine
Feste, an denen beide Geschlechter und jedes Alter Theil nahm,
und in besondere, entweder blos von Männern²⁸) oder blos von
Frauen,²⁹) nur von Jünglingen³⁰) und Jungfrauen,³¹) oder von
einzelnen Ständen und Berufskreisen gefeierte.³²) Was endlich
die Zeit betrifft, in welcher die Feste gefeiert wurden, so waren
sie in der Regel an einen bestimmten Kalendertag geknüpft, an
welchem sie alljährlich wiederkehrten; doch feierten manche zu
gemeinschaftlichem Gottesdienst vereinigte Genossenschaften ihre
Feste auch an einem bestimmten Tage jedes Monats,³³) während wieder große, mit pomphaften Aufzügen und Schauspielen
verbundene Feste, die bedeutende Kosten verursachten und längerer
Vorbereitungen bedurften (z. B. die vier großen Kampfspiele)
erst nach einem Zeitraume von mehreren Jahren erneuert wur-
den.³⁴) Oefters aber wurden neben solchen großen Festen auch
ihnen entsprechende kleinere alljährlich gefeiert.³⁵) Nur selten
beschränkten sich wohl die Feste nur auf einen Tag; meistens

nahmen sie mehrere Tage in Anspruch, wo man dann Vor-
bereitungstage ³⁶) und volle Festtage ³⁷) unterschied; auch wurde
die Dauer mancher Feste im Laufe der Zeit bei großem Zu-
wachs der Theilnehmer und steigender Schau- und Vergnügungs-
lust durch Zusatztage verlängert. ³⁸) Uebrigens konnte auch
dasselbe Fest an verschiedenen Orten auf verschiedene Zeiten fallen, ³⁹) und selbst bewegliche Feste kamen vor, wie namentlich
die olympischen Kampfspiele. ⁴⁰) Im Allgemeinen aber darf an
eine rein zufällige oder willkührliche Zeitbestimmung bei den
Festen nicht gedacht werden, und selbst die Jahreszeit, in der sie
begangen wurden, war meistens eine fest bestimmte, indem sie
sich, wenigstens bei den stehenden Naturfesten, nach dem Wesen
und der Wirksamkeit derjenigen Gottheit richtete, welcher die
Feier galt, so daß z. B. die Feste der Demeter im Sommer,
die des Dionysos im Herbste gefeiert wurden. Feste freilich,
die entweder als wiederkehrende Erinnerungsfeste oder als nur
einmal vorkommende Dankfeste für einen errungenen Sieg, ⁴¹)
eine glänzende Waffenthat, ⁴²) eine erfreuliche Botschaft ⁴³) u. s. w.
begangen wurden, konnten auf die Jahreszeit keine Rücksicht
nehmen, sondern waren durch den Zeitpunkt der Thatsache bedingt, die sie hervorrief. Dasselbe gilt von den zahlreichen Pri-
vat- und Familienfesten, ⁴⁴) bei einer Verheirathung, bei Geburt
eines Kindes, beim Eintritt in die Ephebie, bei Rückkehr von
einer Reise, bei Genesung von einer Krankheit, bei Rettung aus
einer Gefahr u. s. w., mit denen wir es hier nicht zu thun
haben, wo nur von den öffentlichen und allgemeinen Festen die
Rede sein soll.

Nachdem wir nun von den vier Haupt- und Nationalfesten
der Griechen, an welchen sich ganz Hellas betheiligte, den olympischen, pythischen, isthmischen und nemeischen Kampfspielen
schon früher gehandelt haben, ⁴⁵) kann hier nur noch von den
übrigen größeren und allgemeinen, so wie von den merkwürdigeren unter den partiellen, bloß von einzelnen Staaten
gefeierten kleineren Festen die Rede sein. In Attika, das unter
allen griechischen Staaten die meisten Feste feierte, ⁴⁶) sind vor
Allem die Panathenäen ⁴⁷) zu nennen, das größte und wohl
auch älteste Fest der Athener, in welchem sich alle Bestandtheile eines großen hellenischen Festes vereinigten. Es gab sowohl große, als kleine Panathenäen. Die Ersteren, welche die

Die Feste.

ganze Bevölkerung im Dienste der Schutzgöttin Athene vereinigte, wurden alle vier Jahre,¹⁷) die Letzteren aber alljährlich,⁴⁸) beide jedoch im Monat Hekatombäon (der unserm Juni und Juli entspricht) vom 25sten an vier Tage lang gefeiert.⁴⁹) Was nun die großen Panathenäen betrifft, so war die Krone des Festes ein feierlicher Aufzug, mit welchem am letzten Tage, dem 26sten, das zur Bekleidung des alterthümlichen, aus Oelbaumholz geschnitzten Bildes der Göttin von attischen Jungfrauen gewebte⁵¹) und mit der kunstvollsten Stickerei reich verzierte,⁵²) safrangelbe Gewand (Peplos), in Form eines Segels an einem großen und schönen Rollschiffe⁵³) aufgehangen, nach dem Tempel der Athene Polias auf der Akropolis oder Burg gebracht wurde.⁵⁴) An ihm betheiligte sich die ganze mit Myrtenkränzen geschmückte Bürgerschaft unter ihren Vorstehern (Temarchen),⁵⁵) selbst die Greise, Oelzweige in den Händen tragend,⁵⁶) die Jugend aber in glänzendem Waffenschmuck zu Roß und zu Fuß die ganze Kriegsmacht und Herrlichkeit des Staats entfaltend,⁵⁷) und hundert aus den vornehmsten Familien auserlesene Jungfrauen aber⁵⁸) als Kanephoren die goldenen und silbernen, reich verzierten Opfergeräthe in Körben auf dem Haupte tragend.⁵⁹) Ja selbst die Freigelassenen und Schutzverwandten mit ihren Frauen und Töchtern nahmen wenigstens in so fern Theil, als die Männer den Markt mit Eichenlaub schmückten,⁶⁰) die Frauen aber Näpfe und Krüge zum Gebrauche beim Opfer und den bürgerlichen Frauen und Jungfrauen Stühle und Sonnenschirme nachtrugen.⁶¹) Außer diesem großen Festzuge aber waren auch noch Weltkämpfe, Waffentänze (die Pyrrhiche,⁶²) an denen sich auch Knaben betheiligten,⁶³) ein Fackellauf,⁶⁴) ein großes Hekatombenopfer auf der Akropolis⁶⁵) und Opfermahlzeiten⁶⁶) mit der Feier verbunden. Die von zehn aus den Phylen⁶⁷) gewählten Athlotheten geleiteten⁶⁸) Wettkämpfe bestanden theils in Wettrennen zu Wagen und zu Pferd,⁶⁹) theils in gymnischen Kämpfen aller Art, auch von Knaben ausgeführt,⁷⁰) ferner seit Pisistratus auch in rhapsodischen Vorträgen der homerischen Gedichte⁷¹) und seit Perikles (der dazu das Odeon gebaut haben soll) in musikalischen Kämpfen von Cither- und Flötenspielern.⁷²) Der Preis bestand in einem Kranze von Blättern des heiligen Oelbaumes⁷³) und in Thongefäßen mit heiligem, aus gleichen Blättern gepreßtem Oel.⁷⁴)

Die kleinen Panathenäen, denen ein Basileus und vier Epimeleten vorstanden,⁷²) wurden wohl ganz so gefeiert, wie die großen, nur nach verkleinertem Maßstabe,⁷⁴) und namentlich war der Festzug weit weniger prunkvoll, als dort.⁷⁵) Uebrigens finden sich kleine Panathenäen auch noch in anderen Staaten.⁷⁶) — Den Panathenäen an Bedeutung und Feierlichkeit am nächsten standen die Eleusinien, die schon oben, wo von den eleusinischen Mysterien gehandelt wurde, beschrieben worden sind. Ein drittes Hauptfest waren die, freilich auch an vielen anderen Orten,⁷⁷) hauptsächlich aber in Athen gefeierten Thesmophorien⁷⁸) zu Ehren der Demeter. Sie wurden alljährlich im Monat Pyanepsion (unserm September und October blos von den Ehefrauen der Vollbürger Athens begangen,⁷⁹) und den Männern war der Eintritt in das Thesmophorion oder den Tempel der Demeter, worin ein Theil des Festes gefeiert wurde,⁸⁰) bei Todesstrafe verboten.⁸¹) Dem eigentlichen breitägigen, auf den 11.—13. Pyanepsion fallenden⁸²) Feste ging eine Vorbereitungsweihe von meereren Tagen voran, während deren die Frauen sich der größten Keuschheit befleißigen und alles ehelichen Umgangs enthalten mußten,⁸³) weshalb sie auf Keuschheitskräutern schliefen.⁸⁴) Am letzten Tage der Vorfeier oder am 10. Pyanepsion,⁸⁵) welcher Stenia (στήνια) hieß,⁸⁶) fanden ein Auszug nach Halimus am Vorgebirge Kolias,⁸⁷) wobei man sich muthwilligen Scherzen, Neckereien und Spöttereien hingab,⁸⁸) und dann im Thesmophorion zu Halimus nächtliche Orgien statt.⁸⁹) Am ersten Tage des eigentlichen Festes, welches die Schicksale der Demeter und ihre der Menschheit erwiesenen Wohlthaten vergegenwärtigen sollte, erfolgte die Rückkehr nach Athen, weshalb er Anodos (ἄνοδος, Hinaufzug) hieß. Der zweite Tag, Nesteia (νηστεία, die Fasten) genannt, war ein Trauer- und Fasttag.⁹²) Die Frauen saßen zu den Füßen der Bildsäule der Demeter auf der Erde, wehklagten und genossen blos aus Sesam und Honig bereitete Kuchen,⁹³) hielten aber dann in Athen selbst einen Aufzug, wobei sie barfuß und unter Gesängen⁹⁴) einem Wagen folgten, auf welchem ein Korb mit mystischen Symbolen stand. Von dem dritten Tage, der Kalligeneia (καλλιγένεια,⁹⁵) d. h. Mutter des schönen Kindes)⁹⁶) benannt war, wissen wir nichts weiter, als daß an ihm die Göttin unter diesem Namen angerufen⁹⁷) und durch Opfer⁹⁸) und Tänze⁹⁹) gefeiert wurde.

Uebrigens leiteten nicht Priesterinnen das Fest, sondern es wurden aus jeder Phyle zwei verheirathete Frauen zu Vorsteherinnen gewählt.¹⁰⁰) — Ein anderes in ganz Griechenland gefeiertes Hauptfest waren die Dionysien, welche eine ganze Reihe einzelner Feste in sich vereinigten, die in Attika der Zeit nach so auf einander folgten: Zuerst die kleinen oder ländlichen Dionysien,¹⁰¹) welche nach vollendeter Weinlese,¹⁰²) die in Griechenland sehr spät erfolgte,¹⁰³) im Monat Poseidonion¹⁰⁴) (der unserm November und December entspricht) in jedem Dorfe höchst wahrscheinlich mehrere Tage lang mit ausgelassener Fröhlichkeit, aber freilich auch auf eine nach unseren Begriffen von Schicklichkeit sehr anstößige Weise gefeiert wurden, indem bei ihnen der Phallus¹⁰⁵) eine Hauptrolle spielte. Der Hergang dabei war folgender:¹⁰⁶) Nach einem gesprochenen Gebete setzte sich die Procession zu dem Opfer für Dionysos in Bewegung. Voran schritt eine Tochter des Hauses als Kanephore, mit dem Korbe auf dem Kopfe,¹⁰⁷) dann kam ein Sklave (denn auch diese nahmen an dem Zuge Theil),¹⁰⁸) den Phallus tragend, darauf der Hausvater, ein unzüchtiges Phallussied singend,¹⁰⁹) und endlich die übrigen Theilnehmer des Zugs; dem vollbrachten Opfer, bei welchem gewöhnlich ein Bock oder eine Ziege das dem Weinstocke besonders schädliche Thier¹¹⁰) dem Opfermeister verfiel, folgten ein Opferschmaus und Belustigungen verschiedener Art, namentlich das meinen Lesern schon bekannte Schlauchhüpfen (Askolia)¹¹¹) von Seiten der Dorfjugend, das großen Jubel und fortwährendes Gelächter erregte. Auch fanden dabei Mummereien und burleske Tänze, ja nicht selten selbst Lustspieldarstellungen¹¹²) durch wandernde Schauspielertruppen statt.¹¹³) Die Aufsicht über die Festfeier führten wahrscheinlich die Demarchen oder Gemeindevorsteher.¹¹⁴) — Hierauf folgten im nächsten Monate Gamelion¹¹⁵) und zwar um die Mitte desselben¹¹⁶) die Lenäen¹¹⁷) oder das Kellerfest¹¹⁸) zu Ehren des Dionysos Lenäos,¹¹⁹) das alljährlich¹²⁰) nicht auf dem Lande, sondern in Athen selbst gefeiert wurde, wo ein eigenes Heiligthum, das Lenäon, im Stadtviertel Limnä dazu erbaut war, welches mit seinem Tempelhofe einen bedeutenden Umfang hatte.¹²¹) Da nun aber die Weinlese und das Keltern eigentlich doch in gleiche Zeit fallen, so hat man wohl anzunehmen, daß ursprünglich beide Feste, die kleinen Dionysien und die Lenäen, zu gleicher Zeit und auf dem Lande gefeiert wurden,[123]) daß aber später, als auch der Landbbiftrift, in welchem das Lenäon lag, und der vielleicht der Lenäische Demos hieß, mit zur Stadt gezogen war, die Lenäen auf eine spätere Zeit verlegt wurden, damit die Landbewohner, nachdem sie ihre Dionysien gefeiert, nun auch an diesen in der Stadt Theil nehmen konnten. Ihr Charakter war von dem der ländlichen Dionysien wesentlich verschieden und, wie schon der Ort ihrer Feier erwarten läßt, weil ernster und anständiger. Die Festlichkeiten dabei bestanden in einem großen Schmause, wozu der Staat das Fleisch lieferte,[123]) in einer feierlichen Procession durch die Stadt,[124]) wobei von Wagen herab Spottlieder gesungen und mancherlei Neckereien getrieben wurden,[125]) wie sie bei allen Dionysosfesten üblich waren, und in dramatischen Aufführungen von Tragödien und Komödien,[126]) wozu, ehe das steinerne Theater des Dionysos gebaut war, im Lenäon ein Holzgerüst aufgeschlagen wurde.[127]) — Das nächste und älteste Dionysosfest in Attika waren die ebenfalls einen ernsteren und zum Theil mystischen Charakter tragenden Anthesterien, d. h. das Blumen- oder Frühlingsfest,[128]) die ebenfalls alle Jahre[129]) vom 11. bis 13. des nach ihnen benannten Monats Anthesterion (der unserm Februar und März entspricht) gefeiert[130]) und an welchen, wie an den Lenäen der auslaufende Most, so hier der unterdessen in den Fässern gegohrene Wein zum ersten Male getrunken wurde. Daher hieß der erste Tag, der wohl nur als Vorfeier zu betrachten ist, bei welcher der junge Wein gekostet und dem Dionysos ein Opfer gebracht wurde, Pithoigia,[131]) d. h. die Faßöffnung. Der zweite Tag war der Hauptfesttag. An ihm schaffte man die Weinfässer in den Dionysostempel im Stadtviertel Limnä, dem ältesten des Gottes in der Stadt, der nur einmal jährlich an diesem Tage geöffnet[132]) und wo wahrscheinlich der Wein mit Wasser aus der Quelle Kallirrhoe vermischt wurde,[133]) und hielt dann ein großes Gastmahl, bei welchem jeder Gast, mit frischen Frühlingsblumen bekränzt,[134]) seine Kanne (Chus)[135]) Wein erhielt (wovon der Tag selbst den Namen Choes führte),[136]) und nun unter Trompetenschall[137]) förmliche Wettkämpfe im Trinken angestellt wurden, in denen der Sieger einen Schlauch als Preis erhielt.[138]) Nach dem Ende des Gastmahls wurden jene Blumen in das lenäische Heiligthum getragen und den Priestern

übergeben, die sie dem Dionysos opferten.¹³⁹) Schon vor dem
Gelage¹⁴⁰) aber, wahrscheinlich am Morgen, hatte das geheime
Opfer stattgefunden, welches die Gattin des Archon Basileus,¹⁴¹)
denn die Aufsicht über die Festfeier übertragen war,¹⁴² mit vier-
zehn von diesem erwählten und von ihr vereideten¹⁴³) Priefte-
rinnen (Gerären, d. h. die Ehrwürdigen, genannt),¹⁴⁴) nach einer
uralten, genau vorgezeichneten Norm¹⁴⁵) im Allerheiligsten des
Tempels für das Wohl des Staates darzubringen hatte, und
wobei auch noch der seltsame symbolische Gebrauch herrschte,
daß die Basilissa dem Dionysos förmlich angetraut wurde.¹¹⁶)
Auch fehlte es nicht an anderen mystischen Feierlichkeiten und
Aufführungen.¹⁴⁷) Der dritte Tag des Festes hieß Chytren oder
das Topffest,¹⁴⁸) weil an ihm den unterirdischen Göttern und
den Geistern der Verstorbenen aus Töpfen (Chytroi) ein in allen
athenischen Haushaltungen gekochtes Gemisch von allerhand
Sämereien als Opfer dargebracht wurde.¹⁴⁹) Auch zeigte sich
an ihm mancherlei Schaugepränge,¹⁵⁰) so wie auch ein Festzug
nach dem Lenäon,¹⁵¹) wobei von den meistens wohl etwas be-
rauschten Festgenossen, wie an den Lenäen, von Wagen herab
Spottlieder gesungen und die Vorübergehenden vielfach genecht
wurden,¹⁵²) so daß sich auch hier die bacchische Lustigkeit nicht
ganz verleugnete, und Wettübungen der Schauspieler im Vor-
lesen von Dramen,¹⁵³) aber keine eigentlichen Schauspielvorstel-
lungen vorkamen.¹⁵⁴) — Die Reihe der attischen Dionysosfeste
schlossen endlich die großen oder städtischen Dionysien,¹⁵⁵) neben
denen es jedoch wahrscheinlich auch noch alljährlich gefeierte
kleine städtische Dionysien gab.¹⁵⁶) Das große Fest wurde im
Frühlinge,¹⁵⁷) und zwar im Monate Elaphebolion (unserm
März und April)¹⁵⁸) mehrere Tage lang¹⁵⁹) mit außerordent-
lichem Pomp gefeiert, und es strömten dazu Fremde aus ganz
Griechenland zusammen; doch fehlen uns genauere Nachrichten
darüber. Wir wissen nur, daß dabei zwei Aufzüge¹⁶⁰) und zahlreiche theatralische Vorstellungen stattfanden. Bei dem einen
Aufzuge wurde das alte, von Eleutherä nach Athen gekommene
Bild des Dionysos, von Satyrn umschwärmt,¹⁶¹) und unter
Vortritt von Kanephoren¹⁶²) aus dem Lenäon¹⁶³) nach einem
kleinen Tempel am Wege zur Akademie getragen,¹⁶⁴) wo es
wahrscheinlich zuerst aufgestellt gewesen war. Weit glänzender
aber war der große, aufs prachtvollste ausgestattete Festzug,¹⁶⁵)

bei welchem dithyrambische Chöre von Männern und Knaben ¹⁶⁶) gesungen wurden, in denen sich die volle Lust an dem um diese Zeit im herrlichsten Veilchen- und Rosenflor prangenden Frühlinge ausssprach. ¹⁶⁷) Ein zweiter Hauptbestandtheil des Festes war die Aufführung neuer, ¹⁶⁸) mit größtem Aufwand in Scene gesetzter ¹⁶⁹) Tragödien und Komödien, die bereits am Feste der Chytren dazu ausgewählt worden waren ¹⁷⁰) und wobei die Tragiker gewöhnlich durch Vorführung von Tetralogien einen Wettkampf anstellten. ¹⁷¹) Uebrigens war dem Archon Eponymoo die oberste Leitung des Festes übertragen. ¹⁷²) — Zu diesen attischen Dionysien aber kommt nun auch noch eine aus Thracien nach Griechenland verpflanzte und in den meisten griechischen Staaten ¹⁷³) eingeführte orgiastische Dionysosfeier, welche ein Jahr um's andere ¹⁷⁴) nur von Frauen und Mädchen ¹⁷⁵) begangen wurde, die bei ihrer mangelhaften, die geistige Bildung vernachlässigenden Erziehung und bei der Zurücksetzung, die das weibliche Geschlecht in Griechenland erfuhr, ¹⁷⁶) dieser Entartung des religiösen Gefühles leicht zugänglich waren und sich durch das ausgelassene und wilde, aber doch geheiligte Treiben dieser nächtlichen Orgien für die Einförmigkeit und Zurückgezogenheit ihres sonstigen Lebens zu entschädigen suchten. Sie durchschwärmten dann zur Zeit der längsten Winternächte mehrere Tage lang als Mänaden oder Thyiaden in Felle des Hirschkalbes gekleidet, ¹⁷⁷) mit fliegendem Haar, ¹⁷⁸) den Thyrsus schwingend ¹⁷⁹) und Handpauken schlagend ¹⁸⁰) bei Fackelschein ¹⁸¹) Berge und Wälder, ¹⁸²) jubelnd und tobend und führten mit allerlei Gliederverrenkungen und gewagten Stellungen wilde Tänze auf, ¹⁸³) wenn sie auch in ihrer ekstatischen Raserei nicht ganz so weit gingen, wie die Frauen in Thracien. Daß übrigens bei diesen orgiastischen Dionysien dem Gotte auch Opfer dargebracht wurden, versteht sich wohl von selbst. —

Aus der Unzahl der kleineren und partiellen Feste, von denen jeder Staat ihre eigenen hatte, hebe ich, nach Landschaften zusammengestellt, folgende als die merkwürdigsten hervor. In Athen wurden außer den eben beschriebenen Dionysien auch noch ein paar kleinere Feste zu Ehren des Dionysos gefeiert, nämlich die Oschophorien und die Aeora oder Aletis. Die (Ersteren ¹⁸⁴) fielen in den Anfang des Monats Pyanepsion (unseres Septembers und Octobers) und bestanden in einem Wettlaufe von

Jünglingen angesehener Familien,[185)] welche eine mit Trauben behangene Rebe (Ôschos genannt) tragend ihren Wettlauf am Tempel des Dionysos begannen und am Tempel der Athene Skiras endigten. Der Sieger empfing als Preis eine mit einem Gemisch von Wein, Honig, Käse, Gerstenmehl und Oel gefüllte Schale.[186)] Wahrscheinlich trug das Fest auch in der Haltung und Geberdung der Jünglinge einen bacchischen Charakter.[187)] Das andere Fest der Athener, die Aeora oder Aletis,[188)] gehört gleichfalls zu dem Dionysoscultus, obgleich es eigentlich zur Versöhnung des Ikaros und der Erigone eingeführt war.[189)] Es wurden dabei Stricke an Bäume geknüpft und auf denselben Puppen geschaukelt, oder es schaukelten sich wohl auch die Mädchen selbst, indem sie dazu ein vom Kolophonier Theodorus gedichtetes Lied, Aletis genannt, sangen.[190)] Die Zeit des Festes ist unbekannt; wahrscheinlich aber wurde es im Sommer zu der Zeit, wo die Trauben schwellen und sich färben, gefeiert. Ein anderes, nicht blos attisches, sondern den Joniern überhaupt gemeinsames Fest waren die von den Phratrien[191)] gefeierten Apaturien,[192)] welche ebenfalls in den Monat Pyanepsion fielen und anfangs drei, später vier Tage dauerten, die sich nicht näher bestimmen lassen.[193)] Der erste Tag hieß Dorpia,[194)] und an ihm wurde Abends von den Mitgliedern jeder Phratrie eine große Schmauserei gehalten,[195)] wobei eine besondere Art von Beamten, die Oenoplen,[196)] für den Wein und die Beleuchtung des Lokals sorgten.[197)] Der zweite Tag, der wichtigste des Festes, führte den Namen Anarrhsis.[198)] An ihm brachte der ganze Staat zunächst dem Zeus Phratrios und der Athene,[199)] aber wohl auch dem Dionysos Apaturios[200)] und anderen Göttern[201)] ein feierliches Opfer,[202)] an welchem sämmtliche Bürger, so prächtig als möglich gekleidet und Fackeln tragend,[203)] Theil nahmen. Am dritten Tage, der Kureolis hieß,[204)] wurden die in diesem Jahre den einzelnen Mitgliedern der Phratrie geborenen Kinder, so wie die früher geborenen, die noch nicht in die Phratrie eingeführt waren, den versammelten Phratoren vom Vater oder in seiner Abwesenheit vom Stellvertreter desselben vorgestellt. Damit war auch für jedes der vorgestellten Kinder ein Opfer verbunden, das in einem Schafe oder einer Ziege bestand.[205)] Hatte Jemand gegen die Aufnahme des Kindes in die Phratrie etwas einzuwenden, so durfte er es anzeigen und das Opferthier vom Altar hinwegführten,²⁰⁶) und fanden die Phratoren das von ihm Vorgebrachte für begründet, so unterblieb das Opfer und die Aufnahme.²⁰⁷) Erhob sich aber kein Zweifel gegen sie, so mußte der Vorsteller des Kindes eidlich bestätigen, daß es ächt sei,²⁰⁸) und nun fand das Opfer statt, worauf die Phratoren die Stimmsteine vom Altar des Zeus Phratrios nahmen²⁰⁹) und über die Aufnahme abstimmten. Nahmen sie das Kind auf, so wurde sein und seines Vaters Name in das Register der Phratorie²¹⁰) eingetragen,²¹¹) und dann erfolgte die Vertheilung von Wein²¹²) und Opferfleisch, von welchem Jeder eine bestimmte Portion erhielt,²¹³) so wie ein Wettstreit von Knaben, welche theils neue, theils alte Gedichte vortrugen.²¹⁴) — Am 7. Tage desselben Monats wurde in Attika dem Apollo zu Ehren²¹⁵) ein Fest gefeiert, dem der Monat selbst seinen Namen verdankte, die Pyanepsien,²¹⁶) ein zur Darbringung der Erstlinge des Feldes bestimmtes Erntefest, an welchem ein mit Wolle umwickelter und mit allerhand Erträgnissen des Herbstes behangener Oelzweig (die Eiresione)²¹⁷) unter Gesang eines volksmäßigen Liedes²¹⁸) umhergetragen und sowohl vor dem Tempel des Apollo, als vor den Häusern aufgehängt wurde. — Auch einem andern Monate, dem Thargelion, (der unserm Mai und Juni entspricht), gab ein wichtiges, demselben Gotte gewidmetes Fest seinen Namen, die Thargelien,²¹⁹) welche die Hauptfeier des Apollocultus in Athen bildeten. Bezog sich nun auch der Name des Festes eigentlich auf die Zeitigung der Feldfrüchte durch die heißeren Sonnenstrahlen, so war es doch, da sich mit der Verehrung des Apollo als Sonnengott auch die Vorstellung eines reinen Lichtwesens verband, dem man sich nicht unrein nahen dürfe, in Wirklichkeit ein großes Reinigungs- und Entsühnungsfest des Volkes von Athen, als welches es am 6. und 7. Tage des genannten Monats (welcher Letzter für den Geburtstag des Gottes galt)²²⁰) gefeiert wurde. Leider aber konnte man sich dabei nicht von der alten, tiefgewurzelten Idee losmachen, daß der Mensch nur in seines Gleichen ein wahres Sühnmittel finden könne, und so war denn dieses Fest noch mit zwei Opfern von Menschen beiderlei Geschlechts verbunden, die mit Feigenschnüren behangen vor die Stadt hinausgeführt und in früheren Zeiten entweder verbrannt oder vom Felsen herabgestürzt, später aber wahrscheinlich nur vertrieben und ihrem Schicksal preisgegeben wurden.²²¹) War demnach der Charakter des Festes der Hauptsache nach ein sehr ernster, so war doch auch die Festfreude nicht ganz ausgeschlossen, die sich, dem Wesen des Apollo entsprechend, besonders in musikalischen Wettkämpfen von Knabenchören äußerte.²²²) — Auch noch ein drittes Fest der Athener gab Veranlassung zu einem Monatsnamen, die Skirophorien,²²³) die am 12. Tage des Skirophorion (unsers Juni und Juli) zu Ehren der Athene Polias gefeiert wurden, eigentlich aber in nächster Beziehung zum Ackerbau standen und den Schutz der Felder vor allzugroßer, austrocknender Sommerhitze bezweckten. Dem Feste ging in der Nacht vor seinem Eintritt eine mysteriöse Handlung voran, deren Zusammenhang mit demselben wir uns ebenso wenig zu erklären vermögen, als ihren Sinn und Zweck. Vier vom Archon Basileus aus den vornehmsten Geschlechtern der Stadt zu Arrephoren²²⁴) gewählte Mädchen zwischen sieben und eilf Jahren in weißen, mit Gold verzierten Gewändern²²⁵) erhielten, nachdem sie mehrere Tage im Tempel der Athene Polias zugebracht hatten, in jener Nacht von der Priesterin des Tempels den Auftrag Körbe mit geheimnißvollen, weder der Priesterin selbst noch den Mädchen bekannten Gegenständen²²⁶) auf dem Kopfe durch einen unterirdischen Gang an einen bestimmten Ort (wahrscheinlich eine Felsengrotte) zu tragen und dort abzusetzen, dafür aber andere verhüllte Dinge in Empfang zu nehmen und zurückzubringen.²²⁷) Das von dem alten Geschlechte der Eteobutaden beaufsichtigte Fest selbst bestand in einer Procession nach dem Orte Skiros²²⁸) (wo das erste Saatfeld in Attika gewesen sein sollte),²²⁹) bei welcher die Priesterin der Athene Polias, die selbst jenem alten Geschlechte angehören mußte,²³⁰) und die Priester des Poseidon Erechtheus und des Helios unter einem großen, von Eteobutaden getragenen Sonnenschirme²³¹) einherschritten, der offenbar als Symbol des erflehten Schutzes gegen die Sonnenhitze zu betrachten ist.²³²) Von dem übrigen Hergange des Festes aber ist uns nichts weiter bekannt, als daß dabei für die Arrephoren eine besondere Art schmackhaften Brodes oder Kuchens gebacken wurde.²³³) — Endlich erwähne ich von den athenischen Festen noch die Plynterien,²³⁴) die zu Ehren der Athene Aglauros oder Agraulos am 25. Tage des Thargelion²³⁵) gefeiert wurden. Die Hauptceremonie des

Festes, die ihm auch den Namen gab (von πλύειν, waschen), bestand darin, daß man die Bildsäule der Göttin entkleidete und ihre Kleider wusch. Es wurden dabei auch gewisse geheime Gebräuche beobachtet, die nur eine besondere Gattung von Priestern, die Praxiergiden,³³⁶) verrichten konnten, und man trug in einer feierlichen, Hegetoria genannten,³³⁷) Procession einen Büschel getrockneter Feigen herum, zum Andenken an die Erfindung der Feigenkost als ersten Schrittes zu einer milderen und gesitteteren Lebensweise.³³⁸) — Von den Festen der Spartaner erwähne ich die Hyacinthien, Karneen, Gymnopädien und Tithenidien. Die Hyacinthien,³³⁹) eins der bedeutendsten spartanischen Feste,³⁴⁰) wurden zum Andenken an den frühen Tod des Hyacinthus³⁴¹) zu Amyklä, der etwa 20 Stadien südöstlich von Sparta gelegenen Vaterstadt des Hyacinthus, gegen Ausgang des lakonischen Hekatombeus (unsers Juni und Juli) drei Tage lang auf folgende Weise gefeiert.³⁴²) Am ersten Tage brachte man dem Heros Hyacinthus das Todtenopfer, indem man seine Urne öffnete und die Asche darin mit Wein und Milch besprengte,³⁴³) und hielt darauf in aller Stille das Trauermahl. Der zweite Tag aber war ein heiterer, dem Apollo geweihter Festtag. An ihm erfolgte zuerst eine große Procession, die von einem besonderen Festordner geleitet³⁴⁴) und von einer festlich geschmückten Reiterschaar eröffnet wurde, und an welcher nicht nur alle Amykläer,³⁴⁵) sondern auch der größte Theil der Bevölkerung Sparta's und viele Bewohner der Umgegend, mit Ephenkränzen geschmückt³⁴⁶) und unter Flöten- und Citherbegleitung einen Päan singend, Theil nahmen. Der Aufzug endigte unstreitig mit Darbringung des von den spartanischen Frauen dem Apollo eigens für dieses Fest gewebten Gewandes (Chiton).³⁴⁷) Darauf wurde eine große Zahl von Opferthieren geschlachtet und nun wechselten Aufzüge von Jünglingen auf stattlich geschmückten Rossen mit Wettrennen, pantomimischen Tänzen, Chorgesängen und einer Umfahrt von Jungfrauen auf zierlichen und schön decorirten Korbwagen (Kanathra genannt).³⁴⁸) der Rest des Tages aber wurde bis in die Nacht hinein bei fröhlichen Gelagen verbracht, bei denen nicht nur Freunde und Bekannte, sondern selbst die Sklaven von ihren Herren bewirthet wurden.³⁴⁹) Den dritten Tag füllten wahrscheinlich Wettkämpfe zu Ehren des Hyacinthus aus, namentlich im Discus-

Die Feste.

werfen²⁵⁰) und im Wettlauf in voller Rüstung. Dieses Fest, dem die Spartaner eine außerordentliche Wichtigkeit gaben,²⁵¹) beging man noch in der römischen Kaiserzeit mit großem Pomp.²⁵²) — Von nicht geringerer Bedeutung waren für Sparta und die Dorier überhaupt²⁵³) die Karneen,²⁵⁴) eigentlich ein Kriegerfest zu Ehren des Apollo Karneios,²⁵⁵) welches am siebenten Tage des nach ihm benannten Monats Karneios (der dem attischen Metageitnion und userm Juli und August entsprach) anfangend,²⁵⁶) neun Tage lang begangen wurde, von welchem uns jedoch nur mangelhafte Nachrichten zugekommen sind.²⁵⁷) Wir erkennen darin die Nachahmung eines Feldlagers; denn es waren dabei neun zeltähnliche Hütten im Freien aufgeschlagen, deren jede neun Mann beherbergte, welche, als wenn sie zu Felde lägen, sich in Allem nach dem Commando eines Herolds richteten. Auch Wettlauf (!)²⁵⁸) und musikalische Wettkämpfe²⁵⁹) waren mit dem Feste verbunden. Der Festpriester hieß Agetes²⁶⁰) und ihm waren aus jedem spartanischen Stamme fünf Diener beigegeben, Karneaten genannt, welche ihr Amt vier Jahre lang verwalteten und sich während dieser Zeit nicht verheirathen durften.²⁶¹) Während der Dauer des Festes ruhten alle Waffenkämpfe.²⁶²) — Die Gymnopädien²⁶³) waren das sehr alte Hauptfest der spartanischen Jugend, an welchem jedoch auch die Männer Theil nahmen,²⁶⁴) und von dem nur die Hagestolze ausgeschlossen waren, die nicht einmal zuschauen durften.²⁶⁵) Sie wurden in der ersten Hälfte des Monats Hekatombeus²⁶⁶) mehrere Tage lang gefeiert, standen nur in geringer Beziehung zum Cultus, und waren mehr dazu bestimmt, der Freude an der Schönheit, Gewandtheit, Gesang- und Tanzkunst der Jugend Nahrung zu gewähren, indem sie aus einer harmonischen Verschmelzung musikalischer, orchestrischer und gymnastischer Uebungen auf freiem Markte und im Theater bestanden.²⁶⁷) Der musikalische Theil umfaßte im Chor gesungene Päane in der ruhigen, würdigen Haltung und den langsamen Rhythmen der apollonischen Musik, wie sie dem gemessenen und feierlichen Einherschreiten des Chors entsprachen,²⁶⁸) ohne doch die heiteren und lebendigern Weisen und Rhythmen des bacchischen Cultus ganz auszuschließen;²⁶⁹) der Chor aber war ein dreifacher, von Männern, Jünglingen und Knaben,²⁷⁰) die sämmtlich nackt auftraten,²⁷¹) was schon der Name des

Festes zeigt. Mit dem Gesange aber war auch Chortanz verbunden, der einen gemäßigten und ruhigen Charakter hatte und durch mimische Bewegungen verschiedene gymnische Uebungen nachahmte, besonders den Ringkampf und das Pankration.[172] Gewiß aber fehlte es auch nicht an Pyrrhichen oder Waffentänzen, und man bot überhaupt Alles auf, um dem Feste ein möglichst imposantes Ansehen zu geben und alles Störende und Mißfällige zu vermeiden.[173] Die Chorführer trugen Kränze von Palmenblättern, sogenannte thyreatische Kränze,[174] weil das Fest zugleich eine Erinnerungsfeier an den merkwürdigen Sieg über die Thyreaten[175] sein sollte. Uebrigens kam dazu eine Menge von Fremden in die Stadt, die von den sich sonst gegen alles Fremde möglichst abschließenden Spartanern an diesen Tagen gastfreundlich aufgenommen und bewirthet wurden.[176] — An Bedeutung mit den drei bisher beschriebenen Festen nicht im Entferntesten zu vergleichen, aber doch immerhin merkwürdig in ihrer Art waren endlich die mit einer Knabenlustration am Tempel der Artemis Korythallia verbundenen Tithenidien[177] oder das Ammenfest, wobei alle Ammen ihre Säuglinge männlichen Geschlechts nach jenem Tempel trugen, ein Opfer von noch saugenden Spanferkeln brachten und dann einen Schmaus hielten.[178] Auch wurden dabei von Tänzerinnen, die Korythallistriä hießen, Tänze aufgeführt und mit Gebrauch von hölzernen Masken allerlei Possen getrieben.[179] Die Zeit des Festes ist uns nicht bekannt. — Die merkwürdigsten Feste der Argiver waren: die Heräen,[179] zu Ehren der Hera (oder Juno), die entweder alle drei oder alle fünf Jahre wahrscheinlich im spartanischen Monat Hekatombeus (unserm Juni u. Juli,[180] mit großem Glanz gefeiert wurden. Sie bestanden in einem Festzuge nach dem vor der Stadt gelegenen Heräon, bei welchem die Jugend in glänzendem Waffenschmuck erschien,[181] und an welchem auch ein Chor von Jungfrauen Theil nahm,[182] und in gymnischen Wettkämpfen im Stadium,[183] bei welchen der Sieger einen ehernen Schild[184] und einen Myrtenkranz[185] als Preis empfing. Dann die heiteren Hybristika,[186] welche am ersten oder siebenten Tage des Monats Hermäus (unsers Januar und Februar) zum Andenken an den Sieg gefeiert wurden, welchen die mannhaften Argiverinnen unter Anführung der Telesilla über den die Stadt angreifenden Kleomenes, König

von Sparta, erfochten hatten, weßhalb dabei ein Kleiderwechsel
stattfand und die Frauen Männerkleider, die Männer aber
Frauenkleider mit Haube und Schleier anlegten.⁸⁷) Weiteres
aber über den Hergang des Festes ist uns nicht überliefert worden. Endlich die Chthonia ⁸⁸) zu Ehren der Demeter, welche
alljährlich im Sommer auf folgende Weise begangen wurden.
Den Festzug eröffnete die Priesterschaft und die obrigkeitlichen
Personen der Stadt, an welche sich dann die übrige Bürgerschaft, Männer, Frauen und diejenigen Knaben, denen die Theilnahme erlaubt wurde, in weißen Kleidern und mit Kränzen von
Hyacinthen geschmückt, anschloßen. Dann wurde eine zum Opfer
bestimmte, kräftige Kuh gefesselt einhergeführt, welche, wenn man
am Tempel der Demeter angelangt war, entfesselt und in den offen
stehenden Tempel hineingetrieben wurde. Sobald sie sich hinein-
gestürzt hatte, wurde die Thüre geschloßen und die Kuh von vier
alten Frauen ohne männliche Beihülfe getödtet, indem sie ihr
mit einem krummen Messer die Kehle durchschnitten. Hierauf
wurde noch eine zweite, dritte und vierte Kuh hineingetrieben
und auf gleiche Weise umgebracht.⁸⁹) Wie das Opfer selbst
verlief und was ihm weiter folgte, wird uns nicht berichtet. —
Wie in Argos, wurden auch in Elis Heräen gefeiert, und zwar
in jedem fünften Jahre, bei welchen ein Wettlauf von Jungfrauen in drei Altersstufen stattfand, so daß die jüngsten zuerst,
die ältesten zuletzt an die Reihe kamen. Sie liefen aber mit
fliegendem Haar, bis über die Knie geschürzt und mit bis zur
Brust entblößter rechter Schulter, und die Rennbahn, das olympische Stadium,⁹⁰) war für sie um ein Sechstheil verkürzt.
Der Siegespreis bestand in einem Olivenkranze und einem Theile
der Opferkuh. Festordnerinnen und Vorsteherinnen des Agon
waren sechszehn Frauen, die auch in einem besonderen Gebäude
auf dem Marktplatze der Stadt zu dieser Feier ein Festgewand
für die Göttin webten.⁹¹) — Von den Festen der Böotier erwähne ich zuerst das der Agrionien ⁹²) in Orchomenos. Es wurde
dem Dionysos Agrionios zu Ehren ⁹³) im Winter um die Zeit des
kürzesten Tages von den Frauen in ekstatischer Begeisterung begangen und drückte durch symbolische Handlungen den Schmerz
über das Verschwinden des Dionysos aus,⁹⁴) knüpfte sich aber
zugleich an die Sage von den Töchtern des Minyas, die, von
bacchischer Raserei ergriffen, begierig nach Menschenfleisch wurden,

das Loos über ihre eigenen Kinder warfen und den vom Loose getroffenen Sohn der Leukippe, Hippasos, schlachteten und verzehrten,²⁹⁵) wodurch das Fest einen doppelten, anfangs wilden und orgiastischen, dann sanfteren und heiteren Charakter bekam. Die mit Epheu bekränzten Frauen versammelten sich am Tempel des Dionysos, der Priester des Gottes aber, welcher den als Verächter des Dionysoscultus die Mänaden anfeindenden Pentheus vorstellte,²⁹⁶) verfolgte die dem Geschlechte des Minyas entsprossenen Jungfrauen mit dem Schwerte und hatte das Recht, diejenigen, die er erreichte, zu tödten, wovon er freilich in späteren, humaneren Zeiten keinen Gebrauch mehr machte.²⁹⁷) Die Frauen aber suchten erst lange den entschwundenen Dionysos, ließen aber dann vom Suchen ab, weil sie annahmen, daß er zu den Musen entflohen sei und sich dort verberge, und wendeten sich nun zu einem Festmahle, nach dessen Beendigung sie sich durch Aufgeben und Lösen von Räthseln vergnügten.²⁹⁸) Ferner die Dädala,²⁹⁹) welche dem Zeus und der Hera zu Ehren anfangs nur von den Platäensern auf dem Berge Kithäron nicht alljährlich, sondern nach einem Zwischenraum von einigen Jahren³⁰⁰) gefeiert wurden. Die Haupthandlung des Festes bestand darin, daß man Bildern aus Eichenholz, die eben Dädala hießen, weibliche Kleider anzog, dieselben in einem Aufzuge auf den Kithäron brachte und daselbst, gleichsam der Hera zum Opfer, verbrannte.³⁰¹) Nach der Zerstörung von Platää im peloponnesischen Kriege blieb das Fest 60 Jahre lang ausgesetzt;³⁰²) nachdem aber die Platäenser ihre Stadt wieder aufgebaut hatten, wurde nicht nur das Fest als kleinere Dädala in früherer Weise erneuert, sondern man fügte ihm auch, gleichsam als Ersatz für das Versäumte, noch eine größere Feierlichkeit hinzu. Aller 60 Jahre nämlich feierte nun ganz Böotien die großen Dädala, bei welchen 14 Bilder, von denen man bei jedem vorhergegangenen kleinen Feste jedesmal eins aufgehoben hatte,³⁰³) durch's Loos unter acht am Feste Theil nehmende Städte Böotiens vertheilt wurden, die nun in einzelnen Aufzügen die auf Wagen gesetzten Bilder auf den Kithäron brachten und dieselben nebst Opferthieren auf einem aus Holz erbauten und mit Reisig bedeckten Altare mit diesem zugleich verbrannten. — Endlich gedenke ich noch der in Theben zu Ehren des Apollo Ismenios gefeierten Daphnephorien,³⁰⁴) eigentlich eines zu Anfang jedes neunten Jahres³⁰⁴) wiederkehrenden Kalenderfestes, wie die Art seiner Feier beweist. Es wurde nämlich ein starker Zweig von einem Oelbaume mit Lorbeerkränzen und Blumen geschmückt, mit mehreren ehernen Kugeln und 365 purpurnen Bändern behängt und unten mit einem safrangelben Tuche umhüllt. Die auf der Spitze des Zweiges angebrachte große Kugel stellte die Sonne und die von ihr herabhangenden Kugeln (eine etwas größere und eine Anzahl kleinerer) den Mond und die Sterne vor, während die Bänder sich auf die Zahl der Tage des Sonnenjahres bezogen. Dieser Zweig wurde nun in Procession herumgetragen und hinter ihm her schritt der für dieses Fest besonders gewählte und Daphnephoros (der Lorbeerträger) genannte Priester, d. h. ein schöner Jüngling aus guter Familie, dessen beide Eltern noch leben mußten, in kostbare Gewänder gekleidet, mit einem Lorbeerkranze und fliegendem Haar, die Füße mit einer besonderen Art von Halbstiefeln bedeckt.³⁰⁵) Ihm folgte ein Chor von Jungfrauen mit Lorbeerzweigen in den Händen, und so zog man nach dem Tempel des Apollo, den man durch Gesang von Hymnen feierte. Auch viele andere Feste mögen manche merkwürdige Eigenthümlichkeiten gehabt haben, doch fehlt es uns an genaueren Nachrichten darüber, von den gewöhnlichen, mit Aufzügen, Chorgesang und Chortanz, Fackelläufen, Wettkämpfen und Opfermahlzeiten verbundenen Festen aber braucht hier nicht weiter gehandelt zu werden.

## Anmerkungen zum 16. Kapitel.

¹) Vgl. Athen. VIII, 65. p. 363. d. u. Porphyr. de abstin. II, 16.

²) Vgl. Athen. V, 19. p. 192. b. mit VII, 99. p. 292. a. Plat. Legg. II. p. 653. d. Strab. X. p. 467.

³) Es wurden auch nicht selten von Staatswegen Theorien (vgl. oben S. 56. mit Note 114. zur Theilnahme an den Festen befreundeter Staaten abgesendet. (Aristoph. Thesm. 294. Plut. Demetr. 11. Plat. Legg. XII. p. 950. e. u. s. w.)

⁴) Plat. Legg. VI. p. 771. e. Plut. de tranqu. an. 20. Bei solchen Gelegenheiten, fast den einzigen, wo das sonst an's Haus gebannte weibliche Geschlecht mit dem männlichen in Berührung kam, wurden denn auch gewöhnlich Liebschaften angeknüpft. (Vgl. Theocr. Id. II, 65. Alciphr. III, 1. Xen. Ephes. I, 3. Longus II, 2. Ovid. Her. IV. 67. u. s. w.)

⁵) Aristot. Oec. I. 5. Athen. IV, 31. p. 149. c. XIV, 44. p. 639. b. Diod. IV. 24.

⁶) Und selbst dieß scheint ihnen bei manchen Festen, wie den Thesmophorien und Eleusinien, nicht gestattet gewesen zu sein.

⁷) Demosth. in Mid. §. 10. p. 518. Schol. zu Demosth. Androt. §. 68. Ueber Aussetzung der Gerichts- und Rathsverhandlungen vgl. Aristoph. Thesm. 78 ff.

⁸) Isocr. Paneg. §. 43. vgl. Thucyd. V, 49. Xen. Hell. IV, 5, 11. Strab. II. p. 98. VIII. p. 343.

⁹) Plat. Phaed. p. 58. Phocions Hinrichtung an einem Festtage (Plut. Phoc. 37.) war nur eine vom Volke für frevelhaft gehaltene Ausnahme.

¹⁰) Callim. H. in Apoll. 2. Pollux I. 32.

¹¹) Nicht blos durch Waschungen, sondern auch durch Besprengung mit Weihwasser vermittelst eines Wedels (Sphax in

Andoc. §. 52. Eurip. Herc. fur. 930.), ja selbst durch Schwefelung.

¹¹) Soph. Trach. 612 f. Pollux I, 25.

¹²) Wobei oft auch ein kriegerischer Pomp zur Schau getragen wurde. Vgl. überhaupt Plat. Rep. I. p. 327. Lysias in Agorat. §. 80. Xen. Hipparch. c. 2 ff. Polyb. IV, 35. Plut. Dion 23. Polyän. I, 23, 2.

¹⁴) Vgl. überhaupt Hom. Il. in Apoll. 149. Xen. Oec. 7, 9. Hellen. III, 2, 16.

¹⁵) Phot. Bibl. cod. 239. p. 319 ff. Pollux I, 38.

¹⁶) Plat. Legg. III. p. 708. b. Plut. de mus. 6.

¹⁷) Aristot. Polit. VIII, 7. Im Allgem. vgl. Plat. Rep. III. p. 399. u. Plut. de musica.

¹⁸) Paus. X, 7, 2.

¹⁹) Vgl. Demosth. in Mid. §. 53. p. 531. Herob. II, 48. Aristoph. Ran. 402.

²⁰) Vgl. schon Hom. Il. XVI, 182. XVIII, 572. Od. XXIII, 145., auch Athen. XIV, 30. p. 631. b. Plut. Qu. Symp. IX, 5, 2. u. Etym. M. p. 690.

²¹) Plat. Legg. VII. p. 814. e. Athen. I. 37. p. 20 f. IV, 12. p. 134. XIV, 26. p. 629. b. Anecd. Par. Crameri I. p. 307. vgl. Serv. zu Verg. Ecl. V. 73.

²²) Plat. Legg. VII. p. 795. c. p. 816. a. Vgl. Strab. X. p. 468. Plut. Thes. 21. Anton. 24. Qu. Gr. 12. de def. orac. 13. u. f. w., auch Band 1. S. 396 f. der 2. Aufl.

²³) Athen. XIV, 15. p. 621. d.

²⁴) Pollux IV, 96. 99. vgl. Dion. Hal. VII, 72. Plat. Legg. VII. p. 796. b. u. Athen. XIV, 26. 30. p. 629. c. ff.

²⁵) Wie die Heräen in Korinth (Philostr. XIX, 14.), das Fest des Linos in Argos (Konou 19.), das Buß- und Thränenfest in Lemnos (Aeschyl. Choeph. 626 f.) u. s. w.

²⁶) Lucian. Pseud. 12. Plut. Alcib. 34. u. de ei Delph. 20.

²⁷) Callim. II. in Cer. 6 ff. Aelian. V. Hist. V, 20.

²⁸) Z. B. das Fest des Ares in Sparta. (Paus. III, 22, 5.) In Sikyon feierten Männer und Weiber das Fest der Demeter und Kore (Persephone) von einander abgesondert (Paus. II, 11, 3.).

²⁹) Deren es eine nicht geringe Zahl gab, besonders zu Ehren der Demeter und des Dionysos, namentlich die Thesmophorien und Adonisfeste, ein Fest des Dionysos in Sparta (Paus. III, 20, 4.), ein siebentägiges Fest der Demeter zu Pellene in Achaja, das am dritten Tage blos von Frauen gefeiert wurde und bei dem selbst männliche Hunde nicht in der Nähe sein durften (Paus. VII, 27, 4.); sogar ein Fest des Ares zu Tegea wurde blos von Weibern begangen. (Paus. III, 48, 3.)

³⁰) Wie die Museia und Heräa in Athen und die Gymnopädia in Sparta.

³¹) Wie das Fest der brauronischen Artemis in Athen.
³²) So gab es in Sparta ein Fest der Ammen (Athen. IV, 16. p. 139. a. b.), in Athen eins der Schmiede (Eustath. zu Hom. Il. II, 552. Pollux VII, 105. u. Harpocr. v. χαλκεῖα). Ja selbst die Sklaven hatten ihre Feste, wie die den römischen Saturnalien sehr ähnlichen Peloria in Thessalien (Athen. XIV, 45. p. 639. e. f.)
³³) Athen. XII, 76. p. 551. f. VII, 28. p. 287. f.
³⁴) Alle 2 Jahre (vgl. Band IV. S. 353. 354.), alle 3 Jahre (Eurip. Bacch. 138. Diod. III. 65. IV, 3. vgl. Verg. Aen. III. 302. Ovid. Fast. I. 394.), alle 4 Jahre (vgl. Band IV. S. 341. 352. Paus. II, 14, 1.), alle 5 Jahre (Plut. Amat. 1. Paus. VIII, 9, 4. Pollux VIII, 107.), alle 9 Jahre (Plut. Qu. Gr. c. 12. Phot. Bibl. p. 321.)
³⁵) Paus. VIII, 9, 4. 15, 1. Schol. Plat. Bekk. p. 319. Corp. Inscr. Gr. I, p. 807.
³⁶) Aeschin. in Ctesiph. §. 67. Athen. IX, 18. p. 376. a.
³⁷) Athen. XIV, 56. p. 647. a.
³⁸) Phot. Lex. p. 252. Pollux I, 34. Schol. zu Pind. Pyth. IV. 249.
³⁹) Xen. Hell. V, 2, 29. Paus. VI, 20, 1. vgl. mit Porphyr. de abstin. II, 54.
⁴⁰) Die stets auf den ersten Vollmond nach der Sommersonnenwende fielen, mochte dieser in dem einen oder dem andern Monat eintreten (Schol. zu Pind. Olymp. III, 35.)
⁴¹) Vgl. Demosth. de fals. leg. §. 128. p. 380. Polyän. V, 3, 2. Paus. VIII. 48, 3. Selbst nach Siegen im Wettkampf: Demosth. in Mid. §. 55. p. 532. Plut. Qu. Symp. IV, 2.
⁴²) Plut. Romul. 25. Paus. IV, 19, 2.
⁴³) Aristoph. Equ. 661. Xen. Hell. I, 6, 37. IV, 3, 14. Isocr. Areop. §. 10. Aeschin. in Ctesiph. §. 160. Polyän. II, 3. Plut. Phoc. 23. Pollux V, 129.
⁴⁴) Vgl. Band IV. S. 17. 19. 45. u. s. w.
⁴⁵) Siehe Band IV. S. 341 ff.
⁴⁶) Xen. Rep. Athen. 3, 8.
⁴⁷) Παναθήναια: Paus. VIII, 2, 1. Plut. Thes. 24. Apollod. III, 14, 6. Harpocr. p. 228. Schol. zu Aristid. Panath. p. 329.
⁴⁸) Schol. zu Aristoph. Nub. 385.
⁴⁹) Lysias ἀπολ. δωροδ. p. 689. Harpocr. p. 228.
⁵⁰) Schol. zu Aristid. p. 98. u. 196.
⁵¹) Harpocr. s. v. ἀῤῥηφορεῖν, Hesych. s. v. ἐργαστῖναι, Etym. M. p. 805, 43.
⁵²) Plat. Euthyphr. p. 6. c. Die Stickerei stellte besonders die Thaten der Göttin, namentlich den Gigantenkampf, dar. (Schol.

zu Aristoph. Equ. 566. u. zu Eurip. Hec. 466.) Uebrigens wurde für jede Feier der Panathenäen ein neuer Peplos gewebt.

53) Schol. zu Aristoph. Equ. vgl. Pauf. I, 29, 1.
54) Schol. zu Aristoph. Nub. 827. u. zu Equ. 566. vgl. auch Pauf. a. a. O.
55) Schol. zu Aristoph. Nub. 32.
56) Xen. Symp. 4, 17. Stob. Serm. CXV, 26. Schol. zu Aristoph. Vesp. 544.
57) Thucyd. VI, 56. 58. Lysias in Agorat. §. 60. Xen. Hipparch. c. 2 f. Demosth. in Mid. §. 171. p. 570. in Phil. I. §. 26. p. 47.
58) Vgl. Pauf. I, 29, 16.
59) Harpocr. p. 161. Hesych. II. p. 136. Bekkeri Anecd. Gr. p. 270.
60) Bekkeri Anecd. Gr. p. 242.
61) Aelian. Var. Hist. VI, 1. Pollux III, 55. Hesych. I. p. 1011. Etym. M. p. 279.
62) Xen. Rep. Ath. 3, 4. Lysias de mun. acc. §. 1—5. vgl. Plat. Legg. VII. p. 796. b. Dion. Hal. VII, 72.
63) Suid. s. v. Παραϑήναια.
64) Pollux VIII, 6. Plat. Rep. 1, 1. Corp. Inscr. Gr. n. 243. 244.
65) Vgl. Eurip. Heracl. 777. Inschr. im Corp. Inscr. Gr. n. 146. u. in Rangabé Ant. Hell. II. n. 874.
66) Aristoph. Nub. 385. mit d. Schol. u. Inschr. bei Rangabé II. n. 785. b.
67) Abtheilungen der Bürgerschaft, die den römischen tribus entsprachen. Vgl. unten Kapitel 17.
68) Pollux VIII, 93. vgl. Lucian. Nigrin. 14. u. Corp. Inscr. Gr. n. 147.
69) Steph. Byz. s. v. Ἐξεκίδαι, Hesych. s. v. Ἐξεκιδῶν. Etym. M. p. 340, 53. Dabei spielten auch die ἀποβάται eine Rolle, die mitten im Rennen vom Wagen sprangen, eine Zeit lang neben diesem mit gleicher Schnelligkeit herliefen und ihn dann mitten im Dahinsausen wieder zu besteigen suchten. (Vgl. Pauf. V, 9, 1. 2. u. Plut. Phoc. 20.) Ueberhaupt kamen hier noch viele neue, bei den großen olympischen Kampfspielen nicht übliche Arten des Wettrennens vor. In der Peussonel'schen Inschr. in den Annal. dell' Inst. di corr. arch. I. p. 156 ff. werden nicht weniger als 16 Arten aufgeführt.
70) Vgl. überhaupt Pind. Isthm. IV, 42. Xen. Symp. 1, 2. Pollux VIII, 93. Inschr. im Corp. Inscr. Gr. n. 232. 246. 247. 257. 1590. 1592. in den Annal. dell' Inst. arch. 1829. T. I. p. 155 ff. u. im Archäol. Intell. Bl. 1835. S. 19. u. 27.
71) Lycurg. in Leocr. §. 102. vgl. Plat. Hipparch. p. 228. b. Aelian. Var. Hist. VIII, 2.

⁷⁴) Plat. Pericl. 13. vgl. Pollux IV, 83. Philostr. Vit. Apoll. VII, 11. Suid. v. τρίπις. u. Schol. zu Aristoph. Nub. 971. Auf dem Friese des Parthenon, der den panathenäischen Festzug darstellt, erscheinen auch Kitharöden und Auleten. — Daß aber auch dramatische Wettkämpfe der Tragiker an den Panathenäen stattgefunden hätten, ist blos ein Irrthum des Diog. Laert. III. 56.

⁷⁵) Athen. V. 13. p. 167. f. Xen. Symp. 1. 2. Anth. Gr. Jacobsi XIII. 19.

⁷⁶) Schol. zu Aristoph. Nub. 1005. vgl. Pind. Nem. X, 35 ff. mit d. Schol. Lucian. Anach. 9. Schol. zu Soph. Oed. Col. 698. Anth. Gr. a. a. O. u. Corp. Inscr. Gr. n. 293. 294.

⁷⁵) Pollux VIII, 9, 3.

⁷⁶) Vgl. Inschr. in Rangabé Ant. Hell. II. n. 814. u. im Corp. Inscr. Gr. n. 144.

⁷⁷) Daß aber auch bei ihm ein Peplos (wenn auch nicht der prachtvolle des großen Festes) in Procession einhergetragen wurde, was gewöhnlich bezweifelt wird, hat Creuzer Symbol. III. S. 472. aus d. Schol. zu Plato p. 143. Ruhnk. zu beweisen gesucht.

⁷⁸) Vgl. Corp. Inscr. Gr. n. 1068. mit n. 3073. u. Athen. XII. 45. p. 533. e.

⁷⁹) Zu Pallene und bei Argos (Paus. VII, 23, 3.), Drymäa in Phokis (Paus. X, 33, 6.), Trözen (Paus. II, 32, 7.), Aegina (Herod. VI, 91.), Delos (Athen. III, 74. p. 109. f.), Eretria (Plut. Qu. Gr. 31.) u. s. w., außerdem auch in Kolonien Kleinasiens und Siciliens.

⁸⁰) Der Name Θεσμοφόρια bedeutet eigentlich ein Gesetzgebungsfest, ein Fest der heiligen Satzungen, da man die Demeter Thesmophoros (die Ceres legifera der Römer) als Lehrerin des Ackerbaues zugleich als Gründerin gesetzlicher Ordnung und geselliger Verfassung betrachtete. (Vgl. Serv. zu Verg. Aen. IV, 58.)

⁸¹) Aristoph. Thesm. 330. u. Schol. zu Thesm. 834. vgl. Diodor. V, 4.

⁸²) Vgl. Schol. zu Aristoph. Thesm. 285.

⁸³) Vgl. Aristoph. Thesm. (633 ff. u.) 922 ff.

⁸⁴) Ueber die Chronologie des Festes vgl. besonders Schol. zu Aristoph. Thesm. 834.

⁸⁵) Clem. Alex. Strom. IV. p. 522. Nach Ovid. Met. X, 434 f. neun Tage und Nächte lang.

⁸⁶) Schol. zu Nicand. Ther. 70. vgl. mit Aelian. Hist. an. IX, 26. u. Eustath. zu Hom. Od. IX, 453. (ἄγνος) Schol. zu Theocr. IV, 25. (κνέωα), Hesych. II. p. 284. (κνέωρον) u. s. w.

⁸⁷) Nach Aristoph. Thesm. 80. dauerte das ganze Fest 5 Tage, also vom 9. bis 13. Pyanepsion.

⁸⁸) Hesych. v. στηνιώσαι. Phot. Lex. p. 397. Herm. Schol. zu Aristoph. Thesm. 834.

⁸⁹) Vgl. Plut. Solon. 8. Polyän. I, 20. Hesych. II. p. 397.

Irrthümlich lassen Creuzer Symb. IV. S. 379. u. A. verführt durch Aeneas Tact. Poliorc. c. 5. Justin. II, 8. u. Schol. zu Theocr. IV, 25.) den Zug nach Eleusis gehen. Ueberhaupt werden Thesmophorien und Eleusinien nicht selten mit einander verwechselt.

⁹⁰) Aristoph. Thesm. 841 ff. Ran. 389.

⁹¹) Wobei auch das Symbol des κτείς (des weiblichen Geschlechtstheils) als Backwerk aus Sesam und Honig eine Rolle spielte. (Athen. XIV, 56. p. 647. u. vgl. mit Pollur II, 174. u. Euseb. Praep. ev. II, 3. p. 67.)

⁹²) Aristoph. Thesm. 85.

⁹³) Aristoph. Thesm. 577.

⁹⁴) Callim. II. in Cer. 121 ff.

⁹⁵) Alciphron Epist. III, 39. Photius Lex. p. 69.

⁹⁶) Nämlich der Persephone, die auch von Eurip. Or. 369. καλλίπαις genannt wird.

⁹⁷) Denn gewiß war Καλλιγένεια nur ein Beiname der Demeter, obgleich sie Aristoph. Thesm. 302. als eine besondere Göttin neben Demeter nennt.

⁹⁸) Alciphr. III, 39. vgl. Hesych. I. p. 1564. u. Harpocr. p. 122. Nach Schol. zu Soph. Oed. Col. 681. war dabei des vorhergehenden Trauertages wegen der Gebrauch von Blumenkränzen noch verboten, was befremden muß, da sonst dieser Tag des Festes einen heiteren Charakter hatte. (Vgl. die folgende Note.)

⁹⁹) Aristoph. Thesm. 960 ff. 1180. Namentlich auch ein lasciver, κνισμός und ὄκλασμα benannter Tanz. (Pollur IV, 100., der ihn einen persischen Tanz nennt.)

¹⁰⁰) Isäus de Pyrrh. hered. p. 70. u. de Ciron. hered. p. 208. u. Hesych. II. p. 1066.

¹⁰¹) Διονύσια τὰ κατ᾽ ἀγροὺς oder J. τὰ κατὰ δήμους: Theophr. Char. 3. Bekkeri Anecd. p. 235. Corp. Inscr. Gr. n. 157. Schol. zu Aristoph. Acharn. 201. 503.

¹⁰²) Vgl. Philarg. zu Verg. Geo. II, 381.

¹⁰³) Vgl. Plin. XVIII, 31, 74.

¹⁰⁴) Vgl. Bekkeri Anecd. Gr. p. 235, 6.

¹⁰⁵) Ein aus Holz und Leder nachgebildetes männliches Glied, das als Symbol der zeugenden Naturkraft auf einer Stange herumgetragen wurde. (Schol. zu Aristoph. Acharn. 243. Theodoret. cur. Gr. aff. p. 722.)

¹⁰⁶) Vgl. die Beschreibungen in Aristoph. Acharn. 241 ff. u. bei Plut. cupid. divit. 8.

¹⁰⁷) Vgl. oben S. 10.

¹⁰⁸) Vgl. Plut. c. Epicur. 16.

¹⁰⁹) Phot. Lex. p. 637. Siehe ein solches bei Aristoph. Acharn. 263 ff.

¹¹⁰) Vgl. oben S. 37. Note 185.

¹¹¹) Vgl. Band IV. S. 49.

¹¹²) Aber wohl nur von Stücken, die bereits in der Stadt aufgeführt worden waren.
¹¹³) Vit. Aeschinis p. 269. Westerm. Vgl. Isäus de Cir. hered. §. 15. Demosth. de cor. §. 262. p. 314. u. Aeschin. in Tim. p. 158. Hesych. v. ἀγοραῖος Οἰνόμαος. Wohlhabende Gemeinden besaßen dazu auch eigene Theater; so z. B. der Piräeus (Xen. Hell. II, 4, 33. Demosth. in Mid. §. 10. p. 517. Aellan. V. Hist. II, 13. Thuc. VIII. 93. Lysias in Agorat. p. 464. 479.)
¹¹⁴) Vgl. Corp. Inscr. Gr. 53.
¹¹⁵) Bekkeri Anecd. p. 235, 6. Dieser unserm December und Januar entsprechende Monat Γαμηλιών hatte früher selbst Ληναιών geheißen. (Hesych. h. v. Procl. zu Hesiod. O. et D. 506. Etym. M. p. 564, 7.)
¹¹⁶) Vgl. Corp. Inscr. Gr. 523. (wo sich die κιττώσεις Διονύσου doch wohl auf die Lenäen beziehen) u. Schol. zu Aristoph. Nub. 267.
¹¹⁷) Τὰ Λήναια oder τὰ Διονύσια τὰ ἐπὶ Ληναίῳ. (Corp. Inscr. Gr. 49. 157.)
¹¹⁸) Vgl. Athen. XI, 13. p. 465. a.
¹¹⁹) Orph. Hymn. 49, 5. 51, 2. Diod. III, 63. IV, 5. Phot. p. 162. Etym. M. p. 361. Schol. zu Aristoph. Acharn. 960.
¹²⁰) Wenn es nicht, wie es scheint, sowohl kleine als große Lenäen gab, von denen erstere alljährlich, letztere aber alle 3 Jahre gefeiert wurden.
¹²¹) Schol. zu Aristoph. Acharn. 201. Photius p. 162. Etym. M. p. 361, 39. Hesych. I. p. 1364. u. II. p. 461. Suid. s. v. ἐπὶ Ληναίων u. Bekkeri Anecd. p. 278. Vgl. auch Thuc. II, 15. u. Paus. I. 20, 2.
¹²²) Daher läßt der Schol. zu Aristoph. Acharn. 201. u. 503. das Lenäon ἐν ἀγροῖς liegen und die Lenäen ἐν ἀγροῖς gefeiert werden.
¹²³) Corp. Inscr. Gr. n. 157.
¹²⁴) Demosth. in Mid. §. 10. p. 517.
¹²⁵) Schol. zu Aristoph. Equ. 544. vgl. Demosth. de cor. §. 37. p. 268. Schol. zu Aristoph. Nub. 296. Paroemiogr. Gr. I. p. 454. ed. Leutsch. Suid. u. Phot s. v. ἐξ ἁμάξης.
¹²⁶) Demosth. in Mid. a. a. O. Plat. Protag. p. 327. c. Aristoph. Acharn. 501 ff. mit den Schol. u. Alciphr. II, 3. p. 230. Bergl.
¹²⁷) Vgl. die in Note 121 angeführten Stellen der Grammatiker. Uebrigens konnten bei diesen Theatervorstellungen auch Mitlöser oder Schutzverwandte den Chor ausstatten. (Schol. zu Aristoph. Plut. 954.)
¹²⁸) Ἀνθεστήρια: Thuc. II, 15. Demosth. in Neaer. §. 77. p. 1371. Etym. M. p. 109. Hesych. h. v.
¹²⁹) Wenn nicht auch hier dasselbe Verhältniß stattfand, das

wir in Note 120. bei den Lenäen vermuthet haben, wie man aus Alciphr. Ep. II, 3. p. 230. dergl. schließen könnte. Auch scheint darauf die Angabe beim Schol. zu Aristoph. Acharn. 1075. u. Suid. v. χύτροι zu führen, daß Choen und Chytren an einem und demselben Tage gefeiert worden wären, wobei man dann an die kleinen Anthesterien denken müßte. Auch Thuc. II, 15. u. Demosth. in Neaer. §. 76. p. 1371. sprechen nur von einem Festtage, dem 12. Anthesterion.

¹³⁰) Harpocr. p. 298.
¹³¹) Ἡδοηγία: Plut. Qu. Symp. III. 7, 1. VIII, 10, 3. Procl. zu Hesiod. O. et D. 366. u. das. Tzetz. Harpocr. p. 298.
¹³²) Demosth. in Neaer. s. 76. p. 1371. vgl. Thuc. II, 15.
¹³³) Vgl. Athen. XI, 13. p. 465. a.
¹³⁴) Etym. M. v. Ἀνθεστήριον. Auch die Knaben vom dritten Jahre an wurden an diesem Feste bekränzt, ein Symbol des sich verjüngenden Jahres. (Philostr. Her. p. 720. ed. Olear.
¹³⁵) Vgl. Band 4. S. 312.
¹³⁶) Χόες: Harpocr. p. 298. Schol. zu Aristoph. Acharn. 961. 1076. Zuweilen wurde auch das ganze Fest so benannt (Apollod. beim Schol. zu Aristoph. Acharn. 960.)
¹³⁷) Aristoph. Acharn. 1000. mit d. Schol. Hesych. v. ἀσκὸν λήψεται.
¹³⁸) Aristoph. Acharn. 1002. u. 1225. mit d. Schol. Hesych. l. l. vgl. Aelian. V. Hist. II, 41. u. Suidas v. ἄσκος. Früher war ein Kuchen der Preis gewesen. Athen. X, 49. p. 437. c.) Derselbe a. a. O. b. u. Aelian. V. Hist. II, 41. erwähnen gar einen goldenen Kranz als einmal ausgesetzten Siegespreis.
¹³⁹) Athen. a. a. O.
¹⁴⁰) Daß auch Privatschmausereien begleiteten (Plut. Anton. 70.) So gaben z. B. die Sophisten, die an diesem Tage ihren Ehrensold und Geschenke empfingen (vgl. Band. 4. S. 270. s. S. 57. Note 98.), ihren Bekannten gewöhnlich ein Gastmahl. (Athen. X, 49. p. 437. d.) Uebrigens wurde selbst den Sklaven und Tagelöhnern an diesem Tage von der irdischen Gabe des Gottes mitgetheilt. (Procl. zu Hesiod. O. et D. 366. Athen. X, 50. p. 437. c. Vgl. auch das Sprichwort θύραζε Κᾶρες, οὐκ ἔτ' Ἀνθεστήρια bei Zenob. IV, 33.
¹⁴¹) Vgl. oben S. 34. Note 126.
¹⁴²) Schol. zu Aristoph. Acharn. 1224. Neben ihm erscheint bei dieser Feier auch noch ein Hierokeryx und ein Daduchos, wie bei den Eleusinien. (Demosth. in Neaer. §. 78. p. 1371. u. Schol. zu Aristoph. Ran. 479.)
¹⁴³) Demosth. a. a. O. und die in der folgenden Note angeführten Stellen.
¹⁴⁴) Pollux VIII, 108. Etym. M. p. 227. Bekkeri Anecd. p. 231. Hesych. I. p. 879. Harpocr. u. Suid. v. Γεραιραί.

Anmerkungen zum 16. Kapitel.

145) Thuc. II, 15. Demosth. in Neaer. §. 78. p. 1369 ff. Pollux VIII. 108. Hesych. u. Harpocr. v. *Γεραιραί*.
146) Demosth. in Neaer. §. 73. p. 1333. u. Hesych. v. *Διονίσου γάμος*.
147) Philostr. V. Apoll. IV, 21. p. 177. Morell.
148) Νέπροι: Harpocr. u. Suid. h. v. Schol. zu Aristoph. Acharn. 1075. u. zu Ran. 220.
149) Theopomp. beim Schol. zu Aristoph. Acharn. 960. 1075. u. zu Ran. 220. Harpocr. v. *Νέπροι*.
150) Aelian. V. Hist. IV, 43.
151) Aristoph. Ran. 211 ff. vgl. Corp. Inscr. Gr. n. 147.
152) Suid. III. p. 700. Photius p. 565. Schol. zu Aristoph. Acharn. 1002. Tzetz. zu Hesiod. O. et D. 366. Bekkeri Anecd. p. 316. Vgl. auch Aristoph. Ran. 217 ff.
153) Vitae X oratt. p. 841. Anders ist wohl auch das *χέπρος; θέσπιν* bei Athen. IV, 5, p. 130. d. u. b. Schol. zu Aristoph. Ran. 220. nicht zu verstehen.
154) Wie Diog. Laert. III, 56. irrthümlich berichtet. Vgl. auch oben Note 72.
155) *Διονύσια τά μεγάλα*: Demosth. de cor. §. 54. p. 243. u. Inschr. im Corp. Inscr. Gr. n. 107, 1. p. 145 ff. und in Osann's Sylloge inscr. Gr. p. 119 ff. *l. τά κατ' άστυ, l. τά έν άστει, l. τά άστικά*, oder schlechthin *Διονύσια*. (Thuc. V, 20.)
156) Wenigstens nach dem Schol. zu Demosth. in Mid. Argum. p. 510., der alljährliche kleine D. von den großen D. unterscheidet, die er nur alle 3 Jahre gefeiert werden läßt.
157) Thuc. V, 20. Schol. zu Aristoph. Aves 684. Ran. 898. Nub. 310. Acharn. 377. vgl. auch Aristoph. selbst im Pax 800 ff. u. Thom. Mag. vor Küster's Aristoph. p. XV.
158) Bekkeri Anecd. p. 235, 6. Hesych. v. *Διονύσια*. Schol. zu Aeschines III. p. 729. Reisk.
159) Dieß läßt sich schon aus der großen Zahl der an ihnen aufgeführten Tragödien und Komödien schließen, doch spricht auch Demosth. in Mid. p. 518. 525. 532. ausdrücklich von mehreren Tagen u. Plautus Pseud. 58. 321. rechnet 6 Festtage. Wenn man aber die Vorfeier oder das Aeskulapsfest (welches nach Aeschin. in Ctesiph. §. 67. am 8. Elaphebolion stattfand, und die zu Ehren des Zeus (Pollux I, 37.) angestellte und nach der Pandia, einer Tochter des Zeus und der Semele, *Πάνδια* benannte (Demosth. in Mid. §. 9. p. 517. Phot. p. 376.) Nachfeier (die nach Aeschin. de fals. leg. §. 61.) am 16. des Monats erfolgte, mit dazu rechnet, so kommt eine neuntägige Feier heraus, von welcher das eigentliche Dionysosfest 7 Tage, vom 9. bis 15. Elaphebolion, in Anspruch nahm.

**Anmerkungen zum 16. Kapitel.** 99

¹⁶⁰) Die πομπή und den κῶμος. (Demosth. in Mid. §. 8. p. 517. u. in Androt. §. 68. p. 614.)
¹⁶¹) Vgl. auch Eurip. Bacch. 131 ff. Aelian. V. Hist. III, 40. Dion. Hal. VII. 72. Plut. Anton. 27. Etym. M. p. 764, 5.
¹⁶²) Schol. zu Aristoph. Acharn. 242.
¹⁶³) Innerhalb dessen der Dionysos Eleuthereus einen besonderen Tempel hatte. (Paus. I, 20, 2.)
¹⁶⁴) Paus. I. 29, 2. Philostr. Vit. Soph. II, 1, 3.
¹⁶⁵) Vgl. Plut. de cup. divit. 8.
¹⁶⁶) Demosth. in Mid. a. a. O. vgl. Corp. Inscr. Gr. n. 214.
¹⁶⁷) Vgl. Pindar's fragm. eines solchen Chorgesangs p. 575 ff. Böckh.
¹⁶⁸) Plut. Qu. Symp. VII. 70. Joseph. Ant. Jud. XIV, 8. p. 699. Hypoth. II. zu Demosth. de cor. p. 229. Reisk. u. s. w.
¹⁶⁹) Ulpian. zu Demosth. in Lept. p. 39. Wolf.
¹⁷⁰) Plut. de exilio c. 10.
¹⁷¹) Vgl. Band 4. Seite 334.
¹⁷²) Pollux VIII. 89. Xen. Hiero 9, 4. Demosth. in Mid. §. 9. p. 517. u. dazu Ulpian. Archon Eponymos hieß der erste der beiden Archonten (obersten Staatsbeamten) in Athen, nach welchem das Jahr benannt wurde, wie in Rom nach den Consuln. (Vgl. unten Kap. 17.
¹⁷³) Besonders in Böotien (zu Theben: Eurip. Bacch. 36 ff. Paus. II, 2, 6., Tanagra: Paus. IX, 20, 4., Orchomenos: Plut. Qu. Gr. 112.), auf dem Parnaß (Soph. Antig. 1126 ff. Paus. X, 4, 2. 32, 7.), dem Taygetus (Paus. III, 20, 4. Verg. Geo. II, 486.) und Cythäron (Eurip. Bacch. 62. 1142.), aber auch zu Argos (Plut. Qu. Symp. IV, 6, 2.), Sparta (Aelian. V. Hist. III, 42. Schol. zu Aristoph. Aves 969. u. Pax 1071. und anderw.
¹⁷⁴) Paus. X, 4, 2. Eurip. Bacch. 133. vgl. Ovid. Fast. I, 393.
¹⁷⁵) Paus. III, 20, 4. vgl. Diod. IV, 3.
¹⁷⁶) Vgl. Band 4. S. 5 ff.
¹⁷⁷) Eurip. Bacch. 24. 138. 176. vgl. Phot. zu Demosth. de cor. p. 313.
¹⁷⁸) Eurip. ibid. 150.
¹⁷⁹) Ibid. 25. (vgl. Seneca Troad. 675.)
¹⁸⁰) Ibid. 58. 157. (vgl. Aeschyl. bei Strab. X. p. 470.)
¹⁸¹) Ibid. 147. 306.
¹⁸²) Ibid. 33. 135. 165. (vgl. Seneca a. a. O.)
¹⁸³) Ibid. 134. 149. 168. Vgl. die antiken Abbildungen in Morga's Bassirel. Tas. V. VI. LXXXII—LXXXVI. u. im. Mus. Chiaram. XXXVI—XXXIX.
¹⁸⁴) Ωαχοφόρια. beschrieben von Athen. XI. 92. p. 495. e. bis 496 a. Vgl. auch Plut. Thes. 22. 23. Phot. Bibl. p. 322. Bekk. u. Bekkeri Anecd. p. 318.

7*

¹⁸⁵) Hesych. v. Ὠσχοφόρια. T. II. p. 1599.
¹⁸⁶) Die dieser süssfachen Substanz wegen κύλιξ πεντάπλοα hieß. (Athen. XI, 92. p. 496. a.)
¹⁸⁷) Vgl. Athen. XV, 30. p. 631. b. mit Alciphr. I, 4., wo die Oschophorien mit den Lenäen zusammengestellt werden.
¹⁸⁸) Αἰώρα oder Ἀλῆτις: Etym. M. p. 42. Hesych. I. p. 180. 228. 1494. Athen. XIV. 10. p. 618. e. Αἰώρα (von αἰωρεῖν, „aufhängen und schwebend bewegen") bedeutet die Schaukel und ἀλῆτις (von ἀλητεύειν, „herumschweifen, umherirren") bezeichnet dasselbe. Hesych. 1. p. 180. vgl. auch Athen. XIV, 10. p. 618. e.)
¹⁸⁹) Hygin. Astron. II, 4. Der Sage nach hatte Ikaros vom Dionysos den Weinbau gelernt und war von Hirten, die von dem ihnen gespendeten Weine berauscht worden waren und sich für vergiftet hielten, erschlagen worden, und seine Tochter Erigone hatte sich aus Kummer darüber erhenkt, das Orakel aber hatte befohlen, beide durch ein Fest zu versöhnen.
¹⁹⁰) Pollux IV, 7. u. Athen. a. a. O.
¹⁹¹) Die Phratrien (φρατρίαι) waren durch gemeinschaftliche religiöse Gebräuche, Festlichkeiten und Schmausereien verbundene Volksabtheilungen in Athen, deren drei eine φυλή bildeten, während jede wieder 30 Geschlechter (γένη) umfaßte, so daß die ganze Bürgerschaft Athens in 4 φυλαί, 12 φρατρίαι und 360 γένη zerfiel. Vgl. unten Kap. 17.
¹⁹²) Ἀπατούρια: Athen. IV, 71. p. 171. e. Hesych. und Etym. M. h. v. Schol. zu Aristoph. Acharn. 146. u. Pax 890.
¹⁹³) Simplic. zu Aristot. Phys. p. 167. a. Theophr. Char. 3. Hesych. 1. p. 429. Schol. zu Aristoph. Acharn. 146. Je nach Athen. a. a. O. wurden sie selbst auf 5 Tage ausgedehnt.
¹⁹⁴) Δορπία (Athen. IV, 71. p. 171. d. Hesych. h. v. Dekkeri Anecd. p. 417, 5.) oder δόρπεια (Suid. h. v. u. v. Ἀπατούρια, Schol. Aristoph. a. a. O.), b. h. die Abendmahlzeit.
¹⁹⁵) Xen. Hell. I. 7, 8. Aristoph. Acharn. 146. Alciphr. Ep. I, 3. Tertull. Apol. 39.
¹⁹⁶) Οἰνόπται: Athen. X, 25. p. 425. b.
¹⁹⁷) Phot. Lex. v. οἰνόπτης. Vgl. Athen. a. a. O.
¹⁹⁸) Ἀνάρρυσις: Aristoph. Pax 890.
¹⁹⁹) Schol. zu Aristoph. Acharn. 146.
²⁰⁰) Ronnus Dionys. XXVII, 305.
²⁰¹) Nach Harpocr. v. Λαμπάς auch dem Hephästos.
²⁰²) Simplic. zu Aristot. Phys. IV. p. 167. a.
²⁰³) Harpocr. a. a. O. An einen Fackellauf ist der prachtvollen Kleidung wegen wohl nicht zu denken.
²⁰⁴) Κουρεῶτις von κείρω, κουρά, weil an diesem Tage das Haar des vorzustellenden Kindes beschnitten worden sein soll.
²⁰⁵) Etym. M. p. 533, 35. Bekkeri Anecd. 273. Das Opferthier führte den seltsamen Namen μεῖον. Da es nämlich ein

bestimmtes Gewicht haben mußte, wurde es von den Phratoren gewogen, und dabei scheint es ein herkömmlicher Spaß gewesen zu sein, das μεῖον, μεῖον („zu leicht! zu leicht!") gerufen wurde, auch wenn das Thier noch mehr wog, als vorgeschrieben war. (Harpocr., Suid., Phot. v. μεῖον, Etym. M. p. 583, 37. Schol. zu Aristoph. Ran. 811. Pollux III, 52.)

³⁰⁶) Demosth. in Macart. §. 14. p. 1054.
³⁰⁷) Isäus de Philoct. her. §. 22. p. 73. Bekk.
³⁰⁸) Isäus de Ciron. her. §. 19. p. 100. Demosth. in Eubulid. §. 54. p. 1315.
³⁰⁹) Demosth. in Macart. a. a. O.
³¹⁰) Φρατορικὸν γραμματεῖον: Demosth. in Leoch. §. 41. p. 1092. oder κοινὸν γραμμ.: Isäus de Apollod. her. §. 1. p. 17.
³¹¹) Demosth. in Leoch. §. 44. p. 1093. Suid. v. γράτορες.
³¹²) Pollux III, 52. IV, 22.
³¹³) Demosth. in Macart. a. a. O.
³¹⁴) Plat. Tim. p. 21. (p. 11. Bekk.) Der Schol. zu Aristoph. Pax 901. erwähnt auch ein Wettrennen.
³¹⁵) Plut. Thes. 22.
³¹⁶) Der Name selbst (von πύανον oder πύανος, ein Gemisch von Gerstengraupen und Hülsenfrüchten und ἕψειν, kochen) erinnert an die gekochten Hülsenfrüchte, die den Göttern als Erstlingsopfer geweiht wurden. Vgl. Pollux VI, 61. Eustath. zu Hom. Il. II, 552. mit Plut. Thes. a. a. O.
³¹⁷) Εἰρεσιώνη: Plut. ibid.
³¹⁸) Das sich auch bei Plut. a. a. O. findet.
³¹⁹) Θαργήλια (Etym. M. p. 443, 18. Photius p. 79, 23. Athen. IX, 9. p. 370. a.) Es hatte seinen Namen von θέρειν (τὴν) γῆν, „die Erde erwärmen" (Etym. M. p. 443. u. Bekkeri Anecd. p. 263.) u. θάργηλος hieß aus den Erstlingen der Ernte gebackenes Brod. (Athen. III, 80. p. 114. a.)
³²⁰) Diog. Laert. II, 44. Plut. Qu. Symp. VIII, 1. 2.
³²¹) Phot. Bibl. c. 279. p. 534. Harpocr. p. 291. Tzetz. Chil. V, 25. p. 743. Hesych. II. p. 337. Schol. zu Aristoph. Equ. 1133. Vgl. übrigens oben S. 15 f. Die spätere mildere Art des Verfahrens scheint aus Harpocr. s. v. φαρμακός u. Hesych. s. v. φαρμακή hervorzugehen, da Beide nichts von der Opferung sagen und Ersterer nur den Ausdruck ἐξῆγον („man führte sie hinaus") braucht und berichtet, daß man ihnen einen Topf mit Brod, Käse und Feigen in die Hand gab.
³²²) Demosth. in Mid. §. 10. p. 517. vgl. Antiph. de salt. §. 11. Pollux VIII, 89. u. Corp. Inscr. Gr. n. 213.
³²³) Σκιροφόρια, eigentlich „das Sonnenschirmtragen", von σκίρον, Sonnenschirm, und φέρειν, tragen, bei welchem allerdings ein Sonnenschirm die Hauptrolle spielte.

¹¹⁴) Ἀρρηφόροι, wohl durch Synkope für ἀρρητοφόροι, von ἄρρητος, geheimnisvoll, und φέρειν, tragen, also Trägerinnen geheimnißvoller Gegenstände. Vgl. oben S. 10.
¹¹⁵) Etym. M. s. v. ἀρρηφορεῖν.
¹¹⁶) Lobeck Aglaoph. p. 872. versteht darunter inferias, Müller Min. Pol. p. 15. aber wohl richtiger recentes frondes et ramusculos, quae rore madida antro in vivo saxo exciso servabantur.
¹¹⁷) So schildert die ganze Sache Pausanias I, 27.
¹¹⁸) Vgl. Plut. Praec. conj. c. 42. mit Paus. I, 36, 3.
¹¹⁹) Harpocr. p. 270.
¹²⁰) Etym. M. p. 386.
¹²¹) Vgl. Bekkeri Anecd. p. 304., wonach Athene selbst die Erfinderin des Sonnenschirms gewesen sein soll.
¹²²) Vgl. über diese Feier des Festes Harpocr. p. 270. u. Schol. zu Aristoph. Eccl. 18.
¹²³) Nach Athen. III. 80. p. 114. a. (vgl. Hesych. u. Suid. s. v. ἀρρηφορεῖν) hieß es ἄρτος ἀνάστατος, nach Pollux VI, 75. aber ἄρτος νᾶστος, welches auch von Athen. XIV. 55. p. 646. e. erwähnt wird.
¹²⁴) Xen. Hell. I. 4, 12. Plut. Alcib. 34. Pollux VIII. 12, 141. Hesych. s. v. πλυντήρια.
¹²⁵) Der für einen Unglückstag galt, weshalb an ihm keine Geschäfte vorgenommen (Plut. Alcib. l. l.) und die Tempelpforten mit Stricken umgeben wurden, damit Niemand hineingiuge. (Pollux l. l.)
¹²⁶) Πραξιεργίδαι: Hesych. h. v.
¹²⁷) Ἡγητηρία oder ἰγητηρία: Hesych. h. v. vgl. Athen. III. 6. p. 74. d.
¹²⁸) Athen. l. l.
¹²⁹) Ὀσχοφόρια: Strab. VI. p. 278. Paus. III. 10, 1. 191. Athen. IV. 17. p. 139. d. Hesych. l. p. 1126. Harpocr. v. Ἐκατομβεύς.
¹³⁰) Theodoret. Serm. VIII. p. 597. d. vgl. Herod. IX. 7. und die Note 251. angeführten Stellen.
¹³¹) Paus. III, 1, 3. 19, 4.
¹³²) Vgl. die Beschreibung bei Athen. IV, 17. p. 139. d.
¹³³) Vgl. auch Paus. III, 19, 3.
¹³⁴) Xen. Ages. 2, 7.
¹³⁵ Die selbst auf einem Feldzuge zu diesem Feste nach Hause eilten (Xen. Hell. IV. 5, 11.)
¹³⁶) Macrob. Sat. 1, 18, 2. Wenn Athen. a. a. O. sagt, die Festtheilnehmer wären nicht bekränzt gewesen, so bezieht sich dieß nur auf den ersten Trauertag.
¹³⁷) Paus. III. 16, 2.
¹³⁸) Ueber dieß κάλαθον vgl. auch Xen. Ages. 8, 7. Plut. Ages. 19. u. A.

²⁴⁹) Auch dieß berichtet Athen. a. a. O.
²⁵⁰) Da Hyacinthus vom Apollo durch einen Discuswurf unversehens getödtet worden sein sollte.
²⁵¹) Vgl. Xen. Hell. IV, 5, 11. Thuc. V, 23. Paus. III, 10, 1. IV, 19, 3.
²⁵²) Paus. III, 19, 3. vgl. mit III, 16, 2.
²⁵³) Vgl. Paus. III, 19, 3. Schol. zu Theocr. V, 83. und unten Note 255.
²⁵⁴) Κάρνεια: Herod. VII, 206. VIII, 72. Thuc. V, 75. Plut. de Herod. mal. p. 879. e. Athen. IV, 19. p. 141. c. XIV, 37. p. 635. e. u. f. w.
²⁵⁵) Welcher Beiname verschieden erklärt und bald von κείρειν, vernichten, bald von κρανεία, der Kornellkirschbaum, abgeleitet wird, während ihn Paus. III, 13, 2. auf einen Wahrsager Karnos zurückführt.
²⁵⁶) Plut. Qu. Symp. VIII, 1. Ich habe hier zu bemerken, daß im Kalenderwesen der Griechen eine große Verwirrung und Verschiedenheit herrschte. Da in den einzelnen Staaten nicht nur das Jahr zu verschiedener Zeit anfing, sondern auch verschiedene Schaltsysteme angenommen waren, so konnte weder der Anfang der Monate, die auch fast in jedem Staate andere Namen führten, noch die Zahl der Monatstage einander in ganz Griechenland entsprechen, und man hat namentlich drei Kalendersysteme zu unterscheiden, das attische, lakonische und böotische.
²⁵⁷) Die sich hauptsächlich bei Athen. IV, 19. p. 141. c. f. finden.
²⁵⁸) Bei Hesych. II. p. 1260. u. in Bekkeri Anecd. p. 305. werden στεμματοδρόμοι erwähnt, deren Beschaffenheit man nicht errathen kann. Wahrscheinlich hatten sie eine Beziehung auf die Weinlese, da σταφυλή eine Weintraube bedeutet.
²⁵⁹) Und zwar seit Olymp. 26.: Athen. XIV, 37. p. 635. e. Euseb. Chron. I. p. 135. Arm. Uebrigens vgl. Eurip. Alcest. 455. u. Plut. Inst. Lac. p. 251. Rutt.
²⁶⁰) Hesych. I. p. 47. s. v. Ἀγητής.
²⁶¹) Hesych. II. p. 151. s. v. Καρνεᾶται. Vgl. auch Schol. zu Theocr. V. 83.
²⁶²) Herod. VII. 206. Thuc. V, 54. 75. Auch zu diesem Feste zogen die Spartaner aus dem Feldlager nach Hause. (Thuc. V, 75.)
²⁶³) Γυμνοπαιδία von γυμνός, nackt, und παῖς, Knabe: Plat. Legg. I. p. 633. c. Xen. Mem. I, 2, 61. Lucian. de salt. c. 12. Etym. M. p. 243. u. f. w.
²⁶⁴) Vgl. Xen. Hell. VI, 4, 16.
²⁶⁵) Plut. Lycurg. 15.
²⁶⁶) Wie aus Xen. a. a. O. u. Plut. Ages. 29. hervorgeht.

⁷⁴⁷) Vgl. die (freilich mangelhaften) Beschreibungen bei Athen. XIV, 28. p. 630. d. XV, 22. p. 678. b. c. u. Hesych. I. p. 866.
⁷⁶⁸) Vgl. Plut. de musica c. 9.
⁷⁶⁹) Plut. u. Athen. XIV. a. a. O. vgl. auch b. Schol. zu Pind. Pyth. II, 127.
⁷⁷⁰) Athen. XV, 22. p. 678. c.
⁷⁷¹) Athen. ebendas. u. XIV, 30. p. 631. b.
⁷⁷²) Athen. XIV. a. a. O.
⁷⁷³) Vgl. z. B. Plut. Ages. 2. u. Apophth. Lac. c. 6.
⁷⁷⁴) Athen. XV, 22. p. 678. b.
⁷⁷⁵) Vgl. Herod. I, 82. Paus. II, 38, 5. III, 9, 7. X, 9, 6.
⁷⁷⁶) Xen. Mem. I, 2, 61. Plut. Cimon 10.
⁷⁷⁷) Τιτθηδια von τιθήνη, die Amme.
⁷⁷⁸) Vgl. Athen. IV, 16. p. 139. a. u. Hesych. II. p. 323. Der Schmaus hieß nach Athen. a. a. O. κοπίς u. die Bewirthung bestand aus einem Laib Brod, einem frischen Käse, einem Stück Opferfleisch, Feigen, Bohnen und grünen Widen.
⁷⁷⁸ᵇ) Vgl. Hesych. s. v. κορυθαλλίστριαι und κύριττοι.
⁷⁷⁹) Ὕραια, auch Ἑκατόμβαια genannt: Schol. zu Pind. Olymp. VII, 83. Hesych. I. p. 80.
⁷⁸⁰) Wie aus dem eben angegebenen Namen zu schließen ist. Doch könnte man auch an den delphischen Monat Herdos (unsern October) denken.
⁷⁸¹) Aeneas Tact. c. 17.
⁷⁸²) Eurip. Electra 173 ff.
⁷⁸³) Paus. II, 24, 2.
⁷⁸⁴) Pind. Olymp. VII, 83. Nem. X, 22. Hesych. I, p. 80. Corp. Inscr. Gr. 234. 1068. 2810, 3208. vgl. Stat. Theb. II. 258. Auch scheinen sich manche Sprüchwörter (in Paroem. Gr. I. p. 32. 175. 195. 246. 327. ed. Gott.) entweder auf diesen Schild als Siegespreis, oder auf die beim Festzuge von Knaben getragenen heiligen Schilde zu beziehen.
⁷⁸⁵) Plut. Demetr. 25. Hygin. fab. 273. Schol. zu Pind. Olymp. VII, 83.
⁷⁸⁶) Ὑβριστικά: Plut. de virt. mul. c. 4. Polyän. VIII, 33.
⁷⁸⁷) Plut. a. a. O.
⁷⁸⁸) Νυμφία: Paus. II, 35, 3.
⁷⁸⁹) Siehe die Beschreibung bei Paus. a. a. O. u. vgl. Aelian. Hist. an. XI, 4. u. Corp. Inscr. Gr. 1193.
⁷⁹⁰) Vgl. Band 4. S. 345.
⁷⁹¹) Siehe die Beschreibung bei Paus. V, 16, 2 ff. u. VI, 24, 8.
⁷⁹²) Ἀγριώνια: Plut. Qu. Gr. 38. u. Qu. Symp. 8. Prooem. p. 716. f., wo sich die einzigen Nachrichten finden, die wir über das Fest besitzen.
⁷⁹³) D. h. dem wild, unbändig Machenden.

**Anmerkungen zum 16. Kapitel.**

²⁹⁴) Da mit dem Absterben der Weinberge im Winter der Gott des Weinbaues gleichsam selbst abzusterben u. zu verschwinden schien.
²⁹⁵) Plut. Qu. Gr. 38.
²⁹⁶) Eurip. Bacch. 779 ff. Theocr. XXVI, 10. Pauf. II, 2, 6.
²⁹⁷) Und doch kam selbst zu Plutarch's Zeiten ein solches Beispiel noch vor. (Qu. Gr. 38.)
²⁹⁸) Plut. Qu. Symp. a. a. O.
²⁹⁹) Pauf. IX, 3. (aus welchem alles hier Mitgetheilte geschöpft ist). Vgl. auch Plut. bei Euseb. Praep. Evang. III, 12. u. Hesych. s. v. δαίδαλον.
³⁰⁰) Pauf. a. a. O. kann die Länge desselben nicht bestimmen; er bemerkt nur, daß die ihm genannte Zahl von sieben Jahren wohl zu groß sei. (Vgl. auch unten Note 303.)
³⁰¹) Den Mythus, der das Fest veranlaßte, und die seltsame Art, wie die Eichen ausgewählt wurden, aus deren Holz man die Bilder schnitzte, erzählt Pauf. a. a. O.
³⁰²) Dieser Zeitraum dürfte wohl zu lang sein.
³⁰³) Demnach scheinen die kleinen Dädala in Zwischenräumen von vier, fünf Jahren gefeiert worden zu sein.
³⁰⁴) δαφνηφόρια, beschrieben von Proclus Chrestom. p. 348. Sylb. u. Paufan. IX, 10.
³⁰⁵) Wo der Anfang des Sonnenjahres von 365 Tagen mit dem Anfange des gewöhnlichen Mondjahres von 354 Tagen wieder zusammentraf.
³⁰⁶) Den im 4. Bande S. 93. beschriebenen Iphikralides.

## 17. Kapitel.

## Staatsverfassung und Staatsverwaltung.

### A. Sparta.

[Lykurgische Staatsverfassung. Spartiaten, Periöken und Heloten. Könige. Gerusia. Ephoren. Andere Staatsbeamte. Volksversammlung.]

Es kann hier nicht die Rede sein von der allmählichen Entwickelung des griechischen Staatslebens, und eben so wenig von dem späteren Verfalle desselben, was uns zu weit führen würde; wir haben hier nur die Staatsverfassungen darzustellen, wie sie uns zur Zeit der höchsten Blüthe Griechenlands als bestehend entgegentreten, und beginnen mit der von Lykurg in's Leben gerufenen und später nur wenig veränderten, von der durch Solon begründeten Verfassung Athens wesentlich verschiedenen spartanischen Staatsverfassung als der älteren. Der Hauptunterschied zwischen beiden Verfassungen bestand darin, daß sich in Sparta das Königthum von der alten heroischen Zeit her erhalten hatte, während es in Athen der freien Republik hatte weichen müssen. Doch war es freilich ein sehr beschränktes, da die Souveränität auch in Sparta in den Händen des Volkes ruhte und das Verhältniß zwischen König und Volk nur die Form eines Vertrags hatte, da die Könige (deren stets zwei aus dem Geschlecht des Herkules[1]) waren) jeden Monat einen Eid leisten mußten, nach den bestehenden Gesetzen regieren zu wollen, das Volk aber ihnen durch die Ephoren Aufrechterhaltung des Königthums zusicherte.[2]) Dasselbe war, als von der Gottheit stammend, ein erbliches und die Thronfolge durch ein genaues Erbfolgegesetz bestimmt. Dabei galt zwar das Recht der Erstgeburt, doch hatte der nach der Thronbesteigung des Vaters geborene Sohn das Vorrecht vor früher geborenen. War dieser aber bereits verstorben, so folgte seine männliche Nachkommenschaft, und in deren Ermangelung die jüngeren Brüder, oder, wenn auch solche nicht vorhanden waren, des Vaters Bruder, der auch Vormund des minderjährigen Neffen war.³) Nach Aussterben der ganzen männlichen Linie folgte der nächste Verwandte.⁴) Bei Thronstreitigkeiten entschied die Volksversammlung.⁵) Was nun die Macht der Könige betrifft, die sich in allen Rechten und Befugnissen gleich standen, so war diese im Innern des Staats sehr gering⁶) und beschränkte sich blos auf die Jurisdiction in Familiensachen⁷) und den Vorsitz im Senate oder der Gerusia, wo sie aber auch nur eine Stimme hatten, wie alle Mitglieder desselben;⁸) ihre politische Bedeutung beruhte nur auf ihrer militärischen Würde.⁹) Sobald nämlich der König von seiner aus 300 Reitern, der Elite der spartanischen Jugend, bestehenden Leibwache umgeben die Landesgrenze überschritten hatte, war er völlig selbstständiger Oberfeldherr,¹⁰) und doch erstreckte sich diese Selbstständigkeit nur auf die eigentliche Kriegführung, denn zum Abschluß von Verträgen und Friedensschlüssen, zur Bestimmung des Schicksals eroberter Städte u. s. w., kurz zu Allem, was in die Civilverwaltung einschlug, bedurfte er einer Vollmacht des Staats,¹¹) auch war er nach der Kriegsführung dem Staate verantwortlich.¹²) Uebrigens waren die Könige auch Staatspriester¹³) und vermittelten durch zwei von ihnen gewählte Pythier den Verkehr mit dem Orakel zu Delphi,¹⁴) auch genossen sie noch manche Ehrenrechte, wie das Recht Proxenen¹⁵) aus der Bürgerschaft zu wählen, die einzigen, noch nicht verlobten Töchter von Bürgern zu vermählen und Adoptionen zu gestatten, ferner eine Amtswohnung,¹⁶) Lieferungen von Opferbieh, Häuten der Opferthiere und anderer Naturalien,¹⁷) einen Antheil an der Kriegsbeute,¹⁸) den ersten Platz und doppelte Portionen bei Opfermahlzeiten,¹⁹) eben so auch den ersten Platz bei den Kampfspielen²⁰) u. s. w. Aus allen diesen Bestimmungen erkennen wir nun allerdings die Absicht, dem Königthume seine alte Würde und seinen Glanz möglichst zu erhalten, zugleich aber auch es für die allgemeine Freiheit und die wahren Interessen des Volks unschädlich zu machen, und in dieser Beschränkung der königlichen Macht lag der Hauptgrund des langen Fortbestehens des spartanischen Königthums.⁷¹) Wie aber durch dieselbe die Freiheit nach oben geschützt wurde, sollte auch nach unten der für die Freiheit Aller verderbliche Gegensatz zwischen Arm und Reich aufgehoben werden und deshalb theilte Lykurg, einer alten dorischen Einrichtung folgend oder vielmehr sie wieder herstellend, den ganzen Grundbesitz in eine bestimmte Anzahl gleicher und unveräußerlicher Loose,⁸²) von denen, wenigstens später,⁸³) 9000 auf die Spartiaten und 30,000 auf die Periöken kamen. Die ganze Bevölkerung des lakonischen Staates zerfiel nämlich, außer den wirklichen Sklaven, in drei Klassen, 1) die eigentlichen Spartiaten oder Bewohner der Hauptstadt, d. h. die Nachkommen der dorischen Eroberer des Landes, 2) die Periöken (Umwohner, Landbewohner) oder die Nachkommen der früheren Einwohner, die zwar die persönliche Freiheit und das Eigenthumsrecht an Grund und Boden behielten, aber den Siegern Tribut entrichten und Heeresfolge leisten mußten, ohne die staatsbürgerlichen Rechte mit ihnen zu theilen, und im Gegensatz zu den Spartiaten Lacedämonier hießen,²⁴) und 3) die Heloten oder Leibeigenen, von denen schon früher die Rede gewesen ist.²⁵) Neben dieser Gleichheit des Grundbesitzes bestand aber auch noch eine andere Einrichtung, um die Gleichheit der Bürger zu erhalten, nämlich die Syssitien⁹⁶) oder gemeinschaftlichen, sehr frugalen⁹⁷) Mahlzeiten der Männer (— denn Frauen und Kinder speisten allein zu Hause —), an denen jeder spartanische Bürger, wenn er nicht seiner bürgerlichen Rechte verlustig gehen wollte, Theil nehmen,⁸⁸) und zu denen er einen monatlichen Beitrag in Naturalien liefern mußte.⁸⁹) Eine völlige Gleichheit der fahrenden Habe herzustellen, war freilich unmöglich,³⁰) und nur in Bezug auf sie kann hier und da von reichen Spartanern die Rede sein;³¹) dennoch fand auch hier wenigstens eine Art von Gemeinschaftlichkeit statt, indem es Jedem erlaubt war, sich im Nothfalle der Sklaven, Pferde und Hunde, der Wagen und Geräthschaften, ja selbst der Vorräthe an Früchten Anderer, wie seiner eigenen zu bedienen.³²) Dieses Streben nach möglichster Gleichstellung der Bürger zeigt sich auch in der ganzen Staatsverfassung, die man als eine aus Monarchie, Aristokratie und Demokratie gemischte, jedoch vorwiegend demokratische bezeichnen muß. Daß nicht die Könige die Lenker des Staats waren, die vielmehr gegen Gewähr ihrer ererbten Ehren und äußeren Auszeichnungen auf allen politischen Einfluß verzichten mußten, haben wir schon gesehen. Die eigentliche Leitung des Staates ruhte in den Händen des hohen Rathes der Alten oder der Gerusia,³³) welche die Bestimmung hatte, das Gleichgewicht zwischen Königen und Volk auf die Dauer zu begründen³⁴) und die wir in politischer Hinsicht für die wichtigste Einrichtung Lykurg's zu halten haben. Der Rath der Alten war in dieser vermittelnden Stellung die höchste Staatsbehörde³⁵) und bildete das aristokratische Gegengewicht zu der Masse des Volks, denn wenn auch nach Ansicht der Dorier das Volk im Besitz der Souveränität sein mußte, so sollte doch die Entscheidung über die wichtigsten Angelegenheiten nicht der großen Menge überlassen, sondern durch die Besonnenheit und Erfahrung der Alten geleitet werden. Es konnte zwar nichts ohne den Willen des Volks geschehen, aber es hatte nicht das Recht der Initiative, sondern nur der Genehmigung oder Verwerfung. Die Gerusia bestand aus achtundzwanzig³⁶) vom Volke³⁷) auf Lebenszeit³⁸) gewählten, durch tugendhaften Lebenswandel ausgezeichneten Greisen, die das sechzigste Lebensjahr zurückgelegt haben mußten,³⁹) und in ihrer Amtsführung verantwortlich waren.⁴⁰) Ihre Aufgabe war, die Staatsverwaltung im Ganzen zu leiten und allgemeine Staatssachen zur Mittheilung an die Volksversammlung vorzubereiten;⁴¹) nächstdem aber war ihnen auch die Criminalgerichtsbarkeit⁴²) und in Verbindung mit den Ephoren eine polizeiliche Oberaufsicht über die Sitten übertragen.⁴³) Daß bei ihren Sitzungen im Buleuterion (oder Rathhause) am Marktplatze die Könige präsidirten, so daß also die ganze Versammlung aus dreißig Personen bestand,⁴⁴) haben wir schon oben gesehen. Neben der Gerusia stand das Collegium der Ephoren, das nach der Meinung Einiger⁴⁵) gleichfalls vom Lykurgus, nach Andern⁴⁶) aber wohl richtiger erst vom Theopompus eingesetzt war. Sie waren fünf an der Zahl,⁴⁷) wurden alljährlich aus der ganzen Bürgerschaft gewählt⁴⁸) und traten mit dem Herbstäquinoctium, dem Anfange des lacedämonischen Jahres, ihr Amt an.⁴⁹) Sie hielten täglich Sitzungen in ihrem Amtslocal (dem Archeion) auf dem Markte,⁵⁰) wo sie auch zusammen speisten.⁵¹) Ihr Amt war ursprünglich blos ein richterliches, indem ihnen die Civiljurisdiction zugewiesen war,⁵²) nach und nach aber erweiterte sich ihr Wirkungskreis und ihre Macht in solchem Grade, daß sie nicht nur die Könige, sondern selbst die Gerusia in Schatten stellten und zuletzt die ganze Staatsverwaltung von sich abhängig machten.[53]) Denn sie erhielten auch eine Aufsicht über die anderen Behörden, die sie zur Verantwortung ziehen, in Anklagestand versetzen und nicht nur mit Geldstrafen belegen, sondern selbst zum Tode verurtheilen konnten;[54]) ja sie hatten sogar das Recht, die Könige vor ihr Tribunal zu ziehen, zu geringeren Strafen zu verurtheilen[55]) und selbst peinlich anzuklagen, während allerdings die Verurtheilung zum Tode nur durch eine aus ihnen, den Geronten und dem anderen Könige zusammengesetzte Commission erfolgen konnte.[56]) Daneben war ihnen auch eine polizeiliche Aufsicht über die öffentliche Zucht und die Erziehung übertragen,[57]) und auch auf die Volksversammlungen hatten sie großen Einfluß. Sie konnten das Volk berufen und abstimmen lassen,[58]) führten im Namen des Volkes die Verhandlungen mit den Gesandten fremder Staaten,[59]) hatten bei Absendung von Gesandten,[60]) so wie bei Kriegserklärungen und Friedensschlüssen[61]) eine Hauptstimme, beschworen und unterzeichneten Verträge[62], und spielten selbst im Kriege eine bedeutende Rolle, indem nicht nur stets zwei derselben den König als Mitglieder des Kriegsraths in's Feld begleiteten,[63]) denen wohl besonders die Sorge für die Verpflegung des Heeres und die Vertheilung der Beute oblag,[64] sondern ihnen auch das Recht zustand, Heere abzusenden[65]) und deren Stärke zu bestimmen,[66]) Feldherrn zu ernennen[67]) und ihnen Verhaltungsbefehle zuzusenden,[68]) ebenso aber auch sie wieder zurückzuberufen[69]) und vor Gericht zu fordern.[70]) Selbst das Schicksal unterworfener Städte scheint von ihrer Entscheidung abgehangen zu haben.[71]) Die Wichtigkeit ihrer Stellung kann man schon daraus abnehmen, daß nach dem Ersten derselben das Jahr benannt wurde, wie zu Rom nach den Consuln,[72]) daß sie sich selbst vor den Königen nicht von ihren Sitzen erhoben,[73]) und daß sie Niemandem Rechenschaft abzulegen brauchten, als ihren Amtsnachfolgern.[74]) — Ihnen gegenüber traten alle übrige Staatsbeamte (nur die Geronten etwa ausgenommen) weit in den Hintergrund zurück. Die namhaftesten derselben aber waren der Pädonomos,[75]) welcher die Aufsicht über die Knaben und deren Erziehung führte, die fünf Bidceer,[76] welche die Erziehung der erwachsenen Jugend leiteten, die Harmosynen,[77]) die über die Zucht des weiblichen Geschlechts wachten, und die Empeloren,[78]) welche das Marktwesen beaufsichtigten, und die auch in anderen griechischen Staaten bestehenden Nomophylakes,[79]) ebenfalls eine Polizeibehörde, die für öffentliche Ruhe und Ordnung zu sorgen und gegen Störungen der Volksversammlungen, Aufläufe u. s. w. einzuschreiten hatte. — Was nun die Volksversammlung oder Ekklesia[80]) betrifft, die ganz im Freien ohne Schutz vor Sonne, Wind und Regen durch bedeckte Hallen und andere Gebäude gehalten wurde,[81]) so berechtigte zur Theilnahme an ihr jeden Spartiaten das erreichte dreißigste Lebensjahr;[82]) ob auch Perioken oder Freigelassene darin erscheinen durften, bleibt ungewiß, wenigstens aber hatten sie keine Stimme in ihr. Die Wirksamkeit derselben war jedoch nur eine beschränkte; sie hatte nämlich blos die Vorträge der Könige und der Gerusia, namentlich über Krieg und Frieden, Gesetze und Beamtenwahl, anzuhören und nach Gutdünken zu genehmigen oder zu verwerfen;[83]) weiter aber gingen ihre Befugnisse nicht, denn eigene Anträge zu stellen, oder die ihr vorgelegten zu modificiren und eigenmächtige Beschlüsse hinzuzufügen, war ihr nicht gestattet, und ließ sie sich dazu hinreißen, so waren die Vorsitzenden (d. h. eben Könige und Geronten) zu sofortiger Auflösung derselben berechtigt.[84]) Auch mit der Rechtspflege hatte sie nichts zu schaffen. Eine eigentliche Debatte fand gar nicht statt, und überhaupt scheint das Wort nur den öffentlichen Beamten oder wem sie es übertrugen, zugestanden zu haben.[85]) Auch erfolgte die Abstimmung nicht nach Zahl der Köpfe, sondern nach Stärke des Geschreies, wodurch sich die Mehrheit der Stimmen aussprach,[86]) so daß also diese Volksversammlungen wenig Würdevolles hatten.[87])

## B. Athen.

[Zustände vor und nach Solon. Staatsverfassung: Bürgerrecht. Eintheilungen der Bürgerschaft. Volksversammlung. (Ostracismus.) Staatsverwaltung: Der hohe Rath. Höhere und niedere Beamte, namentlich Polizei- und Finanzbeamte. Einkünfte und Ausgaben des Staates.]

In Attika wurde das alte, lebenslängliche und erbliche Königthum schon frühzeitig abgeschafft und in ein Wahlkönigthum verwandelt, indem das den Eupatriden oder dem Adel*) verantwortliche Staatsoberhaupt, nunmehr Archon genannt, aus den Nachkommen des letzten Königs Kodros, anfangs wohl noch auf Lebenszeit, **) später aber, seit dem Jahre 752 v. Chr., immer nur auf zehn Jahre gewählt wurde.*°) Im Jahre 713 aber wurde den Mitgliedern der alten Königsfamilie auch noch das Vorrecht der Wählbarkeit zur Würde des Staatsoberhauptes entzogen*¹) und diese allen Adeligen zugänglich gemacht.*⁷) Ihre Vollendung aber erhielt die Herrschaft der Aristokratie durch die im Jahre 683 v. Chr. erfolgte Umgestaltung der Staatsregierung, die nun neun alljährlich wechselnden und aus den Eupatriden gewählten Archonten übertragen wurde.**) Jetzt entstanden jedoch große Kämpfe der niederen und ärmeren Stände gegen den übermüthigen und unter sich selbst uneinigen Adel und in Folge derselben eine gräuliche Verwirrung, der auch die blutige Strenge der drakonischen Gesetzgebung nicht zu steuern vermocht hatte und die den Staat einer völligen Zerrüttung entgegenzuführen drohte. Da erhielt im Jahre 594 v. Chr. der Archon Solon den Auftrag, durch umfassende Maßregeln die entstandenen Conflicte zu schlichten, und so wurde er denn der Gründer der neuen athenischen Staatsverfassung, die den Grundzügen nach bis in die spätesten Zeiten fortgebauert hat und von uns jetzt darzustellen ist. Solon's Bestreben ging, obgleich er selbst ein Eupatride aus dem Geschlechte des Kodros war, dahin, die Aristokratie in eine Demokratie zu verwandeln. Die höchste Gewalt sollte in den Händen der Gesammtheit liegen, und dazu war die Bildung eines freien Bürgerthums mit gleichartiger, rechtlicher Stellung nöthig. Diese erreichte er dadurch, daß er die niederen Stände aus ihrer Entwürdigung emporhob und den bisherigen Herrenstand oder Adel mit jenen gleichen Gesetzen unterwarf. Jeder Bürger solle an der Gesetzgebung, der Wahl und Prüfung der Magistrate und an der Ausübung des Gesetzes durch die Gerichte Theil nehmen. Zur Erlangung des Bürgerrechts war Abstammung aus einer rechtmäßigen bürgerlichen Ehe erforderlich;⁹⁴) doch konnten auch die von einem Bürger mit einer Ausländerin erzeugten Kinder, obgleich sie unächte (Nothoi) hießen und nicht aller bürgerlichen Rechte theilhaft wurden,⁹⁵) unter die Zahl der Bürger aufgenommen werden, und ebenso verdienstvolle Fremde,⁹⁶) wenn der Vorschlag in zwei Volksversammlungen wiederholt worden war und sich in der zweiten 6000 Bürger dafür erklärten;⁹⁷) doch gingen auch solchen Neubürgern⁹⁸) ebenfalls manche bürgerliche Rechte ab, indem sie zwar einem Demos und einer Phyle (s. unten) zuertheilt, aber nicht in eine Phratrie aufgenommen wurden, weshalb sie auch keinen Zugang zu Archonten- und Priesterstellen hatten.⁹⁹) Jeder Bürger hatte das Recht, in der Volksversammlung zu sprechen und in den Gerichten als Geschworner mit zu urtheilen,¹⁰⁰) jedoch nicht vor Erfüllung eines gewissen Alters, obgleich man allerdings darauf bedacht war, die jungen Männer schon frühzeitig zu bürgerlicher und politischer Mündigkeit gelangen zu lassen.¹⁰¹) Mit dem achtzehnten Jahre nämlich wurde der Sohn eines Bürgers unter die Epheben aufgenommen und in das Gemeindebuch eingetragen;¹⁰²) er leistete nun im Tempel der Aglauros den Bürgereid¹⁰³) und wurde vor dem versammelten Volke wehrhaft gemacht.¹⁰⁴) Von dieser Zeit an war er juristisch selbstständig, konnte heirathen, vor Gericht auftreten u. s. w.; ehe er jedoch zu voller Ausübung seiner staatsbürgerlichen Rechte gelangte, mußte er erst noch ein paar Jahre lang in den attischen Grenzkastellen¹⁰⁵) Militärdienste leisten.¹⁰⁶) Nach Erreichung des zwanzigsten Jahres aber war er volljährig für das öffentliche Recht und durfte nun auch in der Volksversammlung erscheinen und sprechen.¹⁰⁷) Mit dem dreißigsten Lebensjahre trat der junge Bürger in das Alter des höhern Rechts und konnte nun auch Mitglied des Geschwornengerichts oder der Heliäa¹⁰⁸) werden,¹⁰⁹) mußte aber jetzt auf dem Platze Ardettos einen neuen Eid leisten.¹¹⁰) Zu den höhern Richterämtern der Diäteten und Epheten aber konnte er erst mit dem funfzigsten und sechzigsten Lebensjahre gelangen.¹¹¹) Was nun die Stellung der Bürger unter einander selbst betrifft, so erfolgte durch die solonische Verfassung eine völlige Umgestaltung derselben. Schon seit uralter Zeit zerfiel die Bevölkerung Attika's in vier Phylen, unter denen wir nach ihren Beschäftigungen gesonderte Klassen derselben, also eine Art von Kasten, zu verstehen haben, wenn sie auch nicht so streng in sich abgeschlossen waren, wie die Kasten des Orients. Es waren die Geleonten oder Grundbesitzer und Landbauer, die Hopleten oder Krieger, die Aegikorenser oder Hirten und die Argadenser (Ergadenser) oder Handwerker,[112] unter denen jedoch keinerlei Rangabstufung stattfand, wie unter den drei oben erwähnten Ständen der Eupatriden, Geomoren und Demiurgen.[113] Die vier Phylen hatten wieder mehrere Abtheilungen und zwar in doppelter Beziehung, theils mit Rücksicht auf die Leistungen an den Staat, theils mit Rücksicht auf die Verwandtschaft. In ersterer Beziehung zerfiel nämlich (höchst wahrscheinlich schon vor Solon)[114] jede Phyle in drei Trittyen und zwölf Naukrarien,[115] in letzterer aber in drei Phratrien, jede Phratrie wieder in dreißig Geschlechter und jedes Geschlecht in dreißig Familien,[116] die, so verschieden auch die einzelnen Geschlechtsgenossen der Geburt und bürgerlichen Stellung nach sein mochten, doch einen Vereinigungspunkt in einem gemeinschaftlichen Cultus fanden.[117] Diese von Solon beibehaltene Eintheilung in Phylen und Phratrien war in staatsrechtlicher Beziehung von hoher Bedeutung und nur die Theilnahme an einer Phratrie begründete die Staats- und familienrechtliche Vollbürtigkeit jedes einzelnen Bürgers. Daher mußte jede neuverheirathete Bürgerin in die Phratrie ihres Mannes eingeführt,[118] jedes neugeborne Kind in das vom Phratriarchen geführte[119] Register der Phratrie eingetragen werden[120] und der Vater die rechtmäßige Geburt des Kindes vor den versammelten Phratoren beschwören,[121] etwaige Einsprüche dagegen aber wurden durch Abstimmung derselben erledigt.[122] Auch bei Adoptionen hatten die Phratoren eine Stimme, da der Adoptirte in die Phratrie des Adoptirenden überging,[123] und bei Testamenten pflegten sie als Zeugen zugezogen zu werden.[124] — Ließ aber auch auf diese Art Solon den Phylen und Phratrien ihre Geltung, so suchte er doch Alles, was noch den Charakter einer Kaste an sich trug, daraus zu entfernen und durch Einführung eines Census den Uebertritt aus einer Phyle in die andere zu erleichtern. Er theilte nämlich in Bezug auf die dem Staate schuldigen Leistungen (Liturgien) theils durch Abgaben, theils durch Uebernahme unbesoldeter Staatsämter die ganze Bürgerschaft nach Abschätzung ihres Vermögens in vier Klassen,[122] Pentakosiomedimnoi, Hippeis, Zeugitä und Thetes,[123] je nachdem ein Bürger der drei ersten Klassen auf seinem Gute mehr als 500, 300 und 150 Medimnen trockener Produkte (also Getreide, zunächst Gerste), und mehr als eben so viele Metreten nasser Erzeugnisse (Wein oder Oel) erntete,[127] wonach sich die Höhe der Abgaben richtete. Dagegen war die vierte Klasse der Thetes oder der um Lohn Arbeitenden, die gar keinen Grundbesitz hatten, ganz steuerfrei,[128] dafür aber auch von allen Aemtern und Würden ausgeschlossen,[129] selbst des Kriegsdienstes als Leichtbewaffnete blos im Nothfalle gewürdigt, und später nur zur Bemannung der Flotte bestimmt.[130] Durch diese weise Einrichtung wurde theils die Bestreitung der Staatsausgaben gegen eine bevorzugte Rechtsstellung nur den Wohlhabenden angesonnen, theils die Last, welche ein unbesoldetes Staatsamt den Dürftigen hätte werden können, nur solchen auferlegt, die sie ohne Gefährdung ihres Hausstandes leicht tragen konnten und daher auch zu tragen verpflichtet waren,[131] während doch auch dem ärmsten Bürger das Recht verblieb, in der Volksversammlung seine Stimme abzugeben und als Mitglied der Gerichte Recht zu sprechen.

Fast drei Menschenalter nach Solon aber erfolgte in den Jahren 509 und 508 v. Chr. durch Klisthenes, der die solonische Verfassung weiter fortbilden wollte, eine wesentliche Aenderung in der Eintheilung des Volks. Er hob nämlich die vier alten ionischen Phylen auf und ersetzte sie durch zehn neue,[132] ohne jedoch, wie es scheint, auch neue Phratrien zu bilden, wogegen er eine neue Eintheilung in Ortsgemeinden oder Demen[133] traf, in welche er, wie ganz Attika, so auch die Hauptstadt eintheilte und die er den zehn Phylen einordnete, ohne daß wir wissen, wie viele Demen eine jede Phyle enthielt, da wir nur die Gesammtzahl derselben, hundertvierundsiebenzig, kennen.[134] Jeder Demos aber war in drei örtliche Trittyen getheilt, die mit den geschlechtlichen Trittyen der Phylen nicht verwechselt werden dürfen. Der Zweck dieser örtlichen Eintheilung des Volkes in Demen scheint gewesen zu sein, der Besteuerung wegen eine allgemeine

Ueberſicht über die Bewohner und den Beſtand der liegenden Gründe zu erhalten. Daher mußte jeder Bürger in die Liſte ſeines Demos eingetragen werden, da ſeine Benennung nach dem Demos für den Staat das einzige Mittel war, die militäriſchen und bürgerlichen Leiſtungen des Einzelnen zu controliren. Der Sohn gehörte in den Demos ſeines Vaters, doch ſtand es ihm frei, ſeinen Wohnſitz zu wählen, wo er wollte,[135]) wenn er dem Demos, in welchem er anſäſſig war, eine Abgabe erlegte.[136]) Die Demen waren in vielen Beziehungen ſelbſtſtändige Körperſchaften; ſie hatten ihre eigenen Sacra,[137]) ihre eigenen Grundſtücke,[138]) ihre eigenen Behörden[139]) und ihre eigenen Verſammlungen,[140]) worin die Intereſſen der Demen berathen wurden.[141]) Der Vorſteher eines Demos hieß Demarchos.[142]) Er hatte die Grundcataſter und die Stammliſte des Demos zu führen,[143]) die Verſammlungen zuſammen zu berufen, darin zu präſidiren und die Abſtimmung zu leiten,[144]) im Verein mit dem Schatzmeiſter die Gemeindegüter zu verwalten[145]) und fällige Gelder zu erheben,[146]) den Demos bei feierlichen Gelegenheiten zu repräſentiren,[147]) und ſelbſt eine Art von Polizeigewalt auszuüben;[148]) woraus man erſehen kann, daß die Demen in bürgerlicher und adminiſtrativer Hinſicht unter allen Unterabtheilungen des attiſchen Volkes unſtreitig die erſte Stelle einnahmen.

Haben wir bisher von den Verhältniſſen der wirklichen Bürger gehandelt, ſo muß nun auch noch von den beiden anderen Klaſſen der Bevölkerung, den Metöken und Sklaven, die Rede ſein. Die Metöken (Schutzverwandte, Beiſaſſen) waren in Athen angeſiedelte Fremde, deren Zahl eine ſehr bedeutende war,[149]) da ihnen Athen im Gegenſatz zu anderen griechiſchen Staaten, die ſich engherzig gegen alle Fremden abſchloſſen, bereitwillige Aufnahme und große Vortheile gewährte. Sie erfreuten ſich nämlich gleichen Schutzes der Geſetze, wie die eigentlichen Bürger, wenn ſie auch nicht in gleichem Rechtsverhältniß zum Staate ſtanden, keinen Grundbeſitz erwerben konnten[150]) und einen Bürger zum Vertreter (Proſtates) haben mußten.[151]) Dagegen aber geſtattete ihnen der Staat gegen die mäßige Abgabe von zwölf Drachmen[152]) jährlich für die ganze Familie das Metökion;[153]) die Betreibung aller bürgerlichen Gewerbe und Nahrungszweige, ſo daß der größte Theil des Handels und der Induſtrie Athens in ihren Händen gelegen zu haben scheint. Nur wenn sie keinen Prostates annahmen¹⁵⁴) und sich wirkliche Bürgerrechte anmaßten, oder ihre Abgabe nicht bezahlten,¹⁵⁵) gingen sie des Schutzes der Gesetze verlustig und wurden als Sklaven verkauft.¹⁵⁶) Uebrigens wurden um den Staat besonders verdiente Meteken als Isoteleis, d. h. gleiche Abgaben Zahlende, nicht nur in allen privatrechtlichen Verhältnissen, sondern auch dem Staate gegenüber den wirklichen Bürgern in so weit gleichgestellt, als es ohne Gewährung der eigentlich politischen Rechte geschehen konnte,¹⁵⁷) und solchen wurde dann auch der Uebergang in's wirkliche Bürgerthum unter den oben angegebenen Beschränkungen nicht schwer. — Was endlich die Sklaven betrifft, so ist von ihren Verhältnissen schon früher ausführlich gehandelt worden,¹⁵⁸) und ich bemerke daher hier nur im Allgemeinen, daß ihr Loos in Athen ein weit weniger hartes war, als in anderen griechischen Staaten, indem auch ihnen die allgemeine Freiheit zu Gute kam,¹⁵⁹) so daß sich ihr Auftreten im täglichen Leben nur wenig von dem der niedrigeren Bürger unterschied;¹⁶⁰) auch möge noch zur Ergänzung hinzugefügt sein, daß sie das Recht hatten, wegen übermüthiger Mißhandlungen von Seiten des Herrn Klage zu führen¹⁶¹) und einen Antrag auf Verkauf an einen andern Herrn zu stellen,¹⁶²) so wie daß es namentlich das Theseion war, in welchem sie Schutz vor augenblicklichen Mißhandlungen fanden.¹⁶³) Auch über ihre Freilassung und ihre Lage als Freigelassene ist bereits früher das Nöthige bemerkt worden.¹⁶⁴)

Eine der wichtigsten Einrichtungen Solon's und ein entscheidender Schritt zur Demokratie war es, daß er die Theilnahme an den Volksversammlungen oder der Ekklesia und den Gerichten auf alle Bürger ausdehnte.¹⁶⁵) Die Volksversammlungen waren theils ordentliche und stehende,¹⁶⁶) theils außerordentliche,¹⁶⁷) zu denen in wichtigen Fällen auch das Landvolk mit einberufen wurde. Der ordentlichen Volksversammlungen wurden allmonatlich in jeder der zehn Prytanien¹⁶⁸) vier gehalten, jedoch wohl nicht immer an fest bestimmten Tagen.¹⁶⁹) Der Ort der Versammlungen war die Pnyx, eine Terrasse am Abhange einer Anhöhe westlich von der Akropolis,¹⁷⁰) später aber das Theater des Dionysos.¹⁷¹) Die Berufung ging von den Prytanen, ausnahmsweise auch zugleich von den Strategen aus,¹⁷²) und erfolgte mittelst eines fünf Tage vorher ausgehängten Anschlags.¹⁷³)

Die Zugänge zum Versammlungsplatze besetzten sechs Lexiarchen mit dreißig Gehülfen,¹⁷⁴) welche zu verhüten hatten, daß ein Unberechtigter sich eindrängte und daß ein Bürger die Versammlung vor Schluß derselben verließ,¹⁷⁵) zugleich aber auch die Säumigen in sie treiben mußten, weshalb die Straßen gesperrt und die Menge mit einem roth gefärbten Seile vorwärts gedrängt wurde,¹⁷⁶) damit ein durch Berührung desselben roth Gezeichneter bestraft werden konnte.¹⁷⁷) Wer zu spät kam, verlor seinen für die Theilnahme an der Versammlung bestimmten Sold,¹⁷⁸) den die Thesmotheten gegen Rückgabe einer beim Eintritt empfangenen Marke auszahlten¹⁷⁹) und der anfangs nur aus einem Obolus¹⁸⁰) bestanden hatte, später aber drei Obolen betrug.¹⁸¹) War das Volk versammelt, so gab ein sichtbares Zeichen den Anfang kund,¹⁸²) doch fand vor Beginn der Verhandlung erst eine Lustration des Versammlungsplatzes statt,¹⁸³) indem unter Vortritt eines Priesters ein geopfertes Ferkel in Procession herum getragen¹⁸⁴) und mit dessen Blute die Bänke besprengt wurden.¹⁸⁵) Dann sprach ein Herold das Einweihungsgebet,¹⁸⁶) und nun brachte sofort der vorsitzende Senatsausschuß die zu verhandelnden Gegenstände zur Sprache.¹⁸⁷) Diese aber waren für jede der vier Monatsversammlungen besondere und fest bestimmte.¹⁸⁸) Die erste Versammlung war zur Wahl- oder Abjetzungsbestätigung von Beamten, zu Vorträgen über die Verproviantirung und Sicherstellung des Landes und zu Berichten über Confiscationen und Erbschaften, die zweite für Gnaden- und Bittgesuche, die dritte zu Audienzen für fremde Gesandte und dergleichen, und die vierte für Cultusgegenstände bestimmt. Da alle dem Volke vorzutragenden Sachen in der Regel erst vom Senate berathen werden mußten, so erfolgte der Vortrag in Form eines Gutachtens,¹⁸⁹) welches der Herold vorlas,¹⁹⁰) und nun richteten die Vorsitzenden an das Volk die Frage, ob es damit einverstanden sei, oder ob es den Gegenstand in weitere Berathung ziehen wolle, und dieses erklärte seinen Willen durch Aufheben der Hände.¹⁹¹) Genehmigte es den Vorschlag, so wurde dieser sofort zum Beschlusse erhoben, fand es aber eine weitere Berathung für nöthig, so eröffneten die Vorsitzenden die Debatte damit, daß sie durch einen Herold zum Sprechen auffordern ließen,¹⁹²) und nun hatte jeder volljährige und im vollen Genuß seiner bürgerlichen Rechte befindliche Bürger,[103]) das Recht zu sprechen und einen Antrag zu stellen,[194]) den er auch schon schriftlich mitbringen[195]) oder erst in der Versammlung niederschreiben[196]) und den Vorsitzenden übergeben konnte, die ihn dann prüften, und wenn gegen Form und Inhalt nichts einzuwenden war, zur Abstimmung an das Volk brachten. Der Redner war unverantwortlich und so lange er sprach zum Zeichen der Unverletzlichkeit mit einem Kranze geschmückt.[197]) Etwaiger Ungebührlichkeiten wegen, welche sich die Redner erlaubten, konnten ihnen die Vorsitzenden eine Geldstrafe bis zum Belaufe von fünfzig Drachmen[198]) auferlegen,[199] so wie sie auch befugt waren die Ordnung selbst mit Hülfe der Polizeisoldaten aufrecht zu erhalten.[200]) Später wurde überdieß noch jedesmal aus einer der zehn Phylen ein Ausschuß gewählt, der in der Nähe der Rednerbühne saß und auf Ruhe und Ordnung zu sehen hatte.[201]) Die Vorsitzenden hatten auch das Recht zu intercediren und sich der Abstimmung zu widersetzen,[202]) wenn sie aber dieselbe rechtswidrig entweder verweigert oder gestattet hatten, fielen sie in strenge Strafe,[203]) und eben so wenig durften sie zweimal über denselben Gegenstand abstimmen lassen.[204]) Die Abstimmung erfolgte, wie gesagt, in der Regel durch Aufheben der Hände, nur wenn viel darauf ankam, die Zahl der mit Ja oder Nein Stimmenden genau kennen zu lernen, durch in eine Urne geworfene Steinchen oder Scherben;[205]) auch konnte geheime Abstimmung auf diese Art angeordnet werden, zu deren Gültigkeit dann wenigstens 6000) Stimmen erforderlich waren.[206]) Die Mehrzahl der Stimmen entschied, der Wille der Majorität aber wurde durch den Vorstand verkündet[207]) und zum Volksbeschluß erhoben, der nun gesetzliche Kraft hatte und entweder als Urkunde im Staatsarchive niedergelegt, oder in eine Tafel von Erz oder Stein eingegraben und öffentlich aufgestellt wurde. Der Schluß der Versammlung, welchen der Herold im Auftrage der Vorsitzenden verkündete,[208]) fand statt, wenn nichts mehr zur Berathung vorlag, oder wenn die Zeit nicht ausreichte, da die am frühen Morgen beginnende Versammlung[209]) nicht gern bis über Mittag ausgedehnt wurde, oder endlich wenn ein plötzliches Unwetter, ein Regenguß, ein Erdbeben u. s. w. eintrat,[210]) in welchen Fällen die Versammlung vertagt und wohl meistens auf den nächstfolgenden Tag verlegt wurde.[211])

Wir gehen nun zur Staatsverwaltung über. Obgleich in Athen nach der solonischen Verfassung und dem Principe der reinen Demokratie jeder volljährige und ehrenhafte Bürger an der obersten Staatsgewalt Theil haben sollte, so mußte doch diese Betheiligung eine sehr verschiedene sein, je nachdem sie sich blos auf die Wirksamkeit in der Volksversammlung beschränkte, oder den Bürger durch's Loos oder durch Wahl zu einer besonderen Thätigkeit für das Wohl des Staats berief. Da nämlich nicht alle Geschäfte der Administration und der Gerichte der ganzen Volksgemeinde als solcher überlassen werden konnten, wurden zur Staatsverwaltung einzelne, aus der Mitte der Bürgerschaft hervorgehende und jährlich wechselnde Ausschüsse nöthig, die wir als Regierungsbehörden zu betrachten haben. Von den Archonten, die auch Solon fortbestehen ließ, und den übrigen richterlichen Behörden wird im nächsten Kapitel die Rede sein; hier haben wir es zunächst mit den Verwaltungsbehörden zu thun. An der Spitze der Regierung standen als oberste, gewissermaßen das Volk selbst repräsentirende Verwaltungsbehörde der hohe Rath der Vierhundert[112]) oder seit Klisthenes der Fünfhundert[113]) (die Bule). Man wird sich aber über diese große Zahl von Mitgliedern des Raths nicht wundern, wenn man bedenkt, daß seine ganze Einrichtung auf Wechselregierung der Bürger berechnet war. Jeder Bürger sollte die Aussicht haben, einmal eine Zeit lang regieren zu können, und sich daher auch nicht in seinen Rechten verkürzt glauben, wenn zu anderer Zeit Andere ihn regierten. Es wird sich nach der folgenden Darstellung leicht beurtheilen lassen, welche große Zahl von Bürgern als Rathsglieder nach und nach zur Regierung gelangen mußten. Der solonische hohe Rath enthielt aus jeder der vier Phylen hundert, der spätere seit Klisthenes aber aus jeder der zehn Phylen fünfzig[114]) Mitglieder, die wenigstens das dreißigste Lebensjahr zurückgelegt haben mußten[115]) und nur auf ein Jahr gewählt,[116]) von Klisthenes Zeiten an aber durch's Loos bestimmt wurden,[117]) weshalb auch ihre Beschlüsse nur für das Jahr ihrer Amtsführung Gültigkeit hatten.[118]) Der Rath, dessen Mitglieder einen Eid ablegen mußten, daß sie ihr Amt treu und gewissenhaft verwalten wollten,[119]) und als äußere Auszeichnung bei ihren Versammlungen, gleich den Archonten, einen Myrtenkranz trugen,[120]) versammelte sich, die zahlreichen¹²¹) Festtage ausgenommen, täglich¹²²) in seinem zwischen der Burg (Akropolis) und dem Marktplatze (Agora) gelegenen Sitzungshause (dem Buleuterion¹²³) zu Sitzungen, die nach Umständen bald öffentlich, bald geheim abgehalten wurden.¹²⁴) Da es aber schwer war, ein so zahlreiches Collegium immer vollzählig zusammen zu bringen, um die laufenden Geschäfte zu besorgen, theilte sich der Rath seit Klisthenes Zeiten nach den zehn Phylen, aus denen er gebildet war, in zehn Abtheilungen von je fünfzig Mitgliedern, und eine derselben nach der anderen übernahm in einer durch das Loos bestimmten Reihenfolge die Besorgung der Geschäfte. Diese regierende, zur Staatsleitung berufene Abtheilung hieß nun die Prytanie und ihre Mitglieder Prytanen.¹²⁵) Da das attische Mondjahr, dem von Zeit zu Zeit ein Schaltmonat beigefügt wurde, aus 354 Tagen bestand, fielen jeder Prytanie 35 bis 36 und in Schaltjahren 38 bis 39 Tage zu, und an jedem Tage wurde wieder ein anderer der 50 Mitglieder der Prytanie durch's Loos zum Vorsitzenden (Epistates)¹²⁶) bestimmt, der das Staatssiegel¹²⁷) und die Schlüssel des Schatzes und Archivs verwahrte¹²⁸) und (wenigstens früher)¹²⁹) auch den Vorsitz in der Volksversammlung führte. Der Rath war, die Rechnungsablegung über die Verwaltung der Staatseinnahmen abgerechnet,¹³⁰) unverantwortlich. Unwürdige Mitglieder stieß er selbst aus seiner Mitte,¹³¹) sich durch ihre Thätigkeit auszeichnende aber belohnte er durch einen goldenen Kranz,¹³²) welchen auch das Volk dem ganzen Rathe zuerkannte, wenn es mit dessen Amtsführung zufrieden war. Sehen wir nun noch, worin der Geschäftskreis des Rathes bestand. Als Volksausschuß hatte er weniger die Bestimmung selbstständige Entscheidungen zu fassen, als vielmehr der Volksversammlung vorzuarbeiten und sie zu leiten, und man hat daher stets Rath und Volksversammlung als eine vereinte Behörde zu betrachten, obgleich dem ersteren in manchen Stücken auch eine selbstständige Wirksamkeit und das Recht Beschlüsse zu fassen¹³³) zugestanden war. Er hatte die Initiative für die berathende oder gesetzgebende Gewalt, welche die Gesammtheit der Bürgerschaft in der Volksversammlung ausübte, und mußte jeden Antrag an das Volk erst begutachten,¹³⁴) und wenn er ihn verwarf, durfte er nicht vor die Ekklesia gebracht werden, wenn er ihn aber billigte, trug er ihn derselben eben als sein

Gutachten vor.²³⁴) Eine mehr selbstständige Thätigkeit des Rathes²³⁵) zeigt sich zuerst in Kriegsangelegenheiten; denn er erließ Befehle an die Feldherren,²³⁶) die ihm auch über ihre Erfolge Berichte erstatteten,²³⁷) die er dann durch die Prytanen dem Volke mittheilen ließ. Auch die Werbung der Truppen war seine Sache und ihm lag sowohl die Prüfung Derer, die zu Pferde dienen sollten,²³⁸ als die Musterung der Pferde ob.²³⁹) Eben so hatte er für den Bau der Schiffe zu sorgen,²⁴⁰) und wählte im Verein mit den Demarchen Mitglieder der Demen zum Seedienste aus.²⁴¹) Was sodann die auswärtigen Angelegenheiten betrifft, so empfing er fremde Gesandte, die ihm zuerst ihre Mittheilungen machten²⁴²) und ihre Schriften übergaben,²⁴³) und führte sie in die Volksversammlung ein;²⁴⁴) auch schickte er theils selbst Gesandte ab,²⁴⁵) theils wählte er solche im Auftrag des Volks,²⁴⁶) daß ihm überhaupt mancherlei bevollmächtigende Aufträge zu ertheilen pflegte.²⁴⁷) namentlich in Betreff der Finanzverwaltung,²⁴⁸) die einen wesentlichen Theil der Amtsthätigkeit des Raths bildete, indem derselbe die Finanzen und die damit beschäftigten Beamten überwachte²⁴⁹) und wenigstens die ordentlichen Einkünfte ganz unter seine Obhut nahm, daher die Staatsgelder den Schatzmeistern zu übergeben²⁵⁰) oder zu ihren besonderen Bestimmungen zu vertheilen,²⁵¹) die Staatseinnahmen zu verpachten,²⁵²) mit Zuziehung der Demarchen dem Staate schuldige Gelder, nöthigenfalls durch Auspfändung, einzutreiben,²⁵³) den Tribut der Bundesgenossen zu erheben,²⁵⁴) die Almosengelder zu vertheilen und die Bedürftigkeit der Bewerber zu prüfen,²⁵⁵) den Richtern ihren Sold auszuzahlen hatte²⁵⁶) u. s. w. Die Beamten mußten ihnen namentlich über die Verwaltung von Staatsgeldern Rechnung ablegen.²⁵⁷) Vor ihm geschah die Prüfung der Archonten²⁵⁸) und wahrscheinlich auch anderer Beamten. Ferner hatte er das Recht, verdienten Bürgern Auszeichnungen zuzuerkennen,²⁵⁹) ihnen Ehrenkränze zu verleihen, Bildsäulen setzen und sie auf Staatskosten im Prytaneum speisen zu lassen,²⁶⁰) was für eine große Ehre galt,²⁶¹) die ausgezeichneten Bürgern zuweilen lebenslänglich, ja sogar erblich zu Theil wurde. Selbst religiöse Angelegenheiten gehörten zu den Geschäften des Raths,²⁶²) der z. B. freudiger Ereignisse wegen Opferfeierlichkeiten anordnete²⁶³) und jedesmal nach der Feier der eleusinischen Mysterien eine

Sitzung hielt, am über dabei etwa vorgefallene Vergehungen zu richten.²⁶⁴) Endlich übte der Rath durch die Prytanen, deren Bestimmung war, bei allen Vorfällen des Tages sofort mit amtlicher Auctorität zur Hand zu sein,²⁶⁵) auch eine Art von Polizei,²⁶⁶) weßhalb ihm auch die Scythen oder Polizeisoldaten zur Verfügung standen.²⁶⁷)

Wir haben nun noch von den verschiedenen, zur Staatsverwaltung nöthigen Beamten zu handeln, von denen zwei Hauptklassen zu unterscheiden sind: unbesoldete, ihre Stellung nur als Ehrenamt betrachtende Oberbeamte und besoldete Unterbeamte (besonders eine große Menge von Schreibern, Herolde, Amtsboten u. s. w.), die nicht einmal immer Bürger zu sein brauchten;²⁶⁸) die erste Klasse aber zerfällt wieder in ordentliche, ständige Beamte und in außerordentliche Commissionen, die nur für bestimmte Geschäfte und auf beschränkte Zeit (gewöhnlich dreißig Tage) ernannt wurden.²⁶⁹) Die Ernennung der Beamten erfolgte auf doppelte Art, entweder durch Wahl oder durch's Loos,²⁷⁰) bei den meisten jedoch auf letztere. Die Verloosung der Aemter durch Bohnen²⁷¹) wurde in den letzten Tagen eines jeden Jahres²⁷²) von den Thesmotheten im Tempel des Theseus unter allen Denen vorgenommen, die sich dazu angemeldet und eingefunden hatten,²⁷³) auch wurde für etwa eintretende Vacanzen durch Tod oder Absetzung schon von vorn herein eine gleiche Anzahl von Ersatzmännern bestimmt.²⁷⁴) Die Wahl erfolgte in der Regel in der Volksversammlung, in außerordentlichen Fällen aber wurde sie auch den einzelnen Phylen übertragen,²⁷⁵) so wie auch die Beamten der Phylen selbst durch deren eigene Wahl bestimmt worden zu sein scheinen.²⁷⁶) Eben so hatten auch manche aus der Loosurne hervorgegangene Beamte das Recht, sich durch eigene Wahl sachverständige Gehülfen zuzugesellen. Kein Gewählter aber durfte das Amt ablehnen, wenn er nicht die Entschuldigungsgründe eidlich erhärtete.²⁷⁷) Jeder Beamte, mochte er durch Wahl oder durch's Loos zu einem Amte bestimmt werden, mußte sich vor Antritt desselben erst einer Prüfung unterwerfen,²⁷⁸) die sich jedoch nicht auf seine geistige Befähigung und seine Kenntnisse, sondern nur auf seine bürgerliche Berechtigung durch ächtbürgerliche Abkunft, Ehrenhaftigkeit und das gehörige Alter, so wie auf körperliche Makellosigkeit bezog.²⁷⁹) Sie erfolgte durch das Heliasten- oder

Geschwornengericht [289]) unter Vorsitz der Thesmotheten. Ob aber alle oder nur gewisse Beamte gleich den Archonten und Strategen auch einen Amtseid abzulegen hatten, bleibt ungewiß. Kein Beamter durfte zwei Aemter zugleich oder dasselbe mehrmals und länger als ein Jahr bekleiden; [290]) alle aber hatten über ihre Amtsführung am Ende derselben dem Volke Rechenschaft abzulegen, [291]) und selbst während sie ihr Amt verwalteten, mußten sie zu Anfang jeder Prytanie in der Volksversammlung durch Handansstrecken auf's Neue bestätigt werden, wobei jeder Bürger das Recht hatte, auf ihre Absetzung anzutragen, wenn er seine Beschwerden nicht bis zur Rechenschaft am Ende des Jahres verschieben wollte. Anklagen von Beamten und Anträge auf ihre Absetzung und Bestrafung kamen übrigens sehr häufig vor. [292]) und wenn sich bei angestellter Untersuchung eine wirkliche Verschuldung ergab, verfuhr man bei der Bestrafung gewöhnlich mit großer Härte. [293]) Sowohl die Ablegung der Rechenschaft von Seiten der Beamten als ihre Anklage erfolgte bei den Logisten und Enthynen, [294]) vor welchen sich jeder Beamte zu stellen verbunden war, [295]) um seine Rechnungen prüfen zu lassen [296]) und Jedem Rede zu stehen, der Klage gegen ihn führte. [297] Es waren dieß zwei Collegien von je zehn Mitgliedern, die aus jeder der zehn Phylen durch's Loos bestimmt wurden, [298]) jedoch so, daß jeder Euthyne auch noch zwei Beisitzer erhielt. [299]) Wahrscheinlich mußten alle Rechnungen zuerst bei den Logisten eingereicht werden, die sie dann zu genauerer Prüfung an die Euthynen abgaben, und wenn diese sie richtig befunden hatten und auch sonst keine Klage angebracht worden war, die Beamten von weiterer Verantwortung frei- und ihre Zufriedenheit mit ihrer Amtsführung aussprachen, [300]) im Gegenfalle aber die Entscheidung an einen Gerichtshof verwiesen. [301]) Bis zur Erledigung der Sache wurde jeder Beamte als Staatsschuldner betrachtet, der weder über sich, noch über sein Vermögen frei verfügen, [302]) sich um kein anderes Amt bewerben und auf keine Auszeichnung Anspruch machen durfte, [303]) wie sie allerdings verdienten und pflichttreu befundenen Beamten durch öffentliche Belobung oder Bekränzung zu Theil wurde. [304])

Wir unterscheiden vier Klassen von Beamten, Cultus-, Gerichts-, Polizei- und Finanzbeamte. Von den Cultusbeamten ist schon oben die Rede gewesen [305]) und von den Gerichtsbeamten wird im nächsten Kapitel gehandelt werden. Wir haben es also hier nur mit den Polizei- und Finanzbeamten zu thun. Da in Athen die Polizei einen sehr umfassenden Wirkungskreis hatte, gab es auch nicht wenige Beamte derselben. Polizeibeamte waren zuerst zehn zur Aufsicht über die Zucht der Knaben und Epheben gewählte Sophronisten;[¹⁹⁵] sodann die zur Aufsicht über die Zucht des weiblichen Geschlechts bestimmten Gynäkokosmen oder Gynäkonomen,[²⁹⁸] die auch zugleich eine Art von Luxuspolizei ausgeübt zu haben scheinen;[²⁹⁹] ferner zehn durch's Loos bestimmte Astynomen,[³⁰⁰] eine Straßenpolizei zur Aufsicht über die Reinlichkeit der Straßen, über die Straßendirnen, Flöten- und Citherspielerinnen und über die Erhaltung der öffentlichen Gebäude; und eben so zehn gleichfalls aus der Loosurne hervorgegangene Agoranomen[³⁰¹] oder Marktmeister zur Beaufsichtigung des Kleinhandels; dann die Getreidewächter,[³⁰²] zehn für die Stadt und fünf für den Piräens, denen die Prüfung der Güte und des Preises der zu Markte gebrachten Feldfrüchte, des Brodes und Mehles oblag: ebenso viele durch's Loos bestimmte Metronomen[³⁰³] zur Controle der Maße und Gewichte; und drei vom Rathe gewählte Opsonomen,[³⁰³] Aufseher über den Fleisch- und Fischmarkt und die daselbst geforderten Preise; ferner die Vorsteher des Emporiums oder Haseninspectoren,[³⁰⁴] welche die Aufsicht über die Getreideeinfuhr u. s. w. hatten und für den Großhandel sehr wichtige Beamte waren; die Wasserinspectoren,[³⁰⁵] welche für die Versorgung der Stadt mit Quellwasser und die gehörige Vertheilung desselben zu sorgen hatten; und endlich die schon oben genannten[³⁰⁶] sechs Leriarchen mit ihren dreißig Gehülfen. Eben so groß war die Zahl der verschiedenen Finanzbeamten. Ich nenne hier zuerst die zehn Poleten,[³⁰⁷] deren aus jeder Phyle einer durch's Loos bestimmt wurde, und welche die Verpachtung der Staatsländereien und Gefälle, so wie den Verkauf der dem Staate durch Richterspruch zugefallenen Sachen (auch der zur Sklaverei verurtheilten Personen, z. B. der Metöken, die ihr Schutzgeld nicht bezahlten) zu besorgen hatten. Die zehn auf dieselbe Weise angestellten Apodekten[³⁰⁸] waren Generaleinnehmer, welche die Listen der dem Staate zukommenden Posten führten und an welche die meisten Gelder in der Rathsversammlung eingezahlt wurden, die sie dann wieder den Schatzmeistern der

einzelnen Aemter zuertheilen. Die zehn Schatzmeister (Tamiä)³⁰⁹)
die das Loos aus den Höchstbesteuerten der zehn Phylen aus-
hob, verwalteten in früherer Zeit den Schatz der Athene und
anderer Götter,³¹⁰) an ihre Stelle aber trat später, als Themistokles und Aristides den Grund zu einem eigentlichen Staatsschatze gelegt hatten,³¹¹) ein für jede Finanzperiode von vier
Jahren³¹²) vom Volke gewählter Hauptschatzmeister,³¹³) dem
ein Gegenschreiber beigeordnet wurde.³¹⁴) Die Praktoren³¹⁵)
waren zur Eintreibung der Strafgelder und Bußen angestellt,
die Kolakreten aber³¹⁶) Kassenbeamte, in deren Kasse die Gerichtsgelder flossen, von welchen sie die öffentlichen Speisungen
und später den Richtersold zu bestreiten hatten. Die Po-
risten³¹⁷) endlich, über die uns aber genauere Angaben fehlen,
waren dazu bestimmt neue Gelder zu beschaffen.³¹⁸)


C. **Die übrigen griechischen Staaten außer Sparta und Athen.**
[Argos. Korinth. Sicyon. Achaja. Elis. Messenien. Arkadien. Megara.
Theben. (Böotischer Städtebund.) Kreta.]

Es muß nun auch noch von den minder bekannten und
weniger ausgebildeten Verfassungen und Regierungsformen der
übrigen bedeutenderen Staaten Griechenlands kurz gehandelt
werden. Wir beginnen auch hier mit den dorischen Staaten des
Peloponnes. In Argos herrschte nach früher Abschaffung des
durch die Volksgemeinde sehr beschränkten Königthums,³¹⁹) nach
der Schlacht bei Mantinea nur auf kurze Zeit unterbrochen,³²⁰)
eine rein demokratische Verfassung,³²¹) die mit großer Strenge
aufrecht erhalten wurde,³²²) weshalb auch Argos ein Asyl für
vertriebene Parteigänger der Demokratie aus Nachbarstaaten
war.³²³) Die Bürgerschaft war in vier Phylen getheilt, nach
welchen auch der Kriegsdienst angeordnet gewesen zu sein scheint,³²⁴)
und zu welchen dann noch die Perioken und die rechtlosen Leibeigenen kamen.³²⁵) Die Volksversammlung, die von einem
Volksvorsteher, also unabhängig vom Rathe und anderen Behörden, zusammenberufen wurde, hatte sehr große Macht und
faßte Beschlüsse über den Waffendienst der Bürger,³²⁶) über
Krieg und Frieden, Abschluß von Bündnissen u. s. w.³²⁷) An
der Spitze der Verwaltung standen drei Behörden,³²⁸) zuerst

der eidlich verpflichtete³²⁹) Rath (die Bulé), der aus mehr als 500 Mitgliedern bestanden zu haben scheint,³³⁰) sodann das Collegium der Achtzig und die Artynen,³³¹) deren Bestimmung wir nicht kennen, vielleicht eine Art von Stadtverordneten oder Bürgerrepräsentanten zur Controle des Raths. Außerdem werden noch fünf, der Volksversammlung verantwortliche Strategen erwähnt, die aus dem Kriege zurückgekehrt die Stadt nicht eher betreten durften, bis sie eine Prüfung ihrer Amtsthätigkeit bestanden hatten.³³²) Uebrigens bestand in Argos ein Volksgericht³³³) und der Ostracismus,³³⁴) mit welcher hochdemokratischen Einrichtung freilich eine andere nicht gut in Einklang zu bringen ist, nämlich die Unterhaltung von tausend aus den Söhnen der reichsten Bürger ausgewählten Kriegern,³³⁵) die dem Staate zu Vorfechtern dienen sollten. Haben wir endlich noch hinzugefügt, daß die Jahre durch den Namen und die Amtsjahre einer ihr Amt auf Lebenszeit führenden Priesterin der Hera bezeichnet wurden,³³⁶) so dürfte so ziemlich Alles erschöpft sein, was wir von den Staatseinrichtungen in Argos wissen. In den übrigen argolischen Städten bestand gleichfalls eine demokratische Regierungsform. So stand z. B. in Epidauros an der Spitze der Staatsverwaltung ein Bürgerausschuß von 180 Personen, aus dessen Mitte die Mitglieder des Raths gewählt wurden, welche auch Artynen hießen,³³⁷) also eine andere Stellung einnahmen, als die neben dem Rathe stehenden Artynen in Argos. — Auch Korinth hatte in der von uns zunächst dargestellten Periode der griechischen Staaten eine demokratische Verfassung.³³⁸) Früher hatte allerdings nach Aufhebung des Königthums fünf Menschenalter hindurch eine Oligarchie des dorischen Geschlechts der Bacchiaden geherrscht, die aus ihrer Mitte jährlich einen anderen Prytanen wählten, dessen Gewalt der königlichen gleich kam.³³⁹) Kypselos aber hatte im 6. Jahrhundert v. Chr. die Oligarchie gestürzt und die Bacchiaden vertrieben, dafür aber für sich selbst eine Tyrannis gegründet,³⁴⁰) die ein paar Generationen hindurch fortdauerte, dann aber der Demokratie Platz machen mußte.³⁴¹) Das Volk von Korinth war in acht Phylen³⁴²) und in Phratrien getheilt.³⁴³) Die Volksversammlung entschied über die wichtigsten Angelegenheiten, namentlich über Krieg und Frieden, und wählte die Feldherren,³⁴⁴) doch scheint der Rath, hier Gerusia genannt, einen bedeutenden

Einfluß auf sie gehabt zu haben.³⁴⁵) An die Gerusia richten fremde Gesandte ihre Vorträge und sie richtet über Vergehungen.³⁴⁶) Als Beamte erscheinen noch Epidemiurgen, die alljährlich als Vorsteher in die Colonien gesendet wurden und mit den Phylarchen anderer Staaten verglichen werden,³⁴⁷) und fünf Strategen,³⁴⁸) die der Volksversammlung verantwortlich waren und bei der Rückkehr aus einem Feldzuge, ehe sie in die Stadt einziehen durften, an einem Orte außerhalb derselben, dem Charadron, eine Prüfung ihrer Amtsführung bestehen mußten.³⁴⁹) — Von dem benachbarten Sicyon, wo auch das Volk in Phylen getheilt war,³⁵⁰) wissen wir nur, daß es unter fortwährenden Unruhen und Erschütterungen aus einer Tyrannis in die andere verfiel, daß jedoch auch in dieser Verwirrung der demokratische Grundzug der Verfassung sichtbar blieb,³⁵¹ welche der achäischen nachgebildet war.³⁵² — Auch in Achaja bestand nämlich seit Abschaffung des Königthums eine demokratische Verfassung,³⁵³) und nirgends war mehr Gleichheit, Freiheit und reine Demokratie zu finden, als bei den Achäern. Auch bei ihnen stand die Entscheidung über die wichtigsten, namentlich auswärtigen Angelegenheiten der Volksversammlung zu;³⁵⁴) sonst aber ist uns über ihre Staatsverwaltung nichts Genaueres bekannt. (Von dem späteren Achäischen Bunde, seiner Verfassung und seinen Beamten wird im nächsten Kapitel gehandelt werden.) — In Elis herrschte früher, jedoch wohl nur in Bezug auf die Verwaltung, Oligarchie. An der Spitze derselben stand nämlich ein Rath von neunzig auf Lebenszeit ernannten Mitgliedern,³⁵⁵) deren Wahl jedoch durch das Volk erfolgt zu sein scheint,³⁵⁶) so daß also doch die höchste Gewalt eigentlich in den Händen des Volkes lag. Später bestand Demokratie, jedoch in stetem Kampfe mit der Oligarchie,³⁵⁷) in welchem aber das Volk gewöhnlich den Sieg davon trug. Die Bevölkerung war in Phylen und Demen getheilt, und auch hier müssen erstere eine geographische Bedeutung gehabt haben, da Olymp. 104. oder 363 v. Chr. bei Verkleinerung des Gebietes von Elis ihre Zahl von zwölf auf acht herabgesetzt wurde.³⁵⁸) Als Behörden erscheinen Demiurgen (wohl Bürgervorsteher oder Viertelsmeister), Thesmophylakes oder Gesetzeswächter und das Collegium der Sechshundert.³⁵⁹) Als eine Eigenheit der Verfassung wird erwähnt, daß den auf dem Lande wohnenden Eltern an Ort und Stelle Recht gesprochen wurde.²⁶⁰) — In Messenien kann während der von uns zunächst in's Auge gefaßten Periode von einer eigenen Verfassung nicht die Rede sein, da es damals blos eine Lacedämonische Provinz bildete. Vor den messenischen Kriegen aber hatte es eine der spartanischen ähnliche Verfassung mit einer Doppelherrschaft von zwei Königen,²⁶¹) und nach Wiederherstellung des messenischen Staates durch Epaminondas im Jahre 369 v. Chr.²⁶²) führte dieser eine demokratische Verfassung ein,²⁶³) die später wieder einer Thrannis²⁶⁴) und zuletzt bis zur Unterwerfung unter römische Herrschaft einer oligarchischen Verfassung weichen mußte.²⁶⁵) Zur Zeit der Demokratie scheint die Volksversammlung nur die Beschlüsse des Raths bestätigt oder eigene Beschlüsse erst nach Vernehmung mit dem Rathe gefaßt zu haben.²⁶⁶) Als höhere Staatsbeamte werden Ephoren,²⁶⁷) Demarchen oder Volksvorsteher²⁶⁸) und Timuchen²⁶⁹) genannt. — In Arkadien haben wir es namentlich mit der Verfassung von Mantinea zu thun, deren Staatsform und Gesetze zu den vorzüglichsten in Griechenland gezählt werden.²⁷⁰) Sie war demokratisch.²⁷¹) Die Volksversammlung entschied über Staatsangelegenheiten und vor ihr hielten fremde Gesandte ihre Vorträge.²⁷²) Die Beamten wurden zwar stets nur von einer Anzahl der Bürger gewählt, jedoch so, daß abwechselnd alle nach der Reihe das Wahlrecht ausübten.²⁷³) Als solche Beamte²⁷⁴) erscheinen der Rath, Demiurgen, Theoren (ein priesterliches Amt) und Polemarchen.²⁷⁵) — Gehen wir nun in's eigentliche Hellas hinüber, so begegnet uns in Megara anfangs eine auf Demagogie und an den reichen Bürgern verübte Gewaltthätigkeit gegründete Thrannis,²⁷⁶) dann eine zügellose Demokratie²⁷⁷) mit Ausübung des Ostracismus²⁷⁸) und darauf wieder (zur Zeit des peloponnesischen Krieges) eine Zeit lang oligarchische Regierungsform.²⁷⁹) Die Volksversammlung hat, wenigstens in Staatsangelegenheiten, auch eine richterliche Gewalt²⁸⁰) und bewilligt Ehrenbezeigungen.²⁸¹) Die Behörden²⁸²) waren ein Rath (oder Richterkollegium?) von 300 Mitgliedern,²⁸³) Prytanen,²⁸⁴) von denen es ungewiß bleibt, ob sie eine im Rathe wechselnde Prytanie bildeten, wie zu Athen, und fünf Strategen.²⁸⁵) — In Theben finden wir gleichfalls demokratische Verfassung, obgleich zeitweilig von Oligarchie unterbrochen,²⁸⁶) was jedoch wohl nur von einem bedeutenden Einflusse der den

Staat verwaltenden Behörden zu verstehen ist, während die höchste Gewalt doch immer dem Volke verblieb, welches auch zur Zeit des peloponnesischen Krieges, wo Oligarchie geherrscht haben soll, über Krieg und Frieden, über Bündnisse, Erbauung von Schiffen, kurz über die höchsten Angelegenheiten entschied, ³⁸⁷) Feldherren ernannte ³⁸⁸) und absetzte, ³⁸⁹) die Verhandlungen mit fremden Gesandten führte, ³⁹⁰) selbst Gesandte abschickte und Ehrenbezeigungen verlieh. ³⁹¹) Seine Versammlungen ³⁹²) scheinen regelmäßig zu bestimmten Zeiten stattgefunden zu haben und sehr oft gehalten worden zu sein. ³⁹³) Was die Beamten betrifft, so wurden sie durch Abstimmung mittelst Bohnen ernannt, ³⁹⁴) und Niemand wurde (wenigstens in früherer Zeit) für geeignet befunden ein Amt zu bekleiden, der nicht nachweisen konnte, seit zehn Jahren kein bürgerliches Gewerbe, namentlich keine Handelsgeschäfte getrieben zu haben, ³⁹⁵) allerdings ein der Demokratie wenig entsprechender, aristokratisch-oligarchischer Zug. Es erscheinen aber als Beamte ³⁹⁶) der Rath, ein Archon, ³⁹⁷) Polemarchen, die aber auch an der inneren Staatsverwaltung und den Gerichten Theil nahmen ³⁹⁸) und einen eigenen Grammateus oder Schreiber hatten, ³⁹⁹) vier Hipparchen ⁴⁰⁰) und ein Demarch. ⁴⁰¹) Doch waren wohl auch die alljährlich gewählten elf Vorsteher des böotischen Städtebundes ¹⁹²) oder die Böotarchen zugleich Beamte einzelner Städte, namentlich Thebens. Von der Verfassung der übrigen Staaten des nördlichen Griechenlands ist uns fast gar nichts bekannt, von der Verfassung des Aetolischen Bundes aber wird im folgenden Kapitel gehandelt werden. Dagegen haben wir hier noch die Verfassung und Verwaltung der größten Insel Griechenlands kennen zu lernen, worüber uns genauere Nachrichten erhalten sind. Die Einrichtungen in Kreta glichen in vielen Beziehungen den spartanischen, worüber man sich nicht wundern kann, da ja Kreta von dorischen Colonisten bevölkert war, die sich zu Herren der Insel gemacht hatten, und da auch Lykurg seine Verfassung der kretensischen nachgebildet haben soll. ¹⁰²) Auch hier erhielten die Kinder eine gleiche und öffentliche Erziehung und auch hier fanden gemeinschaftliche Mahlzeiten der Männer statt, deren Kosten aus Staatsmitteln bestritten wurden. ⁴⁰⁴) Ebenso finden wir auch hier neben den Bürgern Periöken ⁴⁰⁵) (wahrscheinlich die Nachkommen der alten Einwohner vor dem Eindringen der Dorier) und den spartanischen Heloten entsprechende Leibeigene, die auf den Privatländereien der freien Bürger Frohndienste leisteten.⁴⁰⁶) Die Verfassung war, wie dort, eine aus Oligarchie und Demokratie gemischte. Alle Beschlüsse über Staatsangelegenheiten wurden vom Rathe und den Kosmen (s. unten) gefaßt und von der Volksversammlung (die in früherer Zeit nur eine sehr untergeordnete Stellung eingenommen hatte)⁴⁰⁷) entweder genehmigt oder verworfen.⁴⁰⁸) Mit Letzterer verhandelten auch fremde Gesandte.⁴⁰⁹) Unter den Beamten fand ein jährlicher Wechsel statt,⁴¹⁰) ob sie aber durch Wahl oder durch's Loos ernannt wurden, ist ungewiß.⁴¹¹) An der Spitze der Staatsverwaltung standen zehn Kosmen,⁴¹²) die mit den spartanischen Ephoren verglichen werden,⁴¹³) und aus gewesenen Kosmen wurde der Rath der Alten oder Geronten zusammengesetzt.⁴¹⁴) Die Kosmen, die demnach nicht lebenslängliche Beamte waren, ohne Rücksicht auf Würdigkeit aus gewissen Familien⁴¹⁵) wahrscheinlich auf ein Jahr⁴¹⁶) gewählt wurden und in den wichtigsten Sachen die Geronten zu Rathe zogen,⁴¹⁷) hatten den Oberbefehl im Kriege⁴¹⁸) und die Leitung der auswärtigen Angelegenheiten lag in ihrer Hand.⁴¹⁹) Sie setzten das Staatssiegel unter die Verträge des Staats mit fremden Staaten,⁴²⁰) besorgten die Veröffentlichung und jährliche Verlesung derselben,⁴²¹) schritten ein bei ihrer Verletzung,⁴²²) und sorgten für den Unterhalt der fremden Gesandten;⁴²³) auch hatten sie einen richterlichen Wirkungskreis;⁴²⁴) doch waren sie dem Volke verantwortlich und konnten von ihm abgesetzt und bestraft werden.⁴²⁵) Auch wurde mit ihren Namen das Jahr bezeichnet.⁴²⁶) Der Rath oder die Gerusia bestand aus eben so vielen Mitgliedern, als der zu Sparta,⁴²⁷) also aus achtundzwanzig oder, wenn die spartanischen Könige mit eingerechnet werden, aus dreißig, die auf Lebenszeit im Amte blieben⁴²⁸) und dasselbe (zu welchem also wohl auch eine Gerichtsbarkeit gehörte) nicht nach geschriebenen Gesetzen, sondern nach Gutdünken verwalteten, dennoch aber keiner Verantwortung unterworfen waren,⁴²⁹) so daß also ihre Befugniß eine fast unbeschränkte gewesen zu sein scheint. Außer diesen Beamten werden auch noch Ritter (Hippeis, als Behörde genannt,⁴³⁰) von denen wir aber weiter nichts wissen, als daß sie auch wirklich Pferde hielten und beritten waren.

## Anmerkungen zum 17. Kapitel.

[1]) Sparta's Könige waren die Nachkommen von zwei Zwillingsbrüdern, Eurysthenes und Prokles, Söhnen des Aristodemus, dem bei der Theilung des Peloponnes unter die Herakliden Sparta zugefallen war. Die Legitimität der beiden Königshäuser beruhte auf dem Ansehen, welches sie als Herakliden genossen; sie wurden gewissermaßen selbst als Heroen betrachtet, wie namentlich ihre feierliche Bestattung zeigt (Xen. Resp. Lac. 15, 9. Hell. III, 3, 1. Herod. VI, 58. Heracl. Pol. c. 2.); daher auch die große Sorgfalt die Reinheit des den Thron inne habenden Heraklidengeschlechts zu bewahren. (Herod. V, 40 f. Plat. Alcib. I. p. 121. b. Xen. Ages. 11.)

[2]) Xen. Rep. Lac. 15, 7. Plat. Legg. III. p. 684. a.

[3]) Herod. V, 42. VI, 52. VII, 3. Paus. III, 3, 6. Xen. Hell. III, 3, 2. Plut. Lyc. 2. Ages. 1. Thuc. I, 107.

[4]) Herod. VIII, 131. Corn. Nep. Ages. 1.

[5]) Xen. Hell. III, 3, 3. Plut. Ages. 3.

[6]) Dion. Hal. II, 14. Corn. Nep. Ages. 1. vgl. Xen. Ages. 1, 4.

[7]) Herod. VI, 57. Pollux III, 83.

[8]) Thuc. I, 20. Der aber, wenn er mit seinem Tadel des Herodot a. a. O. meint, denselben mißverstanden hat, da dieser nur sagt, daß die beiden Geronten, welche die Könige in deren Abwesenheit vertreten, neben ihrer eigenen Stimme auch die Stimmen der von ihnen vertretenen beiden Könige abgeben. Vgl. auch Plat. Legg. III. p. 692. a.

[9]) Weshalb Aristot. Pol. II, 6, 22. u. III, 10, 1. das spartan. Königthum eine erbliche Feldherrnwürde nennt.

[10]) Aristot. Pol. III, 9, 2. Herod. VI, 56. Thuc. VIII, 5.

[11]) Xen. Rep. Lac. 13, 10. Hell. II, 2, 12. 4, 38. V, 3, 44.

¹²) Vgl. Herod. VI, 85.
¹³) Herod. VI, 56. Aristot. Pol. III, 9, 2. Xen. Rep. Lac. 15, 2. Corp. Inscr. Gr. I. p. 658.
¹⁴) Herod. VI, 57. Xen. Rep. Lac. 15, 2. 5. Hell. III, 3, 4. Cic. Div. I, 43. Diese Pythier gehörten zur nächsten Umgebung der Könige, waren ihre Tischgenossen, und wurden auf Staatskosten gespeist.
¹⁵) Diese πρόξενοι waren Bürger, die man der Ehre würdig hielt die Gesandten auswärtiger Fürsten und Staaten und die zu den Festspielen kommenden Fremden bei sich aufzunehmen, zu bewirthen und erstere in den Volksversammlungen vorzustellen.
¹⁶) Xen. Ages. 8. Hell. V, 3, 20. Rep. Lac. 15.
¹⁷) Ueber alle diese Vorrechte vgl. Herod. u. Xen. a. a. O.
¹⁸) Herod. IX, 81. Polyb. II, 62.
¹⁹) Herod. VI, 57.
²⁰) Herod. ibid.
²¹) Vgl. Aristot. Pol. V, 9, 1. 8, 5. u. Xen. Ages. 1, 4.
²²) Plut. Lyc. 8. Polyb. VI, 45.
²³) D. h. nach der Eroberung Messeniens; denn daß schon zu Lykurg's Zeiten die Zahl der Loose so bedeutend gewesen sei, ist höchst unwahrscheinlich und wurde schon von den Alten selbst bezweifelt. Denn nach Plutarch a. a. O. sagten Einige, daß Lykurg für die Spartiaten nur 6000 Loose gemacht, und Polydor (unter welchem überhaupt die spartanische Verfassung mancherlei Modificationen erfuhr) 3000 hinzugefügt habe, Andere dagegen, daß die eine Hälfte der 9000 Loose vom Lykurg, die andere aber vom Polydor herrühre. Nach derselben Stelle des Plutarch war jedes einzelne Loos so groß, daß es für den Mann 70 und für die Frau 12 Medimnen (vgl. Band 4. S. 313. Note 62.) abwarf. Dieses Verhältniß wird nur dadurch erklärlich, daß auch die Söhne eines Bürgers mit auf sein Loos angewiesen waren und mit ihm unter einem Dache wohnten, deßhalb aber auch nicht alle eine eigene Familie haben konnten, woher es kam, daß nach Polyb. XII, 6. (Exc. Vat. ed. Mai II. p. 384.) oft 3, 4, 5 Brüder eine gemeinschaftliche Frau hatten, so daß in Sparta nicht nur Güter-, sondern auch Weibergemeinschaft herrschte.
²⁴) Herod. IX, 11. Isocr. Panath. §. 179. vgl. auch Paus. IV, 8, 3.
²⁵) Vgl. Band 4. S. 13. Ich füge hier nur noch Einiges zur Ergänzung hinzu. Ihren Namen Εἵλωτες leiten die Alten von der Stadt Helos her, deren Einwohner, nachdem sich die Dorier bereits in Lakonien festgesetzt hatten, in Folge eines Aufruhrs unterjocht und zu Leibeigenen der Spartiaten gemacht worden wären. Vgl. Hellanicus bei Harpocr. v. εἱλωτεύειν (fragm. 15. ed. Sturz.) Theopomp. bei Athen. VI, 102. p. 272 a. (fragm. 15. ed. Wichers.) u. Ephorus bei Strab. VIII. p. 365. (fragm. 18. ed. Marx.)

Neuere aber denten vielmehr an Ἕλη, sumpfige Niederungen, oder an das Zeitwort Ἕλω = αἱρέω, so daß Heloten Gefangene bedeuten würde, wie auch Apostol. Prov. VII, 62. den Namen erklärt. Es scheint, daß auf jeden Bürger sieben Helotenfamilien kamen; so viele Heloten begleiteten wenigstens ihren Herrn als Waffenknechte in den Krieg. (Herod. IX, 28.) Eine Freilassung derselben konnte nur durch den Staat erfolgen und fand zuweilen als Belohnung für ausgezeichnete Kriegsdienste statt (Thuc. IV, 80. V, 34.) Ja nach dem zweiten messenischen Kriege, in welchem Sparta einen großen Verlust an Bürgern erlitten hatte, wurde sogar einmal eine Anzahl Heloten zu Bürgern gemacht (Athen. VI, 101. p. 271. Hesych. s. v. Ἐπεύνακτοι), was sonst nie vorkam. (Dio Chrys. XXXVI. p. 448.) Wenn sie im Nothfalle selbst Kriegsdienste leisten mußten, so waren sie Leichtbewaffnete (Herod. IX, 10. 28. vgl. Thuc. V, 57.), nur höchst selten auch Hopliten oder Schwerbewaffnete (Thuc. IV, 80. V, 34. VII, 19. Diod. XII, 67.). Die Abgabe, die sie als Pächter an den Herrn zu leisten hatten, bestand in 82 Medimnen Gerste (vgl. oben Note 23.) und einer verhältnißmäßigen Quantität Oel und Wein. (Plut. Lyc. 8. und Inst. Lac. c. 41.)

²⁶) Συσσίτια, nach Plut. Lyc. 12. auch φιδίτια genannt.
²⁷) Vgl. Porphyr. de abstin. IV, 3.
²⁸) Aristot. Pol. II, 6, 21. Plut. Inst. Lac. 8. Xen. Rep. Lac. 10, 7.
²⁹) Er bestand aus einem Medimnus Gerstengraupen, acht Choen Wein, fünf Minen Käse, fünf halbe Minen Feigen und etwas Geld zum Ankauf von Zukost. (Plut. Lyc. 12. Athen. IV, 15—21. p. 138 ff. Aristot. Pol. II, 7, 1.) Ueber die hier angegebenen Maße und Gewichte vgl. Band 4. S. 312 ff.
³⁰) Vgl. Plut. Lyc. 9.
³¹) Vgl. Herod. VI, 61. VII, 134.
³²) Xen. Rep. Lac. VI, 3, 4. Aristot. Pol. II, 2, 5. Plut. Inst. Lac. p. 252.
³³) Γερουσία, auch γεροντία (Xen. Rep. Lac. 10, 3. Nicol. Damasc. p. 156. Orell.) und γερωχία (Aristoph. Lys. 980., wo es wohl γερωνία heißen sollte, wie bei Hesych.). Uebrigens vgl. schon Herod. I, 65.
³⁴) Plut. Lyc. 5. Plat. Legg. III. p. 691. e. u. Epist. VIII. p. 354. b.
³⁵) Dion. Hal. II, 14. vgl. Isocr. Panath. §. 154. u. Demosth. in Leptin. §. 107. p. 489. Aristot. Pol. a. a. O.
³⁶) Herod. VI, 57. Plut. Lyc. 5. Paus. III, 5, 3.
³⁷) Die Art, wie sie gewählt wurden, beschreibt Plut. Lyc. 26.
³⁸) Aristot. Pol. II, 6, 17. Polyb. VI, 45, 5. Plut. Ages. 4.
³⁹) Plut. Lyc. 26. Isocr. Panath. §. 154. vgl. Aristot. Pol. II, 6, 17. 18. u. Cic. de Sen. c. 6.

Anmerkungen zum 17. Kapitel.

⁴⁰) Aristot. Pol. II, 6, 17. 7, 6.
⁴¹) Plut. Lyc. 6. Agis 8. 9. 11.
⁴²) Aristot. Pol. III, 1, 7. Xen. Rep. Lac. 10, 2. Plut. Lyc. 26.
⁴³) Plut. Lyc. 26. vgl. Aeschin. in Tim. §. 180. u. Gellius XVIII, 3, 5.
⁴⁴) Vgl. Plut. Lyc. 5. a. E. Ueber das Buleuterion vgl. Pauf. III, 11, 2.
⁴⁵) Herod. I, 65. Xen. Rep. Lac. 8, 9. Satyrus bei Diog. Laert. I, 68.
⁴⁶) Plat. Legg. III. p. 692. Aristot. Pol. V, 9, 1. Plut. Lyc. 7. 27. Cleom. 10. Cic. de Leg. III, 77. de Rep. II, 39.
⁴⁷) Xen. Ages. 1, 36. Polyb. IV. 22. V, 7. Plut. Cleom. 8. Pauf. III, 11, 2. Nur irrthümlich wird im Etym. M. p. 408, 55. u. Dekkeri Anecd. p. 257, 28. ihre Zahl zu neun, u. in Timäus Lex. p. 128. zu zehn bestimmt.
⁴⁸) Aristot. Pol. II, 3, 10. 6, 14 ff. IV, 7, 4. vgl. Plat. Legg. III. p. 692. b. Wie aber die Wahl erfolgte, bleibt dunkel, da sie nach Aristot. Pol. IV, 7, 5. nicht vom Volke selbst geschah.
⁴⁹) Thuc. V, 36.
⁵⁰) Pauf. III, 11, 2.
⁵¹) Plut. Cleom. 8. Aelian. V. Hist. II, 15.
⁵²) Aristot. Pol. III, 1, 7.
⁵³) Vgl. Aristot. Pol. II, 6, 16. Daher konnte Plut. de monarch. 5. die spätere spartanische Verfassung mit vollem Rechte eine aristokratisch-oligarchische nennen.
⁵⁴) Aristot. Pol. II, 6, 18. Xen. Rep. Lac. 8, 4. Hellen. V, 4, 21. Plut. Apophth. Lac. p. 221. f. Liban. de servit. p. 86. Isocr. Panath. §. 181.
⁵⁵) Herod. VI, 82. Thuc. I, 131. Xen. Ages. 1, 30. Plut. Agis 4. Cleom. 10. Ages. 2. 5. Praec. pol. c. 21. Corn. Nep. Paus. 2 ff.
⁵⁶) Pauf. III, 5, 3. Plut. Agis 19. vgl. Xen. Hell. III, 5, 25. u. Herod. VI, 65.
⁵⁷) Herod. III, 148. Xen. Rep. Lac. 4, 3. 6. Plut. Agis 10. Lys. 19. Cleom. 9. Schol. zu Thuc. I, 84.
⁵⁸) Plut. Agis 9. Thuc. I, 87. vgl. Xen. Hell. III, 3, 8.
⁵⁹) Herod. IX, 7. Xen. Hell. II, 2, 17. III, 1, 1.
⁶⁰) Thuc. VI, 88.
⁶¹) Xen. Hell. II, 2, 19. Thuc. V, 36.
⁶²) Thuc. V, 19. 24.
⁶³) Herod. IX, 76. Xen. Rep. Lac. 13, 5. Hell. II, 4, 35 f. Früher hatten fie den König durch mehrere ihm beigeordnete Rathgeber beschränkt. (Thuc. II, 85. III, 69. V, 63. Diod. XII, 78. Plut. Apophth. Lac. p. 222.)
⁶⁴) Vgl. Herod. a. a. O.

⁶⁵) Herod. IX, 9. 10. 76. Xen. Hell. II, 4, 29. III, 2, 25. IV, 2, 9. V, 4, 14. Thuc. VIII, 12.
⁶⁶) Xen. Rep. Lac. 11, 2. Hell. VI, 4, 17.
⁶⁷) Xen. Hell. IV, 2, 9.
⁶⁸) Xen. Hell. III, 1, 8. 2, 6. vgl. Aelian. V. Hist. II, 5.
⁶⁹) Thuc. I, 131. Plut. Lyc. 19. Dergleichen Befehle erfolgten mittelst der spartanischen Skytale, von der Plut. hier eine genaue Beschreibung giebt. (Vgl. auch Athen. X, 74. p. 451. d. Gellius XVII, 9. u. Schol. zu Pind. Ol. VI, 156.) Die Sache war folgende: Die Ephoren ließen zwei runde Stäbe von ganz gleicher Länge und Dicke machen, so daß sie an den Enden genau zusammen paßten, und gaben den einen dem abzusendenden Feldherrn mit, während sie den andern selbst behielten. Galt es nun ihm einen geheimen Befehl zu geben, so wanden sie einen schmalen und langen Papierstreifen so um ihren Stab, daß nicht der geringste Zwischenraum blieb, und schrieben nun den Befehl der Länge nach darauf, wickelten dann den Streifen wieder ab und sendeten ihn dem Feldherrn. Dieser aber konnte das Schreiben, das so ganz auseinander gerissen und ohne allen Zusammenhang war, nur dann lesen, wenn er es um seinen Stab wickelte, wodurch die Buchstaben wieder in die gehörige Ordnung kamen und der Zusammenhang ersichtlich wurde.
⁷⁰) Xen. Hell. V, 4, 24.
⁷¹) Xen. Hell. III, 4, 2. IV, 8, 32. Thuc. IV, 86. 88.
⁷²) ("Ετερος) ἐπώνυμος: Paus. III, 11, 2. (Doch war nach Inschr. der ἐπώνυμος vielmehr der Erste der vom Kleomenes statt der Gerusia eingesetzten (Paus. II, 9, 1.) sechs πατρονόμοι. Vgl. Böckh zum Corp. Inscr. Gr. I. p. 604 ff.)
⁷³) Xen. Rep. Lac. 13, 6. u. Apophth. Lac. p. 217. c.
⁷⁴) Plut. Agis 12.
⁷⁵) Παιδονόμος: Xen. Rep. Lac. 2, 10. Plut. Lyc. 17.
⁷⁶) Βίδεοι: Paus. III, 11, 2. (der sie minder richtig Βιδιαῖοι nennt) Eustath. p. 1458. Corp. Inscr. Gr. I, 88. p. 609. Der πρέσβυς βιδέων, der im Corp. Inscr. n. 1364. als sechster erscheint, vertrat vielleicht später den παιδονόμος.
⁷⁷) Ἁρμόσυνοι: Hesych. h. v. I. p. 541.
⁷⁸) Ἐμπέλωροι: Hesych. h. v. I. p. 1199.
⁷⁹) Νομοφύλακες: Xen. Oecon. 9, 14. Paus. III, 11, 2. Pollux VIII, 94. Suid. h. v. vgl. Cic. Legg. III, 20. u. Colum. XII, 3, 10.
⁸⁰) Ἐκκλησία: Vgl. die folgenden Stellen.
⁸¹) Und zwar zwischen der Brücke Babyka und dem Flüßchen Knakion. Vgl. Plut. Lyc. 6.
⁸²) Plut. Lyc. 25. Liban. Decl. XXIV.
⁸³) Vgl. die Reim oder das Gesetz Lykurgs bei Plut. Lyc. 6.
⁸⁴) Plutarch ibid.

⁸⁹) Vgl. Aeschin. in Timarch. §. 180. u. Plut. Praec. pol. c. 4.
⁹⁰) Thuc. I, 87. Plut. Lyc. 26.
⁸⁷) Was es mit der gewiß erst später eingeführten, bloß von Xenophon Hell. III, 3, 8. erwähnten kleinen Volksversammlung (μικρά ἐκκλησία) für eine Bewandniß hatte, wissen wir nicht.
⁸⁸) Schon Theseus soll die ganze Bürgerschaft Athens in drei Klassen oder Stände getheilt haben, die Ἑυπατρίδας (die Patricier, den Adel), die Γεωμόρους (die Ackerbauer) und die Δημιουργούς (die Handwerker und Gewerbtreibenden. Plut. Thes. 25.) Dion. Hal. II, 8. nimmt jedoch nur zwei Stände an, εὐπατρίδας und ἀγροίκους, wie zu Rom Patricier und Plebejer. In diesen drei Ständen, mit streng aristokratischer Rangabstufung (Diod. I, 28. Etym. M. p. 395, 50.), liegen die Keime der ganzen späteren Entwickelung des athenischen Staatslebens.
⁸⁹) Weßhalb die Archonten auch zuweilen noch βασιλεῖς heißen. (Paus. I, 8, 2. Plat. Menex. p. 238. c.)
⁹⁰) Vgl. Dion. Hal. I, 71.
⁹¹) Vgl. Heracl. Pol. 1.
⁹²) Vgl. Syncell. p. 169.
⁹³) Paus. IV, 15, 1. Der Erste von ihnen, mit dessen Namen das bürgerliche Jahr bezeichnet wurde, hieß vorzugsweise ὁ ἄρχων, der zweite βασιλεύς, der dritte πολέμαρχος und die sechs übrigen θεσμοθέται, welcher Name zuweilen auch dem ganzen Archontencollegium beigelegt wurde.
⁹⁴) Aristot. Pol. III, 1, 9.
⁹⁵) Pollux III, 21.
⁹⁶) So schon in früherer Zeit (Xen. Mem. III, 5, 12. Thuc. I, 2. Aristid. Panath. p. 173. Diod.) und später sehr häufig (Andoc. de reditu §. 23. Demosth. in Aristocr. §. 199 ff. p. 686 f.) Dieser Act hieß ποιτογραφία (Diod. XI. 86.).
⁹⁷) Demosth. in Neaer. §. 89. p. 1375.
⁹⁸) Δημοποίητοι: Demosth. in Neaer. §. 2. p. 1345.
⁹⁹) Demosth. in Neaer. §. 92. p. 1376. u. §. 104. p. 1380.
¹⁰⁰) Plut. Solon. 18. Aristot. Pol. II. 9, 4.
¹⁰¹) Vgl. Dion. Hal. II, 26.
¹⁰²) Lycurg. in Leocr. §. 76. vgl. Aeschin. in Timarch. §. 18. u. Bekkeri Anecd. p. 272. Das Gemeindebuch hieß ληξιαρχικὸν γραμματεῖον.
¹⁰³) Pollux XIII, 105. Demosth. de fals. leg. §. 303. p. 438. Philostr. Vit. Apoll. IV, 21.
¹⁰⁴) Harpocr. p. 241.
¹⁰⁵) Vgl. über sie Xen. de vectig. 4. 44. Demosth. de cor. §. 38. p. 238.
¹⁰⁶) Pollux a. a. C. vgl. Schol. zu Aeschin. in Timarch. §. 18.

u. zu Demosth. de fals. leg. §. 167. p. 393. Diese Grenzwächter hießen περίπολοι.

¹⁰⁷) Xen. Mem. III, 6, 1. Aeschin. in Tim. §. 54. Demosth. de cor. §. 174. p. 286. §. 179. p. 286. u. in Androt. §. 30. p. 602.

¹⁰⁸) Ἰλιαία: Harpocr. p. 138. Etym. M. p. 426, 6. Phot. Lex. p. 202, 10. Bekkeri Anecd. p. 310. vgl. Aristoph. Equ. 897. u. Vesp. 772. mit den Schol. Ueber die Etymologie des Namens vgl. Steph. Byz. v. Ἰλιαία und Schol. zu Eurip. Orest. 859. Uebrigens vgl. unten Kap. 19.

¹⁰⁹) Demosth. in Timocr. §. 151. p. 747. Pollux VIII, 122.

¹¹⁰) Pollux a. a. O. Den Eid selbst siehe bei Demosth. a. a. O.

¹¹¹) Pollux VIII, 126. Schol. zu Demosth. in Mid. p. 89. u. in Aristocr. p. 98. Bekkeri Anecd. p. 235.

¹¹²) Γελέοντες, Ὁπλῆται oder Ὅπλιτες, Αἰγικορεῖς und Ἀργαδεῖς oder Ἐργαδεῖς. Vgl. Herod. V, 66. Plut. Solon 23. Pollux VIII. 109. Eurip. Ion 1596 ff. Steph. Byz. s. v. Αἰγικόρεως, auch Strab. VIII. p. 588., welcher die 4 Phylen γεωργοῖς, δημιοργοῖς, ἱεροποιοῖς und φύλακας nennt, weshalb Manche fälschlich auch an eine Priesterkaste gedacht und statt Γελέοντες vielmehr Τελέοντες (Weihepriester) conjicirt haben. Eine eigene Priesterkaste in Griechenland aber hat es gewiß nie gegeben.

¹¹³) Vgl. oben Note 89.

¹¹⁴) Ueber die Zeit des Entstehens der Naukrarien waren schon die Alten selbst in Ungewißheit und der Schol. zu Aristoph. Nub. 37. schreibt daher: εἴτε ἀπὸ Σόλωνος καταστάθεντες εἴτε καὶ πρότερον. Berücksichtigt man die Nachricht bei Pollux VIII, 108., daß jede Naukrarie dem Staate ein Schiff und zwei Reiter zu stellen habe, so scheinen sie freilich erst in die Blüthezeit des attischen Seewesens und der Macht Athens überhaupt zu fallen; gleichwohl aber darf auch aus den πρυτάνεις τῶν ναυκράρων bei Herod. V, 71. geschlossen werden, daß sie schon vor Solon bestanden. Neuere leiten daher den Namen gar nicht von ναῦς (das Schiff), über welche Etymologie allerdings schon Pollux a. a. O. zweifelhaft ist, sondern von ναίειν (wohnen) ab und denken an eine geographische Eintheilung.

¹¹⁵) Τριττύες und ναυκραρίαι: Phot. Lex. p. 288. Pors. u. Harpocr. p. 267.

¹¹⁶) Pollux III, 52. VIII, 111. Suid. l. p. 473. Schol. zu Plat. Phileb. p. 30. d. Hiernach erhalten wir also 10,800 Familien, auf die sich wohl wenigstens 20,000 erwachsene Bürger rechnen lassen. (Vgl. auch Demosth. in Aristog. I. §. 51. p. 785. u. Schol. zu Pind. Ol. IX, 68.)

¹¹⁷) Weshalb die φράτορες und γεννῆται auch ὀργεῶνες heißen. (Pollux III, 52. Phot. p. 344. Pors. oder Suidas III. p. 708.)

¹¹⁵) Pollux III, 42.
¹¹⁶) Vgl. Demosth. in Eubulid. §. 23. p. 1305.
¹¹⁷) Jsäus de Pyrrhi her. §. 73—76.
¹¹⁸) Jsäus de Ciron. her. §. 19. Demosth. in Eubulid. §. 54. p. 1315.
¹¹⁹) Demosth. in Macart. §. 14. p. 1054. Uebrigens vgl. über diese feierliche Handlung das oben S. 81 f. über das Fest der Apaturien Mitgetheilte, an welchem sie vorgenommen wurde.
¹²⁰) Jsäus de Apollod. her. §. 15. u. de Aristarch. her. §. 8.
¹²¹) Jsäus de Astyphil. her. §. 8.
¹²²) Τέλη oder τιμήματα. Vgl. die Citate der folgenden Note.
¹²³) Plut. Solon 18. Comp. Aristid. et Cat. I. Pollux VIII, 130. Ἱππακοσιομέδιμνοι (Fünfhundertscheffler) hießen sie nach dem Ertrage ihres Grundbesitzes, ἱππεῖς (Reiter), weil sie verpflichtet waren ein Pferd zu halten und aus ihnen in der Regel die Reiterei des Heeres genommen wurde, ζευγῖται als Besitzer eines Gespannes (ζεῦγος) zur Bestellung der Felder, und θῆτες als Lohnarbeiter.
¹²⁴) Ueber diese Maße vgl. Band 4. S. 312 f. Böckh Staatshaush. I. S. 647 ff. berechnet dieses Steuercapital im Verhältniß zu dem Werthe der Producte zu Solon's Zeit bei der ersten Klasse auf ein Talent, bei der zweiten auf 3000 und bei der dritten auf 1000 Drachmen, d. h. 4715, 2340 und 780 Mark unsers Geldes. Vgl. Band 4. S. 309.
¹²⁵) Pollux VIII, 130.
¹²⁶) Aristot. Pol. II, 9, 4. Vgl. Plut. Solon 18.
¹²⁷) Aristoph. bei Harpocr. s. v. θῆτες. Dagegen dienten die drei höheren Klassen nur ausnahmsweise als Seesoldaten. (Vgl. Thuc. VIII, 24. mit III, 16.)
¹²⁸) Ein zu einem Staatsamte tüchtig Befundener durfte es nur durch eine eidliche Versicherung der Untüchtigkeit ablehnen. (Demosth. de fals. leg. §. 124. p. 379. u. in Timoth. §. 66 f. p. 1204.)
¹²⁹) Herod. V, 66—69. Aristot. Pol. VI, 2, 11.
¹³⁰) Δῆμοι = κῶμαι: Aristot. Pol. IV, 3. Die Angabe des Isocr. Areop. §. 46., daß die Stadt in κώμας, das Land aber in δήμους getheilt gewesen sei, kann, wenn sie überhaupt richtig ist, nur von späteren Zeiten gelten.
¹³¹) Vgl. Polemo bei Strabo IX. p. 396. mit Eustath. zu Hom. Il. II. 551. p. 284. Damit steht freilich Herod. V, 69. in auffallendem Widerspruche, welcher sagt, daß Klisthenes jede Phyle in zehn Demen getheilt habe, weshalb man entweder die Worte ändern und die Zahl zehn auf die Phylen, nicht auf die Demen beziehen, oder eine spätere Vermehrung der Demen annehmen muß, von der jedoch nirgends die Rede ist.
¹³²) Vgl. Demosth. in Leoch. §. 9. p. 1083. §. 18. p. 1086.

§. 35. p. 1094. Plut. Them. 1. 22. Arist. 1. Alcib. 22. Aeschin. in Tim. §. 97. 101. p. 118. 121. Diog. Laert. III, 41.

¹³⁶) Vgl. Corp. Inscr. Gr. n. 101.

¹³⁷) Thuc. II, 16. Demosth. in Eubul. §. 46. p. 1313. §. 62. p. 1318. Paus. I, 26, 7. Schol. zu Aristoph. Nub. 1458. Corp. Inscr. n. 82. 101.

¹³⁸) Die sie verpachteten und deren Ertrag sie zur Bestreitung ihrer Communalbedürfnisse, namentlich die Erhaltung ihrer Localculte verwendeten. Demosth. in Eubul. §. 68. p. 1318. Corp. Inscr. n. 82. 93. 102. 103.

¹³⁹) Außer dem Demarchen noch Schatzmeister (Corp. Inscr. n. 88. 89. 93. 100. 102.), Controleure (Εὔθυνοι: Corp. Inscr. n. 70. 88.) und Schreiber (Corp. Inscr. n. 100, vgl. Isäus de Apollher. §. 26. u. Demosth. in Leoch. §. 39. p. 1092.

¹⁴⁰) Demosth. in Leoch. §. 36. p. 1091. Harpocr. s. v. δήμαρχος p. 78. Bekkeri Anecd. p. 827.

¹⁴¹) Vgl. Aeschin in Ctesiph. §. 41 ff. Corp. Inscr. n. 93. 100—103. 214.

¹⁴²) Suid. v. δήμαρχος I. p. 598. Harpocr. a. a. O. Auf die Demarchen waren seit Klisthenes die früher den Naukraren obliegenden Geschäfte übergegangen.

¹⁴³) Harpocr. a. a. O.

¹⁴⁴) Harpocr. ibid. Bekkeri Anecd. p. 827.

¹⁴⁵) Photius. s. v. ναύκραροι. Corp. Inscr. n. 93.

¹⁴⁶) Pollux VIII, 108. Demosth. in Eubul. §. 63. p. 1318. Hesych. s. v. ναύκραροι. Corp. Inscr. n. 101.

¹⁴⁷) Corp. Inscr. ibid.

¹⁴⁸) Z. B. bei Leichenbestattungen (Demosth. in Macart. §. 57 f. p. 1069.), bei Ausplünderungen (Harpocr. v. δήμαρχος, Bekkeri Anecd. p. 242.) u. s. w. Vgl. Schol. zu Aristoph. Nub. 37. u. Hesych. I. p. 927.

¹⁴⁹) Sie betrug im Jahre 309 v. Chr. 10,000 erwachsene Männer (Athen. VI, 103. p. 272. c.), woraus sich auf die übrige Zahl leicht schließen läßt.

¹⁵⁰) Vgl. Demosth. pro Phorm. §. 6. p. 946.

¹⁵¹) Harpocr. s. v. προστάτις, Etym. M. p. 124, 50. Vgl. auch Lycurg. in Leocr. §. 21. Lysias in Philon. §. 9. u. Aristot. Pol. III, 1, 3.

¹⁵²) D. h. etwa 9 Mark 40 Pf. unseres Geldes.

¹⁵³) Μετοίκιον: Demosth. in Aristog. I. §. 57. p. 787. auch ξενικόν: Demosth. in Eubul. §. 34. p. 1309. Beim Schol. zu Plat. Legg. VIII. p. 850., der zehn und zwölf Drachmen verbindet, ist ersteres wohl nur Schreibfehler.

¹⁵⁴) Vgl. Pollux III, 56. mit Harpocr. p. 48. u. 84. u. Suid. I. p. 295.

¹⁵⁵) Pollux a. a. O.

¹⁵⁴) Demosth. in Aristog. a. a. L.
¹⁵⁵) Pollux III, 56. Hesych. II. p. 76. Harpocr. u. Photius
s. v. *ἰσοτελεῖς*. Vgl. Demosth. in Phorm. §. 18. p. 912. u. c.
Lacrit. §. 14. p. 927.
¹⁵⁶) Vgl. Band 4. S. 7 ff.
¹⁵⁹) Vgl. Demosth. Phil. III. §. 3. p. 111.
¹⁶⁰) Vgl. Xen. Rep. Ath. I, 10.
¹⁶¹) Aeschin. in Timarch. §. 42. 43. Demosth. in Mid. §. 48.
p. 530. Athen. VI, 92. p. 266. f.
¹⁶²) Pollux VII, 17.
¹⁶³) Plut. Thes. 36. Pollux VII, 13. Etym. M. s. v. Θη-
σεῖον. Vgl. auch Diod. Sic. IV, 62.
¹⁶⁴) Vgl. Band 4. S. 12.
¹⁶⁵) Vgl. Plut. Solon 18. Isocr. Areop. §. 16. u. Aristot.
Pol. II, 9, 2.
¹⁶⁶) *Ἐκκλησίαι νόμιμοι*. Früher, wo in jeder Prytanie nur
eine gehalten wurde, hieß dieselbe *κυρία ἐκκλησία*, später aber,
als noch drei andere hinzugefügt worden waren, scheint dieser Name
auf alle vier ausgedehnt worden zu sein; gewiß aber verblieb er
der ersten der vier Monatsversammlungen. (Vgl. überhaupt Pollux
VIII, 95. Schol. zu Aristoph. Acharn. 19. Photius, Hesych. u.
Etym. M. s. v. *κυρία ἐκκλησία* u. Suid. s. v. *ἐκκλησία*.
¹⁶⁷) *Σύγκλητοι ἐκκλησίαι* (Demosth. de cor. §. 73. p. 249.
de fals. leg. §. 122. p. 378.), oder *κατάκλητοι ἐκκλησίαι, κατα-
κλησίαι*, wenn auch das Landvolk mit zugezogen wurde (Pollux
VIII, 116.).
¹⁶⁸) Siehe unten S. 144. Note 225.
¹⁶⁹) Was schon der vielen Festtage wegen kaum möglich war,
an denen keine Volksversammlungen gehalten wurden (vgl. Aeschin.
in Ctesiph. §. 67. Demosth. in Timocr. §. 29. p. 709. Aristoph.
Thesm. 78.) und die doch gewiß nicht in allen Prytanien auf dieselben Tage fielen.
¹⁷⁰) Aristoph. Acharn. 20. Thuc. VIII, 97. Schol. zu Plat.
Critias p. 112 a. Hesych. II. p. 985. (vgl. Steph. Byz. p. 529.
u. Bekkeri Anecd. p. 292.)
¹⁷¹) Pollux VIII, 132. Hesych. a. a. O. Auch schon früher
hatte in einzelnen Fällen die Volksversammlung im Theater stattgefunden (vgl. Demosth. in Mid. §. 8. p. 517.); später wurden in
der Pnyx nur noch die Wahlversammlungen abgehalten. (Pollux
VIII, 132. Hesych. s. v. *Πνύξ*.) In außerordentlichen Fällen versammelte sich das Volk auch im peiräischen Theater zu Munychia.
(Thuc. VIII, 93. Lysias in Agor. §. 32. Demosth. de fals. leg.
§. 60. p. 959. u. §. 125. p. 379.
¹⁷²) Thuc. II, 79. Demosth. de cor. §. 37. p. 238. u. §. 73.
p. 249.
¹⁷³) Demosth. in Aristog. I. §. 9. p. 772. Aeschin. de fals.

leg. §. 60. Schol. zu Demosth. Phil. I. p. 33. Dekkeri Anecd. Gr. p. 296.

¹⁷⁴) Pollux VIII, 104. Hesych. II. p. 1412. Phot. Lex. p. 599.

¹⁷⁵) Pollux a. a. O.

¹⁷⁶) Pollux a. a. O. Schol. zu Aristoph. Acharn. 22. u. Eccl. 378.

¹⁷⁷) Schol. zu Aristoph. Acharn. a. a. O.

¹⁷⁸) Den ἐκκλησιαστικὸς μισθός: Aristoph. Eccl. 381.

¹⁷⁹) Aristoph. Eccl. 290 ff.

¹⁸⁰) D. h. etwa 14 Pfennige. Vgl. Band 4. S. 309.

¹⁸¹) Aristoph. Eccl. 284. 303. 315. 404. u. Schol. zu Arist. Plut. 171. 330.

¹⁸²) Schol. zu Aristoph. Thesm. 278. Vergleicht man damit die römische Sitte bei Dio Cass. XXXVII, 28., so könnte man an das Aufhissen einer Flagge denken.

¹⁸³) Harpocr. s. v. καθάρσιον.

¹⁸⁴) Aeschin. in Tim. §. 23. Pollux VIII, 104. Suid. s. v. περισσίαρχος.

¹⁸⁵) Schol. zu Aristoph. Acharn. 44. u. zu Aeschin. a. a. O.

¹⁸⁶) Demosth. de fals. leg. §. 70. p. 363. in Aristog. §. 97. p. 653. Aeschin. in Tim. §. 23. Dinarch. in Dem. §. 46. in Aristog. §. 16. und die Parodie desselben bei Aristoph. Thesm. 295 ff.

¹⁸⁷) Dieß hieß χρηματίζειν: Demosth. in Timocr. §. 21. p. 706. Aeschin. in Tim. §. 23.

¹⁸⁸) Vgl. Pollux VIII, 95.

¹⁸⁹) Προβούλευμα: Plut. Solon 19. Aristoph. Thesm. 372. Demosth. Aristocr. §. 92. p. 651. de fals. leg. §. 31. p. 351. u. §. 185. p. 399. Argum. zu Demosth. in Androt. §. 5. p. 592.

¹⁹⁰) Aristoph. Thesm. 373.

¹⁹¹) Aeschin. in Timarch. §. 23. Demosth. in Timocr. §. 11. p. 703. Pollux VIII, 94. Harpocr. u. Phot. v. προχειροτονεῖν.

¹⁹²) Aeschin. a. a. O. in Ctes. §. 4. u. de fals. leg. §. 65. 66. Thuc. VI, 14.

¹⁹³) Vgl. oben S. 113.

¹⁹⁴) Aeschin. in Tim. a. a. O. vgl. Demosth. de cor. §. 236. p. 306.

¹⁹⁵) Aeschin. de fals. leg. §. 68.

¹⁹⁶) Plat. Gorg. p. 451. b.

¹⁹⁷) Aristoph. Eccl. 131. 148. 163. Thesm. 380.

¹⁹⁸) D. h. 39 Mark 30 Pfennige. Vgl. Band 4. S. 308. Note 6.

¹⁹⁹) Aeschin. in Tim. §. 23.

²⁰⁰) Aristoph. Acharn. 54 f. Pollux VIII. 132.

## Anmerkungen zum 17. Kapitel. 143

¹⁰¹) Aeschin. in Tim. §. 33. in Ctes. §. 4. Demosth. in Aristog. I. §. 90. p. 797.

¹⁰²) Xen. Mem. I, 1, 14. Aeschin. de fals. leg. §. 84.

¹⁰³) Plut. Apol. p. 32. a. Demosth. in Timocr. §. 50. p. 716. Aeschin. in Ctesiph. §. 3.

¹⁰⁴) Ἀναψηφίζειν: Thuc. VI. 14.

¹⁰⁵) Ψῆφοι. Vgl. Demosth. in Timocr. §. 45. p. 715. §. 59. p. 719. in Neaer. §. 89. p. 1375. Andoc. de myst. §. 87.

¹⁰⁶) Andoc. de myst. §. 87. Demosth. in Timocr. §. 59. p. 719. Diese Zahl wird also wohl als das Minimum der in der Regel versammelten Bürger anzunehmen sein, wogegen die Versicherung der Oligarchen bei Thuc. VIII, 72., daß nie über 5000 versammelt gewesen wären, wohl nicht in Betracht kommt. Dieselbe Zahl von 6000 Stimmen war auch bei dem von Klisthenes eingeführten Ostracismus oder Scherbengericht (ὀστρακισμός, auch ὀστρακοφορία: Plut. Alcib. 13.) nöthig, von welchem schicklicher hier, als im folgenden Kapitel gehandelt wird, da er eigentlich nicht aus dem Gesichtspunkte eines gerichtlichen Verfahrens, sondern nur als eine politische Präservativ-Maßregel betrachtet werden darf, um einen Bürger, der durch seine Macht der Volksfreiheit gefährlich zu werden drohte, aus dem Staate zu entfernen. Das Verfahren dabei (beschrieben vom Schol. zu Aristoph. Equ. 856. und daraus von Philochorus im Lex. rhet. Dobr. p. 675. der Ausg. des Pholius von Porson nach Meier's Verbesserungen in Fragm. lex. rhet. p. XXX f.) war folgendes: Jährlich einmal zu Anfang der sechsten Prytanie (Aristot. im Lex. rhet. p. 672.) wurde das Volk zusammenberufen, um über die Frage abzustimmen, ob der Ostracismus nöthig sei oder nicht. Erfolgte eine bejahende Antwort, so wurde an einem dazu bestimmten Tage der Marktplatz durch Schranken in zehn Abtheilungen abgegrenzt (vgl. Plut. Aristid. 6.) und in diesen, ohne daß eine Anklage und Vertheidigung vorausging (Andoc. in Alcib. §. 3.), vom Volke phylenweise mit Scherben (ὄστρακα) abgestimmt, auf welche Jeder den Namen dessen schrieb, den er verbannt wissen wollte. Nun wurden die Stimmen gezählt und wer die meisten und nicht weniger als 6000 hatte (vgl. auch Pollux VIII, 20. u. Plut. Aristid. 7., dessen Bericht aber etwas abweichend lautet), mußte binnen zehn Tagen auf zehn (vgl. Plut. Corg. p. 516. d.), später auf fünf Jahre das Land meiden (beim Schol. zu Aristoph. Vesp. 1007. ist statt ς' [sechs] unstreitig ε' [fünf] zu lesen), ohne daß ihm ein bestimmter Ort des Exils angewiesen wurde (was der Schol. zu Aristoph. Vesp. 947. und nach ihm Suid. s. v. ὀστρακισμός und der Gramm. in Bekkeri Anecd. p. 285. fälschlich behaupten). Dabei aber blieb seine Ehre, sein Haus und sein Vermögen unangetastet (vgl. Plut. Them. 22. Arist. 7. Nic. 11. Diod. XI, 55. 87.), auch konnte er jederzeit durch einen Volksbeschluß wieder zurückberufen werden (Plut.

Anmerkungen zum 17. Kapitel.

Pericl. 10.). Uebrigens traf dieser Ostracismus die berühmtesten Männer Athens, den Klisthenes selbst, den Themistokles, Aristides, Cimon und Andere.

¹⁰⁷) Aeschin. in Ctesiph. §. 3.
¹⁰⁸) Aristoph. Acharn. 171. Eccl. 377. Aeschin. de fals. leg. §. 85.
¹⁰⁹) Aristoph. Acharn. 20. Thesm. 376. Eccl. 85. 291. 377.
¹¹⁰) Thuc. V, 45. Aristoph. Nub. 579 ff. Eccl. 791. Acharn. 171.
¹¹¹) Vgl. Thuc. V, 45. 46. u. Aeschin. in Ctesiph. §. 71.
¹¹²) Ueber diese βουλή des Solon vgl. Plut. Solon 19.
¹¹³) Ueber diese τῶν πεντακοσίων βουλή oder βουλὴ οἱ πεντακόσιοι vgl. Aeschin. in Ctesiph. §. 2.
¹¹⁴) Plut. Solon 19. Pollux VIII, 115. 155. Arg. zu Demosth. in Androt. p. 590. Steph. Byz. v. Δεφενικίδαι.
¹¹⁵) Xen. Mem. 1, 2, 35.
¹¹⁶) Vgl. Aristot. Polit. II, 9, 9.
¹¹⁷) Andocid. de myst. p. 47. Thuc. VIII, 66. 69. Xen. Mem. 1, 2, 9. Demosth. in Mid. §. 211. p. 551. in Neaer. §. 3. p. 1346. Arg. zu Demosth. in Androt. p. 588. Harpocr. u. Etym. M. v. ἐπιλαχών u. s. w. Bei der Wahl wurden die Namen aller durch ihr Alter wahlfähigen Bürger vorgelesen und gleichzeitig bei jedem Namen ein Griff in einen mit weißen und schwarzen Bohnen gefüllten Topf gethan. Eine gezogene weiße Bohne machte zum Mitgliede des Raths.
¹¹⁸) Demosth. in Aristocr. §. 92. p. 651.
¹¹⁹) Plut. Solon 25. Xen. Mem. I, 1, 18. Lysias in Philon. §. 1.
¹²⁰) Lycurg. in Leocr. §. 122.
¹²¹) Xen. Rep. Athen. 4, 71.
¹²²) Pollux VIII, 95. Schol. zu Aeschin. in Timarch. p. 759.
¹²³) βουλευτήριον: Demosth. u. Aeschin. a. a. O.
¹²⁴) Oeffentlich: Demosth. de fals. leg. §. 18. p. 346. Aristoph. Equ. 629. Plat. Menex. p. 234. a. Lysias de Aristoph. bon. §. 55.; geheim: Aeschin. in Ctesiph. §. 125. Demosth. in Aristog. I. §. 23. p. 776.
¹²⁵) πρυτανεία und πρυτάνεις: Harpocr. (p. 259.) Ammon. (p. 120.) Phot., Suid., Etym. M. h. v. Arg. zu Demosth. in Androt. p. 588. u. s. w. Selbst der Schreiber (γραμματεύς), der die Beschlüsse ausfertigte und aufbewahrte, war für jede Prytanie ein neuer (Pollux VIII, 98.) und wurde ohne Rücksicht auf die eben regierende Phyle durch das Loos bestimmt, während die Buchführung über die Verwaltungsgeschäfte des Raths einem Gegenschreiber (ἀντιγραμματεύς) oblag. (Pollux a. a. O. vgl. mit Inschr. im Corp. Inscr. Gr. I. p. 120, 219. und in Rangabé Antiqq. Hell. I. p. 166. 176.)

²²⁹) Ἐπιστάτης: Xen. Mem. I, 1, 18. IV, 4, 2. Demosth. in Androt. §. 5. p. 594. vgl. Plat. Apol. p. 32. a. Gorg. p. 474. Etym. M. h. v. Auch wurde er zuweilen schlechthin πρύτανις genannt (wie bei Thuc. VI, 14. u. Demosth. in Timocr. §. 157. p. 749.). Uebrigens vgl. Plat. Apol. p. 32. b. Gorg. p. 473, e. u. die Volksbeschlüsse bei Demosth. de cor. §. 29. p. 235. §. 75. p. 250. §. 64. p. 253. §. 105. p. 261.

²³¹) Schol. zu Demosth. in Mid. p. 95. b.

²³²) Schol. Demosth. ibid. Pollux VIII, 96. Arg. zu Demosth. in Androt. p. 590. Bekkert Anecd. p. 186.

²³³) Denn später ging dieses Geschäft auf die neun aus den übrigen Phylen durch's Loos bestimmten πρόεδροι über, von denen Einer ebenfalls ἐπιστάτης hieß und den Vorsitz führte. (Vgl. z. B. Corp. Inscr. Gr. n. 81. u. 124.)

²³⁴) Aeschin. in Ctesiph. §. 20.

²³⁵) Durch die ἐκφυλλοφόρησις, eine Abstimmung, wobei die Stimmen auf Oelblätter geschrieben wurden. (Aeschin. in Tim. §. 45.)

²³¹) Arg. zu Demosth. in Androt. p. 589. u. §. 8. p. 595.

²³²) Vgl. den Eid der Heliasten, nicht gegen solche Beschlüsse stimmen zu wollen, bei Demosth. in Timocr. §. 149. p. 746.

²²⁹) Plut. Solon 19. Arg. zu Demosth. in Androt. §. 5. p. 582. Aristot. Pol. IV, 12, 9. VI, 1, 9.

²³⁴) Vgl. oben Note 189.

²³⁵) Vgl. überhaupt Xen. Rep. Ath. 3, 2.

²³⁶) Plut. Cimon 17.

²³⁷) Xen. Hell. I, 7, 3.

²³⁸) Vgl. Xen. Oecon. 9, 15. u. Hipparch. I, 8. 13 ff. 3, 12.

²³⁹) Hesych. s. v. τριόπτιον.

²⁴⁰) Xen. Resp. Ath. 3, 2. Demosth. in Androt. §. 11. p. 598. u. dazu das Argum. p. 587. u. 590.

²⁴¹) Demosth. in Polycl. §. 6. p. 1208.

²⁴²) Herod. IX, 5. Thuc. V, 45. Plut. Alcib. 14. Aeschin. de fals. leg. §. 58. p. 238.

²⁴³) Pollux VIII, 96. u. Schol. zu Aeschin. in Timarch. p. 739.

²⁴⁴) Aeschin. de fals. leg. a. a. O.

²⁴⁵) Vgl. Demosth. de fals. leg. §. 126. p. 360.

²⁴⁶) Demosth. de cor. §. 73 f. p. 249. 250. vgl. mit §. 164. p. 282. u. §. 165. p. 283.

²⁴⁷) Vgl. z. B. Demosth. de fals. leg. §. 154. p. 389. Dinarch. in Demosth. p. 56. Lycurg. in Leocr. p. 164. Andocid. de myst. p. 3. Stob. XI, 42.

²⁴⁸) Vgl z. B. Demosth. in Polycl. §. 6. p. 1208. Plut. Pericl. 32. u. Inschr. bei Böckh Staatshaush. Nr. 3. Taf. 2. §. 5. 7. (II. p. 202. 204.)

146 Anmerkungen zum 17. Kapitel.

¹⁴⁹) Vgl. Antiph. Choreut. §. 49.
¹⁵⁰) Phot., Suid., Etym. M., Phavor. s. v. ταμίαι u. Pollux VIII. 97. Daher führte auch der Epistates den Schlüssel zum Staatsschatze. Vgl. oben Note 228.
¹⁵¹) Und zwar mit Hülfe der zehn Apodekten oder Einnehmer. (Vgl. Harpocr., Suid., Etym. M. s. v. ἀποδέκται u. Bekkeri Anecd. p. 198.)
¹⁵²) Die ordentlichen Einkünfte des Staats (von denen unten in Note 318. gehandelt wird) wurden alljährlich vom Rathe dergestalt verpachtet, daß die Erhebung im Einzelnen (das ἐκλέγειν: Aeschin. in Timarch. §. 119.) den Pächtern überlassen blieb, die aber für die Erlegung der Pachtsumme nicht nur mit ihrer Person, sondern auch durch gestellte Bürgen (vgl. Demosth. in Timocr. §. 144. p. 745.) nach der ganzen Strenge der Gesetze gegen Staatsschuldner halten mußten (vgl. Demosth. in Timocr. §. 96. p. 730. mit in Pantaen. §. 22. p. 973. u. in Androt. §. 56. p. 610., auch Andocid. de myst. §. 93.)
¹⁵³) Vgl. Bekkeri Anecd. p. 198.
¹⁵⁴) Xen. Rep. Ath. 3, 2. Dieser Tribut bildete neben etwaigen Gerichtsgeldern, Geldbußen, Confiscationen und der Vermögenssteuer der Bürger den Haupttheil der außerordentlichen Staatseinnahmen.
¹⁵⁵) Aeschin. in Timarch. §. 104. p. 123. Harpocr., Hesych., Suid., Phavor. s. v. ἀδύνατοι, Bekkeri Anecd. p. 345. vgl. Lysias περὶ τοῦ ἀδυνάτου p. 738 ff.
¹⁵⁶) Schol. zu Aristoph. Plut. 277.
¹⁵⁷) Demosth. in Mid. §. 85. p. 542. Vit. X orat. c. 7.
¹⁵⁸) Pollux VIII. 86. 92.
¹⁵⁹) Aeschin. in Ctesiph. p. 427. 432. 434.
¹⁶⁰) Demosth. de fals. leg. §. 330. p. 446. u. in Lept. §. 120. p. 493.
¹⁶¹) Vgl. Cic. de Or. 1. 54. mit Diog. Laert. II. §. 42.
¹⁶²) Xen. Rep. Ath. 3, 2.
¹⁶³) Aeschin. in Ctesiph. p. 546 ff.
¹⁶⁴) Andocid. de myst. p. 55.
¹⁶⁵) Vgl. Demosth. de cor. §. 169. p. 295. Plat. Legg. VI. p. 798. c.
¹⁶⁶) Arg. zu Demosth. in Aristog. 1. p. 767. Aristoph. Equ. 301. mit d. Schol. Thesm. 936 ff. Andocid. de myst. §. 91. Demosth. in Timocr. §. 147. p. 746.
¹⁶⁷) Aristoph. Thesm. 930. 936 ff. vgl. mit 1001 ff. Diese Polizeisoldaten (laufend an der Zahl) hießen entweder nach ihrer Bewaffnung Bogenschützen (τοξόται) oder nach der Herkunft der meisten Scythen (Σκύθαι). Vgl. Pollux VIII. 132.
¹⁶⁸) Aristot. Pol. IV [VI]. 12, 3. Schol. zu Demosth. Olynth. II. p. 23. Suid., Hesych. u. a. Lexikograph. s. v. δημόσιος u. Bekkeri Anecd. p. 234.

Anmerkungen zum 17. Kapitel.

²⁶⁹) Die ständigen Oberbeamten hießen ἀρχαί, die Unterbeamten ὑπηρέται und die außerordentlichen, nur zeitweiligen Beamten ἐπιμεληταί.

²⁷⁰) Die durch's Loos bestimmten Beamten hießen ἀρχαὶ κληρωταί, die durch Wahl ernannten aber ἀρχαὶ χειροτονηταί oder αἱρεταί. Im Arg. zu Demosth. in Androt. p. 588. werden zwar beide letztere Benennungen unterschieden und sonach eine Dreitheilung angenommen, allein Andere sprechen nur von zwei Klassen, so daß z. B. Aeschin. in Timarch. §. 21. nur κλης. u. χειρ., Pollux aber VIII. 44. nur κλης. u. αἱρ. unterscheidet.

²⁷¹) Xen. Mem. I, 2, 9. Vgl. oben Note 217. Nach Demosth. in Boeot. de nom. §. 12. p. 998. jedoch hätte jeder Bewerber seinen Namen auf ein Täfelchen schreiben müssen und dieses hätte ihm aus der Urne gezogen das Amt verliehen.

²⁷²) Arg. zu Demosth. in Androt. p. 590.

²⁷³) Aeschin. in Ctesiph. §. 13.

²⁷⁴) Harpocr. p. 117. s. v. ἐπιλαχών; vgl. Aeschin. in Ctesiph. §. 62. u. Demosth. in Theocrin. §. 29. p. 1331.

²⁷⁵) Vgl. Aeschin. in Ctesiph. §. 27 ff.

²⁷⁶) Vgl. Demosth. in Mid. §. 13. p. 519. in Eubul. §. 23. p. 1305. Plat. Rep. V. p. 475. b. Antipho de choreuta §. 13.

²⁷⁷) Pollux VIII. 55. vgl. Demosth. de fals. leg. §. 122. p. 379. §. 124. p. 379. §. 129. p. 381. Aeschin. de fals. leg. §. 94. p. 270.

²⁷⁸) Pollux VIII. 44.

²⁷⁹) Vgl. Etym. M. p. 176, 20. s. v. Ἀγελεῖς; u. Lysias de invalido §. 13.

²⁸⁰) Vgl. das folgende Kapitel.

²⁸¹) Vgl. Demosth. in Timocr. §. 150. p. 46. Die erste Ausnahme, wo ein Hipparch sein Amt zwei Jahre hinter einander bekleidete, erwähnt Hyperid. pro Lycophr. p. 29.

²⁸²) Vgl. Aristot. Pol. IV [VI], 12, 3. Aeschin. in Ctesiph. §. 17. Demosth. in Aristog. II. §. 4. p. 771.

²⁸³) Vgl. Aeschin. in Ctesiph. p. 583. mit Demosth. in Androt. §. 66. p. 613.

²⁸⁴) Vgl. die Beispiele bei Xen. Hell. VII, 1, 38. Demosth. de fals. leg. §. 31. p. 350. u. §. 275 ff. p. 429 f. Aelian. V. Hist. VI, 5. Lysias in Philon. §. 26. p. 328. u. in Ergocl. §. 3. p. 317 ff. Diod. XV, 95. XVI, 88.

²⁸⁵) Λογισταί (Pollux VIII, 45. Bekkeri Anecd. p. 276.), εὔθυνοι (Pollux VIII, 100. Schol. zu Plat. Legg. XII. p. 945. b. Phot. Lex. p. 30 f. Herm.). Daß beide Namen nicht identisch waren, wie Einige glauben, zeigt Harpocr. s. v. Λογισταί aus Aristoteles Rep. Ath. Vgl. auch Schol. zu Plat. l. l. Die Logisten hatten auch ein eigenes Amtslocal, das λογιστήριον (Harpocr. h. v. u. Lysias pro Polystr. §. 10.)

10*

²⁸⁶) Aeschin. in Ctesiph. §. 15.
²⁸⁷) Schol. zu Aristoph. Equ. 822. vgl. Demosth. in Timocr. §. 112. p. 735. u. Aeschin. in Ctesiph. §. 22.
²⁸⁸) Aeschin. in Ctesiph. §. 23. vgl. Demosth. de cor. §. 117. p. 266. in Aristog. I. §. 37. p. 781. Plat. Pol. p. 299. a. Pollur VIII, 99.
²⁸⁹) Pollux VIII. 45. Bekkeri Anecd. p. 276.
²⁹⁰) Phot. Lex. p. 31. vgl. Andocid. de myst. §. 78.
²⁹¹) Demosth. de cor. §. 74. p. 250.
²⁹²) Pollur VIII, 45. Bekkeri Anecd. p. 245. u. Schol. zu Aeschin. in Ctesiph. §. 14.
²⁹²ᵇ) Aeschin. in Ctesiph. §. 21.
²⁹³) Ebendaselbst §. 11. Demosth. in Macart. §. 71. p. 1075.
²⁹⁵) Außer der Bekränzung (Aeschin. a. a. O. §. 42.) gehört hierher z. B. die Verleihung des Titels εὐεργέτης. (Lysias pro Polystr. §. 19. Demosth. in Aristocr. §. 185. p. 662. u. Xen. Hep. Ath. 3, 11.)
²⁹⁶) Vgl. oben S. 11 ff. Ich füge hier nur noch die ἱερο-ποιοί hinzu, durch's Loos bestimmte Beamte, die für Herbeischaffung der Opfer zu den Festen zu sorgen hatten (Aristoph. Nub. 619. Phot. Lex. p. 291. Etym. M. p. 469. Bekkeri Anecd. p. 265.) und neben welchen noch besondere Aufstäuser der Opferstiere (βοῶ-ναι) vorkommen. (Demosth. in Mid. §. 171. p. 570. vgl. Harpocr. p. 65. u. Suid. h. v. Corp. Inscr. Gr. n. 157. u. Bekkeri Anecd. p. 219.)
²⁹⁷) Σωφρονισταί: Phot., Phavor. u. Etym. M. h. v. Bekkeri Anecd. p. 301. Corp. Inscr. Gr. n. 276. vgl. Dinarch. Philocl. §. 15.
²⁹⁸) Γυναικοκόσμοι: Pollux VIII, 112. γυναικονόμοι: Athen. VI. 46. p. 245. b.
²⁹⁹) Vgl. Athen. a. a. O.
³⁰⁰) Ἀστυνόμοι: Plat. Legg. VI. p. 763. c. Aristot. Pol. VI [VII], 5, 8. Demosth. in Timocr. §. 112. p. 735. Harpocr. p. 52.
³⁰¹) Ἀγορανόμοι: Plat. Legg. VIII. p. 849. a. Demosth. l. l. Harpocr. h. v. vgl. Aristoph. Vesp. 1407. Pollux X, 177. Plut. praec. polit. c. 15. u. Plaut. Mil. glor. III, 1, 132.
³⁰²) Σιτοφύλακες: Harpocr. h. v. p. 172. Phot. Lex. p. 514. (II. p. 157. Nab.) Bekkeri Anecd. p. 300. Nach Phot. a. a. O. wären später in der Stadt dreißig und im Piräeus fünf-zehn angestellt gewesen.
³⁰³) Μετρονόμοι: Harpocr. h. v. Bekkeri Anecd. p. 278.
³⁰³ᵇ) Ὑλωρόμοι: Athen. VI, 12. p. 228. b.
³⁰⁴) Ἐπιμεληταί τοῦ ἐμπορίου: Harpocr., Suid. u. Etym. M. s. v. ἐπιμελ. u. Bekkeri Anecd. p. 255.

³⁰⁵) Κηρνοφύλακες: Phot. p. 851. Nab. oder ἐπιστάται ὑδάτων: Plut. Them. 31. vgl. Hesych. II. p. 534. Schmidt.
³⁰⁶) Vgl. oben S. 118.
³⁰⁷) Πωληταί: Pollux VIII, 99. Phot. II. p. 125. Nab. Harpocr. h. v.
³⁰⁸) Ἀποδέκται: Pollux VIII, 97. Aristot. Pol. VI. 5, 4. Harpocr. v. ἀποδ. Etym. M. p. 124. Zonar. p. 234. Bekkeri Anecd. p. 427. Inschr. im Corp. Inscr. Gr. n. 84. u. Rangabé Ant. Hell. II. n. 818. p. 451.
³⁰⁹) Pollux a. a. O. Andocid. de myst. §. 152. Demosth. in Macart. §. 71. p. 1075. Phot. u. Suid. s. v. ταμίαι, Bekkeri Anecd. p. 203.
³¹⁰) Daher ταμίαι τῆς θεοῦ oder τῶν θεῶν: Demosth. c. Macart. §. 71. p. 1075. Andocid. de myst. §. 132. Pollux VIII, 97.
³¹¹) Vgl. Plut. Them. 4. Aristid. 24. Diod. XI, 47. Themist. c. 21. 25. Aelian. Var. Hist. X. 17.
³¹²) Vitae X oratt. p. 841.
³¹³) Plut. Aristid. 4. Aeschin. de fals. leg. §. 149. Pollux VIII, 113.
³¹⁴) Pollux VIII, 98. Aeschin. in Ctesiph. §. 25. Harpocr. p. 29. Neben ihm fungirte später noch ein gewählter Schatzmeister der Theorienkasse (Schol. zu Demosth. Olynth. I. p. 13.), welche aus den Ueberschüssen, die eigentlich zu Kriegszwecken bestimmt waren (Demosth. in Neaer. §. 4. p. 1346. Corp. Inscr. Gr. n. 76.), gebildet, jetzt aber auf's Theater und andere Volksbelustigungen verwendet und durch Zuflüsse aus anderen Kassen so vergrössert wurde, dass ihr Schatzmeister fast alle anderen Einkünfte statt der Apodekten in Empfang nahm. (Aeschin. in Ctesiph. §. 25.)
³¹⁵) Πράκτορες: Demosth. in Macart. §. 71. p. 1074. in Theocrin. §. 20. p. 1327. u. §. 48. p. 1337. in Aristog. I. §. 28. p. 778. Aeschin. in Timarch. §. 30. Die neben ihnen erscheinenden Ἐκλογεῖς (Plellus p. 103. Boissonad. Plut. Aristid. 4. Lucian. Char. 11. Harpocr. u. Suid. h. v.) waren nur ausserordentlich gewählte Eintreiber von Staatsgefällen.
³¹⁶) Κωλακρέται: Pollux VIII, 97. Schol. zu Aristoph. Aves 1541. Harpocr. s. v. ἀποδέκται p. 36. Phot. p. 364.
³¹⁷) Πορισταί: Phot. II. p. 100. Nab. Bekkeri Anecd. p. 294. vgl. Antiph. Choreut. §. 49. u. Aristoph. Ran. 1505. (Bei Thuc. VIII, 48. bezeichnet das Wort, im Allgem. für Vermittler gebraucht, nicht diese Beamten.)
³¹⁸) Es dürfte hier der passendste Ort sein von den Einkünften und Ausgaben des athenischen Staates in Kürze zu handeln. Die Einkünfte, die zur Zeit der höchsten Blüthe des Staats 1000 (Xen. Anab. VII, 1, 27.), ja sogar 2000 Talente (Aristoph. Vesp. 657.), d. h. 4,715,000 oder 9,430,000 Mark unseres Geldes betrugen,

flossen aus vier Quellen, 1) τέλη, Einkünfte aus Ländereien, Waldungen, Bergwerken und anderen Besitzungen, aus dem 24sten Theile der an Privatpersonen überlassenen Bergwerke, aus der Personen- und Gewerbsteuer der Schutzverwandten (vgl. oben Note 153.) und Freigelassenen, aus den Marktgeldern, den Zöllen und Handelsabgaben für Einfuhr von Getraide und anderen Waaren zum 50sten Theile ihres Werthes (Pollux VIII. 10. Xen. de vect. 4, 19. Aristoph. Acharn. 896. mit dem Schol. Bekkeri Anecd. p. 255. u. s. w... 2) φόροι, d. h. die jährlichen Tribute der zinsbaren Städte, deren Summe sich zu Aristides Zeiten auf 460 Talente belief (Plut. Aristid. 24. Thuc. XI, 96.), zu Anfang des peloponnes. Krieges aber bereits auf 600 Talente gestiegen war (Thuc. II, 13.) und später bis auf 1300 Talente stieg (Plut. a. a. O.). 3) τιμήματα, Strafgelder und die aus confiscirten Gütern gelösten Summen, von denen nach Abgabe des 10ten Theiles an Athene und des 50sten an andere Gottheiten (Xen. Hell. I, 7, 10. Demosth. in Macart. §. 71. p. 1074. in Timocr. §. 120. p. 738. in Theocr. §. 14. p. 1326.) der Ueberschuß in die Staatskasse floß. (Vgl. Andocid. de myst. §. 73. Demosth. in Mid. §. 133. p. 558. Diogenian. 11, 21. Zenob. I. 74. Hesych. I. p. 928.). 4) εἰσφοραί, außerordentliche Abgaben, die nach Beschluß der Volksversammlung entweder den Bürgern allein, oder zugleich auch den Schutzverwandten und Freigelassenen anfangs nur in Kriegszeiten auferlegt (Xen. de vect. c. 4.), später aber zu dringenden Bedürfnissen des Staats sehr oft, ja fast jährlich wiederholt wurden. Die decretirte Summe wurde auf die 10 Phylen vertheilt und von den Demarchen eingesammelt (Pollux VIII, 9.). Außerdem aber rechnete der Staat auch noch in Zeiten der Noth auf freiwillige Beiträge reicher Bürger, und nimmt man dazu, was die Wohlhabenden zu den Liturgien aufwenden mußten, so sieht man, daß der athenische Bürger sehr stark mit Abgaben belastet war, und wird es nicht unglaublich finden, daß mancher Bürger sein halbes Vermögen dem Staate opferte. So berechnet bei Lysias zu Anfang von Or. 21. p. 698. R. ein Bürger, daß er in 7 Jahren 10 Talente und 36 Minen, d. h. über 50,000 Mark Reichsmünze, für den Staat verwendet habe. Die von diesen Einnahmen bestrittenen Ausgaben zerfielen in χρήματα τῆς διοικήσεως, d. h. Aufwand für die Regierung, die Verwaltung, die Gerichte u. s. w., in στρατιωτικά oder Kriegskosten und in ἱερωτικά oder Gelder, die Religionszwecken gewidmet waren, wozu auch die Kosten der Feste und der damit verbundenen Schauspiele und die den Bürgern als Vergütung des Eintrittsgeldes in's Theater gezahlte Summe gehörte (Pollux VIII, 9. Liban. Arg. zu Demosth. Olynth. I. p. 8. R.). Diese ἱερωτικά χρήματα wurden zwar zuweilen, wenn die Kriegskosten auf andere Weise nicht aufzubringen waren, auch dazu verwendet (Demosth. Olynth. I. §. 19. p. 14.), seit Eubulos jedoch galt dieß für ein Capitolverbrechen (Liban. a. a. O.).

Anmerkungen zum 17. Kapitel. 151

³¹⁹) Pauf. II, 19, 2. Zur Zeit der Perferkriege finden wir in Argos noch einen βασιλεύς (Herod. VII, 149.).
³²⁰) Ariſtot. Pol. V, 4. Später, im macedoniſchen Zeitalter, hatte Argos wieder Tyrannen. (Polyän. III, 8. Pauf. II, 8, 5. Plut. Arat. 25—29.)
³²¹) Ariſtot. Pol. V, 3, 4. Diod. II, 77. 80. XIII, 5. XV, 58. Plut. Alcib. 15.
³²²) Vgl. Diod. XV, 57 f., wo erzählt wird, daß bei Entdeckung einer Verſchwörung der Ariſtokraten gegen die Demokratie 1200 derſelben durch Skytaliſmus (Stockprügel) umgebracht wurden.
³²³) Diod. XV, 40.
³²⁴) Vgl. Aeneas Tact. πολιορκ. c. 11.
³²⁵) Die in Argos γυμνήσιοι oder γυμνήτες hießen. (Heſych. h. v. Steph. Byz. v. Χίος, Pollux III, 83.)
³²⁶) Aeneas a. a. O.
³²⁷) Thuc. V, 27. 28. 31. 41. 44. 60. 70. 81. 82. VI, 61. Ariſtot. Pol. V. 3. 4. Diod. a. a. O. Im Widerſpruch damit ſteht freilich Herod. VII, 148 f., wo Gefandte dem Rathe ihren Vortrag machen und von ihm eine abſchlägliche Antwort erhalten, ohne daß die Sache an's Volk gebracht zu werden ſcheint.
³²⁸) Die, wie es ſcheint, mit dem allgemeinen Namen δημιουργοί bezeichnet wurden. (Vgl. Etym. M. p. 265, 45. und Zonar. h. v.)
³²⁹) Thuc. V, 47.
³³⁰) Vgl. Diod. XIX, 63. mit Plut. Alcib. 15.
³³¹) ἐφρίναι: Thuc. a. a. O.
³³²) Thuc. V, 59. 60. Diod. XII, 78.
³³³) Diod. XV, 40.
³³⁴) Ariſtot. Pol. V, 2. 5. Schol. zu Ariſtoph. Equ. 855. Phavor. s. v. ὀστρακίνδα.
³³⁵) λογάδες (Auserwählte): Thuc. V, 67. vgl. mit c. 72. 73. u. Diod. XII, 47. Dieſes ſtehende Heer en miniature bildete doch offenbar eine Handhabe der Ariſtokratie.
³³⁶) Thuc. II, 2. Dion. Hal. I, 22. Schol. zu Pauf. II, 17, 5.
³³⁷) Plut. Qu. Gr. 1.
³³⁸) Vgl. Plut. Timol. 5.
³³⁹) Herod. V, 92. Strab. V. p. 378.
³⁴⁰) Ariſtot. Pol. V, 8, 4. 9, 22.
³⁴¹) Auch ſpäter im Jahre 366 v. Chr. wurde durch Timophanes wieder auf kurze Zeit eine Tyrannis gegründet, die aber durch deſſen Bruder Timoleon bald wieder geſtürzt wurde. (Plut. Timol. 4. Vgl. Ariſtot. Pol. V, 5, 7. Diod. XVI, 65. u. Polyän. VIII, 46.)
³⁴²) Apoſtol. Proverb. XIII, 99.
³⁴³) Schol. zu Pind. Olymp. XIII, 127.

³⁴⁴) Plut. Timol. 7. Diod. XVI, 66. Damit steht ebendaselbst c. 65. nicht in Widerspruch, welche Stelle eben nur für den Einfluß der Gerusia auf die Volksversammlung zeugt.
³⁴⁵) Vgl. Plut. Timol. 3.
³⁴⁶) Diod. XVI, 65.
³⁴⁷) Thuc. I, 56. mit b. Schol.
³⁴⁸) Thuc. V, 59.
³⁴⁹) Thuc. V, 60.
³⁵⁰) Plut. Arat. 2. Paus. II, 8, 1.
³⁵¹) Xen. Hell. VII, 1, 44. 45. 3, 2—5. Plut. Arat. 9. Paus. II, 8, 2. 3.
³⁵²) Herod. V, 68.
³⁵³) Demosth. π. τ. πρὸς Ἀλέξ. συνθ. 10 ff. p. 214. Polyb. II, 38, 6. 8. 40, 5. 6. 44, 6. vgl. XXVI, 2, 2. Xen. Hell. VII, 1, 41 ff. u. Plut. Arat. 49.
³⁵⁴) Polyb. XXXVIII, 3, 7.
³⁵⁵) Aristot. Pol. VIII, 7, 1.
³⁵⁶) Nach Aristot. Pol. V, 5, 8. „auf ähnliche Art, wie zu Sparta."
³⁵⁷) Xen. Hell. VII, 4, 15.
³⁵⁸) Paus. V, 9, 5.
³⁵⁹) Thuc. V, 47. In Bezug auf die Kriegführung erwähnt Xen. Hell. VII, 4, 13. 16. auch „die Dreihundert", also ein stehendes, geschlossenes Corps, wie die Logades in Argos (s. oben Note 335.).
³⁶⁰) Polyb. IV, 73, 8.
³⁶¹) Paus. IV, 4, 3. vgl. mit IV, 3, 4. u. Plut. Lycurg. 5.
³⁶²) Diod. XV, 66. Paus. IV, 26. 27.
³⁶³) Polyb. VII, 10, 1.
³⁶⁴) Demosth. de cor. §. 295. p. 324.
³⁶⁵) Polyb. XXIII, 10. Plut. Philop. 18. Liv. XXXVI, 31.
³⁶⁶) Nach Paus. VIII, 51, 2. sprach die Volksversammlung, nach Livius XXXIX, 49. 50. aber der Rath das Urtheil über Philopömen.
³⁶⁷) Polyb. IV, 4, 2. 3. 31, 2.
³⁶⁸) Polyb. IV, 31, 2. 32, 1. Paus. IV, 29, 5. Plut. Arat. 49.
³⁶⁹) Τιμοῦχοι (d. h. eigentlich Ehre Habende, in Ehren Stehende): Athen. IV, 32. p. 149. f. Auch in der phokäischen Kolonie Massilia führte die oberste Staatsbehörde diesen Titel. (Strab. IV. p. 179.)
³⁷⁰) Polyb. VI, 43, 1. Aelian. Var. Hist. II, 22. vgl. Herod. IV, 161.
³⁷¹) Aristot. Pol. VI, 4. Xen. Hell. V, 2, 7. VI, 4, 18.
³⁷²) Xen. Hell. VI, 5, 4. 5.
³⁷³) Aristot. a. a. O.
³⁷⁴) Bei Xen. Hell. V, 2, 3. 6. heißen sie im Allgemeinen δήμου προστάται.

³⁷⁵) Thuc. V, 47.
³⁷⁶) Aristot. Pol. V, 5.
³⁷⁷) Plut. Qu. Gr. 18. 59. vgl. Diod. XV. 40.
³⁷⁸) Schol. zu Aristoph. Equ. 851. Phavor. s. v. ὀστρακίνδα.
³⁷⁹) Thuc. IV, 74. vgl. mit V, 31.
³⁸⁰) Thuc. a. a. O.
³⁸¹) Inschr. in Marm. Oxon. n. 28., bei Spon Miscell. X, 1 i. 14. 16. 19. 20. 23. 24. Murat. 545, 2. 559, 1. u. s. w.
³⁸²) Thuc. IV, 66. nennt die Beamten im Allgemeinen Volksvorsteher.
³⁸³) Demosth. de fals. leg. §. 295. p. 435.
³⁸⁴) Pauf. I. 43, 2.
³⁸⁵) Marm. Oxon. n. 24.
³⁸⁶) Thuc. III, 62. IV, 76. V, 31. Diod. XII, 69. Plut. Aristid. 18. Pauf. IX, 6, 1. Aristot. Pol. V, 3. Xen. Hell. V, 4, 46.
³⁸⁷) Xen. Hell. III, 5, 8. Diod. XV, 78. 79. Plut. Pelop. 11. Demosth. 18.
³⁸⁸) Und zwar durch Abstimmung mit Aufheben der Hände. (Plut. Pelop. 15. 35.)
³⁸⁹) Diod. XV, 72. Nepos Epam. 7, 4.
³⁹⁰) Demosth. de cor. §. 213 f. p. 299 f. vgl. ebendaselbst §. 167. p. 283.
³⁹¹) Polyb. XXVII. 1, 12. 13. Die Errichtung von Denkmalen geht bald vom Volke allein, bald von Rath und Volk zugleich aus. (Vgl. Inschr. bei Murat. 226, 2. 229, 1. 244, 6. 255, 7. 570, 4. 661, 1.)
³⁹²) Von Herod. V, 79. ἁλία. von Demosth. de cor. §. 213. p. 299. u. Plut. Pelop. 12., wie anderwärts, ἐκκλησία genannt.
³⁹³) Vgl. Pauf. IX, 1, 3.
³⁹⁴) Plut. de gen. Socr. 30.
³⁹⁵) Aristot. Pol. III. 5. VI, 7.
³⁹⁶) Vgl. Corp. Inscr. Gr. n. 2554 ff.
³⁹⁷) Plut. a. a. O. Auch in anderen böotischen Städten, in Chäronea (Plut. Qu. Rom. 40.), Plataiä (Plut. Aristid. 21.), Orchomenos (Corp. Inscr. Gr. 1564.), Lebadia (ibid. 1575.), Tanagra (ibid. 1562. 1563. a. b.), Thespiä (ibid. 1585.), Kopä (ibid. 1574.), Chalkis (ibid. 1567. 1607.) und Akraphiä (ibid. 1587.) finden wir Archonten.
³⁹⁸) Sie konnten Jeden ergreifen und in Fesseln legen lassen (Xen. Hell. V, 4, 8. Plut. de gen. Socr. 32.), leiteten die Aushebungen zum Kriegsdienste (Corp. Inscr. Gr. 1574.), hatten auch mit Geldgeschäften zu thun und ein besonderes Schatzhaus (ibid. 1569. a. 1570. a.). Wahrscheinlich waren ihrer sechs, wie zu Orchomenos und Kopä (ibid. 1573. 1574.).
³⁹⁹) Xen. Hell. V, 4, 2. 8. 51. Plut. de gen. Socr. 4. 30.

u. Pelop. 7. Corp. Inscr. Gr. n. 1598. Auch in Orchomenos und Kopä hatten die Polemarchen ihren Grammateus (Corp. Inscr. Gr. 1573. 1574.).

[100]) Im Corp. Inscr. Gr. 1576. εἰλαρχέοντες genannt.

[101]) Plut. a. a. O. Inschr. bei Mural. 594, 2.

[102]) Die Städte Böotiens bildeten einen Bund (κοινὸν Βοιωτῶν), an dessen Spitze ein Archon stand (ἄρχων ἐν κοινῷ Βοιωτῶν: Inschr. bei Rangabé Antiq. Hell. n. 679.), der wohl immer aus Theben stammte (wie der im Corp. Inscr. Gr. n. 1593. Genannte). Er war Präsident einer aus vier Mitgliedern bestehenden Thuc. V, 38.) berathenden Behörde (von Thuc. l. l. βουλή genannt: vgl. auch die Inschr. im Corp. Inscr. Gr. 1593. I. p. 776.), welche ihren Sitz in Theben hatte, von der wir aber nicht wissen, wie und von wem ihre Mitglieder gewählt wurden. Die ausführende Behörde des Bundes waren die Böotarchen, deren Zahl wechselte, je nachdem sich mehr oder weniger Städte zum Bunde hielten. (Vgl. Thuc. IV, 91., wo zwölf oder dreizehn, Diod. XV, 52 f. Pauf. IX. 13, 3., wo nur sieben, Paus. X, 20, 3., wo gar nur vier genannt werden, wohl nur die, welche eben am Feldzuge Theil nahmen.) (Zur Zeit des peloponnesischen Krieges waren ihrer elf, von denen [wie stets: vgl. Thuc. II, 2. IV, 91. VII, 30. Diod. XV, 51. Plut. Pelop. 24. 25.] zwei aus Theben waren, so daß also damals der Bund zehn Städte umfaßte.) Sie wurden von den einzelnen Städten in der Volksversammlung auf ein Jahr gewählt (Plut. Pelop. 12. 13.), konnten aber nach Ablauf ihres Jahres wieder gewählt werden. (Pelopidas war eilfmal hintereinander Böotarch.) Ihnen lag es ob, die Beschlüsse der vier Räthe zu vollziehen (vgl. Plut. Ages. 6. u. Xen. Hell. III, 4, 4.) und im Kriege das Heer anzuführen; auch verordnete Jeder in seinem Staate, was sich auf die Kriegsangelegenheiten des Bundes bezog (vgl. Pauf. IX. 1, 3.). Wenn sie auch sonst von den vier Räthen abhingen, waren sie doch im Kriege ziemlich selbstständig, bildeten einen eigenen Kriegsrath unter dem Vorsitz eines der beiden Thebaner, die stets abwechselnd den Oberbefehl führten (Thuc. IV. 91. Diod. XV, 51.) und entschieden in Kriegssachen des Bundes nach Stimmenzahl (Pauf. IX, 13, 3.). Jeder Böotarch war nur seinem Staate und dessen Gerichten, nicht aber den Bundesbehörden verantwortlich. (Epaminondas und Pelopidas werden in Theben vor ein Gericht gestellt [Plut. Pelop. 25. Repos Epam. 8.], eben weil sie Thebaner waren.) Der Bund hielt allgemeine Versammlungen (Pauf. VII, 16, 6. IX, 34, 1.), in welchen gemeinschaftliche, besonders auswärtige Angelegenheiten entschieden, mit fremden Gesandten unterhandelt (Diod. XVI, 85. Liv. XXXIII, 2.) und die Bundesbeamten, namentlich die Böotarchen, gewählt wurden (Liv. XLII, 43.), u. feierte ein mit ritterlichen Spielen verbundenes, jährliches Bundesfest, die Pamböotia (Polyb. IV, 3, 5. IX, 34, 11.

Anmerkungen zum 17. Kapitel.

Strab. IX. p. 411. Plut. narr. amat. 4. Corp. Inscr. Gr. n. 1588.), in der Gegend von Koronea beim Tempel der itonischen Athene. (Paus. IX, 34, 1.) Obgleich das immer nur ziemlich lockere Bündniß, auf welches Theben einen entschiedenen Einfluß übte, von den Römern zweimal aufgelöst wurde (Polyb. XXVII, 1, 7. Liv. XLII, 44. Paus. VII. 16, 6.), fehlte es doch selbst noch in der Kaiserzeit ein Scheinleben fort. (Paus. IX, 34, 1.)

[103]) Vgl. oben S. 130.
[104]) Aristot. Pol. II. 5. 10. VIII, 10. Strab. X. p. 480. 462. 463. Diese den Syssitien der Spartaner entsprechenden Männermahle hießen hier ἀνδρεῖα. (Strab. p. 480. 482.)
[105]) Aristot. Pol. II, 7, 3. — Sokrates bei Athen. VI, 84. p. 263. f. nennt sie ὑπήκοους.
[106]) In Kreta hießen sie ἀφαμιῶται oder κλαρῶται (Athen. a. a. O. Strab. XV. p. 701. u. Hesych. h. v.). Neben ihnen erscheinen auch noch μνωῖται (Athen. VI, 93. p. 267. c. vgl. mit VI, 84. p. 263. f.), d. h. Staatssklaven oder Leibeigene auf den Besitzungen des Staats.
[107]) Aristot. II, 7, 4.
[108]) Aristot. a. a. O. vgl. Strab. X. p. 484.
[109]) Inschr. bei Chishull Antiq. Asiat. p. 108. 110. 114. 116. 118. oder im Corp. Inscr. Gr. n. 3047. 3048. 3050—52. 3056. 3058.
[110]) Polyb. VI. 46, 4. Im Widerspruch damit aber steht die Nachricht bei Aristot. Pol. II, 10., daß die Mitglieder des Raths auf Lebenszeit ernannt worden wären.
[111]) Nach Strab. X. p. 484. durch Wahl, nach Aristot. a. a. O. aber, wie es scheint, durch's Loos.
[112]) Κόσμοι, d. h. Ordner: Aristot. Pol. II, 7, 3. Strab. a. a. O. oder (nach Inschr. im Corp. Inscr. Gr. n. 3047. 3051. 3052. 3057.) κόσμιοι. Ein πρωτόκοσμος erscheint auf Inschr. bei Gruter p. 1094. n. 8—11. p. 1085. n. 2. 4. 5. p. 1094. n. 5. Murat. 1056, 1. u. f. w.
[113]) Aristot. a. a. O. u. Strab. X. p. 482. Cic. Rep. II, 33.
[114]) Aristot. II, 7, 5. Strab. X. p. 484. In beiden Stellen heißen die Mitglieder γέροντες, so wie das ganze Collegium auf Inschr. γερουσία, während es Aristot. a. a. O. βουλή nennt.
[115]) Aristot. II, 7, 5.
[116]) Vgl. Polyb. VI. 46, 4.
[117]) Aristot. u. Strabo a. a. O.
[118]) Aristot. Pol. II. 7, 3.
[119]) Vgl. die Inschr. bei Gruter p. 505. Chishull p. 129 ff. in d. Marm. Oxon. n. 27. u. Corp. Inscr. Gr. n. 2556.
[120]) Corp. Inscr. Gr. n. 3058.
[121]) Ibid. n. 2554. 2556. 40.
[122]) Ibid. n. 3048. 3049. 3058.

**Anmerkungen zum 17. Kapitel.**

⁴²³) Ibid. n. 2556, 30.
⁴²⁴) Ibid. n. 2556. (vgl. oben Note 422.)
⁴²⁵) Vgl. die eben angeführte Inschr. u. Aristot. Pol. II, 7, 7.
⁴²⁶) Polyb. XXIII, 15, 1. Inschr. bei Chishull p. 108—137. u. im Corp. Inscr. Gr. n. 2554. 2556. 2557.
⁴²⁷) Aristot. Pol. II, 7, 3.
⁴²⁸) Aristot. ibid. §. 6. Vgl. jedoch oben Note 410.
⁴²⁹) Aristot. ibid. Auch hieraus kann man vielleicht auf eine Gerichtsbarkeit derselben schließen, wenn man berücksichtigt, daß in Athen nur die Richter unverantwortlich waren. Uebrigens versteht es sich von selbst, daß, wenn sie ihr Amt lebenslänglich verwalteten, bei ihnen nicht von einer Rechenschaftsablegung die Rede sein konnte, wie sie von anderen Beamten bei Niederlegung ihres Amts verlangt wurde. Ob sie aber auch während ihrer Amtsführung über jede Verantwortlichkeit erhaben waren, dürfte doch zu bezweifeln sein, da übrigens ihre Gewalt keine übermäßig große gewesen zu sein scheint.
⁴³⁰) Strab. X. p. 481.

## 18. Kapitel.

### Der ätolische und achäische Bund.

[Kurze Geschichte, Verfassung und Beamte beider Conföderationen.]

Nachdem wir von der Verfassung und Verwaltung der einzelnen Staaten gehandelt haben, müssen wir der Vollständigkeit wegen auch noch der beiden großen hellenischen Conföderationen, der ätolischen und achäischen, gedenken, obgleich sie freilich erst einer späteren Zeit angehören. Schon seit den ältesten Zeiten bestand in den griechischen Staaten ein Bundesverhältniß. Da nämlich trotz des Königthums kein strenges und festes Staatsverhältniß stattfand, sondern die einzelnen Distrikte und Städte ziemlich selbstständig neben einander standen, ihre besondere Regierung und Verfassung, ihren eigenen Rath u. s. w. hatten, und sich nicht selten unter einander selbst bekriegten, fühlte man, besonders wenn ein Angriff von Außen erfolgte, schon frühzeitig das Bedürfniß eines Zusammenhaltens, eines nach gleichem Plane handelnden Gesammtvereins, und so bildete sich denn in den meisten griechischen Staaten ein Bund der einzelnen Städte mit allgemeinen Bundesversammlungen, in denen über gemeinsame Angelegenheiten berathschlagt wurde, und mit gemeinschaftlichen Heiligthümern und Festen.[1]) Die Städtebündnisse zweier griechischer Landschaften aber, Aetoliens und Achaja's, erweiterten sich in späterer Zeit zu mächtigen, mehrere Staaten umfassenden Conföderationen, welche auf die Schicksale Griechenlands von entschiedenstem Einfluß waren, was namentlich von dem achäischen Bunde gilt, zu welchem zuletzt der ganze Peloponnes gehörte.

Die weitere Entwickelung und höchste Blüthe des schon früher bestandenen ätolischen Städtebundes fällt allerdings erst in's macedonische Zeitalter und in's dritte Jahrhundert v. Chr., wo er sich über die Grenzen Aetoliens hinaus auszudehnen begann und ein gefährlicher Gegner der macedonischen Herrschsucht wurde. Schon im Jahre 270 v. Chr. nöthigte er die Stadt Heraklea in Thessalien ihm beizutreten,²) der dann andere thessalische Städte, wie Lamia und Hypata,³) das lokrische Naupaktos,⁴) Phigalea in Arkadien⁵) und andere folgten, worauf auch Pholis und Lokris,⁶) Kirrha und das delphische Heiligthum⁷) dem Bunde unterworfen wurden. Den Gipfel seiner Macht aber erstieg er nach der den Böotiern um Olymp. 132 oder 252 v. Chr. beigebrachten Niederlage,⁸) wo er nicht nur jene Landschaften, sondern auch Theile von Akarnanien,⁹) das südliche Thessalien,¹⁰) den größten Theil Arkadiens¹¹) und die kephallenischen Inseln¹²) umfaßte. Zu dieser Zeit wurde die Bundesgewalt in höchster Stelle von einer allgemeinen Versammlung ausgeübt (Panätolion genannt),¹³) in welcher namentlich über Krieg und Frieden und über Bündnisse Beschlüsse gefaßt wurden und die Wahl der Beamten erfolgte,¹⁴) mit welcher auch fremde Gesandte und Herrscher unmittelbar verhandelten,¹⁵) während auch sie selbst Gesandtschaften aussendete.¹⁶) In diesen allgemeinen Versammlungen hatte jeder ätolische Bürger Zutritt und Stimme.¹⁷) Sie wurden regelmäßig an bestimmten Tagen¹⁸) und gewöhnlich zu Thermum (Thermus, Therma) gehalten¹⁹) und die Versammlung zur Wahl des Strategen und der übrigen Beamten fand jedesmal am Tage der Herbst-Tag- und -Nachtgleiche statt.²⁰) An der Spitze der Verwaltung stand ein Strateg, der den Vorsitz und Vortrag in den Bundesversammlungen hatte,²¹) der auch zum Feldzuge ausschrieb²²) und dessen Name allen Staatsurkunden, Verträgen und Beschlüssen des Bundes vorgesetzt wurde.²³) Neben ihm erscheinen als Behörden und Beamte des Bundes noch Apokleten,²⁴) ein ständiger, wie es scheint, aus dreißig Mitgliedern bestehender²⁵) Bundesrath oder Ausschuß, an dessen Zustimmung der Strateg bei seinen Handlungen gebunden war,²⁶) ein Hipparch,²⁷) der den nächsten Rang nach dem Strategen einnahm, ein Bundesschreiber (Grammateus)²⁸) und mehrere Gesetzschreiber (Nomographen).²⁹) Nach wechselvollen Schicksalen und fast stetem Kampfe mit dem immer mächtiger werdenden achäischen Bunde schloß der Bund im Jahre 211 v. Chr. ein Bündniß mit Rom, das aber später die Aetolier ihrem Schicksale überließ,³¹) und als sie Antiochus den Großen von Syrien zur Befreiung Griechenlands eingeladen hatten,³²) nach dessen Besiegung völlig unterjochte, nachdem sie ihm schon längst feindselig gegenüber gestanden hatten.³³) Doch bestand der ätolische Bund dem Namen nach selbst noch im zweiten christlichen Jahrhundert.³³)

Eine noch viel bedeutendere Rolle, als im nördlichen Griechenland der ätolische Bund, spielte im Peloponnes der etwas später entstandene achäische. Auch in Achaja hatte wohl schon seit Aufhebung der königlichen Herrschaft ein Städtebund bestanden; doch sind uns darüber keine Nachrichten zugekommen, so daß für uns die Geschichte des Bundes erst im macedonischen Zeitalter beginnt, wo auch Achaja von Macedonien abhängig und der alte Bund so gut als aufgelöst war. Erst im Jahre 280 v. Chr. benutzten, wie es scheint, die vier achäischen Städte Paträ, Dyme, Tritäa und Pharä die damals gerade mißliche Lage des Antigonus Gonnatas, um das macedonische Joch abzuschütteln und einen neuen Bund zu errichten, dem nach und nach auch die übrigen beitraten, so daß derselbe nun aus 12 Städten bestand.³⁴) Seine wirkliche Bedeutung aber verdankte der Bund erst dem Aratus, der ihm nicht nur im Jahre 251 seine eigene Vaterstadt Sicyon,³⁵) sondern auch im Jahre 243, nach Vertreibung der macedonischen Besatzung, Korinth zuführte,³⁶) worauf sich dann auch andere Städte und Landschaften des Peloponnes dem Bunde anschlossen,³⁷) so daß er zuletzt die ganze Halbinsel umfaßte.³⁸) Das Verhältniß des Bundes aber war ein so enges, daß er gleichsam nur einen Körper zu bilden schien³⁹) und nach dem Ausspruche des Polybius⁴⁰) dem Peloponnes nichts fehlte, als eine gemeinschaftliche Mauer, um nur eine Stadt, ein Staat zu sein; was jedoch nicht so zu verstehen ist, als ob den einzelnen Gliedern des Bundes alle Selbstständigkeit gefehlt hätte. Sie hatten nur die Bundespflicht zu erfüllen und den Bundesgesetzen zu gehorchen, konnten aber sonst auch eigenmächtig handeln, ja selbst in Bezug auf auswärtige Angelegenheiten und auf Krieg und Frieden.⁴¹) Der Bund scheint nur zuweilen, wo es sein Interesse unbedingt erforderte, mit willkührlicher Gewalt in die Verwaltung der einzelnen

Staaten eingegriffen zu haben; und wenn wir lesen,⁴²) daß alle Glieder des Bundes nicht nur einerlei Maß, Gewicht und Münzen, sondern auch dieselben Gesetze, Beamten, Räthe und Richter gehabt hätten, so ist dieß doch nur von den Gesetzen, Beamten und Richtern des Bundes in Bezug auf allgemeine Bundesangelegenheiten zu verstehen, nicht als ob der Bund auch die ganze Verwaltung und Rechtspflege der einzelnen Staaten geleitet hätte, deren Selbstständigkeit vielmehr so wenig, als irgend möglich, verkürzt wurde. Die Bundesverfassung wird mit Recht demokratisch genannt,⁴³) und galt als ein Muster reiner und ächter Demokratie.⁴⁴) Alle Glieder hatten gleiche Rechte, die neu aufgenommenen so gut wie die ältesten.⁴⁵) Die Bundesversammlungen, welche die höchste Gewalt des Bundes übten, bestanden nicht etwa blos aus Abgeordneten der einzelnen Städte, sondern jeder ihrer Bürger, der dreißig Jahre zählte, ohne Unterschied des Standes und Vermögens, konnte daran Theil nehmen,⁴⁶) und seine Meinung über den vorgetragenen Gegenstand äußern, denn der Herold forderte alle Anwesende zum Sprechen auf.⁴⁷) Doch durfte selbst von den Bundesbeamten über nichts Anderes gesprochen werden, als über die auf die Tagesordnung gesetzten Gegenstände.⁴⁸) Die regelmäßigen Versammlungen wurden jährlich zweimal,⁴⁹) im Frühling und Herbste,⁵⁰) jedesmal drei Tage lang,⁵¹) bei Aegium, der Bundeshauptstadt, in einem dem Zeus geheiligten Haine gehalten.⁵²) Außerordentliche Versammlungen aber wurden auch nach anderen Bundesstädten, selbst außerhalb Achaja's, ausgeschrieben.⁵³) Philopömen machte sogar den Vorschlag, daß die ordentlichen Versammlungen in allen Bundesstädten abwechselnd gehalten werden sollen;⁵⁴) doch wurde derselbe, wie es scheint, nicht angenommen. Bei der Frühlingsversammlung fand die Wahl der Beamten statt,⁵⁵) und am zweiten Tage jeder Versammlung mußte die Vorlegung der Entwürfe zu den zu fassenden Beschlüssen erfolgen,⁵⁶) diese selbst aber am dritten Tage abgefaßt werden.⁵⁷) Die Berufung zu den Bundesversammlungen ging von den zehn Demiurgen aus (s. unten),⁵⁸) die nebst dem Strategen die oberste Bundesbehörde bildeten, in den Versammlungen selbst den Vorsitz führten, den Vortrag machten und die Abstimmung leiteten,⁵⁹) Letztere erfolgte nach Städten, nicht nach Köpfen.⁶⁰) Was nun den Geschäftskreis des Bundestages betrifft, so hatte er zuerst über Krieg und Frieden zu entscheiden und über die Führung des Kriegs Bestimmungen zu treffen,⁶¹) sodann die Verhandlungen mit fremden Gesandten zu führen, ⁶²) und die Absendung eigener Gesandten anzuordnen, die dann der Bundesversammlung über die Ausführung ihres Geschäfts Bericht zu erstatten hatten.⁶³). Daß Verfassung und Gesetzgebung Sache der allgemeinen Versammlung war, versteht sich wohl von selbst, und daß in ihr auch die Wahl der Beamten erfolgte, haben wir schon oben gesehen. Auch richtete sie über Vergehungen gegen den Bund, namentlich von Seiten der Bundesbeamten, obgleich sie dazu bisweilen auch besondere Richter niedersetzte.⁶⁴) Ihr stand auch die Entscheidung über die Aufnahme neuer Bundesglieder⁶⁵) und das Recht zu, Ehrenbezeigungen zu decretiren. ⁶⁶) Neben dem Bundestage aber bestand auch noch ein Bundesrath oder Bundestagsausschuß (Bulé),⁶⁷) von welchem wir aber weiter nichts wissen, als daß er aus Abgeordneten der einzelnen Städte bestand⁶⁸) und Diäten empfing, ⁶⁹) also keine ständige Behörde sein konnte. Wir haben nun noch von den Bundesbeamten zu handeln, die stets auf ein Jahr gewählt wurden, ohne daß Wiederwählbarkeit ausgeschlossen war; ja selbst von der Bestimmung, daß dieselbe Würde nicht mehrere Jahre lang hintereinander bekleidet werden sollte, finden sich Ausnahmen.⁷⁰) Die höchsten derselben waren, wie schon gesagt, der Stratege und die Demiurgen. Früher hatte der Bund zwei Strategen gehabt, etwa um's Jahr 260 v. Chr. aber entschloß man sich, die Verfassung dadurch zu vereinfachen, daß man nur einen Strategen wählte.⁷¹) Dieser Stratege führte nicht nur, wie schon sein Titel zeigt, den Oberbefehl im Kriege, erließ das Aufgebot zum Feldzuge⁷²) und schrieb Beiträge an Mannschaft und Geld aus, sondern war auch Civilbeamter, hatte mit den Demiurgen den Vorsitz in den Bundesversammlungen, führte das Staatssiegel des Bundes⁷³) und die Verhandlung mit auswärtigen Staaten, so weit diese nicht ihrer Wichtigkeit wegen vor den Bundestag gezogen wurde. Wenn ein Stratege während seines Amtsjahres starb, so trat bis zur nächsten gewöhnlichen Wahlzeit sein Vorgänger in seine Stelle ein. ⁷⁴) (Für einzelne Landestheile kommen auch Unterstrategen vor.)⁷⁵) Die zehn Demiurgen⁷⁶) waren eine neben dem Strategen fungirende, ständige Behörde, ein Regierungsrath, welcher, wie schon berichtet, die Bundesversammlung zusammenberief und in ihr mit jenem zugleich den Vorsitz führte, den Strategen sogar in den Krieg begleitete⁷¹) und überhaupt eine wichtige Rolle gespielt zu haben scheint. Andere Bundesbeamte waren der Hipparch,⁷²) dessen Stelle die nächste Stufe zur Strategie bildete, und der Staatsschreiber (Grammateus).⁷³) Um nun schließlich noch der späteren Geschichte des Bundes kurz zu gedenken, so war es die Rivalität des ätolischen Bundes und besonders die feindselige Haltung Sparta's, welche den Grund zum Verfall desselben legte. Nach den siegreichen Unternehmungen des Spartaners Kleomenes III. gegen den Bund⁸⁰) warfen sich die bedrängten Achäer im Jahre 224 v. Chr. auf Rath des Aratus dem macedonischen Könige Antigonus Doson in die Arme,⁸¹) und so gerieth der Bund in Abhängigkeit von Macedonien.⁸²) Philopömen stellte zwar durch Waffenglück und hauptsächlich dadurch, daß er im Jahre 192 v. Chr. den Anschluß Sparta's an den Bund erzwang,⁸³) die Selbstständigkeit und Macht desselben auf einige Zeit wieder her,⁸⁴) bereits aber hatte sein Glück die Eifersucht Roms erregt und der fortwährende Hader der griechischen Staaten unter einander selbst, namentlich der von Philopömen hart gezüchtigte Versuch Sparta's, sich wieder vom Bunde loszureißen,⁸⁵) gab den Römern eine erwünschte Gelegenheit, sich in die griechischen Angelegenheiten zu mischen und den letzten Rest von Selbstständigkeit des Bundes zu vernichten. Das unkluge Verhalten des Strategen Kritolaus einer römischen Gesandtschaft gegenüber im Jahre 147—146 v. Chr. und ein erneuter Angriff der Achäer auf Sparta veranlaßte die Römer zu einem Kriege gegen den achäischen Bund und die Eroberung und Zerstörung Korinths durch Mummius im Jahre 146 v. Chr.⁸⁶) führte die Auflösung des Bundes und die Herrschaft Roms über Griechenland herbei, welches später von Augustus unter dem Namen Achaja zur römischen Provinz gemacht wurde. Der früher aufgelöste Bund wurde jedoch dem Namen nach bald wieder hergestellt,⁸⁷) und führte bis in die spätere Kaiserzeit ein Schattenleben fort.⁸⁸)

—

# Anmerkungen zum 18. Kapitel.

¹) Den böotischen Städtebund haben wir schon oben S. 154. Note 402. kennen gelernt. Aber auch in Arkadien finden wir einen solchen schon vor der Gründung von Megalopolis (vgl. Liv. XXXII, 5.) und noch enger geschlossen und fester geordnet nach derselben und der Schlacht bei Leuktra (vgl. Xen. Hell. VI, 5, 6. VII, 7, 33. 34. 36. 38. VII, 5, 1. Demosth. de fals. leg. §. 198. p. 403. Diod. XV, 59. Plut. Pelop. 24. Demosth. 27. Pauſ. VI, 12, 3. VIII, 27, 3. 32, 1. Repos Epam. 6.). Ebenſo ſcheint in Akarnanien (vgl. Xen. Hell. IV, 6, 4. Polyb. IV, 30, 2. IX, 32, 9. XVI, 32, 3. XXVIII, 5, 1. Diod. XIX, 67. Liv. XXXIII, 16. 17. XXXVI, 11. 12. XLIII, 17. XLV, 31. Inſchr. im Class. Journ. XVII. p. 367.), Theſſalien (vgl. Liv. XXXV, 31. 39. 43. Strab. IX. p. 429.) und anderwärts ein ſolcher Städtebund beſtanden zu haben.

²) Pauſ. X, 21, 1. vgl. Polyb. X, 42, 4. u. Liv. XXVIII, 5.
³) Vgl. Liv. XXXV, 48. 49. XXXVI, 26. 28—30.
⁴) Polyb. V, 103, 2. Liv. XXXI, 29. XXXV, 12.
⁵) Polyb. IV, 3, 6.
⁶) Polyb. XVIII, 30, 9. vgl. Liv. XXXIII, 34.
⁷) Polyb. IV, 18, 2. Schol. zu Ariſtoph. Vesp. 1042. Juſtin. XXIV, 1, 4.
⁸) Vgl. Plut. Arat. 16.
⁹) Pauſ. I, 25, 4. vgl. Polyb. V, 14, 1. IX, 32, 2. u. Strab. X. p. 460.
¹⁰) Polyb. V, 99, 2. u. oben Note 2. u. 3.
¹¹) Polyb. II, 46, 2. IV, 3, 6.
¹²) Polyb. IV, 6, 2. Flor. II, 9. vgl. Liv. XXXVIII, 11.
¹³) Παναιτώλιον, Panaetolicum concilium: Polyb. V, 6—11. Liv. XXXI, 29. 32. XXXV, 32. Inſchr. bei Chiſhull Antiqu.

Arist. p. 104. u. Gubius Praef. append. n. 72. vgl. Corp. Inscr. Gr. II. p. 632 ff.

¹⁴) Polyb. IV, 15, 8. 26, 4. 6. IV, 37. V, 103. XVIII, 31, 5 ff. XXVIII. 4. Diod. XIX, 66. Liv. XXVI, 24. XXXI. 28 ff. 40. XXXV, 12. 32. 43 ff. XXXVI, 26. 28. 29. XXXVIII, 9. 10. Strab. X. p. 463. u. die eben angef. Inschr. Nach Hesych. s. v. Κράμμη πατρίῳ erfolgte die Wahl der Beamten durch's Loos, was wenigstens in Bezug auf den Strategen sehr unwahrscheinlich klingt.

¹⁵) Polyb. XXVIII, 4. Diod. XIX, 66. Liv. XXVI, 24. XXXI. 28—32. XXXV. 43 ff.

¹⁶) Liv. XXXVI, 26. XXXVIII, 8.

¹⁷) Vgl. Polyb. V. 103, 2, 6. XVIII, 31, 6. XXVIII, 4, 1. Diod. XIX, 66. Liv. XXXV, 46.

¹⁸) Liv. XXXI, 29. vgl. Polyb. II, 2, 3. IV, 15, 8.

¹⁹) Polyb. V. 8, 5. XVIII, 31, 5. XXVIII, 4, 1. Strab. X. p. 463. Nur ausnahmsweise auch an anderen Orten, selbst außerhalb der Grenzen Aetoliens, wie zu Naupaktos (Polyb. V, 103, 2. XVI. 27. extr. XXXVI, 26, 1. Liv. XXVIII, 5. XXXI, 29. XXXV, 12.) und Lamia (Liv. XXXV. 43. 49.).

²⁰) Polyb. IV, 37, 2. vgl. II, 2, 8. u. f. w.

²¹) Polyb. II. 2, 8. Liv. XXXI, 32. XXXVIII, 11.

²²) Liv. XXXVIII, 4.

²³) Vgl. die in Note 13. citirte Inschr.

²⁴) Ἀπόκλητοι: Polyb. IV, 5, 9. XX, 1, 10. 11. XXI, 3, 2. Liv. XXXV, 34. 46. XXXVI, 28.

²⁵) Vgl. Liv. XXXV, 45. 46.

²⁶) Polyb. IV, 5, 9.

²⁷) Polyb. XXII, 15, 10. Liv. XXXVIII, 11.

²⁸) Δημόσιος γραμματεύς: Polyb. u. Liv. ebendas.

²⁹) Νομογράφοι: Polyb. XIII, 1. Corp. Inscr. Gr. 1193. 3046.

³⁰) Liv. XXIX, 12.

³¹) Polyb. XX, 1 ff. Liv. XXXV, 33 ff. Diod. XXIX, 3 ff. Plut. Flamin. 15. Justin. XXX, 4. Er wurde von ihnen als Imperator Rex, στρατηγὸς αὐτοκράτωρ, anerkannt.

³²) Polyb. XXII, 9—15. Liv. XXXVIII, 7—15. Paus. VII, 11, 1.

³³) Vgl. Paus. X, 38, 2.

³⁴) Herod. I, 145. Polyb. II, 41, 12. Strab. VIII. p. 384 f. Paus. VII, 6, 1.

³⁵) Paus. II, 8, 3. (vgl. mit VII, 7, 2.) Plut. Arat. 2 ff.

³⁶) Polyb. II, 43. Plut. Arat. 16—24. Athen. IV, 54. p. 162. d.

³⁷) Vgl. Paus. VII, 7, 2. Nämlich Megara (Polyb. II, 43, 5. XX, 6, 8. Plut. Arat. 24. Strab. VIII. p. 385.), Trözen

und Epidaurus (Plut. ibid. Pauſ. II. 8, 4.), Kleonä (Plut. Arat. 28.), Megalopolis (Plut. Arat. 30. Polyb. II, 44, 5. Pauſ. VIII, 27, 9.), Argos, Hermione und Phlius (Plut. Arat. 35. 44. Polyb. II, 44, 6.), Mantinea (Plut. Arat. 36. Polyb. II, 57. und überhaupt ganz Arkadien (Pauſ. VIII, 6, 1.), Meſſenien (Polyb. XXV, 1, 1. 2. Pauſ. IV, 29, 2. 3. 5.), Aegina (Polyb. XIII, 8, 9.), Lacedämon (Polyb. XXV, 1, 6 ff. 2, 1. Pauſ. VIII, 51, 1. Liv. XXXV, 37.) und Elis (Liv. XXXVI, 35.).

³⁸) Polyb. II, 37, 11. Pauſ. VIII, 30, 2. Auch die Meſſenier, Eleer und Spartaner, die ſich lange geweigert hatten dem Bunde beizutreten, ja ihm ſogar feindlich gegenüber geſtanden hatten, ſchloſſen ſich endlich zu Philopömens Zeit an ihn an. Liv. XXXV, 37. XXXVI, 31. 35. Polyb. XXVII, 10. Pauſ. VIII, 50 f.

³⁹) Juſtin. XXXIV, 1, 2.
⁴⁰) Polyb. II. 37, 10. 11.
⁴¹) So führten z. B. Pellene und Paträ Kriege auf eigene Hand. (Thuc. II, 9. Pauſ. VII, 20, 3.)
⁴²) Bei Polyb. II, 37, 10.
⁴³) Polyb. II, 38, 6. 41, 5. 6. 44, 6. IV, 1, 5. XXIII, 3, 6. Strab. VIII. p. 384.
⁴⁴) Nach dem Urtheile des Polybius II, 38, 6.
⁴⁵) Polyb. II, 38, 8.
⁴⁶) Polyb. XXIX, 9, 6. vgl. mit IV, 14, 1. V, 1, 7. u. XXXVIII, 4, 5.
⁴⁷) Polyb. XXIX, 9, 10. Liv. XXXII, 20.
⁴⁸) Polyb. XXIX, 9, 10. Liv. XXXI, 25. XXXII, 20.
⁴⁹) Polyb. II, 54, 3. vgl. mit IV, 7, 1. 26, 7. XXXVIII, 3, 5. XL, 2, 1. u. Dio Caſſ. fr. 165. n. 2.
⁵⁰) Polyb. IV, 37, 2. V, 1, 1. 30, 7. — II, 54, 19. Liv. XXXVIII, 32.
⁵¹) Polyb. XXIX, 9, 10. Liv. XXXII, 22.
⁵²) Strab. VIII. p. 387. (der den Hain Ἀμάριον nennt) Liv. XXXVIII, 30. Pauſ. VII, 24, 3.
⁵³) Nach Sicyon (Polyb. V, 1, 9. XXV, 1, 5. XXVIII, 11, 9. 10. XXIX, 9, 6. Plut. Arat. 41. Liv. XXXII, 19. XXXV, 25.), Korinth (Polyb. XXIX, 8, 8. XXXIII, 15, 2. XXXVIII, 4, 2.), Megalopolis (Polyb. XXIII, 7, 2. XXIV, 12, 12.), Argos (Plut. Cleom. 17. Liv. XXXI, 25. XXXVIII, 30. XLII, 44. XLIII, 17.), Tegea (Liv. XXXVIII, 34.), Klitor (Polyb. XXIII, 5, 1.)
⁵⁴) Liv. XXXVIII, 30.
⁵⁵) Polyb. IV, 37, 2. V, 1, 1. 30, 7. Plut. Arat. 41.
⁵⁶) Polyb. XXIX, 9, 10.
⁵⁷) Liv. XXII, 22.
⁵⁸) Nur in außerordentlichen Fällen, wenn das Volk in Waffen

zusammenberufen wurde, stand dem Strategen allein die Berufung zu. (Polyb. IV, 7, 5.)

⁵⁹) Liv. XXXII, 22.
⁶⁰) Liv. XXXII, 22. 23. XXXVIII, 32.
⁶¹) Polyb. IV, 15. 16. u. anderw. Nur in außerordentlichen Fällen wurde dem Strategen durch besonderen Auftrag die Art der Kriegführung überlassen. (Liv. XXXV, 25.)
⁶²) Polyb. IV, 7, 2. XXIII, 7 — 10. XXVIII, 7. XXXIII, 15, 2 ff. XXXVIII, 4, 2 ff. Liv. XXXII, 19. XXXV, 48. XXXVI, 31. XLII, 44. XLIII. 17. Diod. fr. l. XXIX. T. IX. p. 400. Dio. Cass. fr. n. 165.
⁶³) Polyb. IV, 7, 5. XXIII, 9, 1.
⁶⁴) Polyb. IV, 14. XL, 5. vgl. Paus. VII, 9, 2. 3., wo von einer Verurtheilung ἐν τῷ συνεδρίῳ die Rede ist.
⁶⁵) Polyb. XXV, 1, 6 ff.
⁶⁶) Polyb. VIII, 14, 7. 8. XXVIII, 7, 8. 10. 11. 14. XL, 3, 11.
⁶⁷) βουλή: Polyb. II, 46, 4. 6. IV, 26, 8. XXIII, 7, 3. 9, 6. XXVIII, 3, 10. XXIX, 9, 6. Plut. Arat. 53. βουλευταί: Polyb. II, 37, 10. βουλευτήριον: Polyb. XI, 9, 8. (Ist die bei Polyb. XXXVIII, 5, 1. aber sonst nirgends weiter erscheinende γερουσία vielleicht identisch mit dieser βουλή, oder vielmehr mit den Demiurgen?)
⁶⁸) Polyb. XXVIII, 9, 6.
⁶⁹) Polyb. XXIII, 7, 3.
⁷⁰) Z. B. bei Philopömen: Liv. XXXVIII, 33. Aratus war gewöhnlich ein Jahr um's andere Strateg (Plut. Arat. 24. 30. Cleom. 15.) und bekleidete diese Würde siebzehnmal (Plut. Arat. 53.).
⁷¹) Polyb. II, 43, 1. 2. Strab. VIII, p. 385.
⁷²) Wenn wir bei Polyb. XI., 2. lesen, daß er sogar einmal den Befehl gab, 12,000 Sklaven zum Behuf des Kriegsdienstes frei zu lassen, so konnte das doch wohl kaum ohne Ermächtigung von Seiten des Bundestags geschehen.
⁷³) Polyb. IV, 7, 10. Plut. Arat. 38.
⁷⁴) Polyb. XI., 2, 1.
⁷⁵) Polyb. IV, 9, 2. V, 94, 1. XL, 5, 2.
⁷⁶) Polyb. XXXII, 22. Plut. Arat. 48. Liv. XXXII, 22. XXXVIII, 30. (der sie damiurgi und damiurgi civitatum nennt). Bei den Griechen heißen sie auch schlechthin ἄρχοντες, συνάρχοντες, συναρχίας προεστῶτες: Polyb. V, 1, 9. XXIII, 10, 11. XXIV, 12, 6 ff. Ihre Zahl gründet sich wohl darauf, daß sie ursprünglich die Vertreter der zehn alten Achäerstädte waren. Später aber behielt man zwar die Zahl bei, beschränkte aber die Wahl nicht mehr bloß auf diese alten Orte.
⁷⁷) Plut. Arat. 43.
⁷⁸) Polyb. V, 95, 7. X, 22. XXVIII, 6. 9.

ⁱ⁹) Polyb. II, 43, 1. Strab. VIII. p. 365.
²⁰) Plut. Cleom. 17. Arat. 39. Polyb. II, 52, 1.
²¹) Polyb. IV, 76, 7. (vgl. mit II, 47 ff. 50. 54.) Plut. Arat. 45. vgl. mit 38. 41.) Cleom. 16. 19.
²²) Plut. Arat. a. a. O. Polyb. IV, 67, 8.
²³) Liv. XXXV, 37. Paus. VIII, 50 ff.
²⁴) Plut. Philop. 15. 16.
²⁵) Liv. XXXVIII. 30 ff. Plut. Philop. 16. Paus. VII, 8, 3.
²⁶) Polyb. XI., 6. Paus. VII, 15, 2 ff. Zonar. IX, 91. Liv. Epit. LII. Vellej. I, 11. Flor. I, 32. Aur. Vict. de vir. ill. 69. Oros. V, 3.
²⁷) Paus. VII, 16, 6. 7.
²⁸) Er erscheint noch auf Inschr. aus der Zeit des Hadrian und Antoninus Philosophus im Corp. Inscr. Gr. n. 1307. u. 1124.

# 19. Kapitel.

## Gesetzgebung. Gerichtswesen. Polizei.

[Aeltere Gesetzgeber. Lykurg's und Solon's Gesetzgebung. Merkwürdige athenische Gesetze — Gerichtswesen im Allgemeinen. Sparta's und Athens Gerichte. Richterliche Behörden. Hergang im Areopag und der Heliäa. — Polizei in Sparta und Athen.]

Alle Gesetze der frühesten Zeit gründeten sich blos auf das lebendige Rechtsbewußtsein des Volks und das Herkommen, obgleich man die unbeschränkt bindende Macht der einmal angenommenen Gesetze allgemein anerkannte, und wofern sie den Sympathien des Volks entsprachen, unbedingten Gehorsam gegen sie verlangte,[1]) wenn sie sich auch nur durch Tradition erhielten. Schriftliche Gesetze waren erst die Folge vorgekommener Mißbräuche und Streitigkeiten, die zu positiven Normen nöthigten; doch fühlte man allerdings schon frühzeitig das Bedürfniß den Mängeln eines angeerbten Gewohnheitsrechtes durch solche positive Bestimmungen abzuhelfen. Die als die ältesten Gesetzgeber genannten Fürsten Cekrops, Kadmus, Triptolemus, Tennes u. s. w. sind blos mythologische Personificationen; erst mit Minos[2]) in Kreta und Theseus in Athen beginnt eine Reihe der Geschichte angehöriger Gesetzgeber, obgleich auch diese von manchen Neueren noch für mythische Personen angesehen werden. An den Namen des Theseus knüpfen sich alle gesetzliche Einrichtungen Athens vor Solon, so daß er den Anfang einer athenischen Verfassungsgeschichte bezeichnet. Jedoch weder er noch Minos hinterließen schriftliche Gesetze. Solche hatten überhaupt die Kolonien früher, als das Mutterland. Die ersten historisch beglaubigten Verfasser schriftlicher Gesetze sind Pittakus in Lesbos,[3]) Zaleukus in Lokri Epizephyrii[4]) und Charondas in Sicilien und Großgriechenland,⁵) die sämmtlich um die Mitte des siebenten Jahrhunderts v. Chr. lebten. Ihre Gesetze,⁶) nur darauf berechnet, dem Herkommen einen festen Rechtsboden zu gewinnen, nicht ganz neue Satzungen in's Leben zu rufen, trugen alle einen streng sittlichen Charakter und zeigten große Strenge und Härte, so daß sie, mehr die Sicherheit und das Wohl des Ganzen, als die Rechte des Einzelnen berücksichtigend, die persönliche Freiheit selbst in unbedeutenderen Dingen sehr beschränkten.⁷) Vom Zaleukus wissen wir, daß seine Gesetze in Bezug auf peinliche Rechtsfälle durch bestimmt festgesetzte Strafen der richterlichen Willkühr ein Ziel setzte,⁸) und vom Charondas, daß er der Erfinder eines der wichtigsten Rechtsmittel, der Klage wegen falschen Zeugnisses, war,⁹) obgleich im Allgemeinen die privatrechtlichen Bestimmungen dieser Gesetzgeber wohl sehr einfach und mangelhaft waren. Im Mutterlande selbst hatte allerdings schon zwei Jahrhunderte früher, etwa um's Jahr 810 v. Chr., Sparta durch Lykurg's, vom delphischen Orakel sanctionirte,¹⁰) Gesetzgebung seine, meinen Lesern schon früher bekannt gewordene Verfassung, aber keine schriftlichen Gesetze erhalten; vielmehr soll Lykurg den Gebrauch schriftlicher Rechtsnormen geradezu verboten haben,¹¹) und wenn wir daher doch von kurzen schriftlichen Bestimmungen (ῥῆτραι) desselben lesen,¹²) so waren diese wohl nur Streitigkeiten der Bürger vermittelnde Verträge, die er von Zeit zu Zeit durch gegenseitige Eidschwüre bekräftigen ließ.¹³) Uebrigens gilt auch von Lykurg's Gesetzgebung dasselbe, was wir so eben von der des Zaleukus u. s. w. bemerkten, daß sie einen streng ethischen Charakter hatte, der keiner weiteren Satzungen bedurfte, als die zur Aufrechthaltung des Gehorsams der Bürger gegen Sitte und Herkommen nöthig schienen, und daß mithin auch sie keine ganz neue Schöpfung, sondern nur eine Wiederherstellung der alten, guten Zucht war. Während also Sparta geschriebene Satzungen entbehrte, empfing dagegen Athen schon vor Solon, um's Jahr 620 v. Chr., schriftliche Gesetze durch Drakon, von denen wir jedoch nur sehr mangelhafte Nachrichten haben,¹⁴) da sie schon ein Menschenalter später durch Solon's Gesetzgebung in Schatten gestellt wurden. Auch sie bezweckten keine Reform von Grund aus, sondern nur eine Sanction der damals factisch bestehenden rechtlichen Zustände, da sie wohl blos für die wahrscheinlich durch gefahrdrohende

Bewegungen im Volke erschreckten Eupatriden oder herrschenden Geschlechter ein Mittel sein sollten, ihre bisher aus eigener Machtvollkommenheit ausgeübten und vom Volke bisher duldsam zugestandenen Rechte auf dem Wege schriftlicher Gesetzgebung sanctioniren zu lassen. Daher zog Drakon die Zügel sehr scharf an, und seine Gesetze charakterisirte eine [sprüchwörtlich gewordene Strenge, da sie fast auf jedes Vergehen Todesstrafe gesetzt haben sollen,¹⁵) weshalb Demades sagte, sie seien nicht mit Tinte, sondern mit Blut geschrieben;¹⁶) was jedoch sehr übertrieben sein mag. Wir sind nur von den auf Tödtung bezüglichen Gesetzen¹⁷) Drakon's genauer unterrichtet, und selbst in diesen ist nicht von absoluter Todesstrafe, sondern nur von Ausstoßung des Mörders aus der Staatsgemeinde und Verbannung die Rede,¹⁸) und blos wenn derselbe nicht während der gerichtlichen Verhandlung freiwillig in's Exil ging und sein Vermögen opferte, erfolgte das Todesurtheil.¹⁹) Die Verfolgung des Mörders war Pflicht der nächsten Anverwandten,²⁰) und erfolgte nach einer doppelten Ankündigung, erst am Grabe des Ermordeten bei der Bestattung,²¹) dann auf dem Markte bei der gerichtlichen Belangung.²²) Die Klage selbst aber war bei dem Archon Basileus einzureichen, der sie dann einem Gerichtshofe zur Entscheidung vorlegte. Dieser hatte jedoch zwischen unvorsätzlicher und vorsätzlicher Tödtung einen genauen Unterschied zu machen. Der unvorsätzliche Mörder hatte blos auf mindestens ein Jahr das Land zu meiden,²³) während welcher Zeit sein Vermögen unangetastet blieb,²⁴) und dann mußten ihm, wie es scheint, die Anverwandten des Getödteten auf Verlangen Verzeihung widerfahren lassen und somit Erlaubniß zur Rückkehr geben.²⁵) Auf den vorsätzlichen Mörder aber, der sich durch's Exil der Todesstrafe entzogen hatte, scheint sich eine solche Verzeihung nicht erstreckt zu haben; auch wurde sein Vermögen confiscirt und die Rückkehr war ihm nicht gestattet. Wenn jedoch dem Mörder von dem Ermordeten selbst vor seinem Verscheiden noch verziehen worden war, durften ihn die Verwandten nicht gerichtlich verfolgen und er hatte sich vermuthlich nur gewissen Bußübungen als religiöser Sühne zu unterwerfen.²⁶) Gänzlich unbestraft aber blieb selbst der vorsätzliche Mord im Falle der Nothwehr im Kriege und an einem bei Unzucht mit Frau, Mutter, Schwester oder Tochter ertappten Buhlen.²⁷) Auch ein wegen

Mordes Landesflüchtiger konnte, wenn er sich wieder im Lande blicken ließ, ungestraft getödtet werden.[28]) Bei Ermordung eines Sklaven war die gerichtliche Verfolgung Sache des Herrn.[29]) — Solon behielt diesen Theil der drakonischen Gesetze bei,[30]) minderte aber die Härte der übrigen[31]) und fügte noch viele neue hinzu, die sich über alle Zweige des bürgerlichen und Privatlebens erstreckten; er ließ die Thesmotheten schwören, über die genaue Beobachtung seiner Gesetze zu wachen und verpflichtete das Volk, ihnen wenigstens hundert Jahre lang zu gehorchen.[32]) Die Gesetze selbst aber wurden in Bustrophedonschrift,[33]) auf einzelne, viereckige und weiß angestrichene Pfeiler von Holz geschrieben,[34]) die sich mittelst oben und unten angebrachter Zapfen herumdrehen ließen, damit man sie von allen Seiten bequem lesen konnte, und zuerst auf der Burg aufgestellt, dann aber in's Rathhaus und endlich in's Prytaneum gebracht.[35]) Ein Gesetz darauf zu verwischen, war streng verboten, und die Kathschreiber hatten die Gesetze immer in lesbarem Zustande zu erhalten.[6]) Nach Solon hatte Athen keinen neuen Gesetzgeber im eigentlichen vielumfassenden Sinne des Wortes, und wenn auch nach ihm noch manche neue Gesetze entstanden, so blieb doch, ein paar Unterbrechungen im peloponnesischen Kriege und zur Zeit der dreißig Tyrannen abgerechnet, seine Gesetzgebung im Ganzen bis in's macedonische Zeitalter herab in voller Kraft.[37]) Da nun aber vorauszusehen war, daß seine Gesetze im Laufe der Zeit doch mancherlei Veränderungen und Zusätze erfahren würden, so hatte er selbst schon Verordnungen darüber gegeben, wie es mit Abfassung neuer Gesetze gehalten werden sollte und diese von ihm eingeführte Form der Gesetzgebung haben wir noch kennen zu lernen. In der ersten ordentlichen Volksversammlung eines jeden Jahres am 11ten Tage des Hekatombäon sollte über die bestehenden Gesetze gehandelt werden; die Thesmotheten mußten nämlich alle Jahre die vorhandenen Gesetze prüfen, ob sie noch zweckentsprechend oder unnütz wären, und Gesetze der letzteren Art hatten die Prytanen in der Volksversammlung anzuzeigen und das Volk zu befragen, ob es dafür neue wünsche. Wenn nun dieses die angezeigten Gesetze durch Aufheben der Hände verwarf, so mußten die Prytanen Nomotheten ernennen, um über neue Gesetze zu berathschlagen, die dann in der dritten darauf folgenden Versammlung zur Abstimmung vorgelegt wur-

## 19. Kapitel.

ben. Wenn aber ein einzelner Bürger ein Gesetz in Vorschlag bringen wollte, wozu jeder das Recht hatte, mußte er es einige Zeit vor der ersten Jahresversammlung auf ein Täfelchen geschrieben öffentlich aushängen, um das Volk damit bekannt zu machen. Am Tage der Versammlung selbst wurden dann fünf Redner ernannt, die den Vorschlag dem Volke auseinander setzen mußten, worauf es mit Ernennung der Nomotheten und der Abstimmung eben so gehalten wurde, wie im vorigen Falle.³⁹) Da nun aber diese den Bürgern ertheilte Erlaubniß, neue Gesetze vorzuschlagen, oft gemißbraucht wurde, fand man für nöthig deßhalb von Zeit zu Zeit neue Verfügungen zu treffen, und so wurde denn Folgendes festgesetzt. Wer ein neues Gesetz vorschlägt, muß zugleich auf die Abschaffung eines alten antragen, damit nicht über eine Sache zwei einander widersprechende Gesetze eingeführt werden.³⁹) Ein bestehendes Gesetz kann nicht anders, als mit Zuziehung der Nomotheten, abgeschafft werden; was diese darüber beschließen, soll gültig sein.⁴⁰) Ein jeder Vorschlag zu einem neuen Gesetze muß zuvor dem Grammateus des Senats überreicht werden, ehe er öffentlich angeschlagen werden darf.⁴¹) Der Senat berathschlagt darüber, und wenn er ihn billigt, faßt er einen Vorbeschluß (Probuleuma), den er in einer der nächsten Volksversammlungen dem Volke zur Abstimmung vorlegt. Ein solcher Vorschlag kann aber nicht zu einem gültigen Gesetze erhoben werden, wenn nicht wenigstens 6000 Bürger durch Stimmtäfelchen (nicht blos durch Aufheben der Hände) dafür gestimmt haben.⁴²) Wer ein Gesetz in Vorschlag bringt, das mit einem noch gültigen Gesetze in Widerspruch steht, oder dem allgemeinen Besten zum Nachtheil gereicht, kann darüber innerhalb eines Jahres alle Tage gerichtlich belangt werden.⁴³) Eben so soll auch eine gerichtliche Verfolgung gegen Einen stattfinden, der beim Vorschlage eines neuen Gesetzes die Abschaffung des alten nicht durchsetzen kann.⁴⁴) Fand das Gericht nach erfolgter Anklage einen Bürger eines ungehörigen Gesetzvorschlags wegen strafbar, so legte es ihm eine Geldbuße auf, die er bei Strafe der Ehrlosigkeit bezahlen mußte, und sein Vorschlag war, auch wenn er bereits zum Beschluß erhoben worden war, null und nichtig; sprach es ihn aber los, so wurde der Ankläger um 1000 Drachmen gestraft, und ließ Letzterer vor seiner Anklage ein ganzes Jahr verstreichen, so wurde diese zwar angenommen, brachte aber dem Beklagten keinen weiteren Nachtheil und dessen bereits angenommener Vorschlag galt auch fernerhin als bestehendes Gesetz. Wer aber eines ungehörigen und dem öffentlichen Wohle nachtheiligen Gesetzvorschlags wegen dreimal verurtheilt worden war, verlor das Recht zu neuen Vorschlägen für immer.⁴⁵) Ich führe nun noch eine Reihe merkwürdigerer Gesetze Athens an, theils solcher, die ausdrücklich für Gesetze Solons erklärt werden, theils anderer, von denen sich nicht bestimmen läßt, ob sie von ihm oder erst aus späterer Zeit herrühren. Als Gesetze Solons werden folgende genannt: ⁴⁶) Wer seine Eltern schlug oder nicht für ihren Unterhalt sorgte, sollte ehrlos sein;⁴⁷) nur mit einer Buhlerin erzeugte Kinder waren nicht verbunden, ihre Väter zu ernähren.⁴⁸) Eben so sollte denjenigen Ehrlosigkeit treffen, der das väterliche Vermögen durchgebracht hatte.⁴⁹) Jedermann sollte das Recht haben, einen Müßiggänger anzuklagen.⁵⁰) Der Vormund von Waisen durfte nicht mit der Mutter derselben leben und Niemand Vormund werden, dem das Vermögen der Mündel nach deren Tode zufiel.⁵¹) Die Kinder der im Kriege Gefallenen sollen auf Staatskosten erzogen und unterrichtet werden.⁵²) Einem Siegelstecher war nicht erlaubt, das in einen verkauften Ring eingegrabene Siegel aufzubewahren.⁵³) Wer einem Einäugigen sein eines Auge ausschlug, sollte beide Augen verlieren.⁵⁴) Eine betrunken angetroffene Magistratsperson sollte mit dem Leben büßen.⁵⁵) Einer erwiesenen Ehebrecherin war es nicht mehr erlaubt, einen Tempel zu betreten oder religiösen Handlungen beizuwohnen,⁵⁶) auch durfte sie sich nicht putzen, und wenn sie dennoch öffentlich geputzt erschien, durfte Jedermann sie mißhandeln;⁵⁷) ein Mann aber, der mit seiner Frau noch fortlebte, wenn sie sein Ehebett entehrt hatte, sollte für ehrlos gelten.⁵⁸) Eine Braut durfte nur drei Kleider und einiges Hausgeräth mitbringen.⁵⁹) Eine verreisende Frau sollte nicht mehr als drei Kleider, an Speise und Trank nicht mehr, als für einen Obolus, und keinen über eine Elle großen Korb mitnehmen, und bei Nacht nur zu Wagen und unter Fackelbegleitung reisen.⁶⁰) Eben so sollten auch einem Verstorbenen nicht mehr als drei Kleider mit in's Grab gegeben werden.⁶¹) Bei Leichenbegängnissen war den Frauen das Zerkratzen des Gesichts, das Heulen und Anstimmen von Klagegesängen verboten.⁶²) Einem Verstorbenen sollte Niemand Böses nachreden; und eben so Jeder, der von einem noch Lebenden in Tempeln, vor Gericht und bei öffentlichen Spielen übel rede, dem Beschimpften drei Drachmen und zwei in die Staatskasse zahlen.⁶³) Jeder, der keine Kinder hatte, sollte das Recht haben, sein Vermögen zu vermachen, wem er wollte, wenn er nicht durch Krankheit (Geistesstörung?), Zwangsmittel oder listige Ueberredung eines Weibes dazu bestimmt worden war.⁶⁴) Wenn innerhalb eines Raumes von vier Stadien (500 Schritten) ein Brunnen wäre, so sollte er gemeinschaftlich sein, in größerer Entfernung aber sollte der Grundbesitzer selbst einen Brunnen graben, und nur wenn er in einer Tiefe von zehn Klaftern kein Wasser fände, es beim Nachbar holen dürfen und zwar täglich zweimal einen sechs Choen haltenden Eimer.⁶⁵) Jeder, der auf seinem Acker Bäume pflanzte, sollte sie vom Boden des Nachbars fünf, Feigen- und Oelbäume aber (die ihre Wurzeln sehr weit ausbreiten) neun Fuß weit entfernen.⁶⁶) Gräben mußten vom anstoßenden Acker die Entfernung ihrer Tiefe haben und Bienenstöcke von denen des Nachbars 300 Fuß entfernt sein.⁶⁷) Ueber Alle, welche Landeserzeugnisse, das Oel ausgenommen, ausführten und an Fremde verkauften, sollte der Archon den Fluch aussprechen, oder zur Strafe selbst 100 Drachmen in die Staatskasse zahlen.⁶⁸) Wer bei den öffentlichen Speisungen nicht erschien, wenn ihn die Reihe traf, sollte gestraft werden.⁶⁹) Ein Sklav, der einen freigebornen Knaben liebkoste, sollte öffentlich fünfzig Streiche empfangen.⁷⁰) Gegen Einen, der bei Tage einen Diebstahl beging, dessen Gegenstand einen Werth von mehr als 50 Drachmen hatte, konnte eine Criminalklage bei den Eilfherren erhoben werden⁷¹) und er mußte dann dem Eigenthümer das Gestohlene doppelt ersetzen und eben so viel in die Staatskasse zahlen;⁷²) stahl aber Einer bei Nacht, so durfte man ihn ohne Verantwortung tödten.⁷³) Eben so stand Todesstrafe darauf, wenn ein Einbruch oder Tempelraub stattfand;⁷⁴) und selbst wer aus dem Lyceum, der Akademie und dem Kynosarges⁷⁵) den geringfügigsten Gegenstand, oder aus Bädern und Häfen eine Sache von zehn Drachmen an Werth entwendete, sollte den Tod erleiden.⁷⁶) Als sonderbare und ungereimte Gesetze Solons werden folgende bezeichnet:⁷⁷) Wer sich bei einem Aufstande zu keiner Partei schlägt, soll ehrlos sein. Der Mann einer reichen Erbin sollte ihr in jedem Monat wenigstens dreimal die eheliche Pflicht leisten,⁵⁸) und wenn er unvermögend sei ihr beizuwohnen, sollte sie mit dem nächsten Verwandten desselben ehelichen Umgang pflegen dürfen. Jedem, der bei seiner Frau einen Ehebrecher antraf, sollte es erlaubt sein, ihn zu tödten, und Einer, der seine unverheiratheten Töchter oder Schwestern in verbotenem Umgange mit einem Manne erlappte, sie als Sklavinnen verkaufen dürfen; dagegen wer eine freie Frauensperson entführte und ihr Gewalt anthat, blos hundert, und wer solche Anderen Preis gab, gar nur zwanzig Drachmen Strafe zahlen. Andere merkwürdige Gesetze, als deren Verfasser Solon nicht ausdrücklich genannt wird und von denen wir nicht wissen, zu welcher Zeit sie abgefaßt wurden, waren außer den uns schon in früheren Kapiteln bekannt gewordenen z. B. folgende: Wer überführt war, Kinder eines freien Bürgers zur Unzucht verführt oder sie verkuppelt zu haben, sollte die Todesstrafe erleiden.⁵⁹) Wer seinen Eltern ungehorsam war, sollte unfähig zum Archontenamte sein.⁶⁰) Ein Archon durfte im Lustspiel nicht verspottet werden.⁶¹) Ein Lustspiel zu schreiben, war nur den Mitgliedern des Areopags (s. unten) verboten.⁶²) Jedem Bürger von Athen sollte es frei stehen, ein Gewerbe zu treiben, welches er wollte;⁶³) nur zwei Gewerbe zugleich zu treiben, war Niemandem gestattet.⁶⁴) Wer einen Anderen seines Gewerbes wegen schimpfte, konnte wegen Calumnie verklagt werden.⁶⁵) Wer sich in seiner Profession als besonders geschickt zeigte, sollte im Prytaneum gespeist und mit dem obersten Sitze beehrt werden.⁶⁶) Wer eine Gesandtschaft ohne Auftrag vom Senate oder Volke unternahm, sollte mit dem Tode bestraft werden.⁶⁷) Niemand durfte einen Verbannten aufnehmen bei Strafe selbst verbannt zu werden.⁶⁸) Wer Jemanden zu einem Verbrechen verleitet hatte, erlitt dieselbe Strafe, wie der Verbrecher selbst.⁶⁹) Wer gangbare Münzen nachmachte, verfälschte oder verringerte, sollte mit Todesstrafe belegt werden.⁹⁰) Wer noch nicht dreißig Jahre zählte, durfte weder vor Gericht, noch in der Volksversammlung eine Rede halten.⁹¹) Wer überwiesen wurde, eine Rede an's Volk gehalten zu haben, während er dem Staate eine Schuld zu bezahlen hatte, konnte vor das Gericht der Eilf gezogen werden.⁷²) So lange Jemand dem Staate eine Zahlung schuldig blieb, sollte er für ehrlos gelten, und wenn er in diesem Zustande verstarb, die Ehrlosigkeit auch auf seine Erben übergehen, bis sie dem Staate gerecht wurden.⁹³) Wenn ein zu einer Geldbuße Verurtheilter dieselbe nicht bis Ablauf der neunten Prytanie bezahlte, sollte er zu Erlegung des Doppelten angehalten werden.⁹⁴) Dasselbe sollte der Fall sein, wenn innerhalb dieses Zeitraumes ein Pächter von Staatseinkünften die Pachtsumme nicht bezahlte, oder ein Einnehmer öffentlicher Gelder dieselben nicht ablieferte; waren es aber Tempelgelder, so sollte er gar das Zehnfache erlegen,⁹⁵) und wenn er keinen Bürgen schaffte, seine Güter eingezogen werden.⁹⁶) Wer öffentliche Gelder ein Jahr lang zu seinem Privatnutzen verwendete, mußte dieselben doppelt ersetzen, und wenn er dessen ungeachtet in diesem Verfahren fortfuhr, wurde er so lange in's Gefängniß gesetzt, bis er gehörige Zahlung leistete.⁹⁷) Kein Bürger sollte seine Grundstücke ohne die dringendste Noth verkaufen oder verpfänden.⁹⁸) Bei Ankauf neuer Ländereien und Grundstücke war der Bürger auf ein gewisses Maß beschränkt.⁹⁹) Der nächste Blutsverwandte einer verwaisten, mittellosen Jungfrau war verpflichtet, sie zu heirathen oder auszustatten.¹⁰⁰) Wenn ein naturalisirter Bürger (ein $\delta\eta\mu o\pi o i\eta\tau o\varsigma$)¹⁰¹) die Tochter eines Vollbürgers heirathete, so wurde er nicht Herr über das Vermögen seiner Frau.¹⁰² Wer seiner Frau einen jährlichen Wittwengehalt versprochen hatte, war, wenn sie vor ihm ohne Kinder starb, nicht verbunden den Anverwandten derselben den Jahrgehalt zu zahlen.¹⁰³) Wer seine Frau verstieß, mußte ihr das mitgebrachte Heirathsgut wieder herausgeben oder ihr monatlich neun Obolen auszahlen, und that er dieß nicht, so konnten ihn deren Vater oder Vormund gerichtlich verfolgen.¹⁰⁴) Während jeder geborene Bürger, der keine Söhne hatte, sein Vermögen vermachen konnte, wem er wollte, durften adoptirte Personen gar kein Testament machen.¹⁰⁵) Wenn ein Vater ohne Testament starb, so erbten seine vollbürtigen Söhne zu gleichen Theilen;¹⁰⁶) aber auch ein adoptirter Sohn hatte denselben Antheil an der Erbschaft;¹⁰⁷) uneheliche Kinder dagegen konnten in keinem Falle erben¹⁰⁸) und auch durch Testament durfte der Vater einem solchen nicht mehr als fünf Minen vermachen.¹⁰⁹) Hinterließ der Vater keinen Sohn, aber wohl Töchter, so erbten diese mit den nächsten männlichen Anverwandten zugleich;¹¹⁰) doch konnte der Vater den Antheil einer Tochter auch einem Anderen unter

der Bedingung vermachen, daß er sie heirathete,¹¹¹) und war
dieß nicht geschehen, so hatte der nächste Anverwandte das Recht,
ihre Hand und damit auch ihr Vermögen zu beanspruchen und
diesen Anspruch auch gerichtlich auszuführen.¹¹²) Waren weder
Söhne noch Töchter da, so fiel die Erbschaft an des Vaters
Brüder und deren Söhne und an die von ihnen abstammenden
männlichen Erben bis zu den zweiten Geschwisterkindern herab,
und waren auch solche nicht vorhanden, so konnten dann die
Anverwandten der Frau des Verstorbenen bis zu eben dem
Grade herab Anspruch auf die Erbschaft machen; stets aber
mußte der Mannsstamm vorangehen.¹¹³) Wenn Einer vorsätz-
lich einen Schaden anrichtete, hatte er den doppelten, wenn er
es aber unvorsätzlich that, nur den einfachen Werth des Gegenstandes zu ersetzen.¹¹⁴) Wer einen Andern verwundete oder
verstümmelte, sollte unter Einziehung seiner Güter des Landes
verwiesen, und wenn er doch wieder herein kam, hingerichtet
werden.¹¹⁵) Wer sich selbst entleibte, dem sollte die Hand, mit
der er den Selbstmord begangen hatte, abgehauen und an einer
andern Stelle verscharrt werden, als der übrige Körper.¹¹⁶)
Auf jeden vorsätzlichen Mord stand die Todesstrafe;¹¹⁷) wer
aber Jemanden ohne Vorsatz und nur unvorsichtiger Weise
tödtete, mußte blos aus dem Vaterlande entweichen, bis er von
den Anverwandten des Ermordeten Verzeihung erhielt,¹¹⁸) und
wenn er wieder zurückkehrte, hatte er nur ein Opfer zu bringen
und sich entsündigen zu lassen.¹¹⁹) Hiermit möge diese Auswahl von Gesetzen, die sich leicht vermehren ließe, geschlossen
sein. Sie wird hinreichen, den Geist der athenischen Gesetzgebung kennen zu lernen.

Wir gehen nun zum Gerichtswesen und denjenigen Behörden über, die nach den eben angeführten Gesetzen richten sollen.
Das Gerichtswesen der Griechen war anfangs nur auf öffentliche Gerichtshändel beschränkt, Privatsachen aber blieben lange
Zeit ohne Einmischung der vom Staate eingesetzten richterlichen
Behörden blos der freiwilligen Gerichtsbarkeit und Familien-
gerichten überlassen. Die Criminaljustiz und die Blutgerichte,
im heroischen Zeitalter Sache der Könige, gingen mit dem Verfalle des Königthums und der Bildung einer Aristokratie an
den Herrenstand über, aus welchem die Richterkollegien (wie die
Epheten und der Areopag in Athen) gewählt wurden. Bei

Einführung demokratischer Verfassungen aber bildeten sich in den meisten griechischen Staaten Volksgerichte, die jedoch das Ansehen der alten, aristokratischen Gerichtshöfe keineswegs ganz aufhoben,[120]) sondern nur verminderten, indem sich diese nur dadurch demokratisch verjüngten, daß die Richter aus der Gesammtmasse des Volks ausgewählt wurden und nur noch eine erste Instanz bildeten, über welche das Volk als letzte Instanz die Controle führte,[121]) da von jedwedem Spruche der Behörden an dasselbe appellirt werden konnte.[122]) So ging nach und nach die Ausübung der Rechtspflege ganz in die Hände des Volks über, während die richterlichen Behörden fast nur zu vortragenden Präsidenten und Executoren der souveränen Volksgerichte herabsanken. Das gerichtliche Verfahren selbst ist uns, mit Ausnahme Athens, nur von wenigen griechischen Staaten bekannt, und wir werden uns daher hauptsächlich mit dem athenischen Gerichtswesen zur Zeit der vollendeten Demokratie zu beschäftigen haben, ohne einen Rückblick auf frühere Zeiten auszuschließen. Damit jedoch meine Leser den Hergang bei den Gerichten völlig verstehen können, müssen sie vorerst die verschiedenen, auch schon vor Solon bestandenen gerichtlichen Behörden kennen lernen. Da uns die Thätigkeit des wahrscheinlich uralten Areopags (s. unten) in der Geschichte erst kurz vor Solon's Zeiten wirklich bekannt wird, muß für uns das von Drakon eingesetzte Richtercollegium der Epheten[123]) als die älteste richterliche Behörde Athens gelten. Es bestand aus 50 Beisitzern, die sämmtlich aus dem Adel gewählt wurden, über 50 Jahre alt sein und ein unbescholtenes Leben geführt haben mußten.[124]) Sie saßen in fünf Dikasterien[126]) zu Gericht über Mordthaten und andere mit dem Tode zu bestrafende Criminalverbrechen,[126]) und es hing von der Beschaffenheit des jedesmaligen Falles ab, an welchen von den fünf Versammlungsorten, deren jeder für einen anderen Fall bestimmt war, das Collegium vom vorsitzenden Archon Basileus zusammenberufen wurde.[127]) Den von den näheren Anverwandten des Ermordeten bei ihnen angeklagten Mörder[128]) traf Todesstrafe,[129]) deren Vollziehung der Kläger beiwohnen durfte;[130]) entschieden jedoch die am Palladion richtenden Epheten, daß der Mord unvorsätzlich geschehen sei,[131]) so hatte der Angeklagte blos so lange das Land zu verlassen, bis er von den Verwandten des Getödteten die Erlaubniß zur Rückkehr erhielt;[132]) beging

er aber während dieser Zeit einen zweiten Mord, so bestand für
ihn ein eigener Gerichtshof der Epheten in der Phrealtys
(Φρεαττύς), einem Küstenplatze am Hafen Zea,[133]) wo er sich,
ohne das Land betreten zu dürfen, in einem Kahne stehend, zu
verantworten hatte. Wurde er freigesprochen, so kehrte er in
die Verbannung zurück; im entgegengesetzten Falle aber erlitt
er die Todesstrafe, wie ein vorsätzlicher Mörder.[134]) Dieß war
die Wirksamkeit der Epheten bis zu Solon's Zeiten; dieser aber
überwies, ohne ihre eigentlichen Gerichtshöfe ganz aufzuheben,
die wichtigsten Theile ihrer Gerichtsbarkeit, vorsätzlichen Mord,
boshafte Verwundung, Giftmischerei und Brandstiftung,[135]) dem
Areopag, und ließ ihnen bloß einen kleinen Rest derselben,[136])
weshalb dieses Collegium sehr bald sein altes Ansehen verlor.
— Der Areopag hatte seinen Namen[137]) von seinem Sitzungs-
orte, dem Areshügel (ὁ Ἄρειος πάγος), gleich westlich neben der
Akropolis, der einen Tempel des Gottes trug.[138]) Von der
frühesten Wirksamkeit dieses alten Gerichtshofes und seiner Theilnahme an den Blutgerichten der Epheten, von deren Dikasterien
sich das eine im Areopag befand,[139]) ist uns nichts Näheres bekannt. Daß er jedoch nicht erst von Solon geschaffen wurde,[140])
sondern schon früher bestand,[141]) unterliegt wohl keinem Zweifel.
Es wird vielmehr von Solon wohl nur eine zeitgemäße und
seinen übrigen Einrichtungen entsprechende Reform desselben vorgenommen worden sein, die sich namentlich auf seine Zusammensetzung erstreckte. Solon ordnete keine bestimmte Zahl von Mitgliedern desselben an,[142]) sondern verordnete nur, daß die jedesmal abgehenden Archonten, wenn sie ihre Pflicht gethan, in ihn
eintreten sollen,[143]) welche Einrichtung auch in späteren Zeiten
stets beibehalten wurde,[144]) und übertrug ihm (wie wir schon
sahen) den wichtigsten Theil der den Epheten entzogenen Blutgerichtsbarkeit. Doch war der Areopag keineswegs bloß Gerichtshof, sondern auch die oberste Polizeibehörde (s. unten), und da
ihm nicht nur die Obhut der Gesetze,[145]) sondern zugleich auch
die Aufsicht über die gesammte Staatsverwaltung übertragen
war,[146]) und das Recht zustand, die Behörden und die Volksversammlung im Interesse der bestehenden Verfassung und der
Ehre und Wohlfahrt des Staats zu controliren, war seine Stellung eine höchst bedeutende und einflußreiche. Zwar wußte es
Perikles durch Ephialtes beim Volke durchzusetzen, daß der

Areopag als eine mehr konservative als demokratische Institution des größten Theiles seiner Amtsbefugniß, namentlich als Oberaufsichtsbehörde, verlustig ging ¹⁴⁷) (denn die Blutgerichtsbarkeit wurde ihm nicht entzogen),¹⁴⁸) doch hob sich später die Bedeutung und der Einfluß des Collegiums wieder ¹⁴⁹) und besonders trat es durch Erweiterung seines Wirkungskreises als Polizeibehörde ¹⁵⁰) wieder mehr in den Vordergrund, während es auch früher als aus den bejahrtesten, unbescholtensten und intelligentesten Männern zusammengesetzt, stets mit einer gewissen Ehrfurcht betrachtet wurde. Auch später (selbst noch in der römischen Zeit) ¹⁵⁰ᵇ) stand der Areopag als richterliche Behörde in hohem Ansehen, und es wurde ihm zuweilen selbst Vollmacht ertheilt auch in Sachen, die eigentlich außer seiner Befugniß lagen, in letzter Instanz zu entscheiden.¹⁵¹) Uebrigens war er, da er auch öffentliche Gelder verwaltete, wie jede andere Behörde, zur Ablegung von Rechenschaft verpflichtet,¹⁵²) die sich jedoch nur auf diesen Gegenstand bezog und sein übriges Wirken ganz und gar nicht beschränkte. Unwürdige Mitglieder verstieß er aus seiner Mitte.¹⁵³) Seine Berathungen waren geheime.¹⁵⁴) (Die Art, wie die Gerichtsverhandlungen vor ihm stattfanden, werden wir unten darstellen.) — Eine andere, erst nach Solon's Zeiten eingesetzte gerichtliche Behörde war das Collegium der Eilf (οἱ ἕνδεκα), dessen Mitglieder, aus jeder der zehn Phylen eins, alljährlich durch's Loos bestimmt wurden, zu welchen als eilftes noch ein Schreiber kam.¹⁵⁵) Diesen Eilfmännern waren die Verhaftungen und Strafvollstreckungen überlragen; sie führten daher die Aufsicht über das Gefängniß, das Gefängnißpersonal und die Gefangenen ¹⁵⁶) und hatten die meistens im Gefängniß selbst stattfindenden¹⁵⁷) Leibes- und Lebensstrafen an den ihnen überlieferten Verbrechern zu vollstrecken,¹⁵⁸) die sie durch einen von ihnen bestellten Diener,¹⁵⁹) wahrscheinlich einen Sklaven, vollziehen ließen. Doch hatten sie auch eine eigene Strafgewalt, indem sie den Verbrecher, sobald er der That geständig war, sofort hinrichten lassen durften¹⁶⁰) und nur, wenn er läugnete, ihn vor Gericht zu stellen hatten; auch erstreckte sich ihre Jurisdiction auf Confiscationen, besonders wohl der Güter von verurtheilten Verbrechern.¹⁶¹) (Ob übrigens die in den Zeiten der Anarchie unter den Dreißig von Lysander eingesetzten Eilfmänner mit diesem Collegium identisch, oder davon verschieden waren, mag dahingestellt bleiben, obgleich die Identität wahrscheinlicher ist.)¹⁶²) — Ferner sind auch die neun Archonten ¹⁶³) als richterliche Behörde aufzuführen. Vor Solon hatte wohl, die den Epheten überwiesene Blutgerichtsbarkeit abgerechnet, die ganze richterliche Function in ihren Händen gelegen; seit Solons Zeiten aber war, wie ihr gesammter Wirkungskreis, so auch ihre richterliche Thätigkeit wesentlich beschränkt. Nur in seltenen Fällen, z. B. bei Bestrafung von Verwiesenen, die ohne Erlaubniß zurückkehrten,¹⁶¹) trat das ganze Archontencollegium gemeinschaftlich als Richter auf; außerdem entschied jeder einzelne Archon selbstständig und als einzige Instanz die an ihn gebrachten Rechtshändel; ¹⁶⁵) doch war Jeder auf eine scharf begrenzte Competenzsphäre beschränkt, ¹⁶⁶) und hatte auch sein besonderes Amtslocal. Vor den ersten Archon (oder den Eponymos) gehörten alle das Erb- und Familienrecht der Bürger betreffenden Streitigkeiten, so wie diejenigen Rechtshändel, welche sich auf die Feier der großen Dionysien und der Thargelien bezogen, über welche Feste er die Oberaufsicht führte; ¹⁶⁷) vor den Archon Basileus, auf welchen die priesterlichen Functionen des alten Königthums übergegangen waren, alle das Sacralrecht betreffenden, also mit dem Cultus und der Staatsreligion zusammenhängenden, öffentlichen Klagen, ¹⁶⁸) so wie Streitigkeiten, welche durch die Feier der Mysterien, Lenäen und Anthesterien ¹⁶⁹) oder durch die gymnischen Spiele, die unter seiner Obhut standen, hervorgerufen wurden;¹⁷⁰) vor den Polemarchos alle die persönlichen und Familienverhältnisse der Schutzverwandten (Metöken) und Fremden betreffende Klagen;¹⁷¹) vor die Thesmotheten endlich, welche als Collegium richteten¹⁷²) und die ausgebreitetste Jurisdiction hatten, alle übrigen Rechtssachen, insofern sie nicht ihrer besonderen Beschaffenheit nach zur speciellen Competenz eines anderen Beamten gehörten. — Noch habe ich der Diäteten oder Schiedsrichter zu gedenken, welche in öffentliche¹⁷³) und private¹⁷⁴) zerfielen. Erstere wurden alljährlich durch's Loos in nicht sicher zu bestimmender Zahl¹⁷⁵) gewählt, mußten ein Alter von 50 oder 60 Jahren haben,¹⁷⁶) und richteten nur in Privatrechtsfällen, nachdem der Kläger bei der competenten Behörde angezeigt hatte, daß er seine Sache vor einem Diäteten führen wolle, und wahrscheinlich erlooste dann die Behörde einen Diäteten aus der Phyle des Klägers,¹⁷⁷) dem sie den Prozeß übergab;[178] denn fast stets kommt nur ein Diätet als Recht sprechend vor. Das weiter unten dargestellte Verfahren vor ihnen unterschied sich von dem vor den ordentlichen Gerichtshöfen durch geringere Kosten[179] und Gefahr und durch größere Schnelligkeit, weshalb man sich nicht wundern darf, daß dieses Schiedsgericht bald so häufig in Anspruch genommen wurde, daß man es als erste Instanz in den meisten Privatprozessen betrachten kann.[180] Begnügten sich aber die Parteien mit seinem Ausspruche nicht, so stand es ihnen frei, sich noch an einen ordentlichen Gerichtshof zu wenden. Uebrigens waren sie gleich den ordentlichen Richtern zur Rechenschaft verpflichtet,[181] und Beschwerden gegen sie konnten im Monat Thargelion bei den Gerichten angebracht werden, die, für begründet befunden, Ehrlosigkeit für den Diäteten zur Folge hatten.[182] Als Gerichtslokal scheinen ihnen Tempel gedient zu haben.[183] Die Privatschiedsrichter, die dazu bestimmt waren, Rechtsstreite ohne richterliche Dazwischenkunft endgültig zu entscheiden,[184] wurden in unbestimmter Zahl[185] von den Parteien selbst gewählt und wahrscheinlich von der competenten Behörde, der jene die Namen derselben anzeigen mußten,[186] verreidet[187] (was bei den öffentlichen Diäteten nicht der Fall war). Sie versuchten in der Regel zuerst eine gütliche Beilegung der Sache,[188] blieb aber diese ohne Erfolg, so untersuchten sie dieselbe und sprachen Recht; wer aber diesen Rechtsweg verlassen wollte, mußte es noch vor ihrem Schiedsspruche thun,[189] denn eine weitere Appellation gegen diesen war nicht gestattet.[190] — Zu den älteren Gerichtsbehörden kam nun später als die wichtigste von allen noch das Volksgericht oder die Heliäa (ἡλιαία),[191] welches die Beibehaltung der übrigen Gerichtshöfe fast illusorisch machte. Es bestand aus 6000 Heliasten (ἡλιασταί) benannten Geschworenen, die alljährlich aus der Gesammtheit der Bürgerschaft, ohne Rücksicht auf Stand und Vermögen, jedoch nicht vor zurückgelegtem dreißigsten Lebensjahre[192] von den neun Archonten durch's Loos gewählt wurden,[193] und zwar aus jeder Phyle 600. Von ihnen waren jedoch nur 5000 in zehn Abtheilungen oder Dikasterien[194] zu 500 Mann in activem Dienst.[195] Die übrigen 1000 wurden nur als Ersatzmänner gebraucht; alle aber mußten vor Antritt ihres Amtes einen Eid leisten.[196] Jeder der Erloosten erhielt nun ein bronzenes

Täfelchen (πινάκιον) mit seinem Namen und einem der zehn ersten Buchstaben des Alphabets, der auf die Abtheilung hinwies, zu der er gehörte.[197]) Zur Entscheidung der im Laufe des Jahres vorkommenden Prozesse wurden aus der Gesammtheit der erloosten Richter wieder die Beisitzer für die einzelnen Gerichtshöfe durch's Loos ausgewählt,[198]) und diese Loosung durch die Thesmotheten auf dem Marktplatze in folgender Weise vorgenommen. Im gewöhnlichen Falle, wenn ein oder mehrere Gerichtshöfe mit der vollen Zahl von 500 Geschworenen zu besetzen war, wurden zwei Gefäße aufgestellt, eins mit so vielen Loosen, als an diesem Tage Dikasterien in Thätigkeit kommen sollten, mit den Buchstaben derselben bezeichnet, das andere mit den zehn Loosen der Richterabtheilungen. Aus beiden Gefäßen wurde nun gleichzeitig ein Loos gezogen und diejenige Abtheilung, deren Loos herauskam, saß in dem Gerichtshofe, dessen Loos gleichzeitig gezogen wurde. Ein anderes Verfahren freilich mußte eintreten, wenn ein Gerichtshof mit mehreren Abtheilungen oder im Gegentheil mit einer unvollzähligen Abtheilung oder mit einer Anzahl von Geschworenen besetzt werden sollte, welche nicht in der Summe zweier oder mehrerer Abtheilungen aufging;[199]) denn auch diese beiden Fälle kamen vor.[200]) Im ersten Falle wurde das Loos eines Gerichtshofes in so vielen Exemplaren, als erforderlich waren, in das eine Gefäß gelegt, so daß dieser mit mehreren Richterabtheilungen herauskommen mußte; wie man aber im zweiten Falle verfuhr, ist uns unbekannt. Eine zweite Loosung fand am Morgen jedes Gerichtstags statt,[201]) welche sich nur darauf bezog, an welcher der verschiedenen Gerichtsstätten jede einzelne Abtheilung diesmal Sitzung halten sollte, und womit zugleich die Vertheilung der Rechtshändel selbst verbunden war, von denen viele an eine bestimmte Stätte gewiesen waren. Nach vollzogener Loosung erhielten die Richter als Zeichen ihrer Amtsthätigkeit Stäbe mit der Nummer und der Farbe desjenigen Gerichtshofs, dem sie zurtheilt waren,[202]) und dann beim Eintritt in den Gerichtshof eine Marke (σύμβολον),[203]) gegen deren Rückgabe ihnen nach Beendigung der Sitzung der Richtersold ausgezahlt wurde.[204] Zahl und Ort der verschiedenen Gerichtshöfe lassen sich nicht mit Gewißheit angeben; denn daß erstere der Zahl der zehn Richterabtheilungen entsprochen habe, wie gewöhnlich angenommen wird,[205]) ist keineswegs erwiesen. Eben so wenig aber reicht auch die sich hier und da ¹⁰⁶) findende Zahl von vieren hin. Der bedeutendste der heliastischen Gerichtshöfe, wo die wichtigsten öffentlichen Sachen entschieden wurden, ¹⁰⁷) war eben die Heliäa, ¹⁰⁸) deren Name auch auf die übrigen überging, die im Palladion ¹⁰⁹) am Odeum ¹¹⁰) und anderwärts ihre Sitzungen hielten. Daß solche weder an Fest- noch an Volksversammlungstagen gehalten wurden, versteht sich wohl von selbst, sonst aber fanden sie fortwährend statt und wurden höchstens in Kriegszeiten ausgesetzt. ¹¹¹)

Außer den bisher genannten Gerichtsbehörden gab es endlich noch ein paar andere untergeordnete für besondere einzelne Fälle; zuerst die durch's Loos bestimmten Nautodiken (ναυτοδίκαι) für Handels- und Schiffahrtsstreitigkeiten, ¹¹²) die nur in den sechs Wintermonaten, wo die größtentheils ruhende Schifffahrt den Betheiligten persönliche Anwesenheit gestattete, durch die Thesmotheten ihnen zugewiesene ¹¹³) Klagen annahmen, und die bei ihnen angebrachten Sachen binnen Monatsfrist entscheiden mußten; ¹¹⁴) sodann das durch's Loos, bisweilen auch durch Wahl bestimmte Collegium der Dreißig oder später ¹¹⁵) der Vierzig, welches das Recht hatte, auf dem Lande von Ort zu Ort herumzureisen und ganz geringfügige Streitigkeiten wegen Injurien und Gewaltthätigkeiten von geringerem Belang, so wie über Forderungen bis zum Belauf von zehn Drachmen zu entscheiden, bedeutendere Sachen aber an die ordentlichen Gerichte in Athen verweisen mußten. ¹¹⁶) Hier ist noch zu bemerken, daß Vergehungen gegen die Kriegsgesetze nur von Waffengenossen, ¹¹⁷) Verletzungen der Mysterien nur von Eingeweihten gerichtet ¹¹⁸) und wahrscheinlich auch Bergwerkssachen ¹¹⁹) nur durch Sachverständige entschieden werden konnten.

Nachdem so die verschiedenen richterlichen Behörden zur Kenntniß meiner Leser gelangt sind, habe ich dieselben nun mit dem Hergange in den bedeutenderen Gerichtshöfen bekannt zu machen, nachdem ich noch einige allgemeine Bemerkungen vorausgeschickt habe, die sich auf das gerichtliche Verfahren in Athen überhaupt beziehen. Was zuerst die Klage betrifft, ohne welche Griechenland überhaupt keinerlei richterliche Thätigkeit kannte, ¹²⁰) so hatte nur ein wirklicher athenischer Bürger das Recht, eine solche persönlich und selbstständig anzustellen, jeder Andere mußte sich durch einen Bürger vertreten lassen, denn allerdings konnten auch Metöken und Fremde, Frauen und Minderjährige, ja selbst Sklaven mittelbar als Kläger auftreten.²¹¹) Die Klagen aber zerfielen in öffentliche (γραφαί), bei welchen der Kläger keinen Vortheil für sich bezweckte,²²²) sondern nur das in der Person des Staats oder eines Einzelnen gefährdete Gemeinwohl in's Auge faßte, und in Privatklagen (δίκαι), die sich auf rein privatrechtliche Verhältnisse, d. h. Streitigkeiten über Mein und Dein, Schadenersatz u. s. w. bezogen.²²³) Erstere konnten von jedem Berechtigten, der da wollte,²²⁴) letztere nur von dem Selbstbetheiligten angestellt werden. Bei welchem von den verschiedenen Gerichtshöfen die Klage anzubringen war, hing von dem Gegenstand derselben ab, da die Bestrafung der meisten Vergehen nur einem bestimmten Gerichtshofe zukam. Nur in dem Falle, daß das Vergehen thatsächlich erwiesen und eingestanden und die Gesetzwidrigkeit der Handlung unbestritten war, die Strafe dafür aber gesetzlich feststand und es also keiner Untersuchung und keines Urtheilsspruchs über das Schuldig oder Nichtschuldig bedurfte,²²⁵) finden wir die Competenz der einzelnen richterlichen Behörden nicht so scharf getrennt²²⁶) und ein mehr summarisches Verfahren gestattet, bei welchem der Schuldige von jeder Behörde, bei welcher die Klage angebracht war (Prytanen, Archonten, Eilfmänner u. s. w.), ohne vorherige Ladung sofort verhaftet und zur gesetzlichen Strafe gezogen werden konnte. War aber der Fall streitig, so mußte er auf dem ordentlichen Rechtswege entschieden und nach Einführung der Volksgerichte in letzter Instanz vor diese gebracht werden. Welche Arten von Vergehen aber vor die verschiedenen Gerichtshöfe gehörten und wie weit sich die Competenz der letzteren erstreckte, ist bereits oben dargestellt worden. Der ordentliche Rechtsgang sowohl in öffentlichen als in Privatprozessen begann mit der Vorladung des Beklagten, welche der Kläger persönlich und in Gegenwart von Zeugen bewerkstelligen mußte.²²⁷) Darauf wurde die Klage schriftlich und mit Nennung der Ladezeugen bei der betreffenden Behörde eingereicht,²²⁸) denn ohne diese Förmlichkeit wurde sie nicht angenommen.²²⁹) Nun deponirten in Privatsachen beide Theile die Gerichtsgelder (πρυτανεῖα),²³⁰) welche bei Summen von 100 bis 1000 Drachmen drei, von 1000 bis 10,000 dreißig Drachmen u. s. w. betrugen und von dem verlierenden Theile dem Siegenden erstattet werden mußten, da sie dem Staate anheimfielen;[231]) bei öffentlichen Klagen aber ist nur hier und da von einer geringen Summe die Rede, die als παράστασις vom Kläger zu Anfang zu entrichten,[232]) bei manchen Klagen aber auch erlassen war.[233]) Hierauf begann die Voruntersuchung (ἀνάκρισις)[234]) zur Feststellung der Streitfrage (ἀντιγραφή),[235]) wobei beide Theile ihre schriftlich einander entgegengestellten Behauptungen eidlich anerkennen mußten.[236]) Ging der Beklagte ohne Einspruch gegen die Rechtmäßigkeit der Klage auf dieselbe ein,[237]) so begann sofort die Untersuchung, brachte er aber Einreden vor,[238]) so mußte zuvörderst über diese verhandelt und gerichtlich entschieden werden; und selbst wenn das Gericht eines Formfehlers oder sonstigen Verstoßes gegen die gesetzlichen Vorschriften wegen eine Klage zurückwies,[239]) oder auf den Zeugenbeweis bei der Voruntersuchung hin den Streitpunkt als bereits abgethan betrachtete, stand doch dem Kläger die Einsprache (ἐπίσκηψις)[240]) und eine Klage gegen die Zeugen zu,[241]) nach deren Erledigung der Rechtsstreit selbst wieder aufgenommen werden konnte.[242]) Gewöhnlich beschränkte sich daher die Voruntersuchung oder Instruction eines Prozesses auf Sammlung der Beweismittel beider Theile (Urkunden, Zeugnisse und schriftlich aufgezeichnete Aussagen der Sklaven auf der Tortur), welche in versiegelten Kapseln[243]) bis zum Gerichtstage aufbewahrt wurden. Wann dieser anberaumt wurde, hing von den Umständen ab. Im Allgemeinen war dazu spätestens der dreißigste Tag nach dem Einreichen der Klage und dem Instructionsverfahren bestimmt; doch konnte in schwierigen und verwickelten Fällen dieser Termin wohl nicht immer eingehalten werden, und selbst wenn der Gerichtstag bereits festgesetzt war, konnte er durch Fristgesuche (ὑπωμοσίαι) und allerlei Chikanen (die nicht selten vorgekommen zu sein scheinen) weiter hinausgeschoben werden. Solche Gesuche wurden entweder vor dem Gerichtstage schriftlich oder an diesem selbst durch Bevollmächtigte unter eidlich bestätigter Angabe der Gründe angebracht,[244]) gegen deren Gültigkeit jedoch die andere Partei Einspruch erheben konnte, worauf die Richter zu Gunsten der einen oder der andern Partei entschieden. Wurde das Gesuch abgeworfen, so erfolgte, wenn der Kläger am Gerichtstage ausblieb, Lossprechung des Beklagten, wenn aber dieser sich nicht einfand, seine Verurtheilung in contumaciam;²⁴⁵) warb aber das Gesuch angenommen, so blieb der Prozeß bis auf Weiteres liegen und der Kläger hatte auf Anberaumung eines neuen Termins anzutragen. ²⁴⁶) Bei Privatprozessen konnten die streitenden Parteien selbst noch am Gerichtstage, und wenn schon die Stimmen der Richter abgegeben, nur noch nicht gezählt waren, ²⁴⁷) ihren Streit durch einen gütlichen Vergleich beilegen; bei öffentlichen Prozessen dagegen war dieß nicht gestattet und ein Fallenlassen der Klage zog eine Strafe von 1000 Drachmen nach sich. ²⁴⁸) Wie es nun, wenn der Prozeß seinen Fortgang hatte, am Gerichtstage selbst herging, wird sich aus der folgenden Darstellung der gerichtlichen Verhandlungen im Areopag und mehr noch in der Heliäa ergeben. Bei einer Gerichtsverhandlung vor dem mit der Blutgerichtsbarkeit betrauten Areopag war die Klage, wie bei allen einen Mord betreffenden Fällen, beim Archon Basileus anzubringen und wurde von diesem nach dreimaligem in drei auf einander folgenden Monaten angestelltem Untersuchungsverfahren ²⁴⁹) vor das Gericht des Areopags gebracht. Dieses, das seine Sitzungen in den drei letzten Tagen jedes Monats ²⁵⁰) an dem uns schon bekannten Orte²⁵¹) unter freiem Himmel hielt, ²⁵²) verpflichtete nun vorerst die Parteien durch einen unter besonderen Feierlichkeiten abzuleistenden Eid zur Wahrhaftigkeit in ihren Aussagen; ²⁵³) (denn fast nur auf diesen und die Aussagen von Sklaven bei der Tortur (βάσανος), ²⁵⁴) auf die selbst noch größerer Werth gelegt wurde, als auf das eidliche Zeugniß eines Freien, ²⁵⁵) gründete sich im ganzen griechischen Gerichtswesen die Untersuchung des Thatbestandes und die Beweisführung, während auf andere Beweise und selbst auf die bündigsten schriftlichen Urkunden nur sehr wenig gegeben wurde.) Hierauf war es jeder Partei gestattet, zweimal zu sprechen, und noch nach der ersten Rede durfte der Angeklagte, vorausgesetzt, daß er nicht des Vatermordes angeklagt war, sich durch ein freiwilliges Exil der Strafe entziehen. ²⁵⁶) Jeder aber mußte, wenigstens in früherer Zeit, seine Sache selbst, ohne Beistand eines Redners führen, und sich dabei alles rhetorischen Schmucks und aller Umschweife enthalten, ²⁵⁷) und als Rednerbühne dienten den Sprechenden zwei rohe Steine. ²⁵⁸) Der Ausspruch des Gerichts erfolgte nach Majorität der Stimmen und bei Gleichheit derselben fand Freisprechung statt. Uebrigens kam bei den Aussprüchen mehr das ethische, als das juristische Princip zur Geltung; die Areopagiten entschieden mit Rücksicht auf den sonstigen Lebenswandel des Angeklagten nach eigener bester Ueberzeugung,²⁵⁹) ihre Aussprüche aber galten dennoch in ganz Griechenland als Ergebnisse der unbestechlichsten Wahrheits- und Gerechtigkeitsliebe.²⁶⁰ — In der Heliäa oder dem Volksgerichte, dessen Wirkungskreis sich entweder in erster Instanz oder durch Berufung von andern Gerichtshöfen mit wenigen Ausnahmen über die gesammte Rechtspflege erstreckte, begannen die gerichtlichen Verhandlungen, wenn die Instructionsbehörde einen Prozeß an sie gebracht und die zur Entscheidung desselben bestimmten Geschworenen nebst dem Vorsitzenden sich des Morgens²⁶¹) an einer der Gerichtsstellen²⁶² versammelt hatten, mit der Vorladung der Parteien, die nach Vorlesung der Klage und der Gegenschrift des Beklagten durch den Schreiber²⁶³) zum Sprechen aufgefordert wurden;²⁶⁴) denn persönliche Gegenwart beider Parteien war wesentliche Bedingung, von der nur in Krankheitsfällen²⁶⁵) oder aus andern dringenden Ursachen²⁶⁶) abgegangen wurde. Da nun aber gewiß sehr Viele nicht im Stande waren, einen dem Zwecke entsprechenden Vortrag selbst abzufassen oder aus dem Stegreif zu halten, so ließen sie sich von Andern eine Rede aufsetzen, die sie dann auswendig lernten und vor Gericht hersagten;²⁶⁷) auch riefen sie, nachdem sie selbst nur einige Worte gesprochen hatten, mit Bewilligung der Richter einen Freund zur Unterstützung auf, der nun den eigentlichen Vortrag hielt. Waren mehrere Kläger vorhanden, so sprach der älteste zuerst,²⁶⁸) jedesmal aber alle Sprecher einer Partei hinter einander, erst die der klagenden, dann die der sich vertheidigenden Partei. Jede Partei sprach in Privatsachen zweimal, in öffentlichen aber nur einmal.²⁶⁹ Die der größern oder geringeren Wichtigkeit der Sache entsprechende Dauer der Rede²⁷⁰) wurde den Parteien durch die Wasseruhr (Klepsydra)²⁷¹) zugemessen,²⁷²) deren Lauf nur während der Vorlesung von Actenstücken und andern Beweismitteln gehemmt wurde.²⁷³) Der Redner war, so lange er sprach, unverletzlich und der Gegner durfte ihn nicht anders, als aufgefordert, unterbrechen,²⁷⁴) während der Sprecher selbst Fragen an ihn richten konnte.²⁷⁵) Die Richter dagegen hatten das Recht ihm in's Wort zu fallen, wenn er unziemliche und nicht zur Sache gehörige Dinge vorbrachte.²⁷⁶) Sehr gewöhnlich,

## Gesetzgebung und Gerichtswesen.

obgleich ungesetzlich,²⁷⁷) war es, sich auf's Bitten zu legen und jammernde Weiber, Kinder und andere Fürbitter herbeizurufen.²⁷⁸) Die Zeugnisse scheinen gewöhnlich von den Parteien selbst schriftlich aufgesetzt und dann den Zeugen vor dem Gerichte zum Beschwören vorgelegt worden zu sein.²⁷⁹) Zur Ablegung eines Zeugnisses konnte jeder Ehrenhafte und nicht in naher Verwandschaft mit dem Gegner Stehende, wenn er nicht seine Unbekanntschaft mit der Sache eidlich erhärtete,²⁸⁰) gerichtlich gezwungen werden.²⁸¹) Wie die Parteien selbst, mußten auch die Zeugen persönlich erscheinen und nur in außerordentlichen Fällen wurde ein Zeugniß von Abwesenden gestattet;²⁸²) und wenn ein Zeuge gegen sein Versprechen wegblieb, konnte der Betheiligte gegen ihn auf Schadenersatz klagen.²⁸³) Nachdem die Parteien gesprochen, erfolgte die Abstimmung der Richter ohne vorgängige Berathung²⁸⁴) im Geheimen²⁸⁵) mittelst weißer und schwarzer oder ganzer und durchlöcherter Stimmsteine.²⁸⁶) Es waren aber zwei Gefäße (κάδοι oder καδίσκοι) aufgestellt, das eine von Erz (der κάδος κύριος) mit einem unten engen, oben weiten, trichterförmigen Aufsatze aus Geflecht,²⁸⁷) worein man den gültigen Stein legte; das andere, blos zur Controle dienende (der κάδος ἄκυρος) von Holz, in welches man den anderen ungültigen Stein warf,²⁸⁸) so daß also kein Richter wußte, wie seine Collegen gestimmt hatten. Nur die Steine im Hauptgefäß wurden gezählt. Bei gleicher Anzahl der Stimmen wurde zu Gunsten des Beklagten entschieden.²⁸⁹) Auf den ersten Urtheilsspruch über Schuldig oder Nichtschuldig folgte in vielen Fällen noch ein zweiter über Bestimmung der Strafe des Schuldigbefundenen²⁹⁰) und zwar sowohl bei öffentlichen als bei Privatklagen, und hier scheinen sich, wenn die Strafe nicht schon durch das Gesetz fest bestimmt war, allerdings die Richter vorher berathen zu haben, ehe sie aussprachen, was der Schuldige zu leiden oder zu zahlen habe. War aber Freisprechung erfolgt, so konnte der Verlust des Prozesses auch für den Kläger nachtheilige Folgen haben; denn wenn er nicht einmal den fünften Theil der Stimmen für sich hatte, mußte er bei einem öffentlichen Prozesse 1000 Drachmen an den Staat zahlen²⁹¹) und verlor das Recht, in Zukunft wieder eine solche Klage anstellen zu können,²⁹²) bei einem Privatprozesse aber wurde er dem Gegner den sechsten Theil der in Anspruch genommenen

Summe als Buße schuldig.²⁹³) Ging der Spruch des Gerichts auf Schadenersatz oder Geldbuße, so wurde dem Verurtheilten eine Frist gestattet,²⁹⁴) wenn er aber auch dann nicht zahlte, ward er bei einer öffentlichen Sache als Staatsschuldner ehrlos und konnte sich nur durch Stellung von Bürgen vor persönlicher Haft sichern, und bei fortgesetzter Säumigkeit machte sich der Staat mit seinem ganzen Vermögen bezahlt;²⁹⁵) bei einer Privatsache aber konnte er von dem Gegner gepfändet,²⁹⁶) oder auf's Neue verklagt werden,²⁹⁷) und wenn er abermals verurtheilt wurde, hatte er auch an den Staat dieselbe Buße zu zahlen.²⁹⁸) Wurde der Angeklagte zu einer Leibesstrafe verurtheilt, womit gewöhnlich auch Confiscation des Vermögens verbunden war, so wurde die Vollstreckung der Strafe den Elfmännern übertragen.²⁹⁹) Die Strafe des überführten Verbrechers konnte nach attischem Rechte nur eine einfache sein, entweder eine Strafe an Leib und Ehre (ein παϑεῖν, wie Tod, Gefängniß, Sclaverei, Verbannung, Atimie oder Verlust der bürgerlichen Rechte und Confiscation),³⁰⁰) oder eine Geldstrafe (ein ἀποτίσαι),³⁰¹) die jedoch in manchen Fällen³⁰²) auch noch verschärft werden konnte.³⁰³) Appellationen von Urtheilssprüchen der Volksgerichte waren nicht denkbar,³⁰⁴) da ja die Heliäa selbst die Vertreter der höchsten Staatsgewalt war, und überhaupt im attischen Rechte im Allgemeinen der Grundsatz galt, daß ein einmal ausgesprochenes Urtheil des Gerichtshofs unwiderruflich sei und nicht weiter angefochten werden könne.³⁰⁵) Zum Schlusse sei noch das Wenige angeführt, was wir von der inneren Einrichtung der Gerichtshöfe wissen. Die Richter saßen auf hölzernen Bänken,³⁰⁶) für die Parteien aber waren Bühnen errichtet, auf denen sie saßen, aber stehend redeten.³⁰⁷) Die Gerichtsstätte war mit Schranken umgeben und durch eine Gitterthür geschlossen.³⁰⁸) Uebrigens waren die Sitzungen öffentlich und in der Regel von Zuhörern ziemlich stark besucht.³⁰⁹)

Wie kein civilisirter Staat ohne Gerichte bestehen kann, eben so wenig ohne ein Institut, welches wir Polizei nennen, und das daher auch in Griechenland nicht fehlte, obgleich es keinen besonderen Namen dafür gab. Auch von ihm muß daher noch in der Kürze gehandelt werden. Die Polizei der Griechen hatte einen größeren Umfang, als die unsrige, indem sie sich nicht auf Sicherheits- und Gesundheitspolizei beschränkte, sondern auch eine Aufsicht über körperlichen und sittlichen Anstand umfaßte.³¹⁰) Es gab aber nicht nur die unten genannten Polizeibehörden, sondern jeder Bürger war eigentlich dazu berufen, Polizei zu üben, indem er nicht nur das Recht öffentlicher Anklage gegen Störer der Ruhe und Ordnung hatte, sondern zur Anzeige gesetzwidrigen Sinnens und Handelns bei der Obrigkeit förmlich verpflichtet, ja in einigen Staaten selbst zu thätlichem Einschreiten berechtigt war. Fassen wir nun die beiden Hauptstaaten Griechenlands in's Auge, so richtete sich in Sparta, von dessen polizeilichen Einrichtungen wir weniger unterrichtet sind, als von denen Athens, die Thätigkeit der Polizei nicht nur auf Verhinderung ungesetzlicher Thaten, sondern selbst auf eine Hut der Gedanken. Hauptgrundsatz der starren spartanischen Verfassung war, daß der bestehende Zustand des öffentlichen Wesens unwandelbar festgehalten und dem Bürger als der beste und vollkommenste dargestellt werden müsse. Daher durfte sich kein jüngerer Bürger erlauben, Bemerkungen über die bestehenden Gesetze und Einrichtungen zu machen, und auch den Alten waren solche nur ihren Altersgenossen und der Obrigkeit gegenüber gestattet,³¹¹) damit aber nicht etwa eine schädliche Einwirkung von Außen stattfinde, durfte kein Bürger ohne ausdrückliche Erlaubniß oder auf Geheiß in's Ausland reisen;³¹²) ob jedoch dabei in Sparta oder irgend einem anderen griechischen Staate auch ein Paßwesen bestand, bleibt ungewiß.³¹³) Auch hier war die gesammte Bürgerschaft zu polizeilicher Thätigkeit verpflichtet und selbst zu unmittelbarem thätlichen Eingreifen zur Wahrung gesetzlicher Ordnung berechtigt. Die polizeiliche Oberbehörde waren die Ephoren und neben ihnen wirkten die Nomophylakes als Hüter der gesetzlichen Einrichtungen. Unterbeamte der Polizei werden uns nicht genannt. Eine besondere Polizeiwache, wie in Athen, gab es in Sparta nicht. — Auch in Athen war es Pflicht eines jeden Bürgers, die Polizei zu unterstützen, jedoch nicht durch thätliches Einschreiten, wie in Sparta, sondern nur durch Anzeige und Klage bei der Obrigkeit,³¹⁴) da bei allen Vergehen, also auch bei polizeilichen, gerichtliche Verhandlung stattfinden sollte. Die Wirksamkeit der athenischen Polizei erstreckte sich weniger auf Vorkehrungen zur Verhinderung des Verbotenen, als auf die Verantwortung nach erfolgter Uebertretung der Gesetze; da es aber mit einer solchen erst dann eintretenden Verantwortlichkeit, wenn sie nicht ohne Wirkung bleiben soll, sehr streng genommen werden muß, so dürfen wir uns nicht wundern, daß wir bei der Polizei in Athen eine fast despotische Härte finden. Eher könnte uns, wenn wir mit dem Geiste des athenischen Volks nicht schon hinreichend bekannt wären, das wunderbar erscheinen, daß trotz der großen Ausdehnung der Polizeigewalt in Bezug auf Religion, Zucht und Sitte dennoch das freieste und keckste politische Leben in Athen herrschte. Die hergebrachte Religion sollte unangetastet, Zucht und Sittlichkeit aufrecht erhalten bleiben, über Verfassung und Verwaltung des Staats aber war – ganz im Gegensatz zu Sparta – Jedem das freimüthigste Urtheil gestattet. Selbst die kühnsten, ja frechsten Angriffe auf die Staatsregierung, auf die Behörden, auf das Volk waren kein Gegenstand der Ahndung von Seiten der Polizei. Auch politische Clubs und eidlich geschlossene geheime Verbindungen (ἑταιρεῖαι) zu Ausübung eines Einflusses auf die Staatsverwaltung, von denen sich besonders zur Zeit des peloponnesischen Krieges mancherlei Spuren in Athen finden,[315] wurden nicht für polizeiwidrig gehalten. Eine förmlich organisirte geheime Polizei scheint sich weder zu Athen, noch in irgend einem anderen griechischen Staate gefunden zu haben. Als oberste Polizeibehörde Athens kann man den Areopag[316] und den Rath der Fünfhundert[317] betrachten, ersteren in Bezug auf die Sittenpolizei, letzteren in Hinsicht der Sicherheitspolizei. Neben ihnen wirkten die Nomophylakes und die aus den Prytanen gewählten Proëdroi,[318] die besonders über Erhaltung der Ordnung während der Volksversammlungen wachten und unanständiges Benehmen und Ungebührlichkeiten der Bürger durch Ergreifung und Fortschaffung derselben rügten,[319] während dem Polemarchen[320] die Aufsicht über die Metöken und Fremden übertragen war. Die besonders mit der Straßen-, Markt- und Baupolizei betrauten Unterbeamten, Astynomen, Agoranomen, Silophylakes, Metronomen, Opsonomen, Sophronisten u. s. w. und ihren Wirkungskreis haben wir schon oben kennen gelernt,[321] und eben so ist auch bereits von den unter einem Toxarchos stehenden Polizeisoldaten, den Toxoten oder Scythen, die Rede gewesen.[322]

# Anmerkungen zum 19. Kapitel.

1) Aristot. Pol. IV, 6, 3. Xen. Mem. IV, 4, 15. Demosth. de cor. §. 205. p. 296. Strab. VI. p. 399. Diog. Laert. I, 103. Stob. Serm. XLIII, 33.

2) Vgl. Diod. V, 78. Strab. X. p. 729 ff. u. s. w. Seine Gesetze wurden für Offenbarungen des Zeus gehalten. (Hom. Od. XIX, 179. Diod. V, 78. Ephorus bei Strab. X. p. 476. Plat. Min. p. 318. d. Paus. III, 2, 4.

3) Diod. Exc. leg. IX, 11. p. 43. vgl. Aristot. Eth. Nicom. III, 5, 8. Pol. II, 9, 9. Strab. XIII. p. 617. Dion. Hal. II, 26. Clem. Aler. Strom. I. p. 300. Stob. Serm. XLIV, 20. 40. Cic. Legg. II, 26.

4) Aristot. Pol. II, 9, 5. vgl. Plat. Rep. X. p. 599. e. u. Heracl. Pol. 25.

5) Diod. XII, 11 ff. vgl. Plat. Legg. III. p. 861. d. Aristot. Pol. II, 9, 5. Diog. Laert. VIII, 16. Porphyr. de vit. Pyth. 21. Jamblich. vit. Pyth. 7. §. 33. Theodoret. cur. Gr. aff. IX. p. 608. c. Senec. Ep. 90. Val. Max. VI, 5, 4.

6) Die Bruchstücke derselben bei Stobäus Serm. XLIV, 20. 21. 40. sind unächt und wahrscheinlich erst ein Machwerk des ptolemäischen Zeitalters, verdienen aber dennoch einige Beachtung, da sich doch wohl aus ihnen wenigstens der Inhalt der Gesetze erkennen läßt.

7) Vgl. Diogen. Prov. V, 94. Heracl. Pol. 30. Athen. X, 33. p. 429. a. Aelian. V. Hist. II, 37. Diod. XII, 12 ff. 21.

8) Strab. VI. p. 260.

9) Aristot. Pol. II, 9, 8.

10) Herod. I, 65. Diod. Exc. Vat. VII, 1. Plut. Lycurg. 5. Paus. III, 2, 4. Xen. Apol. 15. u. Rep. Lac. 8, 5. Plat. Legg. zu Anfang. Strab. XVI. p. 762. Val. Max. I, 2, 3.

11) Plut. Lycurg. 13. vgl. Apophth. Lac. p. 221. b. u. Plat. Rep. IV. p. 425.

¹¹) Plut. Lycurg. a. a. O. Ages. 26. und de usu carn. II, 2.
¹²) Xen. Rep. Lac. 15, 1. 7. vgl. Plat. Legg. III. p. 684. a. u. Isocr. in Archid. §. 21.
¹³) Außer von den auf Tödtung bezüglichen Gesetzen, welche Solon beibehielt, besitzen wir darüber nur fragmentarische Notizen bei Diog. Laert. I, 55. u. Porphyr. de abstin. I, 22. Uebrigens werden Drakon's Gesetze gewöhnlich nicht νόμοι, sondern ϑεσμοί genannt. 'Aelian. V. Hist. VIII, 10. vgl. Andoc. de myster. §. 83. u. Etym. M. p. 448.)
¹⁴) Plut. Solon 17. vgl. Gellius XI, 18, 2 ff.
¹⁵) Plut. a. a. O.
¹⁶) Φοινικοί νόμοι: Plut. a. a. O. Demosth. in Aristocr. §. 52. p. 636.
¹⁷) Daher verordnete Drakon, daß selbst leblose Gegenstände, welche den Tod eines Menschen verursacht hatten, über die Grenze geschafft werden sollten. (Paus. VI, 11, 2.)
¹⁸) Demosth. in Aristocr. §. 69. p. 642 f. Pollux VIII, 117.
¹⁹) Demosth. in Euerg. §. 72. p. 1161. in Macart. §. 57. p. 1068.
²⁰) Demosth. in Euerg. l. l.
²¹) Demosth. in Macart. l. l.
²²) Demosth. in Aristocr. §. 72. p. 643. Schol. zu Eurip. Hipp. 35. Hesych. s. v. ἀπενιαυτισμός.
²³) Demosth. in Aristocr. §. 45. p. 634.
²⁴) Demosth. in Pantaen. §. 59. p. 983.
²⁵) Vgl. Antiphon Venef. §. 4.
²⁶) Demosth. in Aristocr. §. 53. p. 637.
²⁷) Demosth. in Aristocr. §. 51. p. 636. §. 53. p. 637. §. 60. p. 639.
²⁸) Demosth. in Euerg. §. 70. p. 1160. Antiph. de caed. Her. §. 48. Pollux VIII, 118.
²⁹) Plut. Solon 17. Demosth. in Aristocr. §. 52. p. 636.
³⁰) Gellius XI, 18, 5.
³¹) Plut. Solon 25. Diog. Laert. I, 62. Aelian. V. Hist. VIII, 10.
³²) D. h. so, daß die erste Zeile von der Linken zur Rechten, die zweite von der Rechten zur Linken, die dritte wieder von der Linken zur Rechten lief u. s. w.
³³) Sie hießen κύρβεις oder, weil sie sich herumdrehen ließen, ἄξονες. (Plut. Solon 25. Schol. zu Aristoph. Av. 1360.) Schon bei den Alten oder herrschten hierüber sehr verschiedene Ansichten, indem man auch einen Unterschied zwischen beiden Namen und eine Verschiedenheit der Gestalt und des Materials (Holz, Stein, Erz) annahm. Vgl. außer Plut. a. a. O. Pollux VIII, 128. Harpocr.

s. v. κιρβείς, Schol. zu Aristoph. Nub. 447. u. Ammon. de diff. voc. p. 16. Valcken.
35) Plut. Solon 25. Paus. I, 18, 3. (welche beide noch Reste derselben im Prytaneum fanden) u. Pollux a. a. O.
36) Pollux VIII, 96.
37) Diod. XVIII, 74 ff.
38) Vgl. über dieß alles Demosth. in Timocr. §. 20 ff. p. 706 f.
39) Demosth. in Timocr. §. 34. p. 711. u. in Leptin. §. 93. p. 485.
40) Demosth. in Timocr. §. 33. p. 710.
41) Demosth. in Lept. §. 94. p. 485.
42) Demosth. in Timocr. §. 45. p. 715. Andocid. de myst. p. 42.
43) Demosth. ibid. §. 33. p. 710.
44) Demosth. ibid.
45) Vgl. hierüber Argum. zu Demosth. in Lept. p. 452. die Rede selbst §. 146. p. 501. u. de cor. §. 266. p. 315. — Athen. X, 73. p. 451. a.
46) Von Diog. Laert. I, 55. u. 56. u. Plut. Solon 21 ff.
47) Aeschin. in Timarch. §. 26. p. 54. Diog. Laert. I, 55.
48) Plut. Solon 22.
49) Diog. Laert. a. a. O. Vgl. Aeschin. l. l. §. 30. p. 55.
50) Diog. Laert. ibid., welcher aus Lysias in Niciam berichtet, daß Gesetz sei schon von Dracon entworfen, von Solon aber wirklich verordnet worden. Uebrigens vgl. auch Plut. Solon 22.
51) Diog. Laert. I, 56.
52) Diog. Laert. I, 55.
53) Diog. Laert. I, 57.
54) Diog. Laert. ibid. Vgl. Demosth. in Timocr. §. 140. p. 744.
55) Diog. Laert. ibid.
56) Demosth. in Neaer. §. 86. p. 1374.
57) Aeschin. in Timarch. §. 183. p. 176 f.
58) Demosth. in Neaer. a. a. O.
59) Plut. Solon 20. vgl. Demosth. in Neaer. §. 65. p. 1373 f.
60) Plut. Solon 21.
61) Plut. ibid.
62) Plut. ibid.
63) Plut. ibid.
64) Plut. ibid. vgl. Demosth. in Steph. II. §. 14. p. 1133.
65) Plut. ibid. 23. Der Chus (χοῦς) enthielt 3,283 Liter. (Vgl. Band 4. S. 312.)
66) Plut. ibid.
67) Plut. ibid.
68) Plut. ibid. 24.

⁶⁹) Plut. ibid. Diese öffentlichen Speisungen waren wohl Opfermahlzeiten, die im παρασίτειον (Athen. VI, 24. p. 235. d.) monatlich in jedem Demos gehalten wurden und wozu die Bürger, die dann παράσιτοι (d. i. Mitspeisende) hießen (Lucian. Paras. 10. Athen. l. l.) der Reihe nach gezogen wurden. Weil sich aber zu diesen Mahlzeiten immer Leute drängten, die nicht dazu gehörten, erhielt der Name Parasit die schimpfliche Nebenbedeutung eines Schmarotzers.

⁷⁰) Vgl. Plut. Solon 1. mit Aeschin. in Timarch. §. 139. p. 147. Plutarch schließt aus diesem Gesetze, daß Solon die Knabenliebe bei Freigeborenen keineswegs gemißbilligt habe.

⁷¹) Demosth. in Timocr. §. 113. p. 736.

⁷²) Demosth. ibid. §. 114. Gellius XI, 18, 5.

⁷³) Demosth. ibid. §. 114.

⁷⁴) Xen. Mem. 1, 2, 62.

⁷⁵) Vgl. Band 4. S. 128.

⁷⁶) Demosth. a. a. O. Nach Festus s. v. Sycophantas p. 302. M. wäre sogar ein Feigendieb mit dem Tode bestraft worden; aus Suidas s. v. ἀποσυκάζεις jedoch wissen wir, daß dieses Vergehen späterhin nur durch eine Geldbuße geahndet wurde.

⁷⁷) Von Plutarch Solon 20. u. 23.

⁷⁸) Vgl. Band 4. S. 38, Note 284.

⁷⁹) Aeschin. in Timarch. §. 13. p. 40.

⁸⁰) Xen. Mem. II, 2, 13. 14.

⁸¹) Schol. zu Aristoph. Nub. 31. Ueberhaupt durfte seit Lamachus eine Verspottung auf der Bühne nur unter erdichtetem Namen stattfinden, mit welcher Verordnung die mittlere Komödie beginnt. (Schol. zu Aristoph. Acharn. 1149.) Früher hatte Jeder unter seinem wahren Namen auf die Bühne gebracht und lächerlich gemacht werden dürfen.

⁸²) Plut. de glor. Athen. c. 5.

⁸³) Demosth. in Eubul. §. 45. p. 1313. Vgl. Note 85.

⁸⁴) Ulpian. zu Demosth. in Timocr. p. 474. ed. Paris.

⁸⁵) Demosth. in Eubul. §. 30. p. 1308.

⁸⁶) Schol. zu Aristoph. Equ. 167. 281. 571.

⁸⁷) Demosth. de fals. leg. §. 126. p. 380. Es dürfte hier ein passender Ort sein, über diesen Gegenstand überhaupt Einiges mitzutheilen. Die Gesandten wurden auf Vorschlag des Senats vom Volke gewählt (Demosth. de fals. leg. §. 17. p. 346. §. 121. p. 378.), und der zu einem Gesandschaftsposten Erwählte mußte ihn annehmen, wenn er nicht ein dringendes Hinderniß eidlich bekräftigte (Demosth. a. a. O. §. 129. p. 381. §. 171 f. p. 395. u. anderw.). Die Gesandten empfingen während der Dauer ihrer Geschäfte Diäten aus der Staatskasse, früher nur von zwei Drachmen (Aristoph. Acharn. 67.), später aber viel bedeutendere. (Bei Demosth. de fals. leg. §. 158. p. 390. bekam eine Gesandschaft, die drei Monate abwesend war, ein ἐφόδιον von 1000 Drachmen.)

Nach ihrer Heimkehr mußten sie zuerst vor dem Senate und dann vor der Volksversammlung Rechenschaft von der Ausführung ihrer Sendung ablegen (Demosth. a. a. O. §. 17. p. 346 f.). Nur solche Gesandte, welche Vollmacht bekommen hatten, ganz nach eigenem Ermessen zu handeln (πρέσβεις αὐτοκράτορες, waren nicht verbunden eine solche Rechenschaft zu geben. (Aristoph. Lysistr. 1009. mit d. Schol. zu Aves 1594. Suid. s. v. αὐτοκράτορες.) Hatten sie ihre Gesandtschaft treu ausgeführt, so konnten sie Anspruch auf öffentliche Belohnungen, namentlich auf ein Gastmahl im Prytaneum machen (Demosth. a. a. O. §. 31. p. 350.); hatten sie aber ihr Geschäft schlecht und nachlässig betrieben, oder gar sich bestechen lassen, so wurde ihnen eine schwere Geldbuße, ja vielleicht selbst Todesstrafe zuerkannt (Demosth. a. a. O. §. 131. p. 381. §. 273. p. 429.).

88) Demosth. in Polycl. §. 49. p. 1221.
89) Andocyd. de myster. p. 46.
90) Demosth. in Lept. §. 167. p. 508.
91) Schol. zu Aristoph. Nub. 530. Hier einiges Nähere von den Rednern überhaupt. Man hat drei Klassen derselben zu unterschieden: 1) diejenigen Redner, die als Beistände der Kläger oder der Beklagten vor Gericht austraten, also die Sachwalter oder Advokaten, welche σύνδικοι oder συνήγοροι (Aeschin. de fals. leg. §. 184.), auch παράκλητοι (Demosth. de fals. leg. §. 1.) hießen und für jeden Vortrag aus der Staatskasse ein Honorar (συνηγορικόν) von einer Drachme empfingen (Aristoph. Vesp. 689. mit dem Schol.); dieß aber war Jedem gestattet, der Lust und Fähigkeit dazu hatte. 2) Die, welche ein in Vorschlag gebrachtes Gesetz dem Volke in der Volksversammlung auseinander setzen und empfehlen sollen und σύνδικοι τῶν νόμων oder ebenfalls συνήγοροι hießen (Demosth. in Lept. §. 146. p. 501. in Timocr. §. 36. p. 711.). Sie wurden vom Volke gewählt (Demosth. ibid.) und mußten wenigstens 40 Jahre zählen (Schol. zu Aristoph. Nub. 530.). Auch durfte dieses Redneramt Niemandem mehr als einmal übertragen werden. (Demosth. in Lept. §. 152. p. 503.) 3) Die zehn Sprecher des Senats (συνήγοροι τῆς βουλῆς), die ganz eigentlich auch οἱ ῥήτορες genannt wurden (Aristot. Rep. VI. 8.) und als die bedeutendste Klasse der Redner galten. Sie wurden vom Senate durch's Loos gewählt (Schol. zu Aristoph. Vesp. 689.), hatten sich, ehe sie ihren Dienst antraten, einer genauen, bei den Thesmotheten protokollirten Prüfung ihrer Befähigung und ihres Lebenswandels zu unterwerfen (Pollux VIII, 45.) und konnten ihr Amt lebenslang verwalten. Ihre Bestimmung war, durch ihre Vorträge das Volk dahin zu vermögen, daß es das dem Staate Zuträglichste beschlösse und überhaupt Rath für das Beste des Staats zu ertheilen, und wenn sie dieselbe aus den Augen setzten, konnten sie von jedem Bürger beim Senate verklagt und von diesem vor Gericht gezogen werden. (Pollux VIII, 52.) Ihres

großen Einflusses auf das Volk wegen nannte man sie auch Volksführer (δημαγωγοί: Pollux IV, 34.), und es gab Zeiten, wo diese Demagogen fast ganz allein das Volk regierten, dabei aber auch nicht selten unerlaubte Mittel gebrauchten und daher Manchem verhaßt waren. (Aristoph. Plut. 567.)

⁹²) Dinarch. in Aristog. §. 13. p. 83.
⁹³) Demosth. in Androt. §. 34. p. 603. in Neaer. §. 6. p. 1347.
⁹⁴) Arg. zu Demosth. in Aristog. p. 768.
⁹⁵) Demosth. in Timocr. §. 111. p. 735.
⁹⁶) Demosth. in Nicostr. §. 27. p. 1255.
⁹⁷) Argum. zu Demosth. in Timocr. p. 696.
⁹⁸) Aristot. Pol. V, 3. VI, 4.
⁹⁹) Aristot. Pol. II, 7. 8.
¹⁰⁰) Demosth. in Macart. §. 51. p. 1067 f. Die Ausstattungssumme betrug 500, 300, 150 Drachmen, je nachdem Einer zu den Πεντακοσιομέδιμνοι, den Ἱππεῖς oder den Ζευγῖται gehörte. (Vgl. oben S. 189. Note 126.)
¹⁰¹) Vgl. oben S. 137. Note 98.
¹⁰²) Demosth. in Steph. II. §. 15. p. 1133.
¹⁰³) Isäus de Pyrrhi hered. p. 26.
¹⁰⁴) Demosth. in Neaer. §. 52. p. 1362. vgl. Isäus a. a. O. p. 38.
¹⁰⁵) Demosth. in Leoch. §. 67. p. 1100.
¹⁰⁶) Isäus de Philoct. hered. p. 137.
¹⁰⁷) Isäus ibid. u. Demosth. in Leoch. §. 6. p. 1082.
¹⁰⁸) Demosth. in Macart. §. 51. p. 1067.
¹⁰⁹) Suid. s. v. ἐπίκληρος.
¹¹⁰) Demosth. in Macart. §. 51. p. 1067.
¹¹¹) Demosth. in Steph. II. §. 29. p. 1136.
¹¹²) Vgl. Pollux III, 33. 35. u. Harpocr. s. v. ἐπιδίκος ἐπικλήρου.
¹¹³) Demosth. in Macart. §. 78. p. 1077. in Leoch. §. 12. p. 1084. Auch diese Erbschaftsgesetze (die hier vollständig zusammenzustellen nicht unsere Absicht ist) rührten in den Hauptpunkten schon von Solon her, wie wir aus den angef. Stellen des Demosthenes ersehen.
¹¹⁴) Demosth. in Midiam §. 43. p. 527 f.
¹¹⁵) Lysias de vuln. praemed. §. 6 f.
¹¹⁶) Aeschin. in Ctesiph. §. 244. p. 636 f.
¹¹⁷) Demosth. in Mid. §. 43. p. 528. (wo neben der Todesstrafe auch lebenslängliche Verbannung und Einziehung des Vermögens genannt wird, was sich auf unvorsätzlichen Todschlag bezieht. (Vgl. die folgende Note.)
¹¹⁸) Demosth. ibid. §. 72. p. 643 f. u. in Macart. §. 57. p. 1069.

Anmerkungen zum 19. Kapitel. 199

¹¹⁹) Demofth. ibid.
¹²⁰) Vgl. Demofth. in Aristocr. §. 28. p. 629. u. in Macart. §. 71. p. 1074.
¹²¹) Ariftot. Pol. II, 9, 4.
¹²²) Plut. Solon 19.
¹²³) Ἐφέται. Vgl. befonders Pollur VIII, 125. Die richtigfte Etymologie des Namens, über welche verfchiedene Anfichten herrfchen, ift wohl die fich auf Pollur ftützende: ἐφέτης = πρὸς ὃν ἐφίεται.
¹²⁴) Phot. u. Suid. s. v. ἐφέται, Etym. M. p. 402, 1. Zu Drafon's Zeiten war die Zahl der Epheten wahrfcheinlich 80 gewefen, 20 aus jeder der damaligen 4 Phylen; fpäter aber wurden aus jeder der nunmehrigen 10 Phylen fünf Epheten gewählt.
¹²⁵) Im Areopag, beim Palladion, Delphinion, Prytaneion und in der Phreattys. Vgl. Demofth. in Aristocr. §. 69 ff. p. 641. mit Ariftot. Pol. IV, 13, 2. Pauf. 1, 28, 9. 12. Aelian. V. Hist. V, 15. Pollur VIII, 118—120. Wo blos von vier Dikafterien die Rede ift (wie z. B. in Phot. Bibl. p. 535. Bekk.), ift entweder der Areopag oder die Phreattys ausgenommen.
¹²⁶) Demofth. in Aristocr. §. 24. p. 628.
¹²⁷) Daher fagt Photius p. 41. Pors. περιιόντες ἐδίκαζον. Der Archon Bafileus, bei welchem alle φόνου δίκαι angebracht wurden (llekkeri Anecd. p. 219, 17.), hatte zu prüfen, vor welches der fünf Dilafterien der Fall gehörte.
¹²⁸) Denn nur auf eine folche Anklage hin erfolgte eine gerichtliche Ahndung, welche wegfiel, wenn die Angehörigen des Gemordeten darauf verzichteten oder Letzterer vor feinem Verfcheiden dem Mörder noch vergieben hatte. (Plat. Rep. V. p. 151. b. vgl. Demofth. in Panlaeo. §. 59. p. 989. u. in Neusim. §. 22. p. 991.
¹²⁹) Demofth. in Mid. §. 43. p. 528. Lyfias in Agorat. §. 56. Doch nur, wenn der Gelöbtele ein athenifcher Bürger war. (Vgl. llekkeri Anecd. p. 194.) Ueber den Mord eines Nichtbürgers wurde nur in dem Gerichtshofe am Palladion gerichtet, der keine Todesftrafe verhängen konnte. (Ifocr. in Callim. §. 54.
¹³⁰) Demofth. in Aristocr. §. 69. p. 643.
¹³¹) Demofth. in Macart. §. 57. p. 1069.
¹³²) Demofth. ibid. Selbft leblofe Gegenftände, welche den gewaltfamen Tod eines Menfchen veranlaßt hatten, wurden nach einem Ausfpruch der am Prytaneion richtenden Epheten über die Grenze gefchafft. (Demofth. in Aristocr. §. 76. p. 645. vgl. mit Pollur VIII, 120. Aefchin. in Ctesiph. §. 244. u. Paufan. VI, 11, 2.)
¹³³) Vgl. llekkeri Anecd. p. 311, 17.
¹³⁴) Demofth. in Aristocr. §. 77 f. p. 615. Ariftot. Pol. IV, 13, 2. Paufan. 1, 28, 12.
¹³⁵) Demofth. in Aristocr. §. 24. p. 628.

¹³⁶) Pollux VIII, 125.
¹³⁷) 'Η ἐν Ἀρείῳ πάγῳ ober ἐξ Ἀρείου πάγου βουλή, auch ἡ ἄνω βουλή, (Plut. Solon 19.) u. τὸ ἐν Ἀρείῳ συνέδριον. (Lycurg. in Leocr. §. 12. Dinarch. in Demosth. §. 112. In Philocl. §. 7.)
¹³⁸) Später finden wir die Areopagiten auch ἐν βασιλείῳ στοᾷ. (Demosth. in Aristog. I. §. 23.)
¹³⁹) Vgl. oben Note 125.
¹⁴⁰) Wie Plutarch. Solon 19. annimmt. Vgl. auch Cic. de off. 1, 22, 75.
¹⁴¹) Vgl. Aristot. Pol. II, 9, 2.
¹⁴²) Nach dem Schol. zu Aeschyl. Eum. 685 ff. soll der Areopag früher aus 31 Mitgliedern bestanden haben, während ihm Aeschylus selbst nur 12 zu geben scheint, jedenfalls aber keine ungerade Zahl von Mitgliedern annimmt.
¹⁴³) Plut. Solon 19. vgl. Argum. zu Demosth. in Androt. p. 589.
¹⁴⁴) Vgl. Demosth. in Timocr. §. 22. p. 707. in Aristog. II. §. 5. p. 802. Plut. Pericl. 9. Pollux VIII, 118.
¹⁴⁵) Vgl. Plut. Solon 19.
¹⁴⁶) Vgl. Plut. a. a. O.
¹⁴⁷) Aristot. Pol. II, 9, 8. Diod. XI, 77. Plut. Pericl. 9. Cimon 15.
¹⁴⁸) Vgl. Demosth. in Aristocr. §. 66. p. 641. u. Philoch. im Lex. rhet. Dobr. p. 674. Pors. Nur zur Zeit der 30 Tyrannen war sie ihm entzogen. (Vgl. Lysias de caed. Eratosth. §. 30.)
¹⁴⁹) Wenn es auch nicht in alle seine früheren Rechte wieder eingesetzt wurde, wie Andocid. de myst. §. 83. behauptet.
¹⁵⁰) Isocr. Areop. §. 37. vgl. Plut. Solon 22. Athen. VI, 64. p. 167. e. VI, 46. p. 245. Diog. Laert. VII, 168. Hygin. fab. 274.
¹⁵⁰ᵇ) Vgl. Val. Max. VIII, 1, 2. Gellius XII, 7. Ammian. XXIX, 2, 19. Tac. Ann. II, 55. Apostelgesch. 17, 19 ff. Wir begegnen den Areopagiten noch in der spätesten Kaiserzeit. (Treb. Poll. Gallien. II.)
¹⁵¹) Vgl. Demosth. de cor. §. 134. p. 271. Lycurg. in Leocr. §. 52. Aeschin. in Ctesiph. §. 252. in Timarch. §. 81. Plut. Phoc. 16.
¹⁵²) Aeschin. in Ctesiph. §. 20.
¹⁵³) Demosth. in Conon. §. 25. p. 1264. Aeschin. a. a. O.
¹⁵⁴) Demosth. in Aristog. I. §. 23. p. 776. in Neaer. §. 80. p. 1372.
¹⁵⁵) Pollux VIII, 102.
¹⁵⁶) Etym. M. p. 338, 31. Pollux a. a. O. Bekkeri Anecd. p. 250. Sie heißen deshalb auch προϊστάμενοι τοῦ δεσμωτηρίου (Bekkeri Anecd. p. 250.) und δεσμοφύλακες.

(Schol. ju Aristoph. Vesp. 1108. u. ju Demosth. in Androt. §. 26., auch Demosth. selbst in Aristog. I. §. 56. p. 787.

¹⁵⁷) Was namentlich bei den Hinrichtungen durch Gift (Schierling) der Fall war, wie z. B. bei Sokrates und Phocion. Gemeine Verbrecher aber wurden dem Scharfrichter übergeben (vgl. Note 159.), der außerhalb der Stadt in der Nähe der Grube wohnte, in welche die Leichname der Hingerichteten geworfen wurden. (Plat. Rep. IV. p. 439. e. Plut. Them. 22. Vgl. Dekkeri Anecd. p. 219.) Es dürfte hier auch der passendste Ort sein, die verschiedenen in Attika üblichen Arten der Todesstrafe anzuführen, nämlich außer dem Schierlingstrank (Plat. Phaed. p. 117. Diod. XIV, 37. Diog. Laert. II, 42. Plut. Phoc. 36. Aelian. V. Hist. IX, 21.), Hinabstürzen von einem Felsen oder in einen Abgrund (Herod. VII, 133. Plat. Gorg. p. 516. d. Plut. Arist. 3. Xen. Hell. I, 7, 20. Lycurg. in Leocr. §. 121. Dinarch. in Demosth. §. 62. Aristoph. Equ. 1362. Nub. 1450. Ran. 574. Etym. M. p. 187, 53. Schol. zu Aristoph. Plut. 431. Harpocr., Suid., Ammon., Timäus s. v. βάραθρον). Keulenschlag (Lysias in Agor. §. 67 f. Schol. zu Aristoph. Plut. 476. Athen. V, 52. p. 214. d. Etym. M. p. 124, 37. Phot. Lex. p. 610. Dekkeri Anecd. p. 198, 20. 438, 12.) und Strang (Plut. Them. 22. vgl. Agis. 19. 20.). In andern Staaten kommen auch noch andere Todesstrafen vor, wie Hungertod in Sparta (Thuc. I, 134. Diod. XI, 45. Rep. Paus. 5.) und Ertränken in Lokris und auf Thasos (Plut. Conv. VII. sap. p. 162. e. Paus. VI, 11, 6. vgl. Plut. Timol. 13. 33. de or. Pyth. p. 403. c.)

¹⁵⁸) Daher nennt sie Antiph. de caed. Herod. §. 17. ἐπιμεληταὶ τῶν κακούργων.

¹⁵⁹) Ὁ τῶν ἕνδεκα ὑπηρέτης: Plat. Phaed. p. 116. b. vgl. p. 117. a. Sonst heißt er auch δῆμος (Lysias in Agorat. §. 56. Aeschin. de fals. leg. §. 126. Plut. Them. 22. Pollux VIII, 71. Hesych. u. Suid. h. v.), δημόκοινος (Pollux ibid. Antipho Venef. §. 20. Isocr. Trapez. §. 15. Phot. cod. 279. p. 533. Etym. M. p. 265, 23.) und δημόσιος (Thom. Mag. p. 94, 1. Eustath. zu Hom. Il. p. 1105.). Doch machen Manche auch einen Unterschied zwischen diesen Benennungen und halten die letzteren nur für Bezeichnungen des Folterknechts. (Vgl. Ammon. de diff. vocab. p. 40.)

¹⁶⁰) Vgl. Demosth. in Aristocr. §. 80. p. 647. in Timocr. §. 114. p. 736. Aeschin. in Tim. §. 113. Pollux VIII, 102. Etym. M. p. 338, 32. Dekkeri Anecd. p. 250, 8.

¹⁶¹) Etym. M. p. 338, 36.

¹⁶²) Dafür spricht, die Gleichheit der Zahl ganz abgerechnet, die Aehnlichkeit der Functionen (vgl. Xen. Hell. II, 3, 54.) und der Umstand, daß gerade diese alte Executionsbehörde zur Unter-

ftützung der Gewaltthätigkeiten der herrſchenden Partei am geeignet‑
ſten war.

¹⁶³) Vgl. oben S. 112 mit Note 93.
¹⁶⁴) Pollux VIII, 86 f.
¹⁶⁵) Vgl. Apollod. bei Diog. L. I, 58. Bekkeri Anecd. p. 449. Suid. s. v. Ἄρχων.
¹⁶⁶) Vgl. Pollux VIII, 86—91. u. Bekkeri Anecd. p. 310.
¹⁶⁷) Vgl. Pollux VIII, 89. Demoſth. in Steph. II. §. 22. p. 1135. Iſäus de Philoct. her. §. 35. Hyperid. pro Euxen. p. 5. Schn. in Mid. §. 13. p. 518. §. 179. p. 572. und oben S. 80. u. 82.
¹⁶⁸) Pollux VIII, 90. vgl. Lycurg. in Leocr. §. 122.
¹⁶⁹) Vgl. d. Schol. zu Ariſtoph. Acharn. 1224.
¹⁷⁰) Pollux a. a. O.
¹⁷¹) Pollux ibid. Harpocr. p. 246. s. v. Πολέμαρχος.
¹⁷²) Vgl. Hyperid. pro Euxen. p. 5. Schn. mit Demoſth. in Theocrin. §. 27. p. 1330.
¹⁷³) Διαιτηταὶ κληρωτοί: Demoſth. in Aphob. III. §. 58. p. 862.
¹⁷⁴) Διαιτηταὶ αἱρετοί: Demoſth. in Mid. §. 83. p. 544.
¹⁷⁵) Nach Ulpian. zu Demoſth. in Mid. p. 542. aus jeder Phyle 44, alſo zuſammen 440, was gewiß eine zu große Zahl iſt. Auf einer Inſchr. (bei Roß Demen S. 20 ff. u. Rangabè Ant. Gr. n. 1163. p. 763 ff.) erſcheinen 104 Diäteten in ungleicher Zahl unter die Phylen vertheilt (aus einer nur 3, aus einer anderen 16).
¹⁷⁶) Von 60 nach Bekkeri Anecd. p. 186. u. Pſellus p. 102. Boissonad., von 60 nach Pollux VIII, 126. Heſych. I. p. 943. u. Schol. zu Plat. Legg. p. 920.
¹⁷⁷) Denn die öffentlichen Diäteten richteten nur in Angelegen‑
heiten ihrer eigenen Stammgenoſſen. (Lyſias in Pancl. §. 2. De‑
moſth. in Euerg. §. 12. p. 1142.)
¹⁷⁸) Vgl. Pollux a. a. O.
¹⁷⁹) Das Gerichtsgeld betrug für jede Partei nur eine παρά‑
στασις (Andocid. de myst. §. 120.) von einer Drachme (d. h. 1 Mark 9 Pf.). Vgl. Harpocr. p. 235. Pollux VIII, 39. 127. Bekkeri Anecd. p. 290.
¹⁸⁰) Doch geht Pollux a. a. O. zu weit, wenn er be‑
hauptet, daß jede Privatklage vorerſt an die Diäteten hätte ge‑
bracht werden müſſen, da es dem Kläger auch freiſtand, ſofort einen ordentlichen Gerichtshof anzugehen. (Demoſth. in Dionys. §. 18. p. 1288.)
¹⁸¹) Demoſth. in Mid. §. 87. p. 542.
¹⁸²) Harpocr. a. a. O.
¹⁸³) Vgl. Pollux VIII, 126.

¹⁸⁴) Vgl. Isocr. in Callim. §. 11. u. Demosth. in Mid. §. 94. p. 545.
¹⁸⁵) Einer kommt vor bei Demosth. in Mid. §. 83. p. 541. u. in Phorm. §. 18. p. 912., drei bei Demosth. in Aphob. III. §. 58. p. 861. in Apator. §. 14. p. 897. in Neaer. §. 45. p. 1360., vier bei Isäus de Dicaeog. her. §. 31. u. Demosth. pro Phorm. §. 15. p. 949.
¹⁸⁶) Vgl. Demosth. in Callipp. §. 30. p. 1244.
¹⁸⁷) Vgl Demosth. in Aphob. a. a. O. in Phorm. §. 21. p. 913.
¹⁸⁸) Vgl. Demosth. pro Phorm. §. 15. p. 949. in Neaer. §. 46. p. 1360. §. 70. p. 1368.
¹⁸⁹) Demosth. in Aphob. a. a. O.
¹⁹⁰) Demosth. in Mid. §. 94. p. 545. Isocr. in Callim. §. 11. Isäus de Dicaeog. her. §. 31.
¹⁹¹) Harpocr. p. 138. Schol. zu Aristoph. Vesp. 772. Bekkeri Anecd. p. 310, 32. (wo sie auch $\dot\eta$ $\mu\varepsilon\gamma\acute\alpha\lambda\eta$ $\dot\varepsilon\kappa\kappa\lambda\eta\sigma\acute\iota\alpha$ heißt).
¹⁹²) Demosth. in Timocr. §. 151. p. 747. Pollux VIII, 122.
¹⁹³) Aristoph. Vesp. 661. mit Schol. zu v. 775. Pollux VIII, 87.
¹⁹⁴) $\delta\iota\kappa\alpha\sigma\tau\acute\eta\rho\iota\alpha$: Demosth. in Tim. §. 9. p. 702. u. Pollux VIII, 124. — Bekkeri Anecd. p. 262, 13. u. b. Schol. zu Aristoph. Plut. 277. nennen diese Abtheilungen fälschlich $\varphi\upsilon\lambda\alpha\iota$.
¹⁹⁵) Vgl. Isäus de Dicaeog. her. §. 20.
¹⁹⁶) Die Formel desselben findet sich bei Demosth. in Timocr. §. 149—151. p. 746 f., doch muß ihre Echtheit dahingestellt bleiben. Schwerlich zu billigen ist die Ansicht, daß noch vor der Loosung Alle, die sich zu derselben eingefunden hatten, den Eid hätten leisten müssen. Uebrigens wurde der Eid, wenigstens in früherer Zeit, auf dem Ardettos, einem Hügel jenseit des Ilissus, in der Nähe des panathen. Stadiums und des Tempels der Tyche, geleistet. (Harpocr. §. 46. vgl. Pollux VIII, 122.)
¹⁹⁷) Es sind neuerlich mehrere solche Täfelchen aufgefunden worden. Vgl. Corp. Inscr. Gr. I. p. 341. n. 207. 208. 209. u. Intell. Bl. zur Allgem. Lit. Zeit. 1837. n. 86. 1846. n. 35.
¹⁹⁸) Schol. zu Aristoph. Plut. 277. vgl. Demosth. in Euerg. §. 17. p. 1144. u. in Pantaen. §. 39. p. 978.
¹⁹⁹) Wie z. B. bei der Zahl von 700 Geschwornen bei Isocr. in Callim. §. 54.
²⁰⁰) Die Zahl von 200 Richtern (wohl die niedrigste) findet sich bei Demosth. in Mid. §. 223. p. 585., von 400 bei Pollux VIII, 48., von 700 bei Isocr. in Callim. §. 54., von 1500 bei Dinarch. in Demosth. §. 106., von 2000 bei Lysias in Agorat. §. 85. (vgl. auch Demosth. in Timocr. §. 9. p. 702. Pollux VIII, 53. u. Bekkeri Anecd. p. 262.), ja von den vollen 6000 bei An-

bocid. de myst. §. 17. Uebrigens vgl. Demosth. in Mid. §. 223. p. 585. u. Lucian. Bis accus. 12.

⁸⁰¹) Demosth. in Pantaen. §. 30. p. 975. u. in Everg. §. 17. p. 1144. vgl. Aristoph. Eccl. 714. Zuweilen aber laßen auch dieselben Richter mehrere Tage lang. (Antipho Choreut. §. 23.)

⁸⁰²) Demosth. de cor. §. 210. p. 298.

⁸⁰³) Phot. Lex. p. 549.

⁸⁰⁴) Dieses δικαστικόν soll anfangs blos aus einem Obolus bestanden haben (Aristoph. Nub. 861.), später aber nach Pollux VIII, 113. u. Schol. zu Aristoph. Ran. 140. Vesp. 88. 300. Aves 1540. auf zwei erhöht worden sein. Gewiß ist, daß es später aus drei Obolen bestand. (Aristot. Pol. II, 9, 3. Aristoph. Equ. 51, 255.)

⁸⁰⁵) Nach d. Schol. zu Aristoph. Plut. 277.

⁸⁰⁶) Bei Pollux VIII, 121. u. Schol. zu Aristoph. Vesp. 120. Vgl. dagegen Pauf. I, 28.

⁸⁰⁷) Bekkeri Anecd. p. 310, 32.

⁸⁰⁸) Isocr. in Callim. §. 52—54. vgl. Demosth. in Neaer. §. 9 f. p. 1348.

⁸⁰⁹) Etym. M. p. 427, 37. Bekkeri Anecd. p. 262, 10. Harpocr. a. a. O.

⁸¹⁰) Demosth. in Neaer. §. 52. p. 1362. vgl. Pollux VIII, 33.

⁸¹¹) Demosth. in Steph. II. §. 3. p. 1129.

⁸¹²) Lucian. Dial. meretr. 2, 2. u. die Lexikographen.

⁸¹³) Demosth. in Apatur. §. 1. p. 892.

⁸¹⁴) Vgl. überhaupt Lysias de pec. publ. §. 5 ff. u. Demosth. in Phorm. §. 42. p. 919.

⁸¹⁵) Seit dem Archonat des Eukliders Ol. 88, 2. oder 426 v. Chr. (Vgl. Schol. zu Aeschin. in Timarch. §. 39.)

⁸¹⁶) Vgl. Aristot. Polit. IV, 13, 2. Pollux VIII, 100. Bekkeri Anecd. p. 310. Phot. p. 581. auch Demosth. in Pantaen. p. 976. u. Isocr. π. ἀντιδ. §. 237.

⁸¹⁷) Lysias in Alcib. §. 5. u. 6.

⁸¹⁸) Andocyd. de myst. §. 28. u. 31. vgl. Pollux VIII, 123. 124.

⁸¹⁹) Vgl. Demosth. in Pantaen. §. 2. p. 966. mit dem Argum. p. 965.

⁸²⁰) Lycurg. in Leocrat. §. 4.

⁸²¹) Einem Metöken mußte sein Prostates (s. oben S. 116.), einem Fremden sein Gastfreund oder der Proxenos seiner Heimath (s. oben S. 116.), einer Frau ihr Curator, einen Unmündigen sein Vormund (Isäus de Pyrrhi her. §. 2. Demosth. in Macart. §. 15. p. 1054. vgl. Schol. zu Aristoph. Equ. 969.), einem Sklaven sein Herr vertreten. (Antiph. de Herod. §. 48. vgl. Demosth. in Nicostr. §. 21. p. 1253. in Pantaen. §. 51. p. 981.

**²²⁷)** Hier machte nur die sogenannte Phasis (φάσις: Pollux VIII, 47.) eine Ausnahme, die mehr als bloße Denunciation, denn als wirkliche Klage zu betrachten ist, und bei welcher dem Kläger ein Theil der Strafe als Belohnung zufiel (vgl. Demosth. in Theocr. §. 13. p. 1325. in Macart. §. 71. p. 1074. in Nicostr. §. 2. p. 1246. mit Corp. Inscr. Gr. I. p. 895. u. Pollux VIII, 48.) Sie bezog sich besonders auf Defraudationen, Uebertretung der Ein- und Ausfuhrverbote, Hinterziehung von Abgaben u. s. w., kurz auf widerrechtlichen Besitz von Staatseigenthum. (Vgl. Dekkeri Anecd. p. 313. Hesych p. 98. u. Isocr. in Callim. §. 6.)

**²²⁸)** Pollux VIII, 31.

**²²⁹)** Aeschin. in Ctesiph. §. 220.

**²³⁰)** In diesem Falle hieß die Klage ἔνδειξις. (Pollux VIII, 49.)

**²³¹)** Vgl. Pollux VIII, 49. 50.

**²³²)** Demosth. in Phorm. §. 13. p. 948. Aristoph. Nub. 1218. Hesych. u. andere Lexikogr. s. v. κλητεύειν u. Dekkeri Anecd. p. 272.

**²³³)** Vgl. Demosth. in Theocr. §. 32. p. 1332.

**²³⁴)** Pollux VIII, 62. vgl. Demosth. in Mid. §. 92. p. 544.

**²³⁵)** Aristoph. Nub. 1145. Harpocr. p. 258.

**²³⁶)** Pollux VIII, 38. vgl. Isocr. in Callim. §. 12.

**²³⁷)** Harpocr. p. 285. s. v. παράστασις.

**²³⁸)** Isäus de Pyrrhi her. §. 47. Isocr. in Lochit. §. 2.

**²³⁹)** Demosth. in Theocr. §. 8. p. 1324. vgl. Isäus de Philoct. her. §. 12 ff.

**²⁴⁰)** Plat. Apol. p. 27. Demosth. in Steph. I. §. 46. p. 1115.

**²⁴¹)** Ueber diese διωμοσία vgl. Pollux VIII, 55. mit Plat. Legg. XII. p. 948. u. Lex. rhet. Dobr. p. 667. (p. XII. Meier.)

**²⁴²)** Was εὐθυδικία hieß. (Demosth. in Phorm. §. 4. p. 906. vgl. mit dem Argum. p. 906.)

**²⁴³)** Ueber solche παραγραφαί vgl. Pollux VIII, 57. u. das Argum. zu Demosth. in Pantaen. p. 965.

**²⁴⁴)** Was διαγράφειν genannt wurde, so wie διαγράφεσθαι „von der Klage abstehen" hieß. (Demosth. in Lept. §. 145. p. 501.)

**²⁴⁵)** Pollux VIII, 39. vgl. mit d. Schol. zu Plat. Legg. p. 871 e.

**²⁴⁶)** Isäus de Dicaeog. her. §. 16. vgl. mit Demosth. in Euerg. §. I. p. 1139. u. Harpocr. p. 57. s. v. αὐτομαχεῖν.

**²⁴⁷)** Vgl. Isäus de Hagn. her. §. 45.

**²⁴⁸)** Schol. zu Aristoph. Vesp. 1436. vgl. Demosth. in Conon. §. 27. p. 1265. in Steph. I. §. 17. p. 1106. u. §. 57. p. 1118. u. adv. Boeot. de nom. §. 17. p. 999.

⁴⁴⁴) Lex. rhet. Dobr. p. 665. Harpocr. p. 290. Vgl. z. B. Demosth. in Theocr. §. 43. p. 1336.
⁴⁴⁵) Demosth. in Zenoth. §. 26. p. 869. in Mid. §. 81. p. 540. Antiph. de caed. Herod. §. 13. Lysias in Polystr. §. 18. Bekkeri Anecd. p. 245, 14.
⁴⁴⁶) Demosth. in Theocr. §. 43. p. 1336.
⁴⁴⁷) Isäus de Dicaeog. her. §. 18. 81. Demosth. in Phorm. §. 18. p. 912.
⁴⁴⁸) Demosth. in Mid. §. 47. p. 529. in Theocr. §. 6. p. 1328. Aeschin. de fals. leg. §. 93. u. in Ctes. §. 52.
⁴⁴⁹) Προθεσμία genannt. (Antiph. de chor. §. 42.)
⁴⁵⁰) Pollux VIII, 117.
⁴⁵¹) Vgl. oben S. 179.
⁴⁵²) Pollux VIII, 118. Antiph. de Herod. §. 11. Aber nicht bei Rachl, wie Lucian. Hermot. 64. und de domo 18. berichtet.
⁴⁵³) Demosth. in Aristocr. §. 67 f. p. 642. Antiphon de Herod. §. 12. u. de chor. §. 6.
⁴⁵⁴) Isocr. Trapez. §. 15. Demosth. in Pantaen. §. 40. p. 978.
⁴⁵⁵) Isocr. Trapez. §. 54. vgl. Antiph. Choreut. §. 20. u. Cic. Top. 19.
⁴⁵⁶) Demosth. a. a. O. Pollux VIII, 99. 117.
⁴⁵⁷) Antiphon de chor. §. 9. Pollux VIII, 117. Aristot. Rhet. 1, 1, 5. Sext. Empir. adv. math. 11. p. 690. Bekker. Appulej. Met. X, 7.
⁴⁵⁸) Der des Angeklagten hieß λίθος ὕβρεως, der des Klägers λίθος ἀναιδείας.
⁴⁵⁹) Vgl. Aeschin. in Timarch. §. 92.
⁴⁶⁰) Vgl. Demosth. in Aristocr. §. 66. p. 642. Lycurg. in Leocr. §. 12.
⁴⁶¹) Aristoph. Vesp. 689.
⁴⁶²) Vgl. oben S. 199. Note 125.
⁴⁶³) Aristoph. Vesp. 894 ff.
⁴⁶⁴) Demosth. in Timocr. §. 65. p. 721.
⁴⁶⁵) Vgl. Plut. Vit. X. oratt. p. 838. a. u. Repos Milt. 7.
⁴⁶⁶) Vgl. z. B. Demosth. in Leoch. §. 4. p. 1081.
⁴⁶⁷) Es bildete sich so das ziemlich einträgliche Gewerbe der λογογράφοι, an welchem sich, so geringschätzig auch Aeschines in Tim. §. 94. u. in Ctes. §. 173. darüber urtheilt, später doch die geachtetsten Redner betheiligten. Vgl. übrigens oben S. 197.
⁴⁶⁸) Aeschin. de fals. leg. §. 25. Argum. zu Demosth. in Lept. p. 454. in Androt. p. 592. u. in Aristog. I. p. 769.
⁴⁶⁹) Vgl. d. Schol. August. zu Demosth. in Androt. p. 661. Dindf. mit Demosth. de fals. leg. §. 213. p. 407.
⁴⁷⁰) Vgl. z. B. Demosth. in Macart. §. 8. p. 1052. u. Aeschin. de fals leg. §. 126.

Anmerkungen zum 19. Kapitel. 207

⁸⁷¹) Vgl. Band I. S. 209. der 2. Aufl. u. Band IV. S. 4.
⁸⁷²) Schol. zu Aeschin. de fals. leg. §. 126. u. Aristoph. Vesp. 93.
⁸⁷³) Isäus de Menecl. her. §. 34. Lysias in Pancl. §. 4.
⁸⁷⁴) Andocyd. de myst. §. 55. Demosth. de cor. §. 139. p. 274. in Eubul. §. 61. p. 1318. Aeschin. de fals. leg. §. 59.
⁸⁷⁵) Lysias κ. τ. σιτοπ. §. 5. Isäus de Hagn. her. §. 4. Demosth. in Steph. II. §. 10. p. 1131. u. f. w.
⁸⁷⁶) Lysias in Sim. §. 46. Lycurg. in Leocr. §. 11 f. Demosth. de cor. §. 34. p. 236. Aeschin. in Ctes. §. 205 f.
⁸⁷⁷) Xen. Mem. IV, 4, 4.
⁸⁷⁸) Vgl. Demosth. de fals. leg. §. 1. p. 341.
⁸⁷⁹) Vgl. Aeschin. in Tim. §. 45. mit b. Schol p. 230. Dekk. Demosth. in Steph. I. §. 45. p. 1115.
⁸⁸⁰) Pollux VIII, 55. vgl. Isäus de Astyph. her. §. 16. Lycurg. in Leocr. §. 20. Demosth. in Theocr. §. 7. p. 1324.
⁸⁸¹) Demosth. in Neaer. §. 26. p. 1354. Aeschin. in Tim. §. 46. Pollux VIII, 37.
⁸⁸²) Demosth. in Steph. II. §. 6. p. 1130. vgl. Isäus de Pyrrhi her. §. 20 f. Aeschin. de fals. leg. §. 19.
⁸⁸³) Pollux VIII, 36.
⁸⁸⁴) Aristot. Pol. II, 5, 8. vgl. Plat. Legg. IX. p. 876. a.
⁸⁸⁵) Lycurg. in Leocr. §. 146. Allerdings scheinen Stellen bei Xen. Hell. I, 7, 9. Lysias in Agorat. §. 37. u. Harpocr. s. v. καδίσκος, nach welchen die Richter nur einen Stimmstein erhielten, den sie entweder in die freisprechende oder in die verurtheilende Urne legten, dem zu widersprechen. Vielleicht war dieß nur eine frühere, mangelhafte Einrichtung.
⁸⁸⁶) Lucian. pro merc. cond. 15. Aeschin. in Timarch. §. 79. mit b. Schol. (p. 233. Dekk.)
⁸⁸⁷) Vgl. Schol. zu Aristoph. Vesp. 339.
⁸⁸⁸) Lex. rhet. p. 275.
⁸⁸⁹) Eurip. Electr. 1270. Aristot. Probl. 29, 13. vgl. Seneca Epist. 81.
⁸⁹⁰) Aeschin. in Ctesiph. §. 197. vgl. Demosth. de fals. leg. §. 290. p. 434. in Aristog. I. §. 83. p. 795.
⁸⁹¹) Pollux VIII, 23. vgl. Schol. zu Demosth. in Androt. §. 3. p. 593.
⁸⁹²) Demosth. in Nicostr. §. 1. p. 1246. in Aristog. II. §. 9. p. 803.
⁸⁹³) Vgl. Demosth. in Aphob. I. §. 67. p. 834. u. in Everg. §. 64. p. 1158.
⁸⁹⁴) Προθεσμία: Argum. zu Demosth. in Aristog. I. p. 768.

²⁹⁵) Demosth. in Neaer. §. 7. p. 1347. Anbocid. de myst. §. 73. vgl. mit Demosth. in Doeot. de dote §. 20. p. 1014.
²⁹⁶) Vgl. Demosth. in Energ. §. 35. p. 1149. u. Aristoph. Nub. 37.
²⁹⁷) Was δίκη ἐξούλης hieß. Vgl. Anbocid. a. a. O.
²⁹⁸) Demosth. in Mid. §. 81. p. 540. u. Argum. zu Demosth. in Onetor. I. p. 869., auch Harpocr., Photius und Suid. s. v. οὐσίας δίκη.
²⁹⁹) Vgl. oben S. 180.
³⁰⁰) Von denen auch bisweilen mehrere verbunden wurden, z. B. bei Hochverrath. (Plut. Vit. X oratt. p. 834.)
³⁰¹) Demosth. in Lept. §. 155. p. 504. in Mid. §. 25. p. 523. in Timocr. §. 105. p. 733.
³⁰²) Vgl. Demosth. in Timocr. §. 2. p. 700. und §. 79. p. 725.
³⁰³) Diese Verschärfung (προστίμησις) bestand z. B. bei Staatsschuldnern (vgl. Demosth. a. a. O.) und bei Dieben in Gefängniß, und zwar bei Letzteren nach einem bestimmten Maße, fünf Tage und eben so viele Nächte im Block. (Demosth. in Timocr. §. 103. p. 732. §. 105. p. 733. §. 111. p. 736. Lysias in Theomn. I. §. 16.
³⁰⁴) Aristoph. Vesp. 607. Demosth. in Timocr. §. 117. p. 737. u. in Lept. §. 147. p. 502.
³⁰⁵) Vgl. Demosth. de cor. §. 224. p. 303. in Lept. §. 147. p. 502. in Timocr. §. 55. p. 717. pro Phorm. §. 25. p. 952. in Nausim. §. 16. p. 989. Hesych. s. v. αἰτοτελής, Bekkeri Anecd. p. 466.
³⁰⁶) Aristoph. Vesp. 90. Pollux IV, 121.
³⁰⁷) Demosth. in Olympiod. §. 31. p. 1176. Aeschin. in Ctesiph. §. 207. Ulpian. zu Demosth. de fals. leg. p. 225.
³⁰⁸) Aristoph. Vesp. 830. 775. mit b. Schol. Demosth. in Aristog. I. §. 23. p. 776.
³⁰⁹) Vgl. Demosth. de cor. §. 196. p. 293. Aeschin. in Ctesiph. §. 56. 207. de fals. leg. §. 5. Plut. Demosth. 5.
³¹⁰) Dieß ging so weit, daß z. B. Zaleukus den Genuß ungemischten Weines, wenn ihn nicht der Arzt verordnet hatte, mit dem Tode bestraft wissen wollte (Athen. X, 33. p. 429. a.), und daß Charondas eine Strafe auf schlechten Umgang setzte (Diod. XII, 12.). Auch das oben S. 173. erwähnte Gesetz gegen den Müßiggang kann hierher gezogen werden.
³¹¹) Plat. de Legg. 1. p. 634. e.
³¹²) Plut. Lycurg. 27.
³¹³) Stellen, wie Aristoph. Aves 1212 ff. u. Plaut. Capt. II, 3, 90 f., beweisen es nicht.
³¹⁴) Demosth. in Mid. §. 45. p. 528.

315) Vgl. Thucyd. VIII. 54.
316) Vgl. Isocr. Areop. §. 37. mit Plut. Solon. 22. Athen. IV, 64. p. 167. e. VI, 46. p. 245. b. Diog. Laert. VII, 168. Hygin. fab. 274. u. oben S. 179.
317) Vgl. Argum. zu Demosth. in Aristog. I. p. 767. Aristoph. Equ. 301. Thesm. 770. 935 ff. u. oben S. 120.
318) Vgl. oben S. 145.
319) Vgl. Aristoph. Acharn. 94 ff. Eccl. 143. Plat. Protag. p. 319. c. Pollux VIII. 131.
320) Vgl. oben S. 129.
321) Vgl. S. 125.
322) Vgl. S. 146. mit Note 267.

## 20. Kapitel.*)

## Der Amphiktyonenbund.

[Amphiktyonien zu Onchestos, auf Delos und Kalauria. Große delphisch-pyläische Amphiktyonie. Ihre Geschichte, Verfassung und Wirksamkeit. Ort und Zeit der Versammlungen. Pylagoren und Hieromnemonen.]

Nachdem wir im 18. Kapitel von den beiden großen Staatenverbänden gehandelt haben, deren Blüthe erst in eine spätere Zeit fällt, als die von uns zunächst in's Auge gefaßte perikleische, muß nun auch noch von einem andern großen Bunde die Rede sein, der vor der Zeit des Perikles eine sehr bedeutende Rolle spielte, in ihr aber bereits sehr an Bedeutung verloren hatte, d. h. dem Bunde der Amphiktyonen.[1]) Unter Amphiktyonie hat man eine Verbindung einzelner, einander benachbarter Völkerschaften zu verstehen, die sich ohne Rücksicht auf Stammverwandtschaft vereinigt hatten, um die völkerrechtlichen Verhältnisse gegenseitig nicht aus den Augen zu setzen, die Festfeier einer Gottheit gemeinschaftlich zu begehen und den in ihrer Mitte gelegenen Tempel derselben gegen Angriffe und Verletzungen zu schützen. Es gab in Griechenland mehrere solche Amphiktyonien, zu Onchestos in Böotien,[2] auf den Inseln Delos[3]) und Kalauria[4]; und anderwärts, die berühmteste und umfangreichste unter allen aber war die uralte,[3] apollinisch-demetrische von Delphi und den Thermopylen, von welcher wir hier etwas ge-

---

*) Dieses Kapitel sollte eigentlich auf das achtzehnte folgen und erscheint nur deshalb erst an dieser Stelle, weil das neunzehnte früher ausgearbeitet war und der Druck nicht aufgehalten werden durfte.

nauer handeln wollen. Die Völkerschaften, die sie umfaßte, waren nach den uns erhaltenen, aber freilich nicht ganz übereinstimmenden Verzeichnissen[6] schon von den frühesten Zeiten an[7] folgende zwölf[8], (eine Zahl, die wir auch bei andern griechischen Völker- und Städteverbindungen finden): Jonier also auch Athener), Doloper, Thessalier, Oetäer oder Aenianen, Magneten, Malier, Dorier (also auch Spartaner), Phocenser, Lokrer, Böotier, Perrhäber und phthiotische Achäer,[9] also eine bunte Mischung der verschiedensten und zum Theil sehr weit von Delphi und den Thermopylen wohnender Stämme und Völkerschaften, aber keineswegs eine Verbindung aller Hellenen,[10] da die Arkadier,[11] Eleer, Akarnanen und, wenigstens früher, auch die Aetolier[12] darin fehlten. Uebrigens gehörten zu ihr auch alle Colonien der eben genannten Völkerschaften, und sie erstreckte sich also weit über die Grenzen des Mutterlandes hinaus. Der Bund war aber aus der schon in vorgeschichtlicher Zeit, der Sage nach durch den mythischen König Akrisius von Argos,[13] erfolgten Vereinigung zweier Amphiktyonien entstanden, der delphischen, deren Mittelpunkt der Apollotempel bildete, und der höchst wahrscheinlich schon früher gestifteten[14] pyläischen, die sich an den Tempel der Demeter zu Anthela in der Nähe der Thermopylen knüpfte;[15] beide aber waren später völlig in eine verschmolzen und die pyläische in der jüngeren, aber weit bedeutenderen delphischen fast vollständig aufgegangen, so daß nur noch der Ortswechsel der Versammlungen und der für diese beibehaltene Name Pyläa an ihr früheres, selbstständiges Dasein erinnerte. Was nun den Zweck des Bundes betrifft, so ist er in dem uns erhaltenen[16] Eide der Amphiktyonen deutlich ausgesprochen. Er bestand darin, die völkerrechtlichen Beziehungen der Bundesstaaten aufrecht zu erhalten und sich gegenseitig keinen Schaden zuzufügen, vielmehr einander auf alle Weise zu unterstützen, sich über die gemeinsamen Angelegenheiten zu berathen, für das delphische Heiligthum zu sorgen und über dessen Schätze zu wachen, womit auch eine Aufsicht über das delphische Orakel und die pythischen Spiele verbunden war;[17] eine politische Wirksamkeit nach Außen aber blieb ihm fremd, und eben so wenig mischte er sich in einheimische Rechtsstreite, in wie weit sie nicht eine gottesdienstliche Beziehung auf den Cultus des delphischen Apollo hatten. Die Waffen ergriff er nur zur Abwehr oder Bestrafung von Angriffen auf den delphischen Tempel und dessen Schätze oder Landgebiet, aber nicht zum Schutze Griechenlands gegen auswärtige Feinde, welcher Ansicht schon der eine Umstand widerspricht, daß wir nichts von Zusammenberufung außerordentlicher Versammlungen lesen, die doch dann zur Fassung schneller Entschlüsse nöthig gewesen wären, sondern daß man nie von den einmal bestimmten Zeiten der Versammlungen abgewichen zu sein scheint. Selbst das Verhalten und die Beschlüsse der Amphiktyonen in Bezug auf den Perserkrieg[14] erklären sich einfach durch die Gefährdung des delphischen Heiligthums in unmittelbarer Nähe der von den Persern forcirten Thermopylen.[19] Wir müssen nun, statt unbegründeten Vermuthungen Raum zu geben, auf die sicher beglaubigte Wirksamkeit des Bundes etwas näher eingehen. Seine Fürsorge für den Tempel zu Delphi und seine Schätze,[20] die wohl sein ursprünglicher Hauptzweck war, bewährte er durch harte Bestrafung der gegen ihn verübten Frevel, durch Zerstörung von Cirrha und Verkauf der Einwohner als Sklaven, weil dieselben den Tempel geplündert hatten,[21] durch Verwüstung von ganz Phocis und schwere Züchtigung der Einwohner,[22] welche dem Apollo geheiligte Ländereien angebaut und deshalb von den Amphiktyonen zu einer großen Geldstrafe verurtheilt, sich diesem Ausspruche widersetzt, den Tempel beraubt und Delphi in Besitz genommen hatten, und endlich durch Zerstörung von Amphissa, einer Stadt der ozolischen Lokrer,[13] deren Bewohner in dem von den Amphiktyonen mit einem Fluche belegten Gebiete von Cirrha Meiereien und Ziegelbrennereien angelegt und den verschütteten Hafen der Stadt wieder hergestellt hatten, drei Strafgerichte der Amphiktyonen, welche in der Geschichte unter dem Namen der heiligen Kriege bekannt sind. Eine zweite Hauptaufgabe des Bundes war die Entscheidung und Beilegung von Streitigkeiten zwischen den einzelnen Bundesstaaten,[21] wobei er gewöhnlich dem als Urheber derselben verurtheilten Staate hohe Strafen von tausend Talenten und noch größeren Summen[25] auferlegte, wie sich überhaupt in allen seinen richterlichen Maßnahmen eine große Strenge und Härte zeigte, wie wir so eben gesehen haben.[16] Es erhellt aber hieraus, daß mit vollem Rechte auch von einem Amphiktyonengerichte die Rede ist.[17] So ausgedehnt aber die Wirksamkeit der Amphiktyonen war, so unbeschränkt scheint auch die Gewalt gewesen zu sein, die ihnen eingeräumt wurde. Sie beschlossen und führten Kriege (s. oben), machten wieder Frieden,[31] wählten Feldherrn,[32] schickten Gesandte ab[30] u. s. w. In welchem Ansehen aber die Satzungen und Beschlüsse des Bundes standen, beweist schon der eine Umstand, daß selbst die mächtigsten Staaten, Athen und Sparta, sich keine besondere Stimme in den Bundesversammlungen anmaßten, sondern in Bezug auf das Stimmrecht eine Gleichstellung mit den kleinsten und unbedeutendsten Staaten ruhig gefallen ließen und sich den Beschlüssen der Majorität willig fügten. Um dieß jedoch richtig zu verstehen, müssen wir uns nun mit der Verfassung des Bundes näher bekannt machen. Die Amphiktyonen hielten in jedem Jahre regelmäßig zwei Versammlungen[31] und zwar gewöhnlich im Frühlinge zu Delphi und im Herbste zu Anthela bei den Thermopylen;[32] doch scheint man sich bei dringenden, auf Delphi selbst Bezug habenden Gegenständen auch im Herbste zu Delphi versammelt zu haben.[33] Die Frühlingsversammlung fiel mit der Feier der pythischen Spiele zusammen,[34] die aber wohl nicht stets in derselben Zeit abgehalten wurden.[35] An diesen Hauptversammlungen (πυλαῖα genannt) nahmen nur die gleich zu erwähnenden Abgeordneten der einzelnen Staaten Theil; außerdem aber gab es auch noch andere allgemeine Versammlungen (ἐκκλησίαι), zu welchen neben diesen Abgeordneten jeder Bürger eines amphiktyonischen Staates Zutritt hatte,[36] ob aber überhaupt die Bürger aller griechischen Staaten,[37] bleibt ungewiß; wenigstens scheinen sie dann an den auch in diesen allgemeinen Versammlungen stattfindenden Berathschlagungen keinen Antheil gehabt zu haben, doch finden sich allerdings über das Verhältniß dieser zahlreich besuchten allgemeinen Versammlungen zu den Hauptversammlungen der Pylagoren und Hieromnemonen nirgends nähere Andeutungen. In letzteren hatte jeder der verbündeten zwölf Stämme, ohne Rücksicht auf seine Größe und Volkszahl, zwei Stimmen[38] und wurde also durch zwei Abgeordnete vertreten; wie es aber mit Fassung der Stimmen gehalten wurde, ist unklar. Da einige Stämme mehrere Staaten umfaßten und ungemein zahlreich waren, scheinen die zu einem Stamme gehörigen Staaten nach Verhältniß ihrer Volkszahl ganze, halbe und Viertelstimmen gehabt zu haben und nach

Feststellung der Majorität durch Zusammenzählen der einzelnen Bruchtheile zwei Stimmen für oder wider den behandelten Gegenstand im Namen des Stammes abgegeben worden zu sein, oder, was wahrscheinlicher ist,³⁷) es gab vielleicht auch jeder Staat seine Stimme für sich ab und diese wurden dann als Bruchtheile der beiden Stimmen des Stammes zusammengezählt und je nachdem die Majorität der Brüche für oder wider die Sache war, die zwei Stimmen entweder zustimmend oder verwerfend abgefaßt. Die Abgeordneten bestanden aus zwei Klassen, den Pylagoren (πυλαγόραι oder πυλαγόροι),⁴⁰) welche durch Handaufstrecken (Cheirotonie)⁴¹) wahrscheinlich auf ein Jahr⁴²) gewählt wurden, und den Hieromnemonen (ἱερομνήμονες),⁴³) die, wenigstens in Athen, das Loos bestimmte und zwar wahrscheinlich auf Lebenszeit.⁴⁴) Ueber den Unterschied der beiden Klassen, die an der Abstimmung gleichmäßig Antheil nahmen, lassen uns die alten Schriftsteller in Ungewißheit. Ursprünglich wurden wohl die Versammlungen in Anthela nur durch Pylagoren, die zu Delphi nur durch Hieromnemonen beschickt, nach der Vereinigung beider Bündnisse aber sendete man an beide Orte Abgeordnete beider Arten; doch scheint nun jede der beiden Klassen nach Beschaffenheit des jedesmaligen Gegenstandes den Vorzug gehabt zu haben, die Pylagoren in allen Fällen, die ein politisches Interesse hatten, und bei den Versammlungen in Anthela, die Hieromnemonen aber da, wo es sich um religiöse Verhältnisse handelte und bei den Zusammenkünften in Delphi, obgleich sich diese Scheidung der Geschäfte nach den verschiedenen Orten der Versammlung aus Stellen der Alten keineswegs erweisen läßt. Vielleicht waren auch die Hieromnemonen ständige Beamte des Bundes, die an Ort und Stelle verweilten, die Verwaltungsgeschäfte besorgten und die Versammlungen vorbereiteten und leiteten,⁴⁵) während sich die Pylagoren nur zu letzteren selbst einfanden, um ihre Heimath dabei zu vertreten⁴⁶) und deren Interessen zu wahren (wozu freilich auch die Hieromnemonen berufen waren).⁴⁷) Wenigstens scheinen die Hieromnemonen einen Vorrang vor den Pylagoren gehabt zu haben.⁴⁸) Wie viele solche Vertreter jeder Staat senden wollte, scheint örtlichen Bestimmungen überlassen gewesen zu sein;⁴⁹) da jedoch nur zwei Abgeordnete stimmberechtigt waren, können die übrigen nur als Beisitzer (σύνεδροι) betrachtet werden.⁵⁰) Die Amphiktyonen scheinen ihre Versammlungen in Tempeln⁵¹) oder an besonderen Orten, wie zu Delphi an einem Platze, welcher den Namen Pyläa führte,⁵²) gehalten zu haben. Ehe sie ihre Geschäfte begannen, opferten sie in Delphi dem Apollo, in Anthela aber der Demeter⁵³) einen in kleine Stücke zerhauenen Ochsen, um dadurch anzudeuten, daß zwischen den einzelnen Staaten, deren Vertreter sie waren, Eintracht und Einmüthigkeit herrsche. Hierauf legten sie den gesetzlich vorgeschriebenen Eid ab,⁵⁴) der von Verwünschungen derer begleitet war, die ihn brechen würden. Nun rief der dirigirende Hieromnemon oder Pylagoras⁵⁵) die Abgeordneten auf zu sprechen und die Berathschlagung zu beginnen.⁵⁶) Die nach Zählung der Stimmen durch Majorität gefaßten Beschlüsse wurden für heilig und unverbrüchlich gehalten und in steinerne Tafeln eingegraben. Endlich ist noch zu erwähnen, daß mit den Versammlungen, zu denen immer eine zahlreiche Menge zusammenströmte,⁵⁷) sowohl zu Delphi als zu Anthela auch Märkte oder Messen verbunden waren.⁵⁸) — Was die spätere Geschichte des Bundes betrifft, der sich dem Namen nach bis in die Römerzeit forterhielt, so wurden im Jahre 346 v. Chr., nach Beendigung des zweiten heiligen Kriegs die Phocenser als Veranlasser desselben und die Lacedämonier als deren Verbündete ausgestoßen,⁵⁹) dafür aber Philipp von Macedonien und sein Volk aufgenommen⁶⁰) und dadurch der Grund zum Untergange der Freiheit Griechenlands gelegt. Später wurden allerdings die Phocenser wegen ihrer gegen die eingefallenen Gallier bewiesenen Tapferkeit wieder aufgenommen;⁶¹) von einer Wiederaufnahme der Lacedämonier aber ist nicht die Rede. Um's Jahr 220 v. Chr. machten sich die erst im Jahre 339 oder 338 in den Bund aufgenommenen Aetolier zu Meistern desselben, besetzten den Amphiktyonenrath fast ganz aus ihrer Mitte und ließen den übrigen Bundesgliedern nur vereinzelte Stimmen;⁶²) seit ihrem Friedensschlusse mit den Römern im Jahre 189 verschwindet jedoch nach und nach auch ihre Theilnahme am Bunde. Da nun im Laufe der Zeit auch manche andere Stimmen ganz erloschen waren (z. B. durch das Aussterben der Doloper), so gab Augustus dem Bunde eine neue Organisation.⁶³) Zur Zeit des Pausanias zählte derselbe 30 Stimmen. Es sendeten nämlich das auf Augustus' Betrieb aufgenommene Nikopolis, Macedonien und Thessalien je sechs, Böotien, Phocis und Delphi je zwei, das ozolische Locris, das opuntische Locris, Athen, Euböa, Argos, Sicyon, Corinth und Megara je einen Abgeordneten.⁶⁴) Die Städte Athen, Delphi und Nikopolis beschickten jede Versammlung, die übrigen Bundesstaaten aber, die mehrere Stimmen hatten, theilten sich so in dieselben, daß die einzelnen Städte der Reihe nach den Abgeordneten sendeten; wie es dagegen diejenigen Staaten hielten, die nur eine Stimme hatten, erfahren wir nicht. Unter der römischen Herrschaft führte der Bund der Amphiktyonen noch die Aufsicht über die pythischen Spiele,⁶⁵) sonst aber hatte er alle Bedeutung verloren, und so sehen wir ihn denn auch bald spurlos aus der Geschichte verschwinden.⁶⁶)

## Anmerkungen zum 20. Kapitel.

¹ Der Name ist unstreitig von ἀμφί und κτίειν abzuleiten (ἀμφικτίονες = περίοικοι, „Umwohnende": vgl. Timäus Lex. Plat. p. 28. Harpocr., Hesych. u. Etym. M. h. v. Andron. bei Paus. X, 8, 1.) und würde daher richtiger mit ι als mit υ geschrieben, wie er auch wirklich auf Inschr. im Corp. Inscr. Gr. I. p. 805. lin. 6. 16. 36. 41. 42. u. in d. Mém. de l'Acad. des Inscr. 1. Serie. Tom. VIII. P. I. p. 54 ff. (Paris 1869. 4.) erscheint, während allerdings andere Inschr. im Corp. Inscr. I. p. 805. lin. 20. p. 260. lin. 22. u. 1038. lin. 11. n. 1124. lin. 13. auch Ἀμφικτύονες zeigen. Die Hauptstellen der Alten über die Amphiktyonie sind Aeschin. de fals. leg. §. 115 ff. p. 294 ff. R. Dion. Hal. IV, 25. Strab. IX. p. 420 ff. u. Paus. X, 8, 1—3.

²) Deren Mittelpunkt ein Tempel des Poseidon (vgl. Strab. IX. p. 412. u. Paus. IX, 26, 3., der ihn noch sah) und die auch mit einem Feste verbunden war (Paus. IX, 37, 2. vgl. Hom. H. in Apoll. 52.). Die zu ihr gehörenden Völkerschaften werden uns nicht genannt.

³) Wo sie sich an den Tempel des Apollo anschloß. Sie war sehr alt (Thuc. III, 104. vgl. Hom. H. in Apoll. 146. 165.) und man scheint den Theseus für ihren Stifter gehalten zu haben. (Plut. Thes. 21.) Sie umfaßte die Bewohner der Inseln Mykonos, Syros, Tenos, Keos, Siphnos, Seriphos, Ios, Paros, Ikaros, Naxos, Andros und der Stadt Karystos auf Euböa. (Vgl. d. Marmor Sandvicense im Corp. Inscr. Gr. I. p. 252.) Die Versammlung fand alle vier Jahre am sechsten oder siebenten Thargelion statt und es war damit eine Festfeier mit Wagenrennen, gymnischen Uebungen und musikalischen Aufführungen, namentlich Frauenchören, verbunden. (Hom. H. in Apoll. 157 ff. vgl. die angef. Inschr., die Hauptquelle für die Kenntniß dieser Amphiktyonie, und Athen. IV, 73. p. 173. b.)

⁴) Auch diese Amphiktyonie bildete sich um einen Tempel des Poseidon her und umfaßte die sieben Städte Hermione, Epidauros, Aegina, Athen, Prasiä, Nauplia und das böotische Orchomenos, wozu später, nach Verdrängung von Prasiä und Nauplia noch Sparta und Argos kamen. (Strab. VIII. p. 374.)

⁵) Die Sage macht schon einen Sohn oder (nach Dion. Hal. IV, 25.) Enkel des Deukalion, Namens Amphiktyon, zu ihrem Gründer (vgl. Marm. Par. in Marm. Oxon. Ep. 8. p. 19. 21. Chandl. Dion. Hal. IV, 25. Paus. X, 8, 1. Schol. zu Eur. Orest. 1094. Suid. u. Zonar. s. v. Ἀμφικτίονες), der aber nicht für identisch mit dem gleichnamigen alten Könige von Attika zu halten ist (vgl. Marm. Par. a. a. O. Paus. I, 2. u. X, 8, 1. Justin. II, 6. Scymn. v. 587.). Daß sie schon vor dem trojanischen Kriege bestand, ist wohl kaum zu bezweifeln, obgleich sie vom Homer noch nicht erwähnt wird. Schwerlich aber ist sie die Schöpfung eines einzigen Mannes, sondern hat sich erst im Laufe der Zeit nach und nach gebildet.

⁶) Bei Aeschines de fals. leg. §. 116. p. 285. R., Pausanias X, 8, 2. Harpocration p. 20. Suid. s. v. Ἀμφικτίονες u. Libanius Or. 64. T. III. p. 414. R.). Diesen Verzeichnissen sind die bei Alexander ab Alexandro Dies gen. V, 7. Mich. Apostolios Proverb. centur. III, 4. u. Arsenius Violar. p. 54. Walz. entnommen.

⁷) Nach Pausan. a. a. O. schon von den Zeiten des Stifters Amphiktyon an.

⁸) In dieser Zahl stimmen Aeschines (obgleich er nur elf Namen nennt und die Doloper wohl nur durch Versehen wegläßt), Strab. IX. p. 420. Harpocr., Suid. u. Zonar. s. v. Ἀμφ. u. Schol. zu Pind. Pyth. IV, 116. überein. Pausanias nennt freilich nur zehn Völkerschaften, indem die Perrhäber und Böotier bei ihm fehlen. Dagegen erscheinen in dem oben Note 1. angeführten, aus der Römerzeit herrührenden Decrete der Amphiktyonen in d. Mém. de l'Acad. des Inscr. siebenzehn Völkerschaften (sieben mit je zwei und zehn mit je einer Stimme), die sich aber doch leicht auf die ursprüngliche Zwölfzahl zurückführen lassen, wenn wir die beiden Stämme der Dorier und Lokrer, dann die Athener und Euböer, die Malier und Oetäer, die Perrhäber und Doloper für je ein Volk nehmen.

⁹) Die Delphier, welche Harpocr. p. 20. u. Arsenius p. 54. hinzufügen, erhielten erst später, als sie nicht mehr Phocenser genannt sein wollten und sich von ihnen trennten (Paus. IV, 34, 6. vgl. Strab. IX. p. 423.), eine eigene Stimme (Paus. X, 8, 3.), nachdem früher keine einzelne Stadt von einem Volksstamme getrennt eine Stimme gehabt hatte.

¹⁰) Als welche sie z. B. dem Dion. Hal. IV, 25. erscheint. Wenn sich daher der Bund in einem Decrete bei Demosth. de cor. §. 155. p. 279. τὸ κοινὸν τῶν Ἑλλήνων συνέδριον nennt (vgl.

auch Aeschin. in Ctesiph. §. 161. Zuschr. in b. Rev. archéol. 1854. (XI.) p. 577. u. Cic. de Inv. II, 23, 69.), so kann dieß entweder nicht eigentlich genommen werden, oder müßte sich auf eine Zeit beziehen, wo der Name Hellenen sich noch auf den Umkreis Thessaliens beschränkte.

¹¹) Wenn bei Demosth. de cor. §. 155. p. 279. vgl. mit b. Schol. dazu T. II. p. 63. R. ein Arkadier nicht nur als Amphiktyone, sondern selbst als Feldherr der Amphiktyonie erscheint, so ist wohl anzunehmen, daß er zwar geborner Arkadier, später aber Bürger von Pharsalus war.

¹²) Die Aetolier erscheinen zwar auf Inschr. bei Gruter p. 129, 15. 1021, 7. Reines. Class. I. n. 241. u. Muratori 570, 3. als Amphiktyonen; diese Inschr. aber rühren aus sehr später Zeit her, wo sich der ätolische Bund den Eintritt in die Amphiktyonie erzwungen hatte.

¹³) Dem die ganze spätere Verfassung des Bundes zugeschrieben wird. (Schol. zu Eurip. Orest. 1087. [1094.] vgl. mit Strab. IX. p. 420. Uebrigens vgl. auch Callim. Epigr. 41. u. Libanius Or. 64. T. III. p. 472. R.

¹⁴) Vgl. Schol. zu Eurip. a. a. O. Nach dieser Stelle sollte sie Amphiktyon, nach b. Schol. zu Soph. Trach. 640. aber Strophios gestiftet haben.

¹⁵) Herod. VII. 200. Schmn. 601. Strab. IX. p. 420. Suid. v. πυλαγόραι.

¹⁶) Von Aeschines de fals. leg. p. 284. R. oder §. 115. p. 352. Bekker. In späteren Zeiten scheint den Stellen des Aeschines nach allerdings der Eid, wenigstens in dieser Fassung nicht mehr geschworen worden zu sein. (Vgl. Aeschin. in Ctesiph. §. 112. 127. p. 503. u. 518. R.)

¹⁷) Paus. X, 7, 9.

¹⁸) Vgl. Herod. VII. 213. 214. 228.

¹⁹) Daß die im Perserkriege zu Sparta (Diod. XI, 15.), Corinth (Herod. VII, 172 ff. vgl. Diod. XI, 1.) und anderwärts gehaltenen allgemeinen Versammlungen der Griechen 'τὸ κοινὸν τῶν Ἑλλήνων συνέδριον) amphiktyonische gewesen, läßt sich durch Nichts beweisen.

²⁰) Vgl. Strab. IX. p. 420. u. Schol. zu Eurip. Orest. 1094.

²¹) Aeschin. in Ctesiph. §. 107. p. 498 f. Marm. Oxon. Ep. 38. p. 27. Chandl. Plut. Solon 11. Paus. X, 37, 5. (vgl. mit Frontin. III, 7. und Polyän. VI, 3.) Hippocr. T. III. p. 1292. Foes.

²²) Demosth. de fals. leg. §. 63. p. 361. Diod. XVI, 28. 60. Paus. X, 3, 1. (15, 1. 33, 5.) Alle ihre Städte wurden zerstört und sie in Dörfern zu wohnen genöthigt, ihre Waffen wurden zerschlagen, ihnen Pferde zu halten verboten und sie von den amphi-

tbonischen Versammlungen und der Theilnahme am Heiligthume des Apollo ausgeschlossen.

²³) Aeschin. in Ctesiph. §. 118 ff. p. 510. Polyän. IV, 2, 8. Strab. IX. p. 419. Demosth. de cor. §. 154 f. p. 278 f.

²⁴) Strab. IX. p. 420. (der diese Einrichtung erst dem Akrisius zuschreibt) Dion. Hal. IV, 25. Beispiele solcher Entscheidungen siehe bei Paus. IV, 5, 1. VII, 10, 2. Plut. Cimon 8. Diod. XVI, 23. 29. Demosth. de cor. §. 135. p. 272. Quinct. Inst. V. 10.

²⁵) Demosth. in Neaer. §. 98. p. 1378. Diod. XVI, 29. 32. Paus. X, 2, 1. vgl. Aelian. V. Hist. XII, 58.

²⁶) Vgl. auch die Verwünschung, welche die Amphiktyonen ihrem Eide nach der Zerstörung Cirrha's beifügten, bei Aeschin. in Ctesiph. §. 110. p. 502. Sie beschworen: „wenn ein Staat den Eid breche, so solle er von den Göttern verflucht sein, sein Land keine Früchte tragen, seine Frauen und sein Vieh nur Mißgeburten zur Welt bringen, er solle in jedem Kriege und Rechtsstreite unterliegen und seine Opfer als unrein von den Göttern verschmäht werden."

²⁷) Vgl. Timäus u. Suid. v. Ἀμφικτ. mit Tac. Ann. IV, 14., der nur etwas zu weit geht, wenn er schreibt: Amphictyones, quibus præcipuum fuit rerum omnium judicium.

²⁸) Diod. XVI, 59. 60.

²⁹) Aeschin. in Ctesiph. §. 128. p. 519. Demosth. de cor. §. 143 ff. p. 275. 277. 279. vgl. Diod. XVII, 4.

³⁰) S. B. an Philipp von Macedonien. (Demosth. de cor. §. 155. p. 279.)

³¹) Strab. IX. p. 420. Harpocr. p. 261. v. πυλαία.

³²) Herod. VII, 200. Daß diese Versammlungen bei den Thermopylen, von denen der Name πυλαία auch auf die Versammlungen zu Delphi überging (vgl. Demosth. de pace §. 154. p. 278. Strab. IX. p. 420. Schol. zu Aristoph. Nub. 619. Hesych. v. Ἀμφικτύονες;), auch später regelmäßig gehalten wurden, bezeugen Soph. Trach. 638. Liv. XXXIII, 35. u. Harpocr. a. a. O. Daß die Versammlungen an beiden Orten stattfanden, erhellet aus Aeschin. in Ctesiph. §. 126. p. 517. u. Strab. IX. p. 420. Beide Versammlungsorte werden auch oft einzeln erwähnt, z. B. Delphi von Aeschin. in Ctesiph. §. 113, 115. p. 504. 507. Plut. de or. Pyth. 29. Paus. X, 8, 1. Schol. zu Aristoph. Nub. 619 f. Suid. s. v. πυλαγόραι, Thermopylä aber von Herod. a. a. O. Soph. Trach. 640. Aeschin. in Ctes. §. 124 ff. p. 516 ff. u. s. w.

³³) Vgl. Böckh zum Corp. Inscr. Gr. I. p. 808.

³⁴) Aeschin. in Ctes. §. 254. p. 645.

³⁵) Denn sonst ließe sich der Widerspruch nicht erklären, daß die pythischen Spiele in den ersten Tagen des Monats Munychion gehalten worden wären, und daß nach Demosth. de cor. §. 155.

p. 279. Aeschines sein Amt als Pylagoros am 16. Tage des Monats Anthesterion angetreten habe.

³⁶) Aeschin. in Ctesiph. §. 124. p. 515. vgl. Hesych. II, p. 1081.

³⁷) Wie allerdings aus Demosth. in Aristocr. §. 40. p. 633. u. Aeschin. in Ctesiph. §. 124. p. 515. hervorzugehen scheint, nach welchen Stellen alle in Delphi anwesende Griechen, um dem Gotte zu opfern oder das Orakel zu befragen, an den Opfern der Amphiktyonen Theil nahmen.

³⁸) Aeschin. de fals. leg. §. 116. p. 286. Strab. IX. p. 420. vgl. Diod. XVI, 60.

³⁹) Da Aeschin. de fals. leg. a. a. O. äußert, daß die Abgeordneten der kleinsten Staaten eben so viel zu sagen hätten, als die von Athen und Sparta.

⁴⁰) Herod. VII, 213. Demosth. de cor. §. 149. p. 247. Aeschin. in Ctes. §. 113 ff. p. 504 ff. Harpocr. p. 261. u. f. w. Ueber die doppelte Namensform vgl. Bremi zu Aeschin. in Ctes. p. 93. Schäfer zu Demosth. T. II. p. 216. u. Dindorf in Steph. Thes. VII. p. 2229.

⁴¹) Demosth. u. Aeschin. a. a. O.

⁴²) Da in Athen drei neu gewählte Pylagoren auf einmal erscheinen (Aeschin. l. l. §. 115. vgl. auch Aristoph. Nub. 619.) Bei Aeschin. ebendas. §. 126. p. 517. scheinen die Worte οἱ πυλαγόροι οἱ ἀεὶ πυλαγοροῦντες nur „die lebensmaligen Pylagoren" zu bedeuten.

⁴³) Demosth. u. Aeschin. a. a. O.

⁴⁴) Schol. zu Aristoph. Nub. l. l. (vgl. mit Aeschin. in Ctes. §. 115. p. 506.), nach welchem wenigstens in Athen das Amt des Hieromnemon lebenslänglich war.

⁴⁵) Wenigstens heißen sie beim Schol. zu Demosth. de cor. p. 177. κύριοι τῶν ψήφων.

⁴⁶) Vgl. Herod. VII, 213. u. Harpocr. p. 261.

⁴⁷) Vgl. Demosth. de cor. §. 148. p. 276. in Timocr. §. 150. p. 747. Ulpian. Schol. zu Demosth. in Timocr. T. II. p. 187. R. u. Corp. Inscr. Gr. I. p. 807. lin. 40.

⁴⁸) In Athen war das Amt eines Hieromnemon das angesehenste nach dem des Archon (Demosth. in Timocr. a. a. O.) und der Hieromnemon Kolyttphos, der eine allgemeine Versammlung ansagt und die Stimmen sammelt (Aeschin. in Ctes. §. 126. p. 519.), wird zum Heerführer der Amphiktyonen gewählt (Aeschin. ibid. u. Demosth. de cor. §. 151. p. 277. vgl. mit Ulpian's Schol. dazu T. II. p. 63. R.)

⁴⁹) So schickte z. B. Athen einen Hieromnemon und drei Pylagoren. (Aristoph. Nub. 619. Demosth. de cor. §. 149. p. 247. u. Aeschin. in Ctes. §. 115. p. 506.)

⁵⁰) Vgl. Demosth. de cor. §. 154. p. 278 f. Doch bezeichnet

Anmerkungen zum 20. Kapitel.

freilich in vielen Stellen der Ausdruck σύνεδροι auch die ganze Versammlung (z. B. Diod. XVII, 48.), so wie auch die Hieromnemonen (Ulpian's Schol. zu Demosth. in Timocr. T. II. p. 187. R.)

⁵¹) Vgl. Aeschin. de fals. leg. §. 117. p. 286.

⁵²) Plut. de or. Pyth. 29. Schol. zu Aristoph. Nub. 619. Suib. v. πυλαγόραι.

⁵³) Herod. VII, 200. Strab. IX. p. 420. u. 429. Vgl. auch Marm. Oxon. Ep. 9. p. 21. Chandl. Schol. zu Aristoph. Nub. 619. Phot. Lex. u. Etym. M. v. ἱερομνήμονες. Suib. v. πυλαγόραι.

⁵⁴) Vgl. oben Note 16.

⁵⁵) Denn beide Klassen von Abgeordneten werden als Vorsitzende genannt (vgl. z. B. Hesych. l. l. πυλαγόροι οἱ προεστῶτες τῆς πυλαίας.)

⁵⁶) Aeschin. in Ctes. §. 116. p. 508.

⁵⁷) Deshalb war zu den Versammlungen bei Anthela eine weite Ebene gewählt. (Herod. VII, 200.) Noch zu Livius' Zeiten waren die Versammlungen ungemein zahlreich (XXXIII, 25.).

⁵⁸) Ἀγοραὶ πυλάτιδες: Soph. Trach. 640. Scymn. 600. Hesych. h. v. Vgl. auch Dio Chrys. Or. 77. p. 651. Morell. u. Theophr. Hist. pl. IX, 11.

⁵⁹) Paul. X, 8, 2. Diod. XVI, 60. Liban. Or. 64. T. III. p. 396 ff. R.

⁶⁰) Diod. a. a. O.

⁶¹) Paul. a. a. O.

⁶²) Vgl. Polyb. IV, 25. mit Corp. Inscr. Gr. n. 1694. u. dazu Böckh I. p. 824.

⁶³) Paul. a. a. O. Er wollte nämlich die Stadt Nikopolis in den Bund aufgenommen wissen, und gab ihr nicht nur die Stimme der ausgestorbenen Doloper, sondern auch die der Magneten, Malier, Aenianen und Phthioten, welche alle damals wohl sehr unbedeutend waren.

⁶⁴) Dieß gäbe allerdings 32 Stimmen, wahrscheinlich aber hat Pausan. die beiden Stimmen der Böotier unter den sechs der Thessalier schon mit gezählt, da er die Bemerkung hinzufügt, die Böotier hätten früher Thessalien bewohnt.

⁶⁵) Philostr. Vit. Soph. II, 57.

⁶⁶) Strabo a. a. O. spricht zwar von einer Auflösung des Bundes, doch wird derselbe auch später hier und da als noch bestehend erwähnt.

## 21. Kapitel.

## Das Heerwesen.

[Allgemeines. Das spartanische und athenische Heerwesen in Bezug auf Wehrpflicht, Truppengattungen, Bewaffnung, Eintheilung, Taktik und Kriegführung: Marsch-, Lager- und Gefechtsordnung. (Festungskrieg.)]

Ohne auf das Kriegswesen des heroischen Zeitalters einzugehen, schildern wir hier nur das der historischen Zeit, welches sich seit den dorischen Wanderungen zuerst in Sparta und dann auch in den übrigen griechischen Staaten nach und nach ausbildete und besonders seit den Perserkriegen eine größere Vervollkommnung erfuhr. Wir haben hier namentlich das ältere spartanische und das jüngere athenische Heerwesen zu unterscheiden und darzustellen, denn das der übrigen Staaten war minder entwickelt und hatte wenig Eigenthümliches, da es sich mehr oder weniger an das jener beiden Hauptstaaten anschloß. Nur von den zur peloponnesischen Symmachie gehörenden Staaten wurde die Waffenkunst nach dem Muster Sparta's mit Ordnung und Fertigkeit geübt. In mehreren griechischen Staaten, die von den dorischen Wanderungen unberührt blieben, hatten die Heere mehr den Charakter eines Landsturms und waren weder was die Zusammensetzung und Eintheilung, noch was die Bewaffnung betraf, gehörig geordnet und ausgerüstet. Ehe wir aber von den militärischen Einrichtungen der beiden Hauptstaaten einzeln handeln, müssen wir einige allgemeine Bemerkungen über das griechische Heerwesen überhaupt vorausschicken. Im Falle eines Kriegs wurde die dazu nöthige Mannschaft aus der Gesammtheit der Bürgerschaft aufgeboten; denn ein stehendes Heer gab es in keinem griechischen Staate und zu keiner Zeit, als unter der Herrschaft von Tyrannen, die allerdings Söldnerheere unterhielten. Dagegen war jeder Bürger mit Ausnahme der Priester¹) verpflichtet, die im Frieden ruhenden Waffen²) zu ergreifen, wenn es den Schutz und die Vertheidigung des Vaterlandes galt, und daher wurde in den meisten griechischen Staaten die Jugend schon frühzeitig im Gebrauche der Waffen geübt und bereits mit den Knaben gymnastische Vorübungen, noch ohne Waffen, angestellt. In der Regel wurden nur die freien Bürger zum Kriegsdienste aufgeboten, in Fällen der Noth aber auch die Metöken und zuweilen selbst die Sklaven dazu herbeigezogen,³) die für gewöhnlich die Herren nur als Diener in's Feld begleiteten. Nach Umständen zog entweder nur ein Theil der in die Dienstliste (den καταλογος) eingetragenen Bürger zum Kriege aus, oder auch die gesammte Mannschaft.⁴) Was nun die Waffengattungen betrifft, so bildeten die Hopliten⁵) oder Schwerbewaffneten den Kern der griechischen Heere, deren Bewaffnung jedoch nicht überall gleich war. Neben ihnen aber erscheinen später als leichte Truppen (ψιλοί, γυμνοί, γυμνῆτες) Wurfspießschützen (ἀκοντισταί), Bogenschützen (τοξόται) und Schleuderer (σφενδονίζαι).⁶) Ein Mittelglied zwischen beiden Gattungen bildeten seit dem peloponnesischen Kriege die Peltasten (πελτασταί),⁷) die sich besonders durch einen leichteren Schild ohne Metallrand (die πέλτη) von den Hopliten unterschieden. Reiterei, welche an die Stelle der im heroischen Zeitalter üblichen Streitwagen trat, und auf welche die Griechen nie großen Werth legten,⁸) hielten nicht alle Staaten⁹) und nur in geringer Zahl,¹⁰) meistens erst seit späterer Zeit. Für die besten Reiter galten die Thessalier, Böotier, besonders die Thebaner und Orchomenier, und die Aetolier, für die schlechtesten die Spartaner.¹¹) Eine Mittelgattung zwischen Fußvolk und Reiterei waren die besonders in Theben üblichen ἄμιπποι, leicht bewaffnete Fußgänger, die der Reiterei beigegeben wurden und hinter den Reitern aufsaßen, im Kampfe aber herabsprangen und zu Fuß kämpften.¹²) Die Waffen (die wir bald näher kennen lernen werden¹³) mußten sich die Bürger selbst anschaffen und zwar in Sparta jeder die der Hopliten, während in Athen den ärmeren Bürgern auch leichtere Bewaffnung gestattet war, und eben so hatten sie, wenigstens früher, auch für ihren Unterhalt im Felde selbst zu sorgen,¹¹) und von einem Solde war gleichfalls keine Rede, bis Perikles in Athen einen solchen einführte (s. unten). Erst in der späteren Zeit, nach dem peloponnesischen Kriege, als schon das griechische Heerwesen zu sinken begann, wurde die Anwerbung von Söldnerschaaren immer üblicher, und die Bürger entzogen sich immer mehr ihrer Dienstpflicht.¹⁵) Anfangs bildete man aus den Söldnern nur leichte Truppen, besonders thracische und arkadische Wurfspießschützen, rhodische Schleuderer und kretische Bogenschützen; seit Xenophons Zeiten aber füllten sich auch die Reihen des schwerbewaffneten Fußvolks mit Söldnern. Die Werbung erfolgte nur für den jedesmaligen Feldzug durch einen Feldherrn, dessen Name schon einen guten Klang hatte. Dieser sendete nun, da die Sache gewöhnlich schleunigst betrieben werden mußte, mehrere Leute als Werbeofficiere aus, deren jeder einen Lochos von 100 Mann,¹⁶) meistens gleichen Stammes,¹⁷) unter der Bedingung zusammenbringen mußte, daß er der Führer (Lochagos) dieser Schaar wurde, die bald aus Hopliten, bald aus Peltasten, bald aus Bogenschützen oder Schleuderern bestand. Diese einzelnen Schaaren, die zuweilen noch in Pentekostyen von 50 und Enomotien von 25 Mann zerfielen,¹⁸) wurden nun dem Feldherrn, der die Werbung angeordnet hatte, zugeführt, und er trat als Strategos an die Spitze dieses Söldnercorps.¹⁹) Die ergiebigsten Fundgruben für die Werber waren Arkadien und Achaja und der Hauptwerbeplatz das Vorgebirge Tänaron. Die Besoldung wurde theils als eigentliche Löhnung (μισθός), theils als Verpflegungsgeld (σιτηρέσιον, σῖτος) geleistet⁸⁰) und Beides war gewöhnlich einander gleich, 2 oder 3 Obolen täglich, also zusammen 4 bis 6 Obolen; meistens aber einigte man sich über einen Monatssold, der sich, die Verpflegung eingerechnet, auf einen Goldstatelos oder 20—24 Silberdrachmen⁸¹) belief, wofür sich aber die Söldner auch ihre Waffen anzuschaffen hatten, so daß sie mehrere Monate dienen mußten, ehe sie nur die Kosten derselben herausbrachten. Die Lochagen erhielten doppelten, die Strategen vierfachen⁸²) und die Reiter doppelten oder gewöhnlicher dreifachen Sold der Fußgänger.⁸³) Nach Beendigung des Feldzugs wurden diese Söldnerschaaren wieder entlassen. Gliederung und Abtheilungen des Heeres waren in den einzelnen

Staaten verschieden, und eben so auch die Lager- und Schlachtordnung, so wie die Taktik überhaupt. Im Allgemeinen jedoch ist zu bemerken, daß man hauptsächlich auf Massenkampf in fest geschlossenen Gliedern und wuchtigen Angriff auf den Feind hielt, auf den kleinen Krieg aber sich eben so wenig verstand, als auf kunstgerechte Belagerungen. Feldzeichen und Signale lassen sich in früherer Zeit nicht nachweisen; dagegen war Schlachtgeschrei, Schlachtgesang und Trompetenschall fast allgemein üblich. Hinsichtlich der Art der Kriegführung läßt sich nicht leugnen, daß sie eine sehr schonungslose und gewöhnlich mit Verwüstung des feindlichen Gebiets, Zerstörung der Städte, Umhauen der Fruchtbäume u. s. w. verbunden war. Nur eine Verletzung von Heiligthümern galt für ruchlos.²⁶) Die Kriegsbeute wurde nicht vom Staate in Anspruch genommen, sondern den Kriegern überlassen, nur mußten sie den Zehnten davon an die Götter abgeben;²⁸) das Lösegeld für die Gefangenen aber fiel, wie es scheint, dem Staate zu.

Wir gehen nun zu dem Heerwesen Sparta's über, welches in dieser Beziehung als Musterstaat für ganz Hellas galt, weil hier die möglichst vollkommene Organisation des Heeres Zielpunkt aller Staatseinrichtungen war²⁹) und die tägliche Uebung in den Waffen, sowie die kriegerische Zucht, Einfachheit und Strenge des ganzen Lebens den Spartaner zu dem tüchtigsten und schulgerechtesten Krieger in ganz Griechenland machte.³⁰) Waffenpflichtig (ἔμφρουροι)²⁸, war jeder Bürger vom zwanzigsten bis zum sechzigsten Lebensjahre,³⁰) und keiner dieser Kriegspflichtigen durfte ohne Bewilligung der Behörden das Land verlassen. Nur selten aber rückte die ganze Masse streitbarer Männer in's Feld; vielmehr machten die Könige und später die Ephoren vor jedem Kriegszuge bekannt, wie viele Jahresklassen den Umständen gemäß aufgeboten werden sollen. Die erste Jahresklasse umfaßte die jungen Männer vom 20. bis 25. Lebensjahre. Von ihnen zog jedoch als Kern des ersten Aufgebots nur eine auserwählte Schaar, die 300 Ritter,³⁰) die Blüthe der spartanischen Jugend, in's Feld, während die übrigen blos im Nothfalle als eine Art Kriegsreserve aufgeboten wurden. Jene von drei Hippagreten befehligte³¹) und trotz ihres Namens ἱππεῖς, wenigstens früher,³²) nicht zu Roß dienende Schaar bildete zugleich im Kriege die Leibwache des Königs,³³) im Frieben aber wurden sie als Sicherheits- und Ehrenwache verwendet.³⁴) Auch gingen aus ihnen alljährlich fünf sogenannte Agathoergen (ἀγαθοεργοί) hervor, die zu außerordentlichen Sendungen gebraucht wurden.³⁵) Zur zweiten Altersklasse gehörten die zwischen dem 25. und 30. Jahre stehenden Bürger,³⁶) der eigentliche Kern des Heeres aber bestand aus den Männern zwischen dem 30. und 55. Lebensjahre, welche gleichfalls mehrere, durch einen Zwischenraum von je fünf Jahren geschiedene Altersklassen bildeten; man darf sich aber nicht wundern, daß bis zu dieser Altersstufe hinaufgegriffen wurde, da in Folge der täglichen Waffenübungen und der Einfachheit und Strenge der ganzen Lebensweise auch die Veteranen Sparta's den Kriegsdienst nicht als eine Last, sondern als eine angenehme Abwechselung betrachteten. Nur die letzte Altersklasse der Männer zwischen dem 55. und 60. Jahre wurde sehr selten und blos im äußersten Nothfalle zu den Waffen gerufen.³⁷) Die Hauptmasse und wichtigste Waffengattung bildeten auch hier die Hopliten; von leichten Truppen aber findet sich in früherer Zeit fast keine Spur, wenn man nicht vielleicht die Skiriten (Σκιρῖται) hierher rechnen will. Diese nach der früher arkadischen, später unter spartanischer Botmäßigkeit stehenden Stadt Skiris benannten und ursprünglich aus Einwohnern derselben gebildeten³⁸) Skiriten waren eine besondere, leicht bewaffnete und einen Lochos von 600 Mann bildende Schaar,³⁹) dazu bestimmt, schnell auf gefährdete Punkte gesandt zu werden, wo Hülfe nöthig war,⁴⁰) deshalb aber doch nicht Reiter, sondern Leicht bewaffnetes Fußvolk.⁴¹) Auf Feldzügen marschirte dieser Lochos, der jedoch nicht immer vollzählig in's Feld rückte,⁴²) vor dem Könige und bildete in der Schlachtordnung stets den linken Flügel.⁴³) Als wirkliche leichtbewaffnete Truppen, Bogenschützen und Schleuderer, finden wir, jedoch erst seit dem peloponnesischen Kriege,⁴⁴) in Sparta nur Söldner, denn die Spartaner selbst übten sich in diesen Waffen nicht.⁴⁵) Peltasten, eine aus Thracien nach Griechenland verpflanzte Waffengattung, erscheinen gleichfalls erst seit dieser Zeit.⁴⁶) Die Reiterei, deren erste Formirung in dieselbe Zeit fällt,⁴⁷) war stets der schwächste und untüchtigste Theil des spartanischen Heeres, denn zu Reitern wurden erst, wenn man in's Feld zog, die untüchtigsten Perioiken ausgewählt.⁴⁸) Pferde, Geschirr und Waffen mußten ihnen die reichsten Bürger liefern (denn die alte Gleichheit des Besitzthums war in diesen Zeiten längst verschwunden). Erst seit den Zeiten des Agesilaus scheinen sich die Spartaner aus fremden Söldnern eine bessere Reiterei gebildet zu haben.⁴⁹) — Was nun die Bewaffnung dieser Truppengattungen betrifft, so führten die Hopliten als Schutzwaffen einen ledernen, wahrscheinlich aus Ziegenleder gearbeiteten,⁵⁰) auf dem oberen Theile der Brust mit Eisenplatten belegten und inwendig mit Filz gefütterten⁵¹) Brustpanzer (θώραξ)⁵²) ohne Schurz,⁵³) einen großen, von den Schultern bis zum Schienbein reichenden, ovalrunden,⁵⁴) ehernen⁵⁵) Schild mit einer auf der innern Seite angebrachten Handhabe (πόρπαξ)⁵⁶) statt des bei anderen Heeren früher üblich gewordenen karischen Schildriemens (ὀχάνη oder ὄχανον),⁵⁷) dessen sich die Spartaner erst seit der Zeit Kleomenes III. bedienten,⁵⁸) und einem glänzend polirten Λ auf der Außenseite,⁵⁹) und einen aus Leder gefertigten, mit Erzplatten beschlagenen und mit einem Helmbusche gezierten Helm⁶⁰) (κράνος oder κυνέη),⁶¹) an dessen Stelle später ein Filzhut (πῖλος) trat.⁶²) In der früheren Zeit kamen endlich auch noch Beinschienen hinzu.⁶³) Ihre Angriffswaffen waren eine Lanze und ein Schwert. Die Lanze war 7 bis 9 Fuß lang⁶⁴) und der Schaft an seinem untern, zugespitzten Ende wahrscheinlich mit Erz beschlagen. Sie wurde nicht mehr, wie im heroischen Zeitalter, zum Wurf, sondern nur zum Stoß bestimmt, blos im Nahkampfe benutzt,⁶⁵) mit der rechten Hand allein regiert, in der Mitte gefaßt und zum Angriff horizontal in der Höhe der Hüfte getragen. War sie zerbrochen, welcher Fall nicht selten eintrat,⁶⁶) so griff der Hoplit zu seinem kurzen,⁶⁷) mehr zum Stoße, als zum Hiebe geeigneten Schwerte (μάχαιρα oder ξίφος,⁶⁸) wohl auch ξυήλη).⁶⁹) Als Bekleidung diente ein wahrscheinlich eng anschließender Waffenrock von purpurrother Farbe (φοινικίς).⁷⁰) Die Waffen der Peltasten waren ein kleiner runder Schild, ein Speer, mehrere Wurfspieße und ein Schwert.⁷¹) Von der gewiß nur sehr mangelhaften Bewaffnung der leichten Truppen und der Reiterei⁷²) haben wir keine genaueren Nachrichten. Wir wissen nur, daß die leichten Truppen ohne jede Schutzwaffe waren, daß die Bogenschützen in ihren Köchern 12 bis 20 Pfeile und die Schleuderer als Munition eine Anzahl faustgroßer Steine oder Bleikugeln in einer Tasche (διφθέρα) mit sich führten.⁷³) —

Wir kommen nun zu der Eintheilung und Stärke des Heeres. Weder jene noch diese war stets dieselbe, zu allen Zeiten jedoch war das spartanische Heer das am genauesten gegliederte in ganz Griechenland.⁷⁴) In früherer Zeit war das Hoplitenheer in Enomotien, Trialaben und Syssitien getheilt,⁷⁵) wie stark aber diese Abtheilungen waren, wissen wir nicht. Wahrscheinlich jedoch bestand die Enomotie, wie später, aus 25 bis 30, die Trialas aus 100 und die Syssilie aus 300 Mann,⁷⁶) so daß sich das ganze, blos aus Spartiaten bestehende Heer auf 3000 Mann in 10 Syssitien, 30 Trialaben und 120 Enomotien belief.⁷⁷) Seit den Perserkriegen aber bestand eine andere Eintheilung. Das Bürgerheer zerfiel in 6 Moren (μόραι), 24 Lochen (λόχοι), 48 Pentekostyen (πεντηκοστίες) und 96 Enomotien (ένωμοσίαι), und da nun, wie schon der Name andeutet, die Pentekostye 50 Mann zählte, so kommen auf die Enomotie 25, auf den Lochos 100 und auf die Mora 400 Mann, und mithin bestand dieses Heer ohne die Führer, Spielleute und sonstige Angestellte aus 24,000 Mann. Doch weichen freilich die Angaben der Alten über die Stärke dieser einzelnen Abtheilungen sehr von einander ab, so daß der Mora von 400 bis zu 900 Mann zugetheilt werden,⁷⁸) vermuthlich jenachdem mehr oder weniger Altersklassen aufgeboten wurden, wenn sich nicht vielmehr die größeren Zahlen auf das spätere aus Spartiaten und Perioiken gemischte Heer beziehen. Da nämlich durch die langwierigen messenischen Kriege die streitbare Mannschaft der Spartaner sehr verringert worden war, sah man sich genöthigt nun auch die Landbewohner nach immer größerem Maßstabe zum Kriegsdienste heranzuziehen, so daß die Zahl der im Heere dienenden Perioiken zuletzt wohl dreimal so groß war, als die der Spartiaten.⁷⁹) Dieses gemischte Heer erhielt nun auch eine andere Eintheilung. Die Bezeichnung der sechs größten Abtheilungen durch Mora fiel ganz weg und Lochos wurde der Name derselben,⁸⁰) dieser große Lochos aber erhielt nun vier Pentekostyen und sechzehn Enomotien, d. h. eben so viele, als im früheren Bürgerheere die Mora, und wurde daher auch später zuweilen noch Mora genannt.⁸¹) Die Stärke der Enomotie zur Zeit des peloponnesischen Krieges wird⁸²) zu 32, der Pentekostye zu 128, des Lochos zu 512 Mann berechnet, dabei aber bemerkt, daß die Abtheilungen nicht vollzählig gewesen wären, da man den sechsten

Theil des Heeres, b. h. die ältesten und jüngsten Leute besselben, nach Hause zurückgeschickt habe, und somit erhalten wir eine Stärke von 614 und mit Hinzurechnung der Führer, Spielleute u. s. w. wohl von 650 Mann, womit auch andere Angaben⁸⁰) übereinstimmen. Die Reiterei war in Fähnlein (οὐλαμοί) von 50 Mann getheilt, die in einem Viereck, wahrscheinlich sieben Mann hoch und eben so tief, aufgestellt wurden.⁸⁴) Wie viele solcher Fähnlein zu einer Mora gehörten, wird nicht gemeldet; da jedoch schon ein Reitercorps von 400 Mann etwas Ungewöhnliches war, können auf jede Mora wohl nicht mehr als zwei Fähnlein gerechnet werden. — Fragt man nun, welche Führer dieses Heer und seine einzelnen Abtheilungen befehligten, so ist vorerst zu bemerken, daß vom Oberfeldherrn bis zum Vormann jeder Rotte herab Rangstufe und Maß des Befehlens und Gehorchens auf's Genaueste geordnet war. Oberbefehlshaber des ganzen Heeres waren die Könige,⁸⁵) und zwar früher beide zugleich,⁸⁶) später aber (seit Kleomenes' Zeiten) nur einer,⁸⁷) und welcher von beiden das Commando führen solle, wurde von den Ephoren bestimmt.⁸⁸) Ihn umgab ein aus den Polemarchen, den Pythiern,⁸⁹) Sehern, Aerzten, Herolden, öffentlichen Dienern u. s. w. bestehendes Gefolge, Damosta (δαμοσία)⁹⁰) genannt. Bei länger dauernden und besonders wichtigen Kriegen begleiteten auch die Ephoren⁹¹) oder ein von ihnen ernannter Beirath (σύμβουλοι) von zehn Mitgliedern⁹²) den König in's Feld. Wenn nicht der König selbst das Commando hatte, war der Oberfeldherr einer der Polemarchen, oder ein für den jedesmaligen Feldzug vom Volke gewählter Anführer, dem oft auch noch ein oder zwei Unterfeldherrn beigefügt wurden.⁹³) Auf den Oberfeldherrn folgten dem Range nach die Polemarchen als Anführer der einzelnen Moren, von denen der älteste einen Vorrang vor den übrigen gehabt zu haben scheint.⁹⁴) Sie stellten nach Anweisung des Königs das Heer in Schlachtordnung,⁹⁵) sorgten für gehörige Ausführung der Commando's⁹⁶) und beaufsichtigten im Lager die allgemeine Ordnung, die Uebungen und Spiele.⁹⁷) Unter ihnen standen bei jeder Mora 4 Lochagen, 8 Pentekosteren und 16 Enomotarchen,⁹⁸) von welchen die beiden ersten Chargen auch zum Kriegsrathe und zum Opfer des Königs zugezogen wurden,⁹⁹) was bei den Enomotarchen als untergeordneten Führern nicht der Fall war. Aber auch unter der Mannschaft selbst fand in Bezug auf Befehlen und Gehorchen ein Unterschied statt,¹⁰⁰) indem, da die Enomotie aus 4 Rotten in einer Breite von 4 und einer Tiefe von 8 Mann bestand, der dritte, fünfte und siebente Mann der Rotte seinem Vordermanne, dem zweiten, vierten und sechsten, übergeordnet war und für gehörige Deckung der Rotte zu sorgen hatte. Der erste Mann der Rotte, der sich durch Muth und Stärke auszeichnen mußte, hieß Rottenführer (ἡγεμών), der achte aber, von dem Kriegserfahrenheit und ruhige Besonnenheit verlangt wurde, Rottenschließer (οὐραγός).¹⁰¹) Daß die Leibwache der Hippeis von drei Hippagreten befehligt wurden, haben wir schon oben gesehen, der dem Polemarchen untergeordnete Anführer der Reiterei aber hieß Hipparmostes (ἱππαρμοστής),¹⁰²) und die Führer des Trains, die keine ganz unbedeutende Rolle gespielt zu haben scheinen,¹⁰³) ἄρχοντες τοῦ σκευοφορικοῦ.¹⁰⁴) Außer diesem Train begleitete das spartanische Heer auch eine Anzahl von Handwerkern, so daß die Truppen im Felde mit allem Nothwendigen eben so gut versehen waren, wie zu Hause.¹⁰⁵) Auch das Verwaltungswesen war streng geordnet. Die Versorgung des Heeres besorgte ein Proviantmeister (κρεωδαίτης, eigentlich Fleischvertheiler)¹⁰⁶) und die Geldgeschäfte (namentlich seit Einführung des Soldes) Zahlmeister (ταμίαι), zum Verkauf der Beute und gleichmäßigen Vertheilung des daraus gelösten Geldes aber gab es eigene λαφυροπώλαι.¹⁰⁷) Um die Körper der Gefallenen und Verwundeten in Sicherheit zu bringen, waren aus der Zahl der Sklaven eigene ἑρκτῆρες (Retter) angestellt.¹⁰⁸) Die Kriegszucht brauchte nicht strenger zu sein, als die strenge Ordnung des ganzen bürgerlichen Lebens überhaupt, und daher zeichneten sich die Spartaner durch Mannszucht und Gehorsam gegen die Vorgesetzten vor den übrigen griechischen Truppen vortheilhaft aus. Doch gab es auch, wo es nöthig war, sowohl Ehrenstrafen, als körperliche Züchtigungen. Wer die Mannszucht verletzte und den Befehlen nicht willig und pünktlich gehorchte, mußte mit dem Schilde in der Hand gleichsam am Pranger stehen,¹⁰⁹) oder wurde auch von den Anführern mit dem Stocke gezüchtigt.¹¹⁰) Schwere Vergehen aber wurden erst nach Beendigung des Feldzugs von der Volksversammlung in Sparta durch Geldbußen, Ehrloserklärung, Verbannung, ja selbst mit dem Tode bestraft.¹¹¹) Zur Schlichtung von Streitigkeiten im

Felbe bestand ein Gerichtshof (ἐλλανοδίκαι).¹¹²) — Wir gehen nun zu der Art der Kriegführung selbst über. Die Taktik der Spartaner war meisterhaft und daher hatte angeblich schon Lykurg verboten, nicht zu oft gegen denselben Feind auszuziehen, damit er sie nicht von ihnen erlerne;¹¹³) welches Verbot aber freilich wenig beachtet wurde. Ihre Kriegskunst zeigte sich besonders in der Lagerung und in offener Feldschlacht. Vor dem Ausmarsche des Heeres, der gewöhnlich eben so schnell erfolgte, als die Ausrüstung, brachte der König dem Zeus ein Opfer dar, und wenn die Zeichen Glück verhießen, ergriff ein Priester einen Brand vom Opferaltare und schritt als Feuerträger (πυρφόρος) dem Heere bis zur Landesgrenze voran, wo ein zweites Opfer für Zeus und Athene stattfand, und wenn auch dieses glücklich verlief, wurde die Grenze überschritten und abermals verschiedene Opfer angestellt.¹¹⁴) Auf dem Marsche, der in kurzem, schnellen Schritte nach anapästischem Rhythmus, also in einer Art von Tanzschritt erfolgte,¹¹⁵) und von Gesang¹¹⁶) und Flötenspiel begleitet war, das überhaupt alle taktischen Bewegungen regelte,¹¹⁷) zog das Heer in Colonnenform auf breiteren Wegen mit zwei oder wohl auch mehreren Enomotien, auf schmäleren nur mit einer in der Front, und Engpässe passirte es im Reihenmarsch mit zwei Mann Frontbreite.¹¹⁸) Den Weg auskundschaftende Skiriten und Reiter eröffneten den Zug,¹¹⁹) und ihnen folgte das übrige Heer, den König oder Oberfeldherrn an der Spitze. Die einzelnen Waffengattungen der späteren Zeit folgten einander in der Colonne je nach der Oertlichkeit, der Tageszeit und der Ordnung, in welcher man sich aufstellen wollte. Gewöhnlich aber eröffneten und schlossen den Zug die leichten Truppen und die Reiterei, während die Linieninfanterie der Hopliten die Mitte einnahm. Auf Nachtmärschen jedoch zog der langsamste Theil des Heeres, also die Hopliten voraus, dann folgte das leichte Fußvolk und zuletzt die Reiterei. Das Gepäck wurde auf Lastthieren oder Wagen fortgeschafft und die Schilde (vielleicht auch die Helme) von den Helotenslaven (die daher auch ὑπασπισταί hießen) den Kriegern nachgetragen.¹²⁰) Denn jeden Hopliten begleitete ein oder mehrere Heloten als Diener in's Feld,¹²¹) die aber auch zuweilen als Leichtbewaffnete am Kampfe selbst Theil nahmen, wo sie dann hinter den Hopliten aufgestellt wurden. Der Troß, zu dem sie, gleich den Marke-

lenbern, gehörten, und der auch Zelte, Hausgeräth, Handwerks-
zeug, Proviant, Schlachtvieh u. s. w. mit sich führte,¹⁸¹) war
in der Regel sehr zahlreich und zog, wenn es die Breite des
Weges erlaubte, neben dem Heere her; wenn sich aber der Weg
verengte, vertheilte sich das Heer entweder zu beiden Seiten der
Bagage, oder man ließ diese den einzelnen Abtheilungen in geringer Frontbreite voranziehen. Die gewöhnliche Weite eines
Tagesmarsches betrug 3³/₄ Meilen; that aber Schnelligkeit Noth,
so legte man zuweilen zwei Tagemärsche in einem Tage zu-
rück¹⁸³) und machte Eilmärsche von sechs bis acht Meilen.¹⁸⁴)
Wurde ein Lager aufgeschlagen, so wurde es, wenn es sich nicht
etwa an einen Berg oder Fluß anlehnte, sphärisch angelegt¹⁸⁵)
und zwar mit Palisaden,¹⁸⁶) aber, wie es scheint, nicht mit
einem Graben umgeben, und noch weniger verschanzt. Bei Tage
wurden zweierlei Wachen ausgestellt, die eine als Polizeiwache
bei den an der Außenseite des Lagers aufgestellten Waffen,¹⁸⁷)
um das Herantreten Unberufener zu denselben zu verhüten, die
andere, aus Reitern bestehend, an Orten, die eine weite Aussicht
gestatteten, zur Beobachtung des Feindes. Bei Nacht bestand
blos die gewöhnlich aus Skiriten oder Leichtbewaffneten gebildete Polizeiwache. Um den Feind zu täuschen, wurde auch
das Lager häufig gewechselt.¹⁸⁸) Das Leben in ihm unterschied sich wenig von dem zu Hause. Die gymnastischen und
militärischen Uebungen wurden keinen Tag ausgesetzt, und begannen schon in früher Morgenstunde. Waren sie nach ein paar
Stunden beendigt, so ließ der Polemarch durch einen Herold
Allen gebieten, sich in der gewohnten Ordnung niederzusetzen,
um zu sehen, ob sie zur Stelle wären. Dann wurde gefrüh-
stückt, die Losung gegeben und die Wachen abgelöst. Die nächsten
Stunden waren der Ruhe und Erholung gewidmet. Nach Mittag begannen die Uebungen auf's Neue, bis der Herold zu der
Abends gehaltenen Hauptmahlzeit rief, die, weniger karg als zu
Hause,¹⁸⁹) nach einem feierlichen Opfer mit religiösem Gesange
beschlossen wurde.¹⁹⁰) Hierauf begab man sich zur Ruhe, den
Speer neben sich legend, den man auch den Tag über stets bei
sich tragen mußte. Sich aus dem Lager zu entfernen, war
streng verboten. Belustigungen durch Schauspieler, Gaukler
und Tänzerinnen, wie sie in anderen griechischen Feldlagern fast
ein Bedürfniß waren, wurden von den ernsten und strengen

Lakonen verschmäht. — Sollte es nun zu einer Schlacht kommen, so erfolgte die Aufstellung in folgender Weise. Der König nahm, von der Damosia (s. oben) und der Garde der Ritter umgeben,¹³¹) zwischen der ersten und zweiten Mora,¹³²) in der Mitte der Schlachtreihe Stellung. Zur Deckung der Flügel dienten die Reiterei¹³³) und die Leichtbewaffneten, und auch die Skiriten standen auf dem linken Flügel.¹³⁴) Die gewöhnliche Tiefe der Aufstellung des Hoplitenheeres betrug 8 Mann,¹³⁵) also die Front jeder Enomotie bei einer Stärke von 32 Mann 4 Mann; hatte man es aber mit einem sehr starken Feinde zu thun, von welchem ein Durchbrechen der Linie zu befürchten stand, oder wenn ein zahlreiches Heer auf einem beschränkten Terrain kämpfen mußte, so wurde die Tiefe verdoppelt,¹³⁶) dagegen aber, wenn man durch Verlängerung der Front dem Feinde imponiren oder sich bei geringerer Truppenzahl vor Ueberflügelung bewahren wollte,¹³⁷) zuweilen auch halbirt, so daß nur 4 Glieder hinter einander standen.¹³⁸) Die Grundstellung der Peltasten und des leichten Fußvolks hatte eine Tiefe von 4 Mann, meistens aber lösten sie sich wohl in eine Schwärmoder Schützenlinie auf.¹³⁹) Vor Beginn der Schlacht wurde den Musen und dem Eros (Amor) geopfert, ersteren, um die Krieger daran zu erinnern, daß noch die späte Nachwelt ihre Heldenthaten preisen werde,¹⁴⁰) letzterem, weil die Soldaten der einzelnen Abtheilungen durch innigste Freundschaft und Liebe verbunden waren,¹⁴¹) und wenn der Feind in Sicht kam, auch noch der Artemis Agrotera eine Ziege zum Opfer dargebracht.¹⁴²) Hierauf bekränzten sich alle die Helme und erwarteten, wie zu einem Feste geschmückt, den heranrückenden Feind;¹⁴³) lange Anreden aber, um den Muth des Heeres zu entflammen, fand man für überflüssig, wenn auch jeder Enomotarch seine Leute ermahnte ihre Pflicht zu thun.¹⁴⁴) Hatte sich der Feind bis auf die Weite eines Stadiums genähert, so spielten die Flötenbläser das Marschlied (καστόρειον)¹⁴⁵) und der König stimmte den Schlachtgesang (den παιὰν ἐμβατήριος) an.¹⁴⁶) worauf das Heer nach dem Takte der Musik¹⁴⁷) in gemessenem Gleichschritt dem Feinde entgegenrückte. Man suchte nun besonders zu verhüten, daß die Schlachtreihe zerrissen und dem Feinde irgendwo eine Lücke zum Eindringen geboten wurde,¹⁴⁸) und stürmte nun mit vorgehaltenen Lanzen auf den Feind los, um ihn in festgeschlossenem Andrang zurückzuwerfen.¹⁴⁹) Denn überhaupt legte der Spartaner mehr Werth auf Nachdruck des Stoßes dichtgeschaarter Massen, als auf Beweglichkeit in Entwickelung künstlicher Stellungen und Einzelkampf, weshalb es auch fast nie zum Handgemenge mit dem Feinde kam.¹⁵⁰) Bisweilen suchte man diesen auch durch verstellte Flucht zu täuschen; man wich zurück, wandte sich dann aber plötzlich um, erneuerte wieder vordringend den Angriff und schlug den bei hitziger Verfolgung in Unordnung gerathenen Feind in die Flucht.¹⁵¹) Mußte man aber wirklich weichen, so erfolgte der Rückzug langsam und in guter Ordnung mit dem Feinde zugekehrter Front.¹⁵²) Das Commando zu den einzelnen Bewegungen ging vom König aus und wurde zuerst von den Polemarchen, dann der Reihe nach von den Lochagen, Pentekosteren und Enomotarchen wiederholt, da die Stimme des entfernt stehenden Polemarchen nicht bis zu jeder Enemotie gehört werden konnte, und erst auf Befehl der Enomotarchen wurde die Bewegung ausgeführt.¹⁵³) War der Sieg entschieden, so ließ der König das Heer sich wieder in Schlachtordnung aufstellen und sich bekränzen, worauf das Siegeslied geblasen wurde.¹⁵⁴) Den geschlagenen Feind aber weiter zu verfolgen und vollends ganz zu vernichten, war wenigstens in früherer Zeit nicht üblich, weil es dazu an Reiterei fehlte und die Hopliten bei hitziger Verfolgung, wobei sich die geschlossenen Reihen nothwendig auflösen mußten, leicht in Unordnung gerathen oder in einen Hinterhalt gelockt werden konnten.¹⁵⁵) Später jedoch, als leichter bewaffnete Peltastenschaaren gebildet waren, ging man von diesem Grundsatze ab.¹⁵⁶) Aus den Waffen der gefallenen und gefangenen Feinde wurde eine Trophäe errichtet. Eine Beraubung der Getödteten während der Schlacht war verboten, damit die Soldaten nicht der Beute wegen die Reihen verließen;¹⁵⁷) erst nach beendigtem Kampfe war es gestattet, auf dem Schlachtfelde oder im feindlichen Lager Beute zu machen.¹⁵⁸) Diese wurde dann gesammelt, auf einen Haufen gebracht und verkauft,¹⁵⁹) der Erlös aber zu gleichen Theilen vertheilt; nur der König bekam den Zehnten.¹⁶⁰) Das Lösegeld für die Gefangenen aber, gewöhnlich zwei Minen¹⁶¹) für den Mann, und in Feindesland ausgeschriebene Contributionen fielen dem Staate zu.¹⁶²) Von Belohnungen und besonderen Auszeichnungen Einzelner konnte

nicht die Rede sein, da Heldenmuth und Aufopferung für's
Vaterland als Pflicht eines Jeden galt. Dagegen traf, während
Tod im Felde nicht nur dem Gefallenen selbst, sondern auch
seinen Angehörigen zur Ehre gereichte und ihnen Freude nicht
Trauer bereitete,¹⁶³) den Feigling allgemeine Verachtung bis an
sein Lebensende.¹⁶⁴) — Noch ist Einiges über den Festungskrieg
hinzuzufügen. In der Belagerungskunst waren die Spartaner
unter allen Griechen am wenigsten bewandert und sagten daher,
schon Lykurg habe das Bestürmen feindlicher Städte verboten;¹⁶⁵)
ja selbst feindliche Verschanzungen wagten sie nicht zu erstür-
men¹⁶⁶) aus Furcht, durch einen solchen Sturm ihre festgeschlos-
senen Reihen zu lockern. Die Belagerung von Festungen beschränkte sich daher auf bloße Einschließung, um dieselben durch
Aushungern¹⁶⁷) oder durch Abschneiden des Trinkwassers¹⁶⁸) zur
Uebergabe zu zwingen. Ein anderes Mittel dazu war, durch
eine künstliche Ueberschwemmung der Umgegend die Grundlage
der Festungsmauer zu erschüttern und so dieselbe zu zerstören.¹⁶⁹)
Bei der Belagerung von Plataä im Jahre 430 machten zwar
die Spartaner sammt ihren peloponnesischen Bundesgenossen
einen Versuch die Stadt mit Anwendung von Widdern oder
Mauerbrechern¹⁷⁰) förmlich zu berennen, mußten aber bald
wieder davon abstehen und sich auf eine Blokade beschränken.¹⁷¹)
Grobes Geschütz (Katapulten, Balisten u. s. w.) zu Belagerungen kannten die Griechen erst seit der macedonischen Periode.¹⁷²)
— Ehe wir jedoch das spartanische Heerwesen verlassen, darf
nicht unerwähnt bleiben, daß es in der späteren Zeit, bei der
auch in Sparta einreißenden Entsittlichung immer mehr verfiel,
daß die Bürger sich dem Kriegsdienste immer mehr entzogen und
höchstens noch als Officiere und im Stabe des Königs¹⁷³) oder
in kürzeren Feldzügen in der Nähe dienen wollten, das Heer
selbst aber fast nur noch aus Söldnern und Heloten, oder aus
Neubürgern (νεοδαμώδεις, d. h. Heloten, die wegen ihrer im
Kriege geleisteten Dienste zwar ihre Freiheit, aber keine politischen Rechte erlangt hatten),¹⁷⁴) und höchstens aus Periöten bestand,¹⁷⁵) und Heloten nicht selten selbst Officierstellen be-
kleideten.¹⁷⁶)

Das Heerwesen der Athenienser glich in vielen Stücken dem
spartanischen, das ihm zum Muster gedient hatte, und wir
können uns daher hier kürzer fassen. Das athenische Heer wurde

von Solon ohne Zweifel nach der alten Eintheilung der Bürgerschaft in Phylen, Trittyen und Naukrarien ¹⁷⁷) geordnet, jedoch so, daß dabei auch die von ihm herrührende Klassen- oder Censuseinrichtung Berücksichtigung fand, indem nur die drei ersten Steuerklassen der Pentakosiomedimnen, Hippeis und Zeugiten ¹⁷⁸) zum Kriegsdienste als Hopliten verpflichtet und in die Dienstliste (κατάλογος) eingetragen, die Theten aber davon befreit waren und nur auf der Flotte ¹⁷⁹) und höchstens im Nothfalle als Leichtbewaffnete auch im Landkriege verwendet und auf Staatskosten ausgerüstet wurden, zuweilen aber auch als Stellvertreter patriotischer Bürger, die wegen Altersschwäche zu Hause bleiben mußten, in's Heer eintraten. ¹⁸⁰) Außer den Bürgern wurden auch die Metöken öfters zum Kriegsdienst als Hopliten aufgeboten, ¹⁸¹) Sklaven aber nur im höchsten Nothfalle. ¹⁸²) Dagegen aber wurde in der späteren Zeit, nachdem schon Perikles auch für die im Heere dienenden Bürger einen Sold eingeführt hatte, ¹⁸³) die Anwerbung von Söldnerschaaren immer üblicher. ¹⁸⁴) Frei vom Kriegsdienste waren außer den Gebrechlichen ¹⁸⁵) die Mitglieder des Rathes (der βουλή,) während der Dauer ihres Amtes, ¹⁸⁶) die Zollpächter ¹⁸⁷) und in späterer Zeit auch die Kauffahrer oder Großhändler zur See. ¹⁸⁸) Die Wehrpflicht erstreckte sich vom 18. bis 60. Lebensjahr, ¹⁸⁹) doch wurden schon Fünfziger wohl nur zur Vertheidigung der Stadt verwendet. ¹⁹⁰) Da in Athen die militärische Erziehung nicht, wie in Sparta, schon in den Knabenjahren begann, so waren die beiden ersten Dienstjahre der Ausbildung für das Waffenhandwerk gewidmet. Die jungen Männer von 18 und 19 Jahren dienten nämlich als leichtbewaffnete Grenzwächter (περίπολοι) in den Grenzkastellen ¹⁹¹) und erlernten hier den Kriegsdienst. Nach Verlauf dieser zwei Jahre aber traten sie in's Heer ein. ¹⁹²) Wie viele Mannschaft zu einem Feldzuge aufgeboten werden sollte, hing natürlich von den Umständen ab. Das Aufgebot erfolgte in einer gewissen Reihenfolge nach den Jahren, in welchen man in's Heer eingetreten war, ¹⁹³) also nach Altersklassen. Auch in Athen bildeten die Hopliten den Kern des Heeres, deren Zahl zu Anfang des peloponnesischen Krieges 29,000, und darunter 13,000 für den Felddienst, betrug. Doch hatte man hier früher, als in Sparta, erkannt, daß zu einer erfolgreichen Kriegführung auch leichtes Fußvolk und Rei-

lerei nöthig sei, und so finden wir denn schon seit den Perserkriegen eine bürgerliche, leichte Infanterie,[194]) und namentlich
bildeten die Theten oder ärmsten Bürger die Abtheilungen der
Bogenschützen. Zu der eben angegebenen Zeit zählte Athen
10,000 Bogenschützen,[195]) von denen aber wohl die wenigsten
Athenienser waren. Die Zahl der Peltasten, welche den Haupttheil des leichten Fußvolks bildeten, ist uns nicht bekannt. Besondere Aufmerksamkeit aber widmeten die Athener der Bildung
einer tüchtigen Reiterei[196]) aus den wohlhabendsten Bürgern, für
welche der Reiterdienst Zwangspflicht war,[197]) der auch im Frieden fortdauerte[198]) und (schon der öffentlichen Feste und Aufzüge wegen) mit fortwährenden Uebungen verbunden war.[199])
Anfangs gab es nur 300, bald darauf aber 600 und schon beim
Beginn des peloponnesischen Kriegs 1200 Reiter, unter welchen
sich 200 Bogenschützen befanden. Die übrigen 1000 schweren
Reiter, aus jeder Phyle 100, zogen aber nicht sämmtlich in's
Feld, sondern jede Phyle scheint durchschnittlich ein Contingent
von 60 Mann gestellt zu haben, so daß 600 Mann am Feldzuge Theil nahmen.[200]) Jeder Reiter erhielt eine Unterstützung
zur Equipirung (eine κατάστασις)[201]) und ein Futtergeld,[202])
wofür er zwei Pferde und einen Reitknecht halten mußte.
Uebrigens hatte er vor seiner Einstellung eine Prüfung und
sein Roß eine Schatzung vor dem Rathe der Fünfhundert zu
bestehen.[203]) — Die Bewaffnung der Hopliten glich bis zur
Zeit des Iphikrates der spartanischen. Dieser aber traf eine
durchgreifende Veränderung derselben, durch welche den Leuten
der Dienst erleichtert wurde.[204]) Statt des großen, ovalrunden
Schildes gab er ihnen den kleineren Rundschild von höchstens
2½ Fuß Durchmesser, mit 2 Riemen (ὄχανα), durch welche der
Arm gesteckt wurde.[205]) Statt des mit Erz bekleideten Leder-
panzers ein Koller von Leinwand (unstreitig von mehreren Lagen
durchsteppter Leinwand), statt des Helmes wahrscheinlich eine
Filzkappe mit Blechbeschlägen und statt der Beinschienen eine
nach ihm Iphikratides benannte Fußbekleidung von Leder, die
ein Mittelding zwischen Stiefel und Gamasche war.[206]) Da
auf diese Art die Schutzwaffen leichter geworden waren, konnten
dafür die Angriffswaffen etwas schwerer werden, und so erhielten denn die Hopliten einen um die Hälfte verlängerten
Speer von 12 Fuß Länge, der mit beiden Händen gefaßt wurde

und acht bis neun Fuß vor die Fronte reichte, und ein fast doppelt so langes Schwert, als früher. Die Peltasten, die als Speerschützen den Haupttheil des leichten Fußvolks bildeten, behielten ihre früheren Waffen, erhielten aber wahrscheinlich Leinwandkoller und Iphikratides, gleich den Hopliten. Die Waffen der Bogenschützen und Schleuderer konnten sich gleichfalls nicht ändern. Eine sehr vollständige Bewaffnung aber wurde der Reiterei zu Theil.²⁰⁷) Zum Schutze diente ein eherner Panzer mit einem Schurze (θῶμα) und sogenannten Flügeln oder Federn (πτέρυγες), d. h. unten am Schurze angehefteten und schuppenartig über einander liegenden Plättchen von Metall,²⁰⁸) Arm-²⁰⁹) und Beinschienen,²¹⁰) die bis zur Hand und bis zum Knie hinabreichten, wozu noch eine Art von Stulpstiefeln aus Sohlenleder kam, und ein Helm.²¹¹) Schilde aber führten die Reiter nicht. Die Trutzwaffen bestanden in einer Lanze, wohl eben so lang, als der frühere Hoplitenspeer, und in einem Schwerte.²¹²) Auch die Rosse waren gepanzert.²¹³) Statt des Sattels diente blos eine Satteldecke (ἐφίππιον), die durch einen Bauchriemen (ἐπόχον) befestigt, auch den Bauch schützte. Hufeisen, Sporen und Steigbügel kannten die Griechen nicht. Die jüngeren Reiter mußten auf's Pferd springen lernen, die älteren aber sich hinaufheben lassen.²¹⁴) — Wir gehen nun zur Eintheilung des Heeres über, welcher die zehn Phylen des Klisthenes als Grundlage dienten.²¹⁵) Aus der Masse der Hopliten jeder Phyle wurde für den jedesmaligen Feldzug eine Schaar (τάξις) gebildet, deren mittlere Stärke zu 600 Mann angenommen werden kann, und bekannt gemacht, mit welcher Jahresklasse die Pflicht zum Eintritt in diese Schaar beginnen, mit welcher sie aufhören sollte. Ueber die Unterabtheilungen dieser Feldbataillone aber sind uns keine Nachrichten zugekommen. Die übrigen kriegspflichtigen Hopliten der 10 Phylen bildeten die Besatzung der Stadt und wurden im Nothfalle noch durch die noch nicht kriegspflichtigen Jüngsten und die nicht mehr kriegspflichtigen Aeltesten der obersten drei Steuerklassen, so wie durch Metöken verstärkt. (Später wurden die Metöken auch in die Feldbataillone eingereiht; nur vom Reiterdienste waren sie ausgeschlossen.) Auch die Abtheilungen des leichten Fußvolks und der Reiterei entsprachen den Phylen und wir haben bereits gesehen, daß die Stärke einer Reiterabtheilung 60 Mann betrug.

## 21. Kapitel.

Das Commando führten beim Fußvolk 10 Strategen und eben so viele Taxiarchen, bei der Reiterei 2 Hipparchen und 10 Phylarchen.[216] Höchst wahrscheinlich wurde aus jeder Phyle ein Stratege, ein Taxiarch und ein Phylarch gewählt.[217] Früher wurden alle 10 Strategen, die auch einen Eid zu leisten hatten,[218] und für ihre Amtsführung zur Rechenschaft gefordert und vor das Volksgericht gezogen werden konnten,[219] zugleich in's Feld gesendet[220] und das Commando wechselte von Tag zu Tag unter ihnen, bei Meinungsverschiedenheit aber entschied Stimmenmehrheit; später jedoch zogen nur fünf[221] oder am häufigsten drei[222] Strategen, von denen jedoch gewöhnlich Einer den Oberbefehl hatte,[223] bisweilen aber auch nur einer zu Felde und die übrigen befehligten die Besatzungstruppen oder leiteten die Verwaltungsgeschäfte des Heerwesens.[224] In noch späterer Zeit aber, wo Söldnerheere immer üblicher und von einzelnen Söldnerhauptleuten[225] commandirt wurden, waren Strategen und Taxiarchen fast nur noch bürgerliche Beamte und Hipparchen und Phylarchen sah man nur noch bei den feierlichen Aufzügen der Feste an der Spitze ihrer Reiter. In der Blüthezeit des Staats dagegen hatten Strategen und Hipparchen auch großen politischen Einfluß und ihre Stellen waren daher sehr gesucht.[226] Besonders aber gilt dieß von den Strategen, deren Wirkungskreis sich auf Alles erstreckte, was sich auf den Krieg zu Lande und zur See bezog, auf die Aushebung und Ausrüstung der Mannschaft, die Aufsicht über das gesammte Heer, wie über die Festungen und Häfen, die Waffenvorräthe u. s. w., und die daneben nicht nur in eigentlichen Militärsachen, sondern auch in allen bürgerlichen Rechtsstreiten, die in Bezug auf die eben angegebenen Verhältnisse standen, eine ausgedehnte Gerichtsbarkeit hatten.[227] Von den niedrigeren Officierstellen des Fußvolks, Lochagen u. s. w., welche gleichfalls die Strategen selbst nach eigenem Ermessen besetzt zu haben scheinen,[228] ist nichts Näheres bekannt, bei der Reiterei aber werden Dekabarchen und Pempabarchen erwähnt. — Die Marschordnung des Fußvolks war von der oben beschriebenen der Spartaner nicht verschieden; für die Reiterei aber galt der Grundsatz, in so breiter Front, als möglich, zu marschiren,[229] d. h. auf freien Plätzen in Hipparchien und auf breiten Wegen in Phylenfront, nur bei Passirung enger Defilen in schmälerer Colonne. Da jeder Reiter seinen Reit-

Knecht (ἱπποκόμος) mit einem Hand- oder Packpferde mit sich führte, zogen diese wohl zur Seite oder hinter der Colonne her.²³⁰) Ueberdieß befanden sich bei jeder Phyle noch eine Anzahl leichter Ordonnanzreiter (ἱππηρέται),²³¹) die besonders zum Avantgardedienst bestimmt waren und daher stets vorauszogen, um Wege und Terrain auszuforschen, mit Erspähen des Feindes aber nichts zu thun hatten. Zu solchen Recognoscirungen waren vielmehr besondere Plänkler,²³²) wahrscheinlich Bogenschützen zu Pferd, bestimmt. Wir haben nun noch zu berichten, wie die Athenienser ihr Heer in der Schlacht aufstellten und verwendeten. Das Centrum der Schlachtordnung bildeten die Hopliten nach Umständen bald in mehreren, bald in wenigeren Gliedern; zuweilen hatte auch nicht die ganze Schlachtreihe gleiche Tiefe, nicht leicht aber wurde wohl eine Tiefe von 8 Gliedern überschritten.²³³) Die Reiterei stand in zwei Haufen getheilt, deren jeder von einem Hipparchen befehligt wurde, auf den Flügeln in einer Tiefe von vier,²³⁴) höchstens von acht Gliedern,²³⁵) das leichte Fußvolk aber hinter den Hopliten, um nach Befinden ausschwärmen oder auch in Linie angreifen zu können. Ihre Grundstellung war wohl halb so tief, als die der Hopliten, hatte also gewöhnlich 4 Glieder, so daß der Lochos von 100 Mann 24 Rotten mit je einem Officiere bildete; um aber eine Schützenlinie zu formiren, wurde die Front zu zwei Gliedern ausgedehnt. Kam es nun zum Gefechte selbst, so verfuhren die lebhafteren Athenienser nicht so gemessen, wie die Spartaner, und obgleich auch bei ihnen der Angriff in geschlossenen Reihen die gewöhnliche Kampfart blieb, so stürzten sie sich doch auch nicht selten in vollem Laufe auf den Feind, um ihn sofort zum Handgemenge zu zwingen.²³⁶) Die Reiterei, die besonders dazu gebraucht wurde, den Feind zu überflügeln und in der Flanke anzugreifen, theilte sich dann in Halbphylen, von denen eine hinter der anderen gegen den Feind anrückte, wenn sie aber diesen erreicht hatte, sprengte die hintere Halbphyle plötzlich vor, schloß sich an die vordere an und fiel dem Feinde in die Seite.²³⁷) Nicht selten schwenkte auch die ganze zum Angriff vorgegangene Phyle kurz vor der Fronte des Feindes, um ihn durch ihr Zurückweichen zur Verfolgung herauszulocken, worauf das in ihrem Rücken oder ihr zur Seite aufgestellte leichte Fußvolk den Feind in der Flanke angriff.²³⁸) Sonst ist über die Kampfart der

Athenienser nichts Besonderes zu bemerken. Daß ihr Fußvolk bei einem wirklichen Rückzuge auch Quarréformation anwendete, haben wir schon oben gesehen. Was endlich noch die Disciplin betrifft, so konnte sie schon in Folge der ganzen freieren Staatsverfassung nicht so streng gehandhabt werden, wie beim spartanischen Heere; das Freiheitsgefühl und Bewußtsein seiner politischen Rechte widerstrebte beim athenischen Bürger blinder Unterwürfigkeit unter ein Machtgebot und unbedingtem Gehorsam; auch störte der Umstand, daß der Oberbefehl nicht in einer Hand lag, eine strenge Consequenz der Disciplin. Dennoch fanden wirkliche Vergehen gegen die Kriegsgesetze, wie Verlassen des Postens, Uebergang zum Feinde, Wegwerfen der Waffen u. s. w., ihre Strafe durch ein aus Waffengefährten zusammengesetztes Gericht,[339]) bei welchem ein Strateg den Vorsitz führte.

Hier dürfte der passendste Ort sein, noch etwas genauer von den Festungen und dem Festungskriege der Griechen zu handeln, was bei Darstellung des spartanischen Kriegswesens nicht geschehen konnte, da Sparta selbst ganz unbefestigt war und nicht einmal eine Mauer hatte,[340]) seine Bürger aber sich auf den Festungskrieg sehr wenig verstanden. Seit den Perserkriegen fingen fast alle größeren Städte Griechenlands, mit Ausnahme Sparta's, an, sich mit bald mehr bald minder starken Mauern zu umgeben und in Festungen zu verwandeln, und die alten Akropolen, die den bisher einzigen festen Punkt der Städte gebildet hatten, wurden zu Citadellen derselben. Die Hauptbefestigung bestand in einer Ringmauer von Bruchsteinen mit Zinnen und Thürmen. Ihre Stärke betrug im Durchschnitt zehn, ihre Höhe zwanzig bis dreißig Fuß.[341]) Die Zinnen waren nur einige Fuß dick, so daß hinter ihnen noch ein Gang von wenigstens sechs Fuß Breite blieb, auf welchem die Vertheidiger hin und her gehen konnten, und auf diesen Wallgang gelangte man von der Stadt aus auf Treppen, welche unten verschlossen werden konnten.[342]) In gewissen Distanzen, die nicht in allen Städten gleich groß waren, erhoben sich auf der Mauer Thürme, die zugleich als Schilderhäuser für die Wachen dienten, und in denen sich wohl meistens auch die Thore befanden, die aus der Stadt in's Freie führten. Gräben waren in der Regel nicht vorhanden oder wurden erst bei einer drohenden Belagerung angelegt und dann aus der ausgegrabenen Erde eine Art von Glacis aufgeworfen,⁴³) zwischen welchem und der Mauer ein gedeckter Weg entstand, auf welchem man gegen den anrückenden Feind operiren konnte. Was nun die Vertheidigung der Festungen betrifft, so wurde der größte Theil der Besatzung, die von den Vorstehern der einzelnen Quartiere der Stadt befehligt wurde,⁴⁴) auf die Mauern und Thürme vertheilt, besondere Abtheilungen aber für die Wachen, für die Ronden und Patrouillen, zu Reserven und Ausfällen bestimmt.⁴⁴⁵) Die Ringmauer wurde in ihrem ganzen Umfange mit Wachen besetzt⁴⁴⁶) und die Hauptwachen, von welchen aus die Wachposten abgelöst wurden, in den Thürmen eingerichtet, die Wachmannschaft aber in der Nacht verstärkt. Die Posten auf der Mauer (προφύλακες), die ein zusammenhängendes, vom Stadt-Commandanten controlirtes Postensystem bildeten, standen paarweise mit einander zugekehrtem Gesichte und führten Laternen bei sich, um durch deren Erhebung die Annäherung verdächtiger Erscheinungen bei Nacht signalisiren zu können. Die Nacht war in drei Nachtwachen abgetheilt, so daß die Posten in ihr zweimal abgelöst wurden. Da aber die Zahl der Ablösungen, welche nach der Wasseruhr regulirt wurden,⁴⁴⁷) sich gleich blieb, mochten die Nächte lang oder kurz sein, so war natürlich ihre Dauer zu verschiedenen Jahreszeiten verschieden. Gleichzeitig mit den Ablösungen aber fand auch eine Ronde (περίοδος) statt, indem von jeder Hauptwache aus ein Mann auf der Mauer entlang bis zur nächsten Hauptwache schritt und sämmtliche Schildwachen dieser Strecke controlirte. In friedlichen Zeiten aber, wenn kein feindlicher Angriff zu befürchten war, unterblieb die Besetzung der Mauer mit starken Wachen und man begnügte sich mit Patrouilliren. Nur eine geringere Anzahl von Leuten wurde dann als Posten auf die Mauer vertheilt und Einer von ihnen erhielt zur Controle ein gezeichnetes Stäbchen; mit diesem patrouillirte er seine Mauerstrecke ab und gab es dann an den nächsten Posten, und so wanderte das Stäbchen um die ganze Mauer herum, bis es wieder an die Behörde zurückgelangte. Zu dieser Selbstcontrole der Wachen aber kam auch noch eine weitere von Seiten des Hauptquartiers, welches bei drohender Gefahr einer Belagerung, die auch die Proclamirung des Belagerungszustandes zur Folge hatte,⁴⁴⁸) an einem Orte der Stadt aufgeschlagen wurde, von wo aus alle Punkte der Mauer übersehen und der ebenso von jeder Stelle der Mauer aus erblickt werden konnte. Hier hielt sich der Commandant mit einem Signalbläser, einem Ausrufer, einer Abtheilung Truppen und seinem Stabe auf. Zum Zweck jener Controle wurde nun hier von Zeit zu Zeit eine Laterne erhoben, und die Schildwachen auf der Ringmauer mußten durch Aufheben ihrer Laternen darauf antworten. Dann durchzogen größere Patrouillen dem Fuße der Mauer entlang die Stadt und in gefährlichen Momenten schloß sich von Zeit zu Zeit der Commandant selbst einer dieser Patrouillen an. Wichtiger aber noch, als die Bewachung der Mauern war die der Thore. Für gewöhnlich waren dieselben offen und nur des Nachts geschlossen; war aber die Stadt vom Feinde bedroht, so wurden alle bis auf eines am festesten Punkte der Stadt geschlossen gehalten $^{849}$) und nur einzelnen Personen das Aus- und Eingehen gestattet. Zufuhren dagegen und andere Transporte an ein anderes, dazu zeitweilig zu öffnendes Thor gewiesen. Der Thorposten ($\pi\nu\lambda\omega$-$\rho\acute{o}\varsigma$) mußte über Alles, was zum Thore einpassirte, die genaueste Controle führen und nichts Verdächtiges einlassen; so lange aber der Feind noch nicht bis vor die Stadt gerückt war, wurden auch vor ihr an geeigneten Punkten, auf welchen man eine weite Aussicht hatte, Wachposten von wenigstens drei Mann aufgestellt, $^{850}$) welche die Annäherung des Feindes durch Signale anzeigen und Meldungen, die mittelst der gewöhnlichen Signale nicht gemacht werden konnten, durch einen Mann des Postens nach der Stadt gelangen lassen mußten, weshalb man zu diesen Tagwachen ($\dot{\eta}\mu\varepsilon\rho o\sigma\kappa\acute{o}\pi o\iota$) gern auch Reiter verwendete. Als Erkennungszeichen für Wachposten, Ronden und Patrouillen diente die Losung ($\sigma\acute{v}\nu\vartheta\eta\mu\alpha$), die in einem leicht zu merkenden Worte bestand. $^{851}$) Bei solchen Vorsichtsmaßregeln hatte der Feind keine Aussicht, sich einer Stadt durch einen Handstreich zu bemächtigen; er mußte also zu einer Belagerung schreiten. Sollte es nun zu einer solchen kommen, so mußte vorerst die Einschließung der Stadt erfolgen, die durch eine bald aus Mauerwerk, bald aus Pallisaden, bald aus einem Erdwalle mit Graben bestehende Circumvallationslinie außerhalb der Schußweite der Belagerten bewerkstelligt wurde, und hinter welcher sich die Belagerer aufstellten. Daher mußte es die erste Aufgabe der Belagerten sein, die Herstellung derselben zu verhindern, was besonders durch Ausfälle geschehen konnte. Um durch solche den Feind zu überraschen, wurde dann der Wachdienst mit doppelter Strenge gehandhabt, um zu verhüten, daß Ueberläufer dem Feinde den Plan verriethen, und Hunde, Gänse und Hähne, die zu Verräthern hätten werden können, vom Felde entfernt, der Ausfall selbst aber in größter Stille bald mit größerer, bald mit geringerer Mannschaft unternommen. Gelang es nicht die Fortsetzung der Arbeit des Feindes dadurch zu verhindern, so reichte in vielen Fällen schon diese Circumvallation aus, um die Stadt durch Hunger zur Uebergabe zu zwingen; war aber dieselbe gehörig mit Proviant versehen, so wurde gewöhnlich vom Feinde ein wirklicher Angriff auf die Stadt einer langwierigen Blokade vorgezogen. Das nächste Mittel, sich der Stadt zu bemächtigen, war die Leiterersteigung der Mauern oder das Einschlagen der Thore.[652] Beides aber wurde meistens ohne Erfolg versucht, da es die Belagerten durch ihre Geschosse und von der Mauer herabgeworfene Steine und Feuerbrände leicht verhindern konnten. So mußte denn der Feind zu einer förmlichen Belagerung schreiten. Um das Einbringen in die Stadt zu bewirken, konnte er sich verschiedener Mittel bedienen; zuerst der Eröffnung einer Bresche vermittelst des Widders ($\varkappa \rho \iota \acute{o} \varsigma$) oder des Mauerbohrers ($\tau \rho \upsilon \pi \alpha \nu o \nu$). Wie diese Instrumente beschaffen waren und gebraucht wurden, wie man die sie Regierenden durch Anwendung der Breschschildkröte ($\chi \varepsilon \lambda \acute{\omega} \nu \eta$, $\delta \iota o \rho \upsilon \varkappa \tau \iota \varsigma$) und Schildbächer zu schützen suchte, und welche Mittel die Belagerten anwendeten, um ihre Wirkung zu schwächen oder ganz zu hintertreiben, wissen meine Leser schon aus der Darstellung der römischen Kriegskunst.[653] Ein zweites Mittel war die Untergrabung der Mauern,[654] um sie zum theilweisen Einsturz zu bringen und sich eine Bresche zu eröffnen, oder zu gleichem Zwecke eine Unterwaschung ihrer Fundamente durch eine Ueberschwemmung.[655] Sicherern Erfolg aber versprach die Anlegung eines Minenganges, durch welchen man ohne Bresche in die Stadt einbringen konnte,[656] was die Belagerten, wenn sie die Stelle ausgekundschaftet hatten, wo der Feind mit einer Mine vorging,[657] durch Graben einer Gegenmine zu vereiteln suchten. Ein letztes Mittel endlich bestand in dem Aufwerfen eines Erddammes oder der Anwendung von hölzernen, außerhalb der Schußweite erbauten und dann auf Rädern oder Walzen an die Stadt angerollten Thürmen,[658] um in gleiche Höhe mit den auf der Mauer und ihren Thürmen die Stadt vertheidigenden Belagerten zu gelangen, dann mit diesen handgemein zu werden, und wenn sie geworfen waren, auf Leitern in die Stadt hinabzusteigen. Weil jedoch diese Anstalten sehr viel Zeit kosteten und doch keinen sicheren Erfolg versprachen und auch die übrigen eben angegebenen Mittel mit vielen Schwierigkeiten verbunden waren, so dachte man später, jedoch erst im macedonischen Zeitalter, an die Erfindung wirksamerer Belagerungsmaschinen, der Katapulten, Balisten u. s. w., die wir das grobe Geschütz der Alten nennen können. Da nun aber von diesen, so wie von anderen Apparaten zur Erstürmung der Städte, der Fallbrücke (ἐπιβάθρα oder σαμβύκη,), dem Belagerungskrahn (κόραξ), den Sturmleitern u. s. w., schon in der 1. Abtheilung unseres Werkes gehandelt worden ist,[259]) so ist hier eine Wiederholung überflüssig.

# Anmerkungen zum 21. Kapitel.

¹) Vgl. Strab. IX. p. 419. mit Paus. IV, 16, 1. u. oben S. 10. mit Note 113.

²) Die früher herrschende Sitte, auch im Frieden bewaffnet einherzugehen, hatte sich nur bei wenigen Stämmen, wie den Aetoliern und ozolischen Lokrern, erhalten. (Thuc. I, 5.)

³) Mit den Spartanern zogen zur Schlacht bei Plataeä auch die Heloten als leichte Truppen und Waffenknechte der schwer bewaffneten Spartiaten und Lacedämonier aus (Herod. IX, 11. 28.), und mit den Athenern die Meloten, selbst in schwerer Rüstung, und jeder Hoplite hatte einen Sklaven als Knecht bei sich (Thuc. III, 17.); ja im Nothfalle fochten selbst die Sklaven in Reih und Glied mit. Einen Waffenknecht hatte wohl jeder Hoplite in allen griechischen Heeren bei sich, in Sparta sogar deren mehrere. (Bei Plataeä hatte jeder Spartiate 7 Heloten bei sich; denn 5000 Spartiaten waren 35,000 leicht bewaffnete Heloten beigesellt: Herod. IX, 20 f. vgl. auch IX, 10.)

⁴) Πανστρατιᾷ oder πανδημεί: Thuc. II, 81. IV, 94.

⁵) Richtiger sollte es πανοπλῖται heißen, wie bei Tyrtäus fragm. 2, 38., oder πανοπλίη, wie bei Herod. I, 60.

⁶) Als Schleuderer waren besonders die Kreter, Aetolier und Akarnanen berühmt (Thuc. II, 81.). Selbst bloße Steinwerfer (λιθοβόλοι) kommen unter den leichten Truppen vor. (Xen. Hell. II, 4, 6. Vgl. auch Tyrt. fr. 11. v. 36. 37.)

⁷) Auch πελτοφόροι: Xen. Hell. a. a. O. Später erscheinen besonders die Söldner als Peltasten.

⁸) Vgl. Xenophons Urtheil über sie Anab. III, 2, 18 f.

⁹) In manchen Staaten hieß auch der Herrenstand ἱππεῖς, Ritter, ohne zum Reiterdienst verpflichtet zu sein. Vgl. oben S. 115. u. 181.

¹⁰) Athen z. B. hielt erst nur 300 (Andocid. de pace §. 92.),

dann 600 (Schol. zu Aristoph. Equ. 624.) und im peloponnesischen Kriege 1200 Reiter (Thuc. II, 13.), von welchen 200 scythische Bogenschützen als Söldner gewesen zu sein scheinen. Sparta hielt 600 Reiter (Xen. Hell. IV, 2, 6.).

11) Vgl. Xen. Hell. VI, 4, 10.

12) Thuc. V. 57. Xen. Hell. VII, 5, 23.

13) Besonders berühmt und gesucht waren die attischen Panzer, die böotischen Helme, die argivischen Schilde, die lakonischen Schwerter, die ätolischen Wurfspieße, die kretischen Bogen und die akarnanischen Schleudern.

14) Auf dem Marsche in Freundesland veranlaßten die Befehlshaber in Städten nur einen Markt (ἀγορά), wo sich die Mannschaft ihre' Bedürfnisse kaufen konnte, und im Lager boten viele Marketender ihre Waaren feil. In Feindesland aber wurde natürlich fouragirt und geplündert und man nahm Alles was man fand. (Vgl. z. B. Xen. Anab. V, 2, 1 ff.) In Sparta wurde nur der König und seine nächste Umgebung, die Damosia (vgl. oben S. 230.) vom Staate unterhalten. (Xen. Rep. Lac. 13, 1.) In Athen traf erst Perikles eine Aenderung, indem er nicht nur für die Verpflegung der im Felde stehenden Mannschaft sorgte, sondern ihr auch einen Sold auszahlen ließ. (Vgl. S. 237. mit Note 181.)

15) Gegen Olynth zogen nur 400 Bürger und 10,000 Söldner (Demosth. de fals. leg. §. 263. p. 425.) und gegen Philipp nach Chäronea 2000 Bürger und 15,000 Söldner. (Demosth. de cor. §. 237. p. 306. Plut. Demetr. 17.)

16) Xen. Anab. IV, 2, 3. u. f. w.

17) Xen. Anab. IV, 6, 16. VI, 2, 10 ff.

18) Xen. Anab. III, 4, 21.

19) Xen. Anab. II, 2, 3. 5. II, 5, 30. III, 1, 32. u. f. w.

20) Thuc. VII, 27. Xen. Anab. I, 9, 21. V, 6, 12. VII, 3, 19. 6, 1. Aristoph. Acharn. 156. Eustath. zu Hom. Od. p. 951. 1405.

21) Xen. Anab. VII, 6, 1. Vgl Band 4. S. 298.

22) Xen. ibid.

23) Demosth. Philipp. I. §. 28. p. 48.

24) Daher suchten sich z. B. die Epheser gegen einen feindlichen Angriff dadurch zu schützen, daß sie ihre Stadt durch eine Kette mit dem Tempel der Artemis verbanden (Herod. I, 26. Aelian. Var. Hist. III, 26. Polyän. VI, 50.) und ebenso verband Polykrates die Insel Rheneia mit Delos. (Thuc. III, 105.)

25) Herod. IX, 81. Nur in Sparta war dieß nicht gebräuchlich, weil man glaubte, was Besiegte und Feiglinge besessen hätten, dürfe man nicht den Göttern opfern. Gleichwohl weihte Agesilaus nach der Schlacht bei Koronea dem delphischen Apollo ein Zehntel der Beute. (Xen. Hell. IV, 3, 21.)

26) Vgl. Xen. Rep. Lac. 11, 13.

**Anmerkungen zum 21. Kapitel.**

²⁷) Vgl. Xen. Rep. Lac. 13, 5. mit Plat. Laches p. 183. a. u. Isocr. de bigis §. 11.
²⁸) Vgl. Xen. Rep. Lac. 5, 7.
²⁹) Xen. Hell. V, 4, 13. vgl. Thuc. V, 64. In späterer Zeit war Jeder, welcher drei Söhne zum Heere stellte, vom Kriegsdienste außer Landes befreit. (Aristot. Pol. II, 9. Aelian. Var. Hist. VI, 6.)
³⁰) Herod. VIII, 124. Thuc. V, 72. vgl. Plut. Lycurg. 25.
³¹) Ἱππαγρέται: Xen. Rep. Lac. 4, 3. 4. vgl. Hesych. II. p. 56. Timäus u. Phal. h. v. u. Suid. Serm. 43, 134. (der sie fälschlich ἱππαγρέται nennt). Sie wurden anfangs von den Königen, dann von den Ephoren aus den rüstigsten und tapfersten Männern auserwählt und jeder von ihnen las nun wieder 100 junge Männer aus, die dieses Corps bilden sollen.

³²) Denn später scheinen sie allerdings bisweilen auch beritten gewesen zu sein, weshalb sie von Dion. Hal. II, 13. mit den römischen celeres verglichen werden, die eine Nachahmung derselben gewesen sein sollen. Früher aber blieben sie nur als Hopliten (Hesych. s. v. ἱππαγρέται), weshalb sie bei Thuc. V, 72. οἱ καλούμενοι („die sogenannten") ἱππεῖς heißen. Vgl. auch Strab. X. p. 481. a. E.

³³) Herod. VI, 56. (der allerdings nur eine Leibwache von 100 Mann nennt, wahrscheinlich eine Auswahl aus den 300) Thuc. V, 72. Isocr. Epist. II, 6.
³⁴) Vgl Herod. VI, 56. Xen. Hell. III, 3, 8. 9.
³⁵) Herod. I, 67.
³⁶) Οἱ δέκα ἀφ᾽ ἥβης (d. h. οἱ δέκα ἔτη ἀφ᾽ ἥβης γενόμενοι), wie sie in Sparta hießen.
³⁷) Vgl. Xen. Hell. VI, 4, 17. Gleichwohl trugen noch Viele die Waffen freiwillig über diese Dienstzeit hinaus.
³⁸) Thuc. V, 68. Etym. M. s. v. Σκιρίτης.
³⁹) Vgl. Diod. XV, 32. u. Xen. Hell. V, 2, 24. 4, 52. Hesych. u. Etym. M. h. v. Bekkeri Anecd. p. 805.
⁴⁰) Vgl. Xen. Cyrop. IV, 2, 1.
⁴¹) Wie aus Thuc. V, 68. u. Xen. Hell. V, 4, 52. deutlich hervorgeht.
⁴²) Vgl. Xen. Rep. Lac. 13, 6.
⁴³) Thuc. a. a. O.
⁴⁴) Das erste beglaubigte Beispiel der Anwendung von Bogenschützen finden wir im Jahre 424 v. Chr. bei Thuc. IV, 55.
⁴⁵) Schol. zu Aristoph. Pax 443.
⁴⁶) Ihre erste Spur findet sich bei Thuc. IV, 111., wo sie im Jahre 423 v. Chr. im Heere des Brasidas erscheinen.
⁴⁷) Erst im Jahre 424 rüsteten die Spartaner gegen ihre frühere Gewohnheit 400 Reiter aus. (Thuc. IV, 55.)
⁴⁸) Xen. Hell. III, 2, 16. IV, 4, 10. VI, 4, 11. 5, 31.

⁵⁹) Agesilaus schuf besonders aus asiatischen Bundesgenossen eine tüchtige Reiterei von 4000 Mann (Diod. XIV, 80.). Vgl. Xen. Hipparch. 9, 4. u. Hell. IV. 3, 6. V, 4, 39. VI, 4, 10.
⁶⁰) Wie sich aus der Benennung αἰγίς (Hesych. h. v.) schließen läßt.
⁶¹) Daher auch πῖλος genannt. (Thuc. IV, 34. mit dem Schol.)
⁶²) Plut. Apophth. Lac. Demar. 2.
⁶³) Xen. de re equ. 12, 4. erwähnt den Schutz nur als integrirendes Stück des Reiterpanzers.
⁶⁴) Daher von Dichtern ἴτυς genannt (Tyrt. fr. 15. Poet. lyr. ed. Bergk. p. 325.).
⁶⁵) Xen. Resp. Lac. 11, 3. Wahrscheinlich aber bestand er, wie im heroischen Zeitalter, aus einer Lage von Rindshäuten und war nur mit einer ehernen Platte überzogen.
⁵⁶) Liban. Or. 24. p. 86. R. (oder II. p. 85.).
⁶⁷) Plut. Cleom. 11. Herob. I, 171.
⁶⁸) Plut. a. a. O.
⁵⁹) Wie die Messenier ein M, die Sicyonier ein Σ. Vgl. Paus. IV, 28. Xen. Hell. IV, 4, 10. Theopomp. fr. 325. (I. p. 330. Müller.)
⁶⁰) Tyrt. fr. 11. v. 26.
⁶¹) Plut. Apophth. Lac. Demar. 2. Tyrt. fr. 11. v. 32.
⁶²) Aelian. Tact. 3, 5.
⁶³) Tyrt. fr. 11. v. 29.
⁶⁴) Herob. VII, 211.
⁶⁵) Erst in der Römerzeit finden wir bei den Spartanern auch Wurfspieße. (Liv. XXXIV, 39.)
⁶⁶) Vgl. Herob. VII, 224. Xen. Hell. III, 4, 14.
⁶⁷) Plut. Apophth. Lac. Agid. min. 2.
⁶⁸) Plut. Lyc. 19. Xen. Anab. IV, 7, 16. 8, 25. Pollux X, 144.
⁶⁹) Hesych. h. v. u. Pollux I, 137.
⁷⁰) Aelian. V. Hist. VI, 6. Plut. Lyc. 22. u. Inst. Lac. 24. Xen. Rep. Lac. 11, 3. Schol. zu Aristoph. Acharn. 320. Suid. s. v. καταξαίνειν u. Thom. Mag. p. 899.
⁷¹) Nach Rüstow u. Köchly Gesch. d. griech. Kriegswesens S. 190. war der Schild wahrscheinlich von Holz mit Leder überzogen, 2 Fuß im Durchmesser haltend und nicht über 6 Pfund schwer, der Speer aber bis 5 Fuß lang.
⁷²) Vgl. jedoch das S. 239. über die Bewaffnung der athenischen Reiterei Mitgetheilte.
⁷³) Xen. Anab. III, 3, 17.
⁷⁴) Vgl. Plut. Pelop. 23.
⁷⁵) Ἐνωμοτίαι, τριακάδες und συσσίτιαι: Herob. I, 65.
⁷⁶) Dieß läßt sich wohl nach Analogie der in drei Abthei-

lungen von je 100 Mann zerfallenden 300 Ritter schließen. Vgl. oben S. 226. Anderer Ansicht sind Rüstow u. Köchly S. 38., welche 15 Syssitien annehmen und jede Syssitie in 2 Trialoben, jede Trialobe aber wahrscheinlich in 3 Enomotien zerfallen lassen.

⁷⁷) Zur Zeit der Schlacht bei Marathon betrug die Gesammtheit der streitbaren Männer 8000. (Herod. VII, 234.)

⁷⁸) Vgl. Plut. Pelop. 23.

⁷⁹) Früher überstieg ihre Zahl nicht leicht die der Spartiaten. So kämpften z. B. bei Plataeä 5000 Spartiaten und eben so viele Periöken (Herod. IX, 10. 11. Diod. XI, 4.); bei Thermopylä dagegen neben 300 Spartiaten 1000 Periöken (Diod. XI, 4. Ctes. Pers. 25.). Bei Leuktra fielen von 700 Spartiaten 400, dagegen aber 1000 Periöken (Xen. Hell. VI, 4, 12.). Auf Sphakteria waren von 292 gefangenen Hopliten nur 120 Spartiaten. (Thuc. IV, 38.)

⁸⁰) Thuc. V, 68. erwähnt zwar 7 Lochen, allein unter dem siebenten ist wohl die aus freigelassenen Heloten gebildete Abtheilung des Brasidas zu verstehen. Die Sechszahl der Moren oder spätern Lochen wird vielmehr durch Xen. Rep. Lac. 11, 4. Hell. IV, 5, 12. VI, 1, 1. (vgl. mit VI, 4, 17.) und Aristot. fr. 38. (II. p. 129. Müller) hinreichend bestätigt. Erst zur Zeit des Epaminondas, wo viele Periöken zu den Thebanern abfielen, wurde die Zahl auf die Hälfte (12 alle Lochen) herabgesetzt. (Xen. Hell. VII, 4, 20. vgl. mit VII, 5, 10., wo δέκα aus den besten Handschr. gleichfalls in δώδεκα zu verwandeln ist.)

⁸¹) Vgl. Hesych. s. v. μόρα.

⁸²) Von Thuc. V, 68.

⁸³) Bei Xen. Hell. IV, 5, 12. VI, 4, 12., welcher in der Schlacht bei Leuktra die Enomotie aus 36 Mann bestehen läßt. So erhalten wir für die Mora 576 Mann. Da aber die ältesten Männer von 55 bis 60 Jahren nicht mit in's Feld gerückt waren, so müssen diese hinzugerechnet werden und so kommen mit Einschluß der Führer u. s. w. ebenfalls gegen 560 Mann heraus; womit auch die Stärke von 700 bei Plut. Pelop. 17. ziemlich übereinstimmt. Die Zahl von 900 aber ebendas. ist jedenfalls ein Irrthum oder nur ein seltener Ausnahmsfall.

⁸⁴) So wenigstens nach Plut. Lycurg. 23. Doch ist freilich diese Angabe noch sehr zweifelhaft. Xen. Hell. III, 3, 10. 4, 5. nennt die Reiterabtheilungen μόρας.

⁸⁵) Aristot. Pol. III, 9, 2. Isocr. in Nicocl. §. 24. Xen. Rep. Lac. 13.

⁸⁶) Paus. IV, 7.

⁸⁷) Herod. V, 75. Xen. Hell. V, 3, 10.

⁸⁸) Vgl. Herod. IX, 10.

⁸⁹) Vgl. oben S. 107.

⁹⁰) Xen. Rep. Lac. 13, 7. 15, 5. Hell. IV, 5, 8. VI, 4, 14.

⁹⁰) Vgl. Herod. IX, 76. Xen. Hell. II, 4, 35. 36.
⁹¹) Thuc. V, 63. vgl. auch Aristot. Pol. II, 9.
⁹²) Vgl. Herod. IX, 10. Thuc. III, 100. V, 12. VIII, 5. Xen. Hell. V, 2, 21.
⁹⁴) Vgl. Xen. Rep. Lac. 13, 7.
⁹⁵) Xen. Hell. IV, 3, 21.
⁹⁶) Xen. Rep. Lac. 13, 9.
⁹⁷) Ibid. 12, 6.
⁹⁸) Ibid. 11, 4.
⁹⁹) Ibid. 13, 4.
¹⁰⁰) Daher sagt Thuc. V. 66., das ganze spartan. Heer habe zum größten Theile aus Befehlshabern bestanden.
¹⁰¹) Vgl. Rüstow u. Köchly S. 107.
¹⁰²) Xen. Hell. IV, 4, 10. 5, 12.
¹⁰³) Da sie nach Xen. Rep. Lac. 13, 4. gleich den Polemarchen, Lochagen und Pentekosteren zu den Opfern des Königs mit zugezogen wurden.
¹⁰⁴) Xen. a. a. O.
¹⁰⁵) Vgl. Xen. Rep. Lac. 11, 2.
¹⁰⁶) Plut. Lys. 22. u. Qu. Symp. 10, 2.
¹⁰⁷) Xen. Rep. Lac. 13, 11.
¹⁰⁸) Athen. VI, 102. p. 271. f. Xen. Hell. IV, 5, 14.
¹⁰⁹) Xen. Hell. III, 1, 9.
¹¹⁰) Plut. Them. 11. Thuc. VIII, 84.
¹¹¹) Thuc. V, 63. Xen. Hell. III, 5, 25.
¹¹²) Xen. Rep. Lac. 13, 11.
¹¹³) Plut. Lyc. 13. Ages. 26. Polyän. II, 16.
¹¹⁴) Xen. Rep. Lac. 13, 2. 3. Hell. III, 4, 4. Thuc. V, 54. 55. 116. Pauf. IX, 13, 2.
¹¹⁵) Cic. Tusc. II, 16, 37.
¹¹⁶) Plut. Lycurg. 22.
¹¹⁷) Thuc. V, 70. Polyb. IV, 20, 6. Lucian. de salt. 10. Plut. Lyc. 22. de mus. 26. Pauf. III, 17, 5. Athen. XII, 12. p. 517. a. Dio Chrys. Or. 32. p. 380. r. Plut. Apophth. Lac. Agesil. I, 36. Polyän. I, 10. Gellius I, 11. Ueber die mehr unserm Oboen gleichenden αὐλοί oder tibiae der Alten vgl. Bd. I. S. 133. der 2. Aufl.
¹¹⁸) Vgl. Xen. Hell. VII, 4, 22.
¹¹⁹) Xen. Rep. Lac. 13, 6., wo ἱππεῖς nicht die Garde der Ritter, sondern gewöhnliche Reiter bezeichnet.
¹²⁰) Xen. Rep. Lac. 11, 2.
¹²¹) Vgl. oben S. 247. Note 3.
¹²²) Brückenequipagen führten die griechischen Heere nicht mit sich, da sie die Kunst, Schiffbrücken zu schlagen, nicht übten.
¹²³) Vgl. Xen. Hell. V, 4, 49.
¹²⁴) Vgl. Herod. VI, 120., wo ein spartanisches Corps in

drei Tagen von Sparta bis Athen marschirt, also täglich 8 Meilen zurücklegt.

¹²⁵) Xen. Rep. Lac. 12, 1.
¹²⁶) Xen. Hell. VI, 2, 23.
¹²⁷) Außer den Lanzen. Siehe unten.
¹²⁸) Plut. Apophth. Lac. Lycurg. 24.
¹²⁹) Namentlich auch in Bezug auf den Genuß des Weines. (Vgl. Xen. Hell. VI, 2, 6. 4, 9.)
¹³⁰) Später wurde es üblich, einen Rundgesang von Liedern des Tyrtäus anzustimmen, wobei der Polemarch den, welcher am besten gesungen hatte, mit einem ausgesuchten Stücke Fleisch belohnte. (Athen. XIV, 29. p. 630. f.) Siehe das Fragment eines solchen Liedes bei Tyrt. p. 132. ed. Bach.
¹³¹) Xen. Rep. Lac. 13, 7. Thuc. V, 72.
¹³²) Xen. Rep. Lac. 13, 6.
¹³³) In der Schlacht bei Leuktra stand, merkwürdig genug, die Reiterei vor der Linie des Fußvolks. (Xen. Hell. VI, 4, 10.)
¹³⁴) Xen. Hell. III, 2, 16. V, 2, 40.
¹³⁵) Thuc. V, 68. Polyän. II, 2, 9. Const. Porph. p. 1325. vgl. mit Xen. Anab. VII, 1, 23.
¹³⁶) In der Schlacht bei Leuktra haben die Enomotien 3 Mann in der Front und 12 in der Tiefe. (Xen. Hell. VI, 4, 12.)
¹³⁷) Vgl. Xen. Hell. IV, 2, 10.
¹³⁸) Vgl. z. B. Xen. Anab. I, 2, 15. u. Diod. XIII, 72.
¹³⁹) Auch schon vor dem Gebrauch leichter Truppen hatten sich die Spartaner feindlichen Schützen gegenüber zuweilen zum Ausschwärmen genöthigt gesehen. (Vgl. Thuc. IV, 33. Xen. Hell. II, 4, 32. III, 4, 23. IV, 4, 16. IV, 5, 15, 16. V, 4, 70.)
¹⁴⁰) Vgl. Plut. Apophth. Lac. Eudam. 10.
¹⁴¹) Athen. XIII, 12. p. 561. e. f. Aellan. V. Hist. III, 9. Hesych. s. v. ἱνωροτία.
¹⁴²) Plut. Lycurg. 22. Xen. Rep. Lac. 13, 8. Hell. IV, 2, 20.
¹⁴³) Xen. Rep. Lac. 13, 8.
¹⁴⁴) Xen. Rep. Lac. 13, 9. Thuc. V, 69.
¹⁴⁵) Xen. Hell. IV, 2, 20. Plut. Lyc. 22. u. de mus. 26. (Vgl. auch oben Note 117.) Seinen Namen führte es wahrscheinlich weil die ungemein aufregende und befeuernde Melodie in anapästischem Rhythmus ursprünglich auf das Lied zu Ehren des Kastor erfunden worden war (vgl. Pind. Pyth. II, 69.) oder weil beim Absingen desselben das Bild eines der beiden Dioskuren, welches das Heer stets begleitete (Herod. V, 75.), vorangetragen wurde. Eine andere Erklärung des Namens s. beim Schol. zu Pind. Pyth. II, 127. (vgl. mit Plat. Legg. VII. p. 795. u. Lucian. de salt. 10.)
¹⁴⁶) Wie jenes Lied in Bezug auf seinen Inhalt hieß. Uebrigens vgl. Plut. Lycurg. 22.

¹⁴⁷) Vgl. oben Note 117.
¹⁴⁸) Plut. Pelop. 23.
¹⁴⁹) Xen. Hell. II. 4, 32. IV, 3, 17. Diod. XV, 32.
¹⁵⁰) Vgl. Tyrt. 7. p. 109. u. Herod. VII, 104.
¹⁵¹) Herod. VII, 211. Plat. Laches p. 191. c. Ueberhaupt wurde List und Betrügung des Feindes gern geübt. (Vgl. Plut. Lycurg. 12. 22. u. Aelian. V. Hist. VI, 6.)
¹⁵²) Xen. Hell. II, 4, 33. Ob auch die Spartaner beim Rückzuge Quarrées bildeten, wie die Athenienser, bleibt ungewiß. Letztere aber bedienten sich nicht nur des gleichseitigen hohlen Vierecks πλαίσιον ἰσόπλευρον, πλινθίον (Xen. Hell. IV, 3, 4 f. Polyän. II, 1, 25. III, 10, 7. Leo Tact. IX, 81.), sondern auch des oblongen πλαίσιον ἑτερόμηκες (Xen. Anab. III, 4, 19—23.) Das leichte Fußvolk und der Troß wurde dann in die Mitte genommen, die Reiterei aber nahm nach den Umständen ihre Stellung bald an der Tête, bald an den Flanken, aber stets außerhalb des Vierecks.
¹⁵³) Thuc. V, 66. Xen. Rep. Lac. 13, 9. (welche Stelle gewiß verdorben ist und nichts anderes sagen will, als das oben im Texte Bemerkte).
¹⁵⁴) Xen. Hell. IV, 3, 21.
¹⁵⁵) Thuc. V, 73. Plut. Pelop. 23. Lyc. 23. Apophth. Lac. Lycurg. 31. Polyän. I, 16, 3.
¹⁵⁶) Vgl. z. B. Plut. Apophth. Lac. Agis 12.
¹⁵⁷) Plut. Apophth. Lac. Lycurg. 31. Aelian. Var. Hist. VI, 6.
¹⁵⁸) Thuc. V, 74.
¹⁵⁹) Vgl. oben Note 107.
¹⁶⁰) Herod. IX, 81. Nach Polyb. II, 62, 1. minder wahrscheinlich gar den dritten Theil.
¹⁶¹) D. h. etwa 218 Mark Reichsgeld. Vgl. Band 4. S. 308.
¹⁶²) Plut. Lys. 16.
¹⁶³) Plut. Lycurg. 21.
¹⁶⁴) Xen. Rep. Lac. 9, 5. Herod. VII, 231. Plut. Ages 30.
¹⁶⁵) Plut. Apophth. Lac. Lycurg. 25.
¹⁶⁶) Paus. IV, 7. Vgl. auch Herod. IX, 70.
¹⁶⁷) Vgl. Thuc. II, 71 f.
¹⁶⁸) Vgl. Xen. Hell. III, 1, 7.
¹⁶⁹) Auf diese Weise brachte z. B. Agesipolis das abgefallene Mantinea zur Unterwerfung. (Xen. Hell. V, 2, 4. Diod. XV, 12.)
¹⁷⁰) Vgl. Band 3. S. 288 f.
¹⁷¹) Vgl. Thuc. II, 71 ff. III, 20. 22 ff. Polyän. VI, 19, 2. 3. Demosth. in Neaer. §. 102—104. p. 1380 ff.
¹⁷²) Wir brauchen es hier nicht nochmals zu beschreiben, da auch die Römer es von ihnen entlehnt hatten (Athen. VI, 106. p. 273. e.. Vgl. also Band 3. S. 290 ff.

¹⁷³) Vgl. Plut. Ages. c. 36. Lysand. 23. Xen. Hell. III, 4, 2. V, 3, 8. Diod. XIV, 79.
¹⁷⁴) Hesych. II. p. 667. Pollux III, 83. Athen. VI, 102. p. 271. f. Thuc. VII, 58.
¹⁷⁵) Vgl. Thuc. IV, 80.. VII, 58. Xen. Hell. III, 1, 4. V, 2, 24.
¹⁷⁶) Xen. Hell. III. 5, 12. Isocr. Paneg. §. 111.
¹⁷⁷) Vgl. oben S. 114.
¹⁷⁸) Vgl. oben S. 115.
¹⁷⁹) Thuc. VI, 43.
¹⁸⁰) Lysias in Phil. p. 881.
¹⁸¹) Thuc. II, 13. 31. IV, 90. Xen. de vect. 2, 3. Lycurg. in Leocr. §. 16. Corp. Inscr. Gr. I. p. 305 ff. Zu Anfang des peloponnesischen Kriegs konnte Athen an Bürgern (ohne die Theten) und Metöken 29,000 Hopliten stellen (Plut. Pericl. 39.), von denen die Bejahrteren nur zum Schutze der Stadt verwendet wurden. (Thuc. II. 13.)
¹⁸²) Paus. I, 32 f. Xen. Hell. I, 6, 17.
¹⁸³) Demosth. in Aristocr. §. 209. p. 690. Schol. zu Demosth. π. συντάξ p. 222. vgl. Hesych. II. p. 607. Der Hoplit erhielt täglich von zwei Obolen bis zu einer Drachme (Thuc. III, 17. vgl. Band 4. S. 309.), die Officiere das Doppelte und Reiter das Dreifache (Xen. Anab. VII, 6, 1.), dazu Verpflegung in Natur oder Geld in gleichem Betrage (Demosth. in Polycl. §. 10. p. 1209. u. Philipp. I. §. 28. p. 47.).
¹⁸⁴) Gegen Olynthus zogen nur 400 Bürger und 10,000 Söldner (Demosth. de fals. leg. §. 263. p. 425.), gegen Philipp nach Chäronea 2000 Bürger und 15,000 Söldner. (Demosth. de cor. §. 237. p. 306. Plut. Demetr. 17.)
¹⁸⁵) Lysias de invalido. Aeschin. in Timarch. §. 104.
¹⁸⁶) Lycurg. in Leocr. §. 37.
¹⁸⁷) Demosth. in Neaer. §. 27. p. 1353.
¹⁸⁸) Aristoph. Eccl. 1019. mit d. Schol.
¹⁸⁹) Pollux II, 12. Harpocr. p. 124.
¹⁹⁰) Vgl. Lycurg. in Leocr. §. 39.
¹⁹¹) Vgl. oben S. 113.
¹⁹²) Pollux VIII, 106. Harpocr. u. Phot. s. v. περίπολος, Schol. zu Plat. Alcib. I. p. 69. Ruhnk.
¹⁹³) Daher ἔφοδοι ἐκ διαδοχῆς oder (da das Jahr mit dem Namen des Archon Eponymos bezeichnet wurde) ἐν τοῖς ἐπωνύμοις. (Aeschin. de fals. leg. §. 168. mit d. Schol. Taric. p. 38.)
¹⁹⁴) Den Sieg von Sphakteria unter Kleon im Jahre 425 verdankten die Athenienser blos ihrer leichten Infanterie.
¹⁹⁵) Thuc. II, 13. Nicht damit zu verwechseln ist die oben S. 192. erwähnte Polizeiwache der τοξόται.
¹⁹⁶) Vgl. überhaupt Aeschin. de fals. leg. p. 385. Aristoph.

Equ. 225. Anbocib. de pace §. 5. u. 7. Demosth. π. συμμ. §. 13. p. 181. Thuc. II, 13. Harpocr. u. Suid. s. v. ἱππεῖς, und über die Bogenschützen zu Pferd Lysias in Alcib. II. §. 6. u. Xen. Mem. III, 3, 1.

197) Xen. Oecon. 2, 6. Lycurg. in Leocr. §. 139.
198) Xen. Oecon. 9, 16. Hipparch. 3, 9.
199) Vgl. Xen. Hipparch. 3, 1. u. de re equ. 11, 10. Demosth. in Mid. §. 171—174. p. 570 ff.
200) Vgl. Xen. Hell. IV, 2, 9.
201) Harpocr. h. v. Phot. p. 142. Lysias pro Mantith. §. 16. u. in Alcib. I. §. 8 ff.
202) Schol. zu Demosth. in Timocr. p. 254. vgl. Xen. Hipparch. 1, 19. Es scheint täglich eine Drachme betragen zu haben, da der ganze Aufwand dafür beinahe 40 Talente (d. i. etwa 188,600 Mark) erforderte.
203) Xen. Hipparch. I, 9. Oecon. 9, 15.
204) Vgl. darüber Nepos Iphicr. 1. u. Diod. XV, 44.
205) Der jedoch statt der vollen Erzplatte vielleicht nur einen Rand und Kreuzschienen von Erz behielt.
206) Vgl. Band 4. S. 93.
207) Vgl. Xen. de re equ. 12, 1 ff.
208) ibid. §. 4. (Vgl. Anab. IV. 7, 16.)
209) ibid. §. 5 ff.
210) ibid. §. 10.
211) ibid. §. 3.
212) ibid. §. 11 ff. (wo statt der Stangenlanze vielmehr zwei Wurflanzen und statt des geraden Schwertes ein Krummsäbel empfohlen werden).
213) ibid. §. 8.
214) Xen. Hipparch. 1, 17 ff.
215) Vgl. Herod. VI, 111. Thuc. VIII, 92. Lysias pro Mantith. §. 15. Plut. Aristid. 5.
216) Xen. Hipparch. I, 8. Demosth. Philipp. 1. §. 26. p. 47. Pollux VIII, 94.
217) Von den Taxiarchen wissen wir dieß gewiß (vgl. Aeschin. de fals. leg. §. 169. Xenob. III, 81. u. Orlych. I. p. 1322.), höchst wahrscheinlich aber wird es auch bei den Anderen so gewesen sein, obgleich Pollux VIII, 87. sagt, die Strategen wären ἐξ ἁπάντων gewählt worden.
218) Lysias pro mil. §. 15. Plut. Pericl. 30.
219) Welches zuweilen sehr streng gegen sie verfuhr und sogar die Todesstrafe über sie verhängte. (Demosth. Phil. 1. §. 47. p. 53. in Mid. §. 64. p. 535. in Aristocr. §. 167. p. 676.)
220) Herod. VI, 103. Thuc. I, 116. II. 13.
221) Thuc. I, 61.
222) Thuc. II. 79. III, 3. IV, 51. u. s. w.

¹²³) Vgl. Thuc. II, 58. IV, 42. V, 4. VI, 8.
¹²⁴) Daher werden bei Demosth. de cor. §. 38. u. 115. p. 238. u. 265. ein στρατηγός ἐπὶ τῶν ὅπλων und ein στρατηγός ἐπὶ τῆς διοικήσεως unterschieden.
¹²⁵) Wie Iphikrates, Timotheus, Chabrias, Chares, Charidemus.
¹²⁶) Xen. Symp. 1, 4. vgl. Aristoph. Pax 444. Aves 799. Lysistr. 490.
¹²⁷) Vgl. Demosth. in Lacrit. §. 48. p. 940. u. in Phaenipp. §. 5. p. 1040.
¹²⁸) Xen. Hipparch. 2, 2. 4, 9. Vgl. jedoch Note 235.
¹²⁹) Vgl. Xen. Hipparch. 4, 3.
¹³⁰) Doch räth Xen. Hipparch. 5, 5 ff., um die Zahl der Reiter größer erscheinen zu lassen, die Reitknechte zeitweilig mit in die Colonne aufzunehmen. Vgl. auch Polyän. II, 1. 17. IV, 4, 3.
¹³¹) Xen. Hipparch. 4, 4. Vgl. Cyrop. II, 1, 21. 31. II, 4, 4. VI, 2, 13.
¹³²) Xen. Hipparch. 4, 5.
¹³³) So hatte bei Marathon das Centrum geringere Tiefe als die Flügel. (Herod. VI, 111.)
¹³⁴) So im Gefechte von Daskylion. (Xen. Hell. III, 4, 13. Vgl. auch Const. Porphyr. p. 1277.)
¹³⁵) Vgl. Polyb. XII, 18, 3. Wenn Xen. Hipparch. 2, 2. 7. u. 4, 9. von Dekadarchen, also Rottenführern von 10 Mann, spricht, so ist das wohl nicht wörtlich zu nehmen, denn eine Tiefe der Rotte von 10 Mann wäre doch etwas zu groß.
¹³⁶) So z. B. in der Schlacht bei Marathon. (Herod. VI, 113. Justin. II, 9. Cros. II, 8.)
¹³⁷) Xen. Hipparch. 8, 17. 18.
¹³⁸) ibid. 8, 19.
¹³⁹) Lysias in Alcib. §. 5. u. 6.
¹⁴⁰) Vgl. Plat. Legg. VI. p. 778. d. Erst bei der späteren Verweichlichung der Spartaner und dem Verschwinden ihres kriegerischen Geistes im macedonischen Zeitalter wurde auch Sparta befestigt. (Paus. I, 13, 5. VII, 8, 3. vgl. Liv. XXXIV. 38. und Justin. XIV, 5.)
¹⁴¹) Die Mauern des Peiräeus waren so breit, daß sich auf ihnen zwei Wagen bequem ausweichen konnten, also etwa 20 Fuß, und hatten eine Höhe von 60 Fuß. (Vgl. Thuc. I, 93.)
¹⁴²) Aeneas Tact. c. 22.
¹⁴³) Ein προστείχισμα: Philo V. p. 83. Vgl. Aeneas Tact. c. 37.
¹⁴⁴) Aeneas Tact. c. 3.
¹⁴⁵) Derselbe c. 1.
¹⁴⁶) Derselbe c. 22.
¹⁴⁷) Derselbe ibid.

¹⁴⁹) Derselbe c. 10.
¹⁴⁸) Derselbe c. 28.
¹⁵⁰) Derselbe c. 6.
¹⁵¹) Derselbe c. 24. u. 25. Später gab man nach dem Vorschlage des Iphikrates den Schildwachen andere Losungen, als den Ronden und Patrouillen. Die Ronde, von der Schildwache angerufen, gab ihre Losung und die Schildwache antwortete mit der ihrigen.
¹⁵²) Derselbe c. 33. 36.
¹⁵³) Vgl. Band 3. S. 287 ff. Ueberhaupt vgl. über diese Belagerungsanstalten und die Gegenmittel Leo Tact. XV, 28.—35. 47.—54.
¹⁵⁴) Aeneas Tact. c. 32.
¹⁵⁵) Vgl. oben S. 236.
¹⁵⁶) Aeneas Tact. c. 37.
¹⁵⁷) Ein Mittel dazu siehe bei Aeneas Tact. ebendaselbst.
¹⁵⁸) Derselbe c. 32. Uebrigens vgl. Band 3. S. 289 f.
¹⁵⁹) Vgl. Band 3. S. 290.

## 22. Kapitel.

### Das Seewesen und die Marine.

[Ausbildung des Seewesens. Gattungen, Bestandtheile, Geräthe und Bemannung der Schiffe. Befehlshaber: Strategen und Trierarchen. Art des Seekampfes. Als Anhang: die Windrose.]

Schifffahrt wurde in Griechenland schon seit den frühesten Zeiten getrieben und zwar nicht blos von den Inseln und den Colonien an der Küste Kleinasiens, sondern auch von den Bewohnern des Festlandes, die zu der großen Flotte, auf welcher die Griechen in den trojanischen Krieg zogen,[1]) ein sehr bedeutendes Contingent stellten. Unter allen griechischen Staaten genoß Korinth den ältesten Ruhm in der Schifffahrt, der ihm jedoch von Athen bald streitig gemacht wurde, so wie auch die Aegineten und Euböer mit beiden Staaten zu wetteifern suchten. Während aber Korinth die Schifffahrt fast nur im Dienste des Handels trieb, und selbst seine Kriegsschiffe, die es auch für Geld an andere Staaten vermiethete, in der Regel nur zum Schutze des Handels verwendete, dachte Athen, ohne den Seehandel deshalb zu vernachlässigen, schon frühzeitig daran, das Meer auch durch eine tüchtige Marine zu beherrschen, und wurde so von den Zeiten des Perserkriegs an bis zur macedonischen Periode die größte Seemacht der ganzen alten Welt. Nachdem die Schiffe der Korinther gegen die der Korcyräer im Jahre 665 v. Chr. die erste uns bekannte Seeschlacht zwischen Griechen geliefert hatten,[2]) legte Solon durch seine Expedition gegen Salamis um's Jahr 600 v. Chr.[3]) den ersten Grund zu der späteren

Glanzperiode der athenischen Seemacht. Vor Klisthenes besaß Athen 48 Kriegsschiffe, da jede Naukrarie⁴) ein Schiff stellen mußte,⁵) die Bürgerschaft aber in vier Phylen und jede derselben in zwölf Naukrarien getheilt war; als aber Klisthenes die Zahl der Phylen auf zehn erhöht und einer jeden fünf Naukrarien zuertheilt hatte, stieg die Zahl der Schiffe auf fünfzig.⁶) Von nun an wurde die Flotte fortwährend vergrößert, und schon nach der Schlacht bei Marathon unternahm Miltiades den Seezug gegen Paros mit 70 Schiffen.⁷) Das größte Verdienst um das attische Seewesen aber erwarb sich Themistokles, welcher verordnete, daß die Einkünfte der Staatsbergwerke zum Schiffbau verwendet und alljährlich 20 neue Kriegsschiffe erbaut werden sollten.⁸) So finden wir denn unter den 271 griechischen Trieren oder Dreiruderern in der Schlacht bei Artemisium bereits 127 und in der Schlacht bei Salamis unter 378 hellenischen Schiffen 180 athenische,⁹) während die Zahl sämmtlicher Schiffe Athens 200 betrug.¹⁰) Nachdem die Flotte wieder ansehnlich vermehrt worden war,¹¹) besaß Athen beim Ausbruche des peloponnesischen Kriegs 300 theils zum Absegeln bereite, theils noch auf den Werften befindliche Trieren.¹²) Nach dem Unglücke vor Syrakus, wo Athen an 240 Trieren einbüßte,¹³) verminderte sich zwar auf einige Zeit die athenische Flotte, doch blieb Athen deshalb immer noch eine sehr bedeutende Seemacht und konnte sich an der Schlacht bei Aegospotamos wieder mit 180 Trieren betheiligen.¹⁴) Später aber stellte es wieder Flotten von 200, 300, ja 400 Schiffen auf.¹⁵) Außer dieser Kriegsmarine unterhielt jedoch Athen auch eine bedeutende Handelsflotte mit zum Theil sehr großen Schiffen.¹⁶) Neben dieser Seemacht Athens kommt die der übrigen griechischen Staaten kaum in Betrachtung, namentlich aber konnte sich die der Spartaner, denen alle nautische Geschicklichkeit abging, nicht im Entferntesten mit ihr messen, und selbst die geringen Vortheile, die Sparta im peloponnesischen Kriege zur See gegen Athen errang, verdankte es nicht seinen eigenen Schiffen, sondern denen der Bundesgenossen, und in eben so kläglichem Zustande, wie seine Marine, war auch seine Handelsflotte, so daß sein Seehandel fast blos durch lybische und ägyptische Schiffe betrieben wurde.¹⁷) Athens Anstrengungen, sich eine solche Seemacht zu verschaffen, sind aber um so bewundernswürdiger, da sie

mit großen Schwierigkeiten verknüpft waren. Denn bei dem
Holzmangel Griechenlands mußte es sein Schiffsbauholz fast
blos vom Auslande, namentlich aus Thracien, beziehen [16]) und
auch die übrigen Materialien (Theer, Wachs, Tauwerk u. s. w.)
waren nicht in hinreichender Menge vorhanden, weshalb auch
diese Gegenstände bei Todesstrafe nicht ausgeführt werden durften. [19]) Fast noch größer aber war die Schwierigkeit die Schiffe
zu bemannen, da die Bürger nicht zum Seedienst verpflichtet
waren. [20]) — Was nun die Schiffe selbst betrifft, so erscheinen
sie schon im homerischen Zeitalter, wo sie noch nicht zum Kriege,
sondern nur zum Transport bestimmt waren, ziemlich ausgebildet und vollständig und als Ruder- und Segelschiffe zugleich, wenn auch noch von geringer Größe. Wir finden bereits
ein Vorder- und Hintertheil, [21]) ein Verdeck, [22]) einen Mast, [23])
Segel [24]) und Tauwerk, [25]) Ruder in der Zahl von zwanzig [26])
und funfzig, [27]) von deren Vertheilung auf dem Schiffe wir jedoch nicht belehrt werden, und ein Steuerruder. [28]) Nur eigentliche Anker kannte man noch nicht, sondern bediente sich statt
derselben blos schwerer, auf den Meeresgrund hinabgesenkter
Steine; [29]) doch war ihr Gebrauch auch weniger nöthig, da man
die Schiffe nach vollendeter Fahrt nicht im Wasser zu lassen,
sondern an's Land zu ziehen und auf Unterlagen (ἕρματα) aus
Holz oder Stein trocken zu stellen pflegte. [30]) Hier aber haben
wir es zunächst nur mit der Beschaffenheit der Schiffe zu thun,
wie sie uns nach mancherlei Verbesserungen in der blühendsten
Periode der griechischen Schifffahrt entgegentreten. Vorerst sind
verschiedene Gattungen von Schiffen zu unterscheiden. Die
ältesten Arten derselben waren Transport-, Last- und Handelsschiffe, [31]) die einander in der Bauart glichen, blos mit einer
Reihe von Rudern auf jeder Seite (μονόκροτα, νῆες μονήρεις)
versehen und viel kürzer, als die spätern Kriegsschiffe, aber desto
breiter und mehr in die Runde, als in die Länge gebaut waren;
später aber bekamen auch sie, gleich den Kriegsschiffen, mehrere
Reihen von Ruderbänken. Die Kriegsschiffe [32]) waren meistens
Trieren, d. h. hatten auf jeder Seite drei Reihen von Ruderbänken mit verschiedener Zahl von Rudern, doch kamen später
auch Vier-, Fünf- und Sechsruderer (Tetreren, Penteren und
Hexeren), kurz überhaupt vielrudrige Ruderschiffe (πολύκροτα)
hinzu. [33]) Nur Zweirudrer (Dieren) waren sehr selten. Außer

diesen größeren Schiffen aber umfaßten die Kriegsflotten allerdings auch noch kleinere Kriegsschaluppen oder Kriegsboote mit 10, 15 und mehr Rudern auf jeder Seite, aber nur in einer Reihe, welche εἰκόσοροι, τριακόντοροι u. s. w. hießen,[34]) ferner kleine, leichte Fahrzeuge (ἄκατοι oder ὑπηρετικὰ πλοῖα), die besonders zu Botschaften verwendet wurden,[35]) und eine große Anzahl von Transport- und Lastschiffen, die, wenn sie nicht gerudert, sondern von den Kriegsschiffen in's Schlepptau genommen wurden, auch den Namen ὁλκάδες oder Zugschiffe führten.[36]) Noch mag hier bemerkt werden, daß auch die beiden sonst nur zu Theorien, Botschaften, Ueberbringung von Geldern und Personen u. s. w. bestimmten und stets segelfertig liegenden Staatsschiffe, die Πάραλος und Σαλαμινία,[37]) zuweilen mit als Kriegsschiffe im Kampfe verwendet wurden.[38]) Wir wollen nun ein vollständig ausgerüstetes Kriegsschiff mit seinen Bestandtheilen und Geräthschaften kennen lernen. Der Bauch des Schiffes (κύτος) ruhte auf dem Kiel oder Kielbalken (δρύοχος oder τρόπις), der, um die Wogen leichter durchschneiden zu können, nur schmal gezimmert und zu seinem Schutze gegen Klippen ringsum mit Bohlen (ἐγκοίλια oder ἐπιστάτραι) bekleidet war. Von diesem Kiel erhoben sich die aus breiten Bohlen bestehenden und gewöhnlich mit Pech überzogenen, oft aber auch mit Erz beschlagenen Seitenwände (τοίχοι), die sich vom Vorder- bis zum Hintertheil erstreckten, und an deren Innenseite unterhalb des Verdecks sich in geringer Entfernung von ihr und in drei oder mehreren Reihen über einander die Ruderbänke befanden. Die Ruderlöcher aber (τρήματα oder τρυπήματα,[39]) oft auch ὀφθαλμοί, die Augen),[40]) von deren Zahl wir unten handeln werden, waren in schräger Richtung angebracht, damit die Ruder einander nicht im Wege waren.[41]) Das Vordertheil (πρῶρα, bisweilen auch μέτωπον, die Stirn, benannt) war gewöhnlich bemalt und trug das meistens aus einem Thierkopfe bestehende, entweder geschnitzte, oder auch nur gemalte Wahrzeichen (παράσημον) des Schiffes,[42]) von welchem auch oft der hier angeschriebene Name desselben entlehnt war;[43]) auch war an ihm der gewöhnlich aus drei weit hervorragenden eisernen Spitzen bestehende Schiffsschnabel (ἔμβολος) befestigt, dazu bestimmt die feindlichen Schiffe anzubohren und zum Sinken zu bringen, und neben ihm waren zum Schutze vor den feindlichen Schiffsschnäbeln gleich Ohren abstehende Balken (ἐπωτίδες) angebracht. Das Hintertheil (πρύμνα) erschien rund geformt und höher, als das Vordertheil, und auf ihm befand sich das Steuerruder und das oft aus Elfenbein geschnitzte oder vergoldete Standbild der Schutzgottheit des Schiffes.⁴⁴) Ueber alle drei Theile des Schiffs, den Bauch, das Vorder- und Hintertheil hin zog sich das Verdeck (κατάστρωμα),⁴⁵) aus dessen Mitte sich der auf dem Boden des Schiffs durch Stützen (παραστάται) befestigte Mast erhob. Dieser führt uns nun zu dem ganzen Schiffsgeräth, welches in hölzernes und hangendes (σκεύη ξύλινα und κρεμαστά) eingetheilt wurde. Ersteres bestand 1 aus dem Mast (ἱστός) oder den Masten, da es auch Schiffe mit zwei und drei Masten gab,⁴⁶) in welchem Falle dann der Hauptmast ἱστὸς μέγας καὶ γνήσιος hieß,⁴⁷) und an welchem sich auch eine unserm Mastkorbe entsprechende Vorrichtung (das ϑωράκιον) befand.⁴⁸) Er wurde beim Landen niedergelegt, während der Fahrt aber waren an ihm 2) die wagerecht hangenden Segelstangen oder Raaen (κεραῖαι), in der Regel an jedem Maste zwei, befestigt, die gewöhnlich aus zwei in der Mitte über einander liegenden Stücken bestanden. Hierzu kommen 3) die Ruder (κῶπαι oder ταρροί),⁴⁹) die bei Schiffen mit mehreren Ruderbänken natürlich von ungleicher Länge, die obersten länger als die untern, sein mußten, überhaupt aber, da die Triremen keine bedeutende Höhe hatten, nicht allzulang (durchschnittlich etwa von 14 Fuß) gedacht zu werden brauchen. Sie wurden stets nur von einem Manne mittelst eines an einen Pflock befestigten Riemens regiert. 4) Das Steuerruder (πηδάλιον).⁵⁰) 5) Drei bis vier Stangen (κοντοί) zum Fortstoßen des Schiffs in seichten Gewässern und zum Sondiren des Meeresgrundes.⁵¹) 6) Zwei hölzernen Leitern (κλιμακίδες) zum Ein- und Aussteigen. Das hangende Geräth zerfiel 1) in die Segel (ἱστία), an jedem Mast gewöhnlich zwei, ein großes, viereckiges Hauptsegel und darüber noch ein kleineres, viereckiges (ἀρτεμών) und außerdem noch eins auf dem Vordertheile (δόλων) und ein anderes auf dem Hintertheile (ἐπίδρομον).⁵²) Alle Segel wurden, wenn das Schiff ruhte oder bei Windstille blos gerudert wurde, an den Raaen zusammengerollt. 2) Das Tauwerk in Seilen und Stricken sehr verschiedener Stärke und Art bestehend, deren jedes seinen bestimmten Ort und seine eigene Bestimmung hatte.⁵³) Man hat aber zwei

Hauptarten von Tauwerk zu unterscheiden, das leichtere (τοπεία) zur Regierung der Segel und das schwere (σχοινία), welches aus mehreren Strängen zusammengedreht war und theils die Ankertaue (σχοινία ἀγκυρεία), gewöhnlich vier bei jedem Schiffe, bildete, theils als σχοινία ἐπίγυα am Hintertheil befestigt, dazu bestimmt war, das Schiff an's Land zu ziehen. 3) Die Gurte (ὑποζώματα), gewöhnlich drei bis vier, öfters aber auch noch mehrere starke Stränge, die, wenn das Schiff auslaufen sollte, in wagerechter Richtung auswendig rund um dasselbe vom Vorderbis zum Hintertheile herum angelegt wurden, um ihm, das so gleichsam eingeschnürt war, zum Schutze zu dienen.⁶⁴) 4) Die παραρρύματα, härene und leinene Decken, die in mehreren Lagen hinter einander auswendig an den Seiten des Verdecks angebracht wurden, um das Schiff gegen Wellen und feindliche Geschosse zu schützen.⁵⁵) 5) Das diesen verwandte κατάβλημα, ebenfalls ein schützender Ueberwurf.⁵⁶) Drei wesentliche Requisite der Kriegsschiffe waren endlich noch die Anker, die Enterhaken und die Flagge. Der am Vordertheile des Schiffs befestigte Anker (ἄγκυρα), dessen Vervollkommnung erst allmälig erfolgte,⁵⁷) hatte zwei Zähne und war, das jetzt übliche Querholz abgerechnet, ganz so beschaffen, wie in unsern Tagen. Größere Schiffe führten gewöhnlich mehrere Anker an Bord,⁵⁸) und unter ihnen war dann der Nothanker (ἄγκυρα ἱερά) der größte.⁵⁹) Die Enterhaken (κόρακες) ⁶⁰) waren lange, vorn mit eisernen Haken versehene und an Ketten hangende Stangen, die in die feindlichen Schiffe hinübergeschleudert wurden, um sich in dieselben einzuhaken und sie herüberzuziehen, damit der Seekampf in ein Handgemenge und gleichsam einen Kampf zu Lande verwandelt werden konnte. Die Stelle unserer Flagge vertrat ein σημεῖον und jeder Staat hatte sein eigenes, Athen das Bild der Pallas. ⁶¹) — Wir kommen nun zu der Bemannung der Schiffe. Bei den Kriegsschiffen bestand sie aus drei Klassen, den Seesoldaten (ἐπιβάται), theils Bürgern, theils Metöken, ⁶²) den Ruderern (ἐρέται) und den Matrosen (ναῦται). Die Seesoldaten, von denen jede Triere etwa dreißig zählte,⁶³) waren mit einer eigenen Art von Speeren (δόρατα ναύμαχα), mit Wurfspießen, Schwertern, auch wohl einer zum Entern gebrauchten Sichellanze (δορυδρέπανον) ⁶⁴) bewaffnet und mußten im Nothfalle, wenn das Schiff sehr rasch vorwärts getrieben werden sollte, auch als αὐτερέται die Ruderer abgeben;⁶³) für sie waren denn auch noch besondere Reserveruder (κῶπαι περίνεῳ) vorhanden, deren höchste Zahl 30 betrug.⁶⁴) Die Ruderer, welche aus ärmeren Bürgern (Theten), Söldnern und Sklaven bestanden,⁶⁵) hießen auf den Trieren in der obersten Reihe ϑρανῖται, auf der mittleren ζυγῖται und auf der untersten ϑαλαμῖται und die regelmäßige Zahl der obersten Reihe scheint 62, die der beiden anderen je 54 gewesen zu sein,⁶⁶) da oben das Schiff etwas länger war und mehr Raum bot, als weiter unten, und somit betrug denn die gesammte Zahl der Ruderer 170, und wenn auch noch die Epibaten mit Hand anlegten, 200. Die Matrosen, welche Athen besonders von den Bundesgenossen erhielt,⁶⁹) und unter denen die Telier als geschickte Taucher (κολυμβηταί) berühmt waren,⁷⁰) standen in etwas größerem Ansehen, als die Ruderer. Wie viele Matrosen sich auf einer Triere befanden, wird uns nicht gemeldet; jedenfalls aber war ihre Zahl nicht groß, so daß die gesammte Bemannung die Zahl von 200 nur wenig überstieg. Zu ihr kommen endlich noch der Steuermann (κυβερνήτης), oder auf größeren Schiffen zwei Steuermänner, der κελευστής, der den Ruderern vom Verdeck des Hintertheils aus den Takt des Ruderschlags angab,⁷¹) und der Befehlshaber des Schiffs oder der Trierarch. Hinsichtlich des Commando's nämlich ist zu bemerken, daß jede Triere der Athenienser von einem Trierarchen befehligt wurde, während an die Spitze der ganzen zu einem Seekrieg ausgerüsteten Flotte einer der Strategen gestellt wurde; denn eigene Admirale gab es nicht, oder wenigstens erst in sehr später Zeit. Wenn früher der Titel ναύαρχος vorkommt,⁷²) so bezeichnet er wohl nur den mit dem Commando betrauten Strategen. Dieser Strateg nun wählte in früherer Zeit aus der Zahl der wohlhabendsten Bürger für jede Triere einen Trierarchen aus,⁷³) der dieselbe auf seine Kosten ausrüsten und in Stand erhalten mußte, denn der Staat lieferte ihm blos den Rumpf des Schiffes und unterhielt die Mannschaft. Dafür aber stand ihm auch das Commando des Schiffes zu; wenn er sich jedoch dazu nicht genug nautische Kenntnisse zutraute, konnte er sich auch von einem Anderen vertreten lassen.⁷⁴) Ueber sein eigenes Commando aber und die Verwendung der ihm etwa überwiesenen Gelder mußte er dem Staate Rechenschaft ablegen.⁷⁵) Später jedoch, etwa seit dem Jahre 378 v. Chr., trat hierin eine Aenderung ein. Da nämlich den Bürgern, deren Wohlstand ohnehin gesunken war, immer größere Opfer für den Staat (Liturgien) angesonnen werden mußten, wurden zuerst zwei Bürger ausgewählt, um auf gemeinschaftliche Kosten eine Triere auszurüsten,⁷⁰) nachmals aber, seit 357 v. Chr., eine ganze aus sechzehn Bürgern bestehende Symmorie⁷⁷) dazu bestimmt;⁷⁸) es riß nun aber auch der Mißbrauch ein, daß die Symmorien die Ausrüstung durch Licitation dem Mindestfordernden überließen,⁷⁹) zumal da jetzt der Staat auch die Geräthe lieferte.⁸⁰) Nun wählte der Strateg zum Befehlshaber der Triere ganz nach Belieben aus den Mitgliedern der Symmorie denjenigen, der ihm am tauglichsten dazu erschien. Andere Befehlshaber, als den Strategen und diese Trierarchen gab es bei der Flotte nicht. Der Strateg aber las sich die am besten ausgerüstete und am schnellsten segelnde Triere zu seinem Admiralschiffe aus,⁸¹) welches daher auch den Namen στρατηγὶς ναῦς führte.⁸²) — Kam es nun zu einem Kampfe,⁸³) so war, wenigstens in früherer Zeit, die Seetaktik sehr einfach; es wurden nur wenig Evolutionen gemacht, sondern gewöhnlich gleich nach Beginn der Schlacht zum Handgemenge geschritten, so daß Schiff gegen Schiff kämpfte, und namentlich suchten die Spartaner als die untüchtigsten Seeleute durch Entern der feindlichen Schiffe den Seekampf in einen Landkampf auf den Verdecken zu verwandeln, da sie sonst fürchten mußten,⁸⁴) der Fertigkeit der Gegner im Manövriren zu unterliegen. Vor Anfang des Kampfes wurden natürlich Raaen und Segel abgenommen und die Maste umgelegt; die jetzt überflüssigen Matrosen stiegen in den inneren Schiffsraum hinab und die Seesoldaten stellten sich an Bord auf. So lange die beiden Flotten noch in einiger Entfernung von einander waren, bedienten sie sich der Wurfspieße, Bogen und Schleudern, waren aber die Flotten ganz nahe zusammengerückt oder war es zum Entern gekommen, auch der Speere und Schwerter. Auch wurden Brandpfeile auf die feindlichen Schiffe geschleudert. Doch nicht blos die Seesoldaten kämpften mit einander, sondern auch die Schiffe selbst, indem sie sich theils gegenseitig mit ihren Schnäbeln in den Grund zu bohren, theils durch Abstreifen und Zerbrechen der Ruder unbeweglich und zum Manövriren untauglich zu machen suchten, indem sie von der Seite dicht an den Flanken der feindlichen

Schiffe hin ruderten. Die sonstigen Evolutionen bestanden besonders im Umschiffen (περιπλεῖν), um die Flotte des Feindes zu überflügeln, und im Durchschiffen (διαπλεῖν), um seine Schlachtreihe zu durchbrechen.⁸⁵) Um die Ueberflügelung zu verhindern, wurde die Flotte gewöhnlich in einem Halbkreise, und zum Schutz gegen ein Durchbrechen in zwei Linien mit Zwischenräumen zwischen den einzelnen Schiffen aufgestellt, so daß die Schiffe der zweiten Linie durch die Zwischenräume der ersten vorbringen und deren Schiffe unterstützen konnten. Stellten sich aber die Schiffe nur in einer Reihe auf, was besonders dann der Fall war, wenn die Flotte nur eine kleinere Zahl von Schiffen zählte, so pflegte man die größten und stärksten Schiffe auf die Flügel zu stellen, um eine Ueberflügelung abzuwehren. Das Admiralschiff nahm die Mitte der Aufstellung ein und von ihm aus wurden die Signale durch Trompetenschall gegeben. Die Flagge aber scheint noch nicht zu Signalen benutzt worden zu sein. Bestand die Flotte aus Schiffen von verschiedener Größe, so bildeten die größeren und stärkeren die erste, die kleineren und schwächeren die zweite Reihe. Wurde die Flotte zur Belagerung und Bestürmung von Hafenstädten benutzt, so war sie auch mit Thürmen, Sturmböden und Wurfmaschinen armirt, zu deren Bedienung die Matrosen verwendet wurden. Mit den Wurfmaschinen wurden Steinmassen und Brandpfeile gegen die Mauer geschleudert, mit den Widdern oder Sturmböden aber versuchte man eine Bresche in derselben zu bewirken, um auf einer von den Schiffen aus geworfenen Brücke durch sie einzudringen, oder man ließ auch von den Thürmen eine Fallbrücke (σαμβύκη) auf die Mauer selbst hinab, um so eine Erstürmung möglich zu machen. So war denn der Festungskrieg zur See von dem oben beschriebenen zu Lande nur wenig verschieden.⁸⁶)

## Anmerkungen zum 22. Kapitel.

1) Vgl. Hom. Il. II, 493. 509. 516. 524. 534. 545. 556. 566. 576. 602. 630. 637. 644. 652. 680. 685. 710. 733. 737. 747. 759.
2) Thuc. I. 13.
3) Plut. Solon 8. 9. Paus. I, 40, 5.
4) Vgl. oben S. 114. u. 136.
5) Pollux VIII, 108.
6) Diese Zahl finden wir in dem Kampfe gegen die Aegineten unmittelbar vor dem Perserkriege bei Herod. VI. 89., wo die Athener mit 70 Schiffen ausziehen, von denen 20 erst von Korinth erlaubt waren.
7) Herod. VI, 132.
8) Herod. VII, 144. Diod. XI, 43.
9) Herod. VIII, 44. Plut. Them. 14.
10) Herod. VIII, 61. Plut. Them. 11.
11) Vgl. Aeschin. de fals. leg. §. 173 ff. p. 335 ff. u.
12) Thuc. II, 13. Xen. Anab. VII, 1, 27.
13) Isocr. Symmach. 29.
14) Xen. Hell. II, 1, 13.
15) Isocr. Areop. 1. — Demosth. de Symmor. §. 13. p. 181. §. 20. p. 183. §. 29. p. 186. — VII. X oratt. p. 251. Pausan. I, 29, 16. Ueber die verschiedene Zahl der athenischen Trieren in der Periode von Ol. 106—114. vgl. die Inschr. in Böckh's Urkunden über das Seewesen des attischen Staats S. 79.
16) Lucian. Navig. 5. Bei Demosth. in Phorm. §. 10. p. 910. hat ein Kauffahrer außer seiner Ladung und Schiffsmannschaft auch noch 300 Passagiere an Bord.
17) Thuc. IV, 55. vgl. mit VII, 57.
18) Thuc. IV, 108.
19) Demosth. de fals. leg. §. 286. p. 439.

ⁱ⁰) Isocr. de pace §. 48. p. 169. R. Nur ausnahmsweise dienten die höheren Klassen der Bürger als Seesoldaten (vgl. Thuc. VIII, 24. mit III, 16.), während die unterste und ärmste Klasse oder die Theten später gewöhnlich als Ruderer und Matrosen gebraucht wurden. (Harpocr. s. v. θῆτες.)

¹¹) Ilias II, 637. XV, 693. XXIII, 852. 878. Odyss. III, 299. IX, 125. 482. 539. XII, 100.

¹²) Il. XV, 729. Od. XII, 229. 414. XIII, 74. XV, 283. 551.

¹³) Il. I, 434. 480. Od. II, 424. V, 254. 316. VIII, 52. IX, 77. XII, 402. XV, 496. XXIII, 852. 878.

¹⁴) Il. I, 480. Od. II. 426. VIII, 54. IX, 77. X, 506. XII, 402. XV, 291. 496.

¹⁵) Il. I, 436. Od. II, 426. V, 260. VI, 269.

¹⁶) Il. I, 309. Od. I, 280. vgl. Thuc. I, 10. 14.

¹⁷) Il. II, 719.

¹⁸) Od. III, 281. V, 255. 270. 315. VIII, 558.

¹⁹) Εὐναί: Od. IX, 137. XV, 498. Auch schwerer Sandsäcke und mit Steinen gefüllter Körbe zu diesem Zwecke geschieht Erwähnung. (Suid. s. v. ζεῦγμα).

²⁰) Hier mag noch bemerkt werden, daß man sich auch in späterer Zeit nicht blos um die Schiffe von den Werften in's Meer zu schieben (Apoll. Rhod. 1, 367 ff.), sondern auch um sie über Landengen und Landspitzen hinweg zu befördern (vgl. Thuc. III, 15. 81. VIII, 7. 8. Polyb. IV, 19. V, 1. Strab. VI. p. 426. VIII. p. 516. Liv. XXV, 11.) solcher Unterlagen und Walzen bediente.

²¹) Die Transportschiffe hießen ἱππαγωγὰ πλοῖα oder ἱππαγωγοί, ἱππαγοί (Liban. Tom. I. p. 654. R. Suid. h. v. Paul. Diac. p. 101. M. u. Liv. XLIV, 28. hippagines), weil sie besonders zum Transport von Pferden bestimmt waren (meistens von je 30 Pferden; vgl. Böckh Urkunden ꝛc. S. 125.), die Lastschiffe aber, als namentlich zum Getreidetransport gebraucht, σιτηγοί u. die Handelsschiffe φορτηγοί, φορτίδες.

²²) Die folgenden Nachrichten über sie sind besonders aus den von Böckh in dem oben Note 15. angeführten Werke gesammelten Inschriften geschöpft.

²³) Im macedonischen Zeitalter kam es bis zu 12 und 15, unter den Ptolemäern gar zu 30 und 40 Ruderreihen; bei den Griechen jedoch scheint die Zahl von 6 Ruderreihen nicht überschritten worden zu sein.

²⁴) Pollux I, 9. erwähnt sogar πεντηκόντοροι bis ἑκατόντοροι, d. h. solche Schiffe mit 25 bis 50 Rudern auf jeder Seite.

²⁵) Herod. VII, 186. Demosth. de cor. §. 106. p. 262. in Polycl. §. 46. p. 1220. Aeschin. de fals. leg. §. 252. Plut. Demosth. 29.

**46)** Polyän. VI, 6. Liv. XXX, 26.
**47)** Vgl. über sie Thuc. III, 33. 77. VI, 53. Plat. Phaed. p. 58. b. Schol. zu Aristoph. Aves 147. 1204. Etym. M. p. 469, 20. 699, 14. Harpocr. u. Phot. s. v. πάραλος. Die Mannschaft der Paralos hieß πάραλοι oder παραλῖται (Pollux VIII, 116.), bestand bloß aus lauter freien Bürgern (Thuc. VIII, 73.) und erhielt fortwährend einen Sold von 4 Obolen täglich (Harpocr. u. Phot. ll. ll.), d. h. von einem Obolus mehr, als die übrige Seemannschaft. (Vgl. Böckh Staatshaush. I. S. 339.) An die Stelle der Salaminia trat im macedonischen Zeitalter die Ἀμμονίς oder Ἀμμονιάς und unter den Diadochen kamen noch zwei Schiffe zu gleichem Dienst hinzu, die Ἀντιγονίς und die Δημητριάς. (Lex. rhet. p. 675. Porson. oder p. XXX. Meier.)
**48)** Vgl. z. B. Thuc. III, 77.
**49)** Schol. zu Aristoph. Acharn. 97. Eustath. zu Hom. Od. X. p. 1931.
**40)** Nicht damit zu verwechseln sind die im 3. Bande S. 344. beschriebenen eigentlichen Augen des Schiffs, die sich auch an den griechischen Schiffen fanden. (Vgl. Pollux I, 86.)
**41)** Vgl. hierüber und über die verschiedenen Ansichten neuerer Archäologen das oben von den römischen Schiffen im 3. Bande S. 341. mit Note 90. Bemerkte, was ich nicht zu wiederholen brauche; wie ich mich hier überhaupt weil kürzer fassen kann, da die dort genau beschriebenen römischen Schiffe den griechischen in allen Hauptpunkten glichen.
**42)** Wenigstens nach Herod. III, 37. u. Schol. zu Aristoph. Acharn. 521. (vgl. auch Diod. IV, 47. u. Schol. zu Apoll. Rhod. II, 168.), während es sich nach Eurip. Iphig. Aul. 237 ff. u. 263 ff. vielmehr am Hintertheil befand.
**43)** Ueber die Sitte, den Schiffen einen Namen zu geben, vgl. Herod. VIII, 88. Thucyd. III, 33. u. Schol. zu Apoll. Rhod. I, 1089. und über die Namen selbst Band 3. S. 369. Note 119. unsers Werkes.
**44)** Ueber die sonstigen Verzierungen sowohl am Vorder- als Hintertheile (ἀκροστόλια und ἄφλαστα), z. B. den sogenannten Gänsehals (χηνίσκος) vgl. Band 3. S. 343 f.
**45)** Auf den Kriegsschiffen standen und kämpften hier die Seesoldaten, auf den Handelsschiffen aber, die jedoch nicht immer ein Verdeck hatten (Antipho de caede Herod. p. 715., hielten sich hier die Passagiere auf.
**46)** Athen. V, 43. p. 208. d. f.
**47)** Pollux I, 91.
**48)** Vgl. Band 3. S. 339. mit Note 53.
**49)** Eigentlich bezeichnet ταρσός nur den untern, breiten Theil oder die Schaufel des Ruders. Die mittelsten Ruder in der Nähe des großen Mastes hießen ohne Unterschied der Reihe κῶπαι μεσόνεῳ.

⁵⁰) Größere Schiffe hatten wohl auch zwei Steuerruder, eins auf dem Vorder- und ein anderes auf dem Hintertheile.
⁵¹) Doch war auch der Gebrauch des Senkbleies (καταπειρατηρία: Herod. II, 5. 28. vgl. Isidor. XIX, 4, 10.) den Griechen schon bekannt.
⁵²) Vgl. Band 3. S. 340.
⁵³) Siehe ebendaselbst.
⁵⁴) Siehe ebendaselbst S. 345.
⁵⁵) Xen. Hell. 1, 6, 19. Suid., Hesych. u. Phot. s. v. παραρρύματα.
⁵⁶) Polyän, Strat. IV, 11, 13.
⁵⁷) Ursprünglich war er von Stein oder von Holz mit Blei ausgegossen und mit Steinen beschwert (Apoll. Rhod. I, 955. Arrian. Peripl. P. Eux. p. 5. Athen. V, 43. p. 208. e.), dann wurde er von Eisen, zuerst aber nur einarmig gefertigt (Pollux I, 9. vgl. Paul. I, 4, 5.); den zweiten Arm oder Zahn soll erst der Scythe Anacharsis hinzugefügt haben. (Strab. VII. p. 303.)
⁵⁸) Athen. V, 43. p. 208.
⁵⁹) Pollux 1, 9. Lucian. Jup. trag. 51. vgl. Pind. Ol. VI, 101. u. Plut. Solon 19.
⁶⁰) Polyb. 1, 22. Appian. B. C. V, 106. vgl. Plut. Marcell. 14. u. Band 3. S. 346.
⁶¹) Thuc. VIII, 81. Polyän. III, 11, 11. VIII, 53, 1.
⁶²) Thuc. I, 143. III, 16.
⁶³) Vgl. Böckh Staatshaush. d. Ath. I. S. 302 f. Bei Salamis befanden sich auf jeder athenischen Triere nur 18 Mann, 14 Hopliten und 4 Toxoten. (Plut. Them. 14.)
⁶⁴) Plat. Laches p. 183.
⁶⁵) Thuc. III, 18.
⁶⁶) Vgl. Böckh Urkunden S. 123.
⁶⁷) Den Bürgern, deren Sklaven man zum Ruderdienst preßte, wurde eine Vergütung dafür gegeben. (Vgl. Böckh Staatshaush. I. S. 79.)
⁶⁸) Vgl. Böckh Urkunden S. 119.
⁶⁹) Thuc. VI, 43. Xen. Hell. 1, 6, 18.
⁷⁰) Diog. Laert. II, 22. (vgl. Thuc. VII, 25., wo von der Benutzung der Taucher die Rede ist).
⁷¹) Vgl. Band 3. S. 342.
⁷²) Wie bei Xen. Hell. V, 1, 5. u. Paul. I, 23, 12.
⁷³) Isäus in Apollod. §. 5. vgl. Demosth. in Lacrit. §. 48. p. 940. adv. Boeot. de nom. §. 8. p. 997. Aristoph. Equ. 913. u. Böckh Urkunden S. 210 ff.
⁷⁴) Demosth. in Mid. §. 163. p. 567.
⁷⁵) Vgl. Demosth. in Polycl. §. 50. p. 1222. u. Böckh Staatshaush. I. S. 705 ff.
⁷⁶) Demosth. in Mid. §. 154. p. 564. vgl. Derf. in Polycl.

§. 38. p. 1218. in Euerg. §. 22. p. 1145. und das Argum. zur Rede in Timocr. p. 694., auch Lysias in Diogit. §. 24—26.

⁷⁷) Die 1200 wohlhabendsten Bürger waren nämlich seit dem Jahre 357 v. Chr. zu gemeinschaftlichen Leistungen an den Staat in 20 Symmorien getheilt (vgl. Jlocr. π. ἀντιδ. §. 145. Demosth. Symmor. §. 18 ff. p. 195 ff. Harpocr. p. 277. u. Schol. zu Demosth. Olynth. II. p. 26.) und der Vorsteher einer solchen Symmorie hatte die Verpflichtung für die übrigen Mitglieder den Vorschuß zu leisten (Demosth. in Mid. §. 157. p. 565. vgl. mit in Pantaen. §. 37. p. 977. in Phaenipp. §. 25. p. 1046. u. in Polycl. §. 8. p. 1208.), den er dann von ihnen auf dem Rechtswege wieder eintreiben konnte.

⁷⁸) Schol. zu Demosth. in Mid. p. 564. vgl. Harpocr. p. 297.
⁷⁹) Demosth. in Mid. §. 80. p. 540.
⁸⁰) Demosth. in Mid. §. 155. p. 564. Eine Ausnahme war es, wenn Demosthenes diese Geräthe aus eigenen Mitteln anschaffte. (Demosth. in Euerg. §. 23. p. 1146.)

⁸¹) Lysias de man. acc. §. 6. Aeschin. in Ctesiph. §. 52. Demosth. in Polycl. §. 52. p. 1222.
⁸²) Pollux 1, 89.

⁸³) Auch im Folgenden kann ich mich sehr kurz fassen, da ich im 3. Bande S. 350 ff. vom Seekample der Römer ausführlich gehandelt habe, der Seekampf der Griechen aber wenig oder gar nicht verschieden davon war.

⁸⁴) Vgl. Thuc. II, 83—92. IV, 14. Diod. XII, 48. XIII, 40. 46.

⁸⁵) Vgl. Thuc. VII, 36. u. Xen. Hell. 1, 6.

⁸⁶) Da bei der Schifffahrt die Winde eine Hauptrolle spielen, gebe ich hier als Anhang noch eine Darstellung der griechischen Windrose. Im homerischen Zeitalter (vgl. Hom. Il. 1, 147. Od. V, 295. 331. Hesiod. Theog. 278. 868. O. et D. 505. 553. 558. 675.) unterschied man bloß die vier Hauptwinde. 1) den Südwind Νότος (Hom. Il. XI, 306. XXI, 334. Od. V, 295. Hesiod. Th. 369. 380. Herod. IV, 173. VI, 140. u. f. w.), 2) den Nordwind Βορέης (Hom. Il. V, 697. IX, 67. 171. Od. V, 295. 328. Hesiod. Th. 379. 869. Herod. II, 99. 101. 140. III, 102. IV. 17. u. f. w.), bisweilen auch Ἀπαρκτίας genannt (Aristot. Met. II, 6. Auct. de mundo c. 4. Agathem. I, 2. II, 12. Plin. II, 47. 46. Gellius II, 22., während man in der späteren Windrose mit 12 Winden beide unterschied und den Aparktias für den eigentlichen Nordwind, den Boreas aber für den Nordost nahm), 3) den Westwind Ζέφυρος (Hom. Il. IX, 5. XXIII, 200. Od. IV, 567. V, 295. Hesiod. Th. 379. 869. Aesch. Agam. 688. Herod. 1, 148. II, 32. u. f. w.) und 4) den Ostwind Εὖρος (Hom. Il. II, 145. VII, 765. Od. V, 295. XII, 326. XIX, 206.), der später, als man den Apeliotes hinzugefügt hatte, zum Südost wurde (Herod. IV, 99.

VII, 36.) und daher nun auch Εὐρόνοτος hieß (Stob. Ecl. phys. I. p. 670. Gellius II, 20.). Diesen vier Hauptwinden wurden nun später, jedoch noch vor Herodot's Zeiten, noch vier Zwischenwinde beigefügt, 5) der Nordost Καικίας (Aristot. Met. II, 6, 17. Probl. 26, 16. Theophr. de ventis §. 10. Plin. II, 47, 48.), 6) der Ἀπηλιώτης Herod. IV, 22. 99. 152. VII, 188. Aristot. Met. II, 6, 18. Plut. Pl. phil. 3, 7. Stob. I. p. 670. Plin. II, 47, 46.), der an die Stelle des alten Eurus trat und den reinen Ostwind bezeichnete, 7) der Südwest Λίψ (Aristot. Met. II, 6, 19. Probl. 26, 26. Plin. II, 47, 46. Gellius II, 22.) und 8) der Nordwest Ἀργεστής (Aristot. u. Stob. II. ll. Theophr. II. pl. IV, 14, 11. Plin. II, 47, 46.), der auf dem Tempel der Winde zu Athen Σκίρων heißt (vgl. Strab. I. p. 50. Plin. a. a. O. u. Sen. Qu. Nat. V, 17.) und beim Auct. de mundo c. 4. Stob. Ecl. phys. I. p. 670. u. Agathem. 1, 2. auch die Namen Ὀλυμπίας und Ἰάπυξ führt. So erhalten wir denn die auf dem genannten Tempel erscheinenden (vgl. Vitruv. I, 6.) acht Winde in dieser Reihenfolge: Notus (S), Lips (SW), Zephyrus (W), Argestes oder Sciron (NW), Boreas (N), Caecias (NO). Apeliotes (O) und Eurus (SO). Mit diesen 8 Winden aber noch nicht zufrieden, gesellte man ihnen zuletzt noch vier andere bei (vgl. Aristot. Met. II, 6.), 9) den Μέσης, den sonst Niemand kennt, als Plin. II, 47, 46., zwischen dem Boreas und Cäcias, 10) den Φοινικίας (Φοῖνιξ bei Agathem. 1, 2. und nicht verschieden von dem Εὐρόνοτος bei Teml., beim Auct. de mundo u. Sen. ll. ll.) zwischen dem Notus und Eurus, 11) den Θρασκίας (auch bei Stob. I. p. 670.) zwischen dem Boreas und Argestes und 12) den Λιβόνοτος (Strab. I. p. 26.) oder Λιβοφοῖνιξ (Auct. de mundo c. 4. vgl. mit Stob. Ecl. phys. I. p. 672.) zwischen dem Notus und Lips, wodurch die früheren Namen zum Theil eine andere subtilere Bedeutung bekamen. Diese spätere Windrose mit 12 Winden (vgl. Agathem. 1, 2. II, 12. Aristot. Met. II, 6. Auct. de mundo c. 4. Sen. Qu. Nat. V, 16. Plin. II, 47, 46. XVIII, 33, 76 f.) gestaltet sich also folgendermaßen: Notus (S), Libonotus (SSW), Lips (WSW), Zephyrus (W), Argestes oder Japyx (WNW), Thrascias (NNW), Aparctias (N), Boreas (NNO), Caecias (ONO), Apeliotes (O), Eurus (OSO) und Phoenicias oder Euronotus (SSO). Eine Anleitung sie zu entwerfen giebt Agathemert II, 12.

## 23. Kapitel.

## Die Colonisirung.

[Veranlassungen. Zwei Arten von Colonien. Ihr Verhältniß zur Mutterstadt. Gebräuche bei ihrer Ausführung. Aeolische, ionische und dorische Colonien. Ihre Verfassung und Gesetzgebung.]

---

Die frühzeitige Ausbildung des griechischen Seewesens veranlaßte und förderte auch nicht wenig die Aussendung von Colonien, die als ein charakteristischer Zug im Leben der Griechen anzusehen ist, da kein Volk des Alterthums, auch die Phönizier und Karthager nicht ausgenommen, eine solche Menge von Colonien (ἀποικίαι) nach allen Richtungen hin und in fast alle Theile der alten Welt ausführte, als das griechische, welche meistens in späterer Zeit die Mutterstadt an Macht und Größe weit überragten und griechische Sitten und Bildung fast über die ganze damals bekannte Erde verbreiteten. Man hat aber sowohl was ihre Veranlassung, als ihr Wesen betrifft, zwei Classen von Colonien zu unterscheiden, theils solche, die ohne Veranlassung von Seiten des Staats durch die Nothwendigkeit herbeigeführt wurden, indem sich ein Theil der Bevölkerung durch Kriegsunglück und das Eindringen von siegreichen Fremdlingen, denen man sich nicht unterwerfen wollte,[1]) oder durch verhängnißvolle Naturereignisse, wie Erdbeben, Ueberschwemmungen, Feuersbrünste, oder endlich durch innere Zwistigkeiten und Parteikämpfe, in denen die schwächere Partei unterliegen mußte, veranlaßt sah, der Heimath den Rücken zu kehren und, ohne Gefahren und Bedrängnisse zu scheuen, Wohnsitze in der Ferne aufzusuchen, in denen man, bem Drucke siegreicher Fremdlinge oder einheimischer Oligarchen und Tyrannen entronnen, ein neues, freies und ungestörtes Staatsleben beginnen konnte; theils solche, die vom Staate selbst aus politischen oder militärischen, meistens aber aus commerziellen Rücksichten angeordnet wurden.²) Politische Rücksichten waren die Verringerung einer unverhältnißmäßig angewachsenen Volksmasse oder das Bestreben innerer Zwietracht und Parteiungen vorzubeugen,³) commerzionelle aber die Absicht, den eigenen Producten größeren Absatz zu verschaffen und dagegen die Erzeugnisse anderer Zonen leichter und wohlfeiler beziehen zu können, zugleich aber auch den Kauffahrern in entlegenen Gegenden und unwirthlichen Meeren einen Zufluchtsort zu verschaffen, weshalb auch solche Colonien gewöhnlich an Seeküsten und auf Inseln angelegt wurden.⁴) Bei den Colonien der ersten Art, welche die ältesten von allen waren, fand eigentlich gar kein Rechtsverhältniß zu der Mutterstadt⁵) und oft nicht einmal eine weitere Verbindung mit ihr statt, besonders wenn die Auswanderung in Folge von Parteikämpfen als Secession erfolgt war; aber auch die der zweiten Art standen keineswegs in Abhängigkeit von der Mutterstadt, oder gar in einem Unterthanenverhältnisse,⁶) sondern nur in einem Pietätsverhältnisse zu ihr, wie es die Natur zwischen Mutter und Tochter verlangt;⁷) weshalb sie dieselbe auch nie bekriegen, sondern stets mit ihr in Frieden und Freundschaft leben⁸) und Handelsverkehr unterhalten sollte. Diesem Verhältnisse entsprach denn auch die ganze Art und Weise, wie dergleichen Colonien ausgeführt wurden. Es ging ihrer Aussendung gewöhnlich eine Befragung des Orakels voraus,⁹) die Auswandernden nahmen zu symbolischer Andeutung der fortdauernden Stammverwandtschaft aus dem Prytaneum der Mutterstadt das heilige Feuer mit,¹⁰) um es dem neuen Staatsheerde zuzubringen, und eben so die Götter,¹¹) auch wohl Priester der Heimath, wodurch das Unternehmen seine religiöse Weihe empfing; der Staat aber widmete den sich auf seine Aufforderung zum Auszug Meldenden¹²) die größte Fürsorge, versah die Aermeren mit Waffen und Geld,¹³) und ernannte einen tüchtigen Mann zum Führer, um Gründer (κτίσης oder οἰκιστής) der neuen Ansiedelung zu werden. Diese selbst war jedoch völlig selbstständig und politisch von der Mutterstadt geschieden,¹⁴) die nur dann in die politischen Angelegenheiten der Tochterstadt eingriff, wenn diese selbst ihre Hülfe¹⁵) oder einen schiedsrichterlichen Ausspruch¹⁶) begehrte. Dagegen unterhielt die Colonie gewöhnlich einen steten commerziellen Verkehr mit ihr, erwies ihr auch sonst, wie es der Tochter gegen die Mutter geziemte, alle mögliche Aufmerksamkeit und gab ihr überzeugende Beweise davon, daß sie ihrer Herkunft dankbar eingedenk blieb. Diese bestanden aber darin, daß sie die vaterländischen Sacra, Sitten und Einrichtungen beibehielt, an den Festen der Mutterstadt durch feierliche Gesandtschaften (Theorien) und Geschenke Theil nahm,¹⁷) und wenn dagegen Bürger der Mutterstadt zu ihren Festen kamen, ihnen einen Ehrenplatz anwies, bei Opfern den Vortritt gestattete und sonstige Auszeichnungen zu Theil werden ließ,¹⁸) Oertlichkeiten der neuen Heimath von der alten entlehnte Namen gab,¹⁹) auf ihren Münzen die Embleme derselben beibehielt,¹⁹) wenn sie selbst neue Colonien anlegte, Führer dazu aus der Mutterstadt holte²⁰) u. s. w. Freilich aber darf auch nicht verschwiegen werden, daß sich diese Verhältnisse im Laufe der Zeit nicht selten änderten, daß die Pflanzstädte, wenn sie zu Größe, Macht und Wohlstand gelangt waren, ihre Pietätspflichten gegen die Mutterstadt vergaßen, besonders wenn zu den ersten Ansiedlern noch neue als Nachbürger (ἔποικοι)²¹ aus einer anderen Stadt gekommen waren, wo dann die Colonie als von letzterer abstammend angesehen wurde und von der Zeit dieser zweiten Gründung ihren Anfang datirte.²²) — Was nun die Zeit betrifft, in welcher diese Colonisationen begannen, so war es jedenfalls eine sehr frühe,²⁴) jedoch nicht über den Zug der Herakliden und die dorischen Wanderungen hinaufreichende, die eben den ersten Impuls dazu gaben, indem die Eroberung des Peloponnes durch die Dorier zahlreiche Auswanderungen veranlaßte. Die ältesten Colonien waren die der Aeolier auf Lesbos,²⁵) Tenedos²⁶) und anderen kleinen Inseln in der Nähe, besonders aber an der benachbarten Küste Kleinasiens, wo sie in Mysien oder der später Aeolien benannten Landschaft nicht weniger als zwölf Städte gründeten,²⁷) Kyme, Larissa, Neon-Teichos, Temnos, Killa, Notion, Aegiroëssa, Pitane, Aegä, Myrina, Gryneia und Smyrna, von denen jedoch die letzte schon frühzeitig an die Jonier verloren ging.²⁸) Diese Jonier, die Gründer der zahlreichsten Colonien, waren, durch die Achäer von der

Nordküste des Peloponnes vertrieben, zu ihren Stammgenossen nach Attika geflohen und zogen von dort, mit anderen Stämmen gemischt, zu neuen Niederlassungen aus, die theils auf den Inseln Euböa (wo namentlich die Colonie Chalcis wieder die Mutter vieler anderer Pflanzstädte theils an der thracischen Küste in der nach ihr benannten Halbinsel Chalcidice,[29]) theils in Italien [Cumä[30]) und Rhegium[31])] und Sicilien [Naxos][32]) wurde), Naxos, Paros, Delos u. s. w., theils namentlich an den Küsten Kleinasiens erfolgten, wo sie in Karien und Lydien oder der später Jonien benannten Landschaft und zwei ihr nahen Inseln ebenfalls zwölf meistens sehr mächtig und berühmt gewordene Städte gründeten,[33]) Miletus, Myus, Priene, Ephesus, Kolophon, Lebedus, Teos, Erythrä, Klazomenä, Phocäa und auf den gleichnamigen Inseln Samos und Chios. Mehrere dieser ionischen Colonien wurden wieder die Gründerinnen neuer Ansiedelungen, namentlich Miletus, das sich rühmen konnte die Mutter von achtzig Töchterstädten zu sein,[34]) welche, Naukratis in Aegypten ausgenommen,[35]) sämmtlich an den Küsten des Pontus, Euxinus und der Propontis angelegt und unter welchen Cyzikus,[36]) Sinope[37]) (von dem wieder Trapezunt und viele andere Pflanzstädte ausgingen)[38]) und Abydus[39]) die berühmtesten wurden. Zu ihnen kamen 30 Jahre später noch an den Mündungen der gleichnamigen Flüsse in Scythien die Colonien Istros, Tyras und Borysthenes oder Olbia, auch Miletopolis genannt,[40]) ferner Tomi, Odessus und Apollonia an der thracischen Küste und Theodosia und Panticapäum im thracischen Chersones.[41]) Aber auch von anderen ionischen Colonien gingen neue Pflanzstädte aus; so Thasos von Paros,[42]) Samothrace, Perinthus und Bisanthe von Samos,[43]) Eläus und Phanagorra von Teos,[44]) Lampsakus von Phocäa.[45]) Den ionischen Colonien folgten dann die dorischen,[46]) theils auf den Inseln Aegla, Melos, Thera,[47]) Kalymna, Nisyros, Telos, Syme u. s. w.,[48]) theils namentlich an der Küste Kariens, wo sie in der nach ihnen benannten Landschaft die Städte Kos, Knidos, Halikarnassus,[49]) und auf der benachbarten Insel Rhodus die Colonien Lindus, Jalysus und Kamirus[50]) gründeten, welche zusammen die dorische Hexapolis oder Sechsstädte heißen. Eine westliche Richtung an die Küste des ionischen Meeres nahmen die Colonien Korinths, welches hier die Mutter von Anaktorium,[51]) Ambracia,⁵²) Apollonia,⁵³) Epidamnus, später Dyrrhachium,⁵⁴) u. s. w., namentlich aber von Korchra⁵⁵) wurde, während die Megarenser sich nach Osten und Norden wandten und an der Küste von Thracien und Bithynien Astalus,⁵⁶, Chalcedon,⁵⁷) Mesembria,⁵⁸) Selymbria⁵⁹) und besonders Byzantium⁶⁰) anlegten. Eben so bedeutend waren auch die dorischen Ansiedelungen in Sicilien, namentlich Syrakusä,⁶¹) Megara Hybla⁶²) und Gela,⁶³) von denen aus wieder andere Colonien gegründet wurden, nämlich Kamarina von Syrakus,⁶⁴) Selinus von Megara⁶⁵) und Akragas oder Agrigentum von Gela.⁶⁶) Aus Doriern (Lacedämoniern) und Achäern gemischte Colonien waren in Großgriechenland Tarentum⁶⁷) und Kroton,⁶⁸) rein achäische aber Sybaris⁶⁹) und Metapontum.⁷⁰) Als lokrische Colonien sind Lokri, Epizephyrii⁷¹) und Hipponium (später Vibo Valentia)⁷²) und als phocäische Elea oder Velia in Großgriechenland⁷³) und Massilia in Gallien⁷⁴) zu nennen. — Nachdem wir so Namen und Lage aller bedeutenderen griechischen Pflanzstädte kennen gelernt haben,⁷⁵) muß nun noch von ihrer Verfassung und ihren Verhältnissen die Rede sein. Die ursprüngliche Verfassung der Colonien entsprach in der Regel der ihrer Mutterstadt, und da nun in der Zeit, wo die meisten Colonien ausgeführt wurden, die Mehrzahl der griechischen Städte eine monarchische oder oligarchische Regierungsform hatten, so wurde auch in den Colonien eine solche eingeführt,⁷⁶) und wenn die neuen Ankömmlinge, wie es hier und da der Fall war, bei oder bald nach ihrer Ansiedelung mit den Bewohnern des Landes, auf deren Grund und Boden sie sich niederließen, zu kämpfen hatten, bildete sich nach Besiegung derselben in mehreren Colonien neben dem Bürgerthume auch ein Periötenverhältniß.⁷⁷) Nun waren aber die Gegenden, in welchen die meisten Pflanzstädte gegründet wurden, gewöhnlich Küstenstriche und Inseln, ihrer Beschaffenheit nach weniger zum Ackerbau, der die Herrschaft von Oligarchen und Aristokraten begünstigt, als zu Industrie, Handel und Schifffahrt geeignet, in welchen Beschäftigungen die Keime der Demokratie liegen, und so dürfen wir uns denn nicht wundern, wenn wir sehen, daß in den Colonien weit früher, als in den Mutterstädten, die heftigsten Kämpfe zwischen dem Adel und dem Volke entbrannten,⁷⁸) in welchen gewöhnlich letzteres den Sieg davontrug, so daß nun die aristokratische Verfassung in eine demokratische verwandelt wurde. Diese Demokratie nahm aber auch zuweilen bei wachsendem Wohlstand der Bürger einen sehr zügellosen Charakter an,[79]) was wieder in mehreren Colonien, wie Miletus, Naxos, Samos, Sybaris, Syrakusä, Gela u. s. w., das Auftreten von Tyrannen zur Folge hatte;[80]) wobei jedoch nicht zu verkennen ist, daß bei einigen Pflanzstädten, namentlich Syrakus, diese Tyrannenherrschaft gerade die glänzendste Periode ihrer Geschichte bildete. Am glücklichsten waren unter den demokratisch verwalteten Colonien diejenigen daran, in denen durch eine Timokratie alle Rechte und Leistungen der Bürger nach ihren Vermögensverhältnissen geordnet waren; und auch diese Verfassungsform, die besonders für Städte mit einer gemischten Bevölkerung die geeignetste war, finden wir in den griechischen Colonien viel früher, als in den Mutterstädten. Meistens war dann ein Bürgerausschuß von tausend Mitgliedern, der sich stets aus der Classe der Wohlhabendsten ergänzte, im Besitz der höchsten Staatsgewalt, und jeder Bürger, dem es gelang sich durch Industrie oder Handel Vermögen zu erwerben, hatte die Aussicht, Mitglied dieses Ausschusses zu werden. Wir finden diese Einrichtung namentlich in Rhegium, Kroton, Lokri, Agrigentum und Kolophon.[81]) Wo freilich ein Verbot der Veräußerung von Besitzthum einen erblichen Reichthum an einzelne Familien knüpfte, wie in Lokri, konnten leicht wieder Oligarchie und neue Kämpfe zwischen ihr und der Demokratie hervorgerufen werden.[82]) Gewöhnlich trugen die Colonisten mit den Sitten der Mutterstadt auch deren angeerbte Gewohnheitsrechte und traditionell fortgepflanzten gesetzlichen Einrichtungen auf die neue Heimath über,[83]) aber auch in dieser Beziehung überflügelten die Colonien ihre Mutterstädte, indem sie eher, als diese, schriftliche Gesetze erhielten, wie Lesbos durch Pittakus,[84]) Lokri durch Zaleukus,[85]) Katana und andere sicilische Städte durch Charondas.[86]) In Folge aller dieser Einrichtungen und ihrer günstigen geographischen Lage gelangten denn auch, begünstigt durch den Umstand, daß an den Küsten des Mittelmeeres noch kein eroberndes Volk hauste, das sie in ihrer Entwickelung störte, die meisten Colonien durch Industrie, Handel

und Schifffahrt, in Sicilien und am Pontus auch durch
blühenden Ackerbau, zu hohem Wohlstande, Größe und Macht,
übertrafen auch in dieser Hinsicht ihre Mutterstädte oft bei
Weitem und trugen nicht wenig dazu bei, dem griechischen
Namen in der ganzen alten Welt Ansehen und Geltung zu
verschaffen.

# Anmerkungen zum 23. Kapitel.

¹) Vgl. Seneca Cons. ad Helv. 7.

²) Hierdurch unterscheiden sich die griechischen Colonisirungen wesentlich von den römischen, da es den Römern bei Gründung ihrer vielen Colonien hauptsächlich darauf ankam, ihre Herrschaft in den eroberten Ländern auf die Dauer zu erhalten, nebenbei aber auch die Veteranen durch Grundbesitz zu belohnen oder das überhandnehmende und die Hauptstadt gefährdende Proletariat aus ihr zu entfernen und durch Ländereien besiegter Völkerschaften zufrieden zu stellen.

³) Vgl. Plat. Legg. IV. p. 708. b.

⁴) Vgl. Cic. Rep. II, 4.

⁵) Vgl. Serv. zu Verg. Aen. I, 12.

⁶) Vgl. Thuc. I, 34.

⁷) Schon bei den Alten selbst findet sich dieser Vergleich nicht selten. (Siehe Plat. Legg. VI. p. 754. Thuc. I, 38. Polyb. XII, 10, 3. Dion. Hal. III, 7. u. f. w.)

⁸) Vgl. Herod. VII, 150. VIII, 22. Thuc. I, 24. 25. 38. V, 106. Justin. XXXI, 8.

⁹) Herod. V, 42. Thuc. III, 92. Cic. de Div. I, 1. vgl. Strab. VI. p. 257.

¹⁰) Schol. zu Aristid. p. 48. Etym. M. p. 694, 28. vgl. Herod. I, 146. Im Prytaneum oder dem Regierungsgebäude brannte auf einem Altar fortwährend ein heiliges Feuer als Symbol der Hestia, der Schutzgöttin des Hauses und Familienlebens. (Pollux 1, 7. Paus. V, 15, 5. Schol. zu Aristid. p. 46. [wohl auch Theocr. XXI, 36.] Ovid. Fast. VI, 291. vgl. Pind. Nem. XI, 1. u. Corp. Inscr. Gr. II. p. 1060.)

¹¹) Vgl. Strab. V. p. 215. u. Paus. III, 23, 4. Auch wurde nicht selten der Gründer der Colonie als Heros verehrt. (Herod. VI, 38. [vgl. mit V, 47.] Thuc. V, 11. Diod. XI, 66. XX, 102.)

¹²) Thuc. I, 27. III, 92.
¹³) Liban. Argum. zu Demosth. de Chers. p. 88. R.
¹⁴) Die jährliche Besetzung des höchsten Magistrats in Potidäa von Korinth aus (Thuc. I, 56.) und die des Oberpriesterthums durch den Mutterstaat (Schol. zu Thuc. I, 25. vgl. Corp. Inscr. Gr. n. 3415. u. Tac. Ann. II, 54.) müssen als Ausnahmefälle gelten.
¹⁵) Vgl. Thuc. I, 24. 25. u. Diod. Exc. Vatic. X, 32. (p. 39.)
¹⁶) Vgl. z. B. Polyb. II, 39. u. Plut. Timol. 24.
¹⁷) Isocr. Paneg. §. 31. Diod. XII, 30. Pausan. V, 21, 1. Aristid. Eleusin. p. 416. Schol. zu Aristoph. Nub. 385.
¹⁸) Vgl. Müller Dorier I. S. 121.
¹⁹) Vgl. Eckhel Doctr. num. IV. p. 276. u. Spanheim p. 568 ff.
²⁰) Thuc. I, 24. vgl. Strab. VI. p. 264.
²¹) Vgl. Thuc. I, 25. VI, 3. u. Heyne Opusc. I. p. 326.
²²) Vgl. Schol. zu Thuc. II. 27.
²³) Wie es bei Anxikos, Messana, Rhegium, Metapontium, Byzantium und anderen der Fall war.
²⁴) Vgl. Thuc. I. 12.
²⁵) Herod. Vita Homeri 38. (nach welcher Stelle sie etwa in's Jahr 1140 v. Chr. fallen würden) Strab. XIII. p. 582. Pausf. III, 2, 1.
²⁶) (Herod. l.) 151. Strab. XIII. p. 604. Eustath. zu Dion. Per. 536.
²⁷) Herod. I, 149. vgl. Strab. XIII. p. 621 ff.
²⁸) Herod. I, 150. Paus. VII, 5, 4. Plut. Qu. Symp. VI, 8, 1. (Strab. XIV. p. 634. ist wohl im Irrthume, wenn er Smyrna schon vor der Besitznahme durch die Aeolier von Ephesus aus gegründet werden läßt.)
²⁹) Thuc. IV, 103. Hier gründete sie nicht weniger als 32 Crisschaften (Demosth. Phil. III. §. 26. p. 117. Clob. Serm. VII, 65.), die später an Olynthus einen Vereinigungspunkt fanden. Thuc. I, 58. Xen. Hell. V, 2, 12. Polyb. IX, 28.)
³⁰) Strab. V. p. 243. Thuc. VI, 4. Dion. Hal. VII, 3. Liv. VIII, 22. Von Kuma gingen wieder Dicäarchia, später Puteoli genannt (Steph. Byz. p. 533. Liv. XXXIV, 45.) und Parthenope, das spätere Neapolis (Strab. V. p. 246. Liv. VIII, 22. Plin. III, 5, 9.) aus. Nach Thuc. VI, 4. wurde selbst Zankle oder das spätere Messana von Kumäern in Verbindung mit anderen Chalcidensern gegründet (die auch die Gründer von Himera wurden: Thuc. VI, 5. vgl. Strab. VI. p. 272.), während Ephorus bei Scymn. 267. u. Strab. VI. p. 268. Naxier als seine Gründer nennt.
³¹) Diod. XIV, 40. vgl. Strab. VI. p. 257. Antig. Hist. mir. c. 1. Dion. Hal. fragm. XVII, 3. Doch waren die chalcid. Grün-

der stark mit Messeniern vermischt. (Strab. a. a. O. Pauf. VI, 23, 6.)

³²) Thuc. VI, 3. Strab. VI. p. 267. Diob. XIV, 14. Pauf. VI, 13, 8. Naxus (das spätere Tauromenium) wurde wieder die Mutterstadt von Leontini, Katana und Kallipolis, ja nach Ephorus selbst von Zankle oder Messana. (Vgl. Note 30.)

³³) Herod. I, 142. Die mit dieser allgemeinen Annahme in Widerspruch stehende Ansicht von Curtius (die Jonier vor der ionischen Wanderung. Berlin 1855. und in der Griech. Gesch. I. S. 29 ff. der 3. Aufl.) dürfte sich schwerlich rechtfertigen lassen.

³⁴) Plin. V, 29. §. 112. (wo einige Handsch. gar die Zahl 90 haben). Seneca Cons. ad Helv. 7. giebt nur 75 an. Vgl. auch Strab. XIV. p. 635. u. Athen. XII, 26. p. 523. e.

³⁵) Vgl. Strab. XVII. p. 802.

³⁶) Strab. XII. p. 575. 586. vgl. mit XIV. p. 635. Aristid. p. 381 ff. Plin. V, 32, 40.

³⁷) Xen. Anab. V, 9, 15. Strab. XII. p. 545. Diod. XIV, 31. Polyb. IV, 56.)

³⁸) Xen. Anab. IV, 8, 23. V, 3, 2. 5, 10.

³⁹) Strab. XIII. p. 590. Thuc. VIII, 61.

⁴⁰) Strab. VII. p. 306. vgl. Herod. IV, 18. Dio Chrys. or. XXXVI. Corp. Inscr. Gr. II. p. 86 ff. u. Plin. IV, 12, 26.

⁴¹) Strab. VII. p. 310 ff.

⁴²) Thuc. I, 104. Strab. X. p. 487.

⁴³) Thuc. III, 3. Strab. X. p. 457. Pauf. VII, 4, 3. Plut. Qu. Gr. 57. Schym. 714. Steph. Byz. v. Ἰσσόνδη.

⁴⁴) Plut. Qu. Gr. 56. Schym. 712. Syncell. p. 238. d.

⁴⁵) Plut. de virt. mul. p. 255. Polyän. Strat. VIII, 37. (Strab. XIII. p. 589. läßt Lampsakus von Milet aus gegründet werden.)

⁴⁶) Besonders der Megarenser und Korinther, während die Lacedämonier in Folge ihrer Abgeschlossenheit nur wenige Colonien gründeten.

⁴⁷) Strab. XIV. p. 653. X. p. 488. Conon Narr. 47. Herod. VII, 99.

⁴⁸) Doch nahmen an der Gründung der Colonien auf Melos (Herod. VIII, 48. Thuc. V, 48.) und Thera auch Spartaner (Strab. X. p. 484. vgl. auch Pauf. III, 1, 7.) Achäer und Minyer Theil. Von Thera aus wurde wieder Cyrene an der libyschen Küste gegründet. (Herod. IV, 150 ff. Strab. X. p. 484. XVII. p. 837. vgl. Pind. Pyth. IV. Callim. H. In Apoll. 65. Dion. Per. 213. u. Justin. XIII, 7.)

⁴⁹) Kos wurde von Epidaurus (Herod. VII, 99. vgl. Tac. Ann. XII, 61.), Knidos von Lacedämon (Herod. I, 174. vgl. Strab. XIV. p. 653.) und Lampsakus (Herod. VII, 99. vgl. Corp. Inscr. Gr. II. p. 448 ff.) von Trözen aus gegründet.

⁵⁰) Conon Narr. 47. vgl. Diod. V, 59.
⁵¹) Thuc. I, 50. Strab. X. p. 452. Pauſ. V, 23, 2.
⁵²) Thuc. II, 80. VII, 57. Ariſtot. Pol. V, 3, 6. Strab. X. p. 452. u. Pauſ. a. a. O.
⁵³) Thuc. I, 26. Strab. VII. p. 316. Pauſ. V, 22, 8. vgl. Ariſtot. Pol. V, 3, 8. Aelian. V. Hist. XIII, 16. Plut. Sulla 27.
⁵⁴) Strab. VII. p. 316. Pauſ. VI, 10, 2. Dio Caſſ. XLI, 49.
⁵⁵) Timäus beim Schol. zu Apoll. Rhod. IV, 1216. Strab. VI. p. 269. Plut. Qu. Gr. 11.
⁵⁶) Strab. XII. p. 563. Phot. Bibl. 224. p. 228. Dekk.
⁵⁷) Thuc. IV, 75. Strab. VII. p. 320. XII. p. 563. Polyb. IV, 44.
⁵⁸) Strab. VII. p. 319. (Andere Angaben bei Herod. VI, 33. u. Scymn. 741.)
⁵⁹) Scymn. 414. (Strab. a. a. O.)
⁶⁰) Herod. IV, 144. Strab. VII. p. 320. Polyb. IV, 43 ff. Athen. XII. 32. p. 526. e. Tac. Ann. XII, 63.
⁶¹) Thuc. VI, 3.
⁶²) Thuc. VI, 4. Strab. VI. p. 267. 269. Polyän. 1, 27, 3.
⁶³) Thuc. a. a. O. u. VII, 57. vgl. Herod. VII, 159. Athen. VII, 51. p. 297. f. Pauſ. VIII, 46, 2.
⁶⁴) Thuc. VI, 5. Diod. XI, 76. Strab. VI. p. 272.
⁶⁵) Thuc. VI, 4. VII, 57. vgl. Diod. XIII, 59.
⁶⁶) Thuc. VI, 4. Strab. VI. p. 272.
⁶⁷) Plat. Legg. I. p. 637. b. Strab. VI. p. 278 ff. vgl. Dion. Hal. XVII, 1. 2. Pauſ. X, 10, 6. Juſtin. III, 4.
⁶⁸) Herod. VIII, 47. Polyb. II, 30. Scymn. 322. Von Kroton aus wurden wieder Kaulonia (Scymn. 317. vgl. Strab. VI. p. 261. u. Pauſ. VI, 3, 5.), Pandoſia (Scymn. 325.) u. Terina (Scymn. 304.) angelegt.
⁶⁹) Ariſtot. Pol. V, 2, 10. Sybaris gründete wieder Poſſidonia, ſpäter Päſtum genannt. (Strab. V. p. 251. vgl. Athen. XIV, 91. p. 632.) Nach ſeiner Zerſtörung durch die Krotoniaten gründeten an ſeiner Stelle die Athenienſer ihre Colonie Thurii. (Diod. XII, 10 ff. Andocid. c. Alcib. §. 12.) Eine andere Colonie der Athenienſer, die ſich wenig an der Coloniſation betheiligten, war Amphipolis. (Thuc. IV, 102. Iſocr. Philipp. §. 5. Diod. XII, 32.)
⁷⁰) Scymn. 326. Strab. VI. p. 264. Liv. XXV, 15.
⁷¹) Strab. VI. p. 259. vgl. Scymn. 316.
⁷²) Strab. VI. p. 256.
⁷³) Herod. I, 167. Strab. VI. p. 252.
⁷⁴) Thuc. I, 13. Iſocr. Archid. §. 84. Pauſ. X, 8, 4. Hor. Epod. 16, 17.
⁷⁵) Das Gründungsjahr habe ich weggelaſſen, da es bei vielen ſehr fraglich iſt und die Anſichten darüber ſehr differiren. Nur bei wenigen, wie Sinope (782), Trapezus (756), Cyzikus (750), Naxus

(736), Kalana (730), Tarentum (708), Gela (688), Chalcedon (675), Byzantium (658), Himera (648), Amphipolis (437), Heraclea Trachinia (426) läßt es sich mit Sicherheit bestimmen. Dieses von Spartanern gegründete Heraklea (Thuc. III, 92. Diod. XII, 59.) war übrigens die jüngste und letzte Colonie des freien Griechenlandes.

⁷⁶) Vgl. Herod. I, 147. III, 59. VI, 43. Strab. X. p. 447. Plut. Qu. Gr. c. 2. Nicol. Damasc. fragm. 53. 54. Parthen. c. 14.

⁷⁷) Vgl. Strab. VI. p. 258. 263.

⁷⁸) Vgl. Plat. Legg. I. p. 636. b. Athen. XII, 26. p. 523. f. Polyän. VIII, 35.

⁷⁹) Wie in Sybaris (Diod. XII, 9.) und Kumä (Dion. Hal. VII, 7. 8.)

⁸⁰) In Miletus: Herod. I, 20 ff.; Naxos: Herod. I, 64 ff. Aristot. Pol. V, 5, 1.; Samos: Herod. III, 39. 44. Thuc. I, 13. III. 104. Polyän. I, 23, 2.; Sybaris: Herod. V, 44. Aristot. Pol. V, 8, 4.; Syrakusä: Diod. XI, 67. XIII, 92 ff. Polyb. I, 8, 16. Jonar. VIII, 9. Eutrop. II, 19. u. f. w.; Gela: Herod. VII, 154 f.

⁸¹) In Rhegium: Heracl. Pol. 25.; Kroton: Jamblich. Vit. Pythag. §. 45.; Lotri: Polyb. XII, 16.; Agrigentum: Diog. Laert. VIII, 66.; Kolophon: Athen. XII, 31. p. 526.

⁸²) Vgl. Aristot. Pol. V, 6, 7.

⁸³) Vgl. Thuc. VI, 4.

⁸⁴) Vgl. oben S. 193. Note 3.

⁸⁵) Vgl. ebendas. Note 4. (wo noch Demosth. in Timocr. §. 139. p. 744. Plat. Legg. I. p. 638. Tim. p. 20. a. u. Aelian. V. Hist. II, 29. hinzugefügt werden können).

⁸⁶) Vgl. ebendas. Note 5.

## 24. Kapitel.

## Das Kalenderwesen.

[Jahreseintheilung. Schaltzeiten und Schaltjahre. Tageseintheilung. Monate in Athen, Sparta, Böotien und Delphi. Festkalender.]

Daß die Zeitrechnung der Griechen nach Olympiaden erfolgte, deren jede vier Jahre umfaßte, ist meinen Lesern schon bekannt;¹) und eben so wissen sie, daß die Jahre nicht durch Zahlen, sondern durch die Namen der obersten Magistrate, in Athen der Archonten, in Sparta anfangs der Könige, dann der Ephoren und in Argos der Herapriesterinnen bezeichnet wurden.²) In der Eintheilung des Jahres aber nach Monaten und Tagen, also im Kalenderwesen, herrschte in Griechenland die größte Verschiedenheit und Verwirrung, denn es hatte nicht nur fast jeder Staat andere Monatsnamen, sondern das Jahr fing auch in den einzelnen Staaten zu verschiedener Zeit an und eben so herrschten auch, da das griechische Mondjahr zur Uebereinstimmung mit dem Sonnenjahr von Zeit zu Zeit Schalttage nöthig machte, verschiedene Schaltsysteme, so daß auch die Zahl der Monatstage sich nicht in ganz Griechenland entsprechen konnte. Wir beginnen mit dem attischen Kalender, der bei allen Mängeln doch noch zweckmäßiger eingerichtet war, als in den andern griechischen Staaten. In Athen scheint das Jahr ursprünglich aus 360 Tagen in zwölf dreißigtägigen Monaten bestanden zu haben, wie man wohl aus der Einrichtung der 360 Geschlechter schließen darf.³) Solon aber, dessen Wirksamkeit auch hierin als epochemachend gelten kann, traf eine andere

Eintheilung des attischen Jahres, indem er auf Grund der Berechnung, daß sich der Mondlauf in 29½ Tage vollende, statt der bisherigen gleichmäßigen Monatsdauer von dreißig Tagen einen Wechsel von dreißig- und neunundzwanzigtägigen oder vollen (πλήρεις) und hohlen (κοῖλοι) Monaten einführte, so daß das Jahr nun 354 Tage erhielt. Um nun dieses Mondjahr mit dem Sonnenjahre in Einklang zu bringen, wurde als Schallcyklus eine Trieteris festgesetzt, d. h. alle zwei Jahre ein Monat, der Poseideon, doppelt genommen⁴) und der Schaltmonat hieß nun der zweite Poseideon (Ποσειδεὼν δεύτερος).⁵) Jeder Monat zerfiel in drei gleiche Theile von zehn oder in den nur 29 Tage enthaltenden Monaten von neun Tagen.⁶) Der erste Tag des Monats wurde νουμηνία,⁷) der letzte, an welchem die Conjunction des Mondes mit der Sonne erfolgte, ἕνα καὶ νέα genannt⁸) und der Theil des letzteren, der der Conjunction vorausging, zum vergangenen Monate, der Rest zum begonnenen gerechnet. Es fiel aber der bürgerliche Monat mit dem natürlichen zusammen und man kannte in diesen Zeiten keinen Unterschied zwischen beiden,⁹) so daß die nämlichen Feste an denselben Mondphasen und in derselben Jahreszeit gefeiert werden konnten. Da nun aber diese Jahreseinrichtung Solon's doch keineswegs genügte und man bald die Nothwendigkeit einer Verbesserung fühlte, so stellte im Jahre 432 v. Chr. Meton einen neuen neunzehnjährigen Schallcyklus auf, der nicht nur in Athen, sondern bald auch fast im ganzen übrigen Griechenland Eingang fand. Die Einschaltung fand wahrscheinlich nach dem dritten, fünften, achten, eilften, dreizehnten und sechszehnten Jahre statt, worauf dann noch ein Schaltjahr den ganzen Cyllus beschloß. Doch auch bei dieser Einschaltungsperiode blieb es nicht, sondern da nach etwa 100 Jahren doch wieder eine Differenz von ein paar Tagen eingetreten war, wurde im J. 330 v. Chr. Kallippos, der Freund des Aristoteles, der Schöpfer eines neuen sechsundsiebzigjährigen Cyllus, der hier und da eingeführt wurde. Der Tag war in 12 gleiche, durch die Sonnen- oder Wasseruhr (Klepsydra)¹⁰) bestimmte Stunden eingetheilt; als sein Anfang aber wurde der Abend, das νυχθήμερον, angesehen. Uebrigens war nur im bürgerlichen Leben die Zeitbestimmung nach Monatstagen üblich;¹¹) in Staatsschriften dagegen wurde, wie die Inschriften zeigen, nach Prytanien¹²) gerechnet. Der

24. Kapitel.

Anfang des attischen Jahres fiel früher auf den Monat Gamelion (unsern Januar), später aber und zwar wahrscheinlich schon seit Solon[15]) auf den Hekatombäon (unsern Julius), also in die Zeit der Sommersonnenwende; der Anfang des Monats aber wechselte seit Metons Cyklus unter den Tagen vom 25. Juni bis zum 24. Juli unserer Zeitbestimmung, so daß kein griechischer Monat genau einem der unsrigen entspricht, sondern jeder ungefähr der letzten Hälfte des einen und der ersten Hälfte des andern unserer Monate gleich kommt. Das spartanische Jahr begann mit der Herbstnachtgleiche, das böotische mit der Wintersonnenwende. Ich gebe nun eine Uebersicht der Monatsnamen[16]) nach den drei bekanntesten und vollständigsten Systemen der Athenienser, Lacedämonier und Böotier in ihrer Reihenfolge und knüpfe daran noch die erst durch neuerliche Ausgrabungen in Delphi und neu aufgefundene Inschriften vervollständigte Liste der delphischen Monate, ohne auf Orte außerhalb des griechischen Festlandes einzugehen, für welche sich Monatsverzeichnisse aufstellen lassen, wie namentlich für Cyzikus, Sicilien (und Macedonien).

Die attischen Monate waren folgende:

1) Hekatombäon (Ἑκατομβαιών), ungefähr unser Juli.[16])
2) Metageitnion (Μεταγειτνιών), „ „ August.[16])
3) Boedromion (Βοηδρομιών), „ „ September.[17])
4) Pyanepsion (Πυανεψιών), „ „ October.[18])
5) Mämakterion (Μαιμακτηριών), „ „ November.[19])
6) Poseideon (Ποσειδεών), „ „ December.[20])
7) Gamelion (Γαμηλιών), „ „ Januar.[21])
8) Anthesterion (Ἀνθεστηριών), „ „ Februar.[22])
9) Elaphebolion (Ἑλαφηβολιών), „ „ März.[23])
10) Munychion (Μουνυχιών), „ „ April.[24])
11) Thargelion (Θαργηλιών), „ „ Mai.[25])
12) Skirophorion (Σκιροφοριών), „ „ Juni.[26])

Monate der Lacedämonier:

1) Herasios (Ἡράσιος), ungefähr unser October.[27])
2) Apellaos (Ἀπελλαῖος), „ „ November.
3) Diosthyos (Διόσθυος), „ „ December.
4) (Name unbekannt).

5) Eleusinios (Ἐλευσίνιος), ungefähr unser Februar.
6) Gerastios (Γεράστιος), „ „ März. ²⁸)
7) Artemisios (Ἀρτεμίσιος), „ „ April. ²⁹)
8) Delphinios (Δελφίνιος), „ „ Mai.
9) Phliasios (Φλιάσιος), „ „ Juni. ³⁰)
10) Hekalombeus (Ἑκατομβεύς), „ „ Juli. ³¹)
11) Karneios (Καρνεῖος), „ „ August. ⁵⁷)
12) Panamos (Πάναμος), „ „ September. ⁵⁸)

### Monate der Böotier.

1) Bukatios (Βουκάτιος), ungefähr unser Januar. ³⁴)
2) Hermaos (Ἑρμαῖος), „ „ Februar. ⁵⁵)
3) Prostaterios (Προστατήριος), „ „ März. ⁸⁵)
4) (Name unbekannt).
5) Theilutkios (Θειλούθιος), „ „ Mai. ³⁷)
6) (unbekannt).
7) (unbekannt).
8) Hippodromios (Ἱπποδρόμιος), „ „ August. ⁸⁸)
9) Panamos (Πάναμος), „ „ September. ³⁹)
10) (unbekannt).
11) Damatrios (Δαμάτριος), „ „ November. ⁴⁰)
12) Alalkomenios (Ἀλαλκομένιος), „ „ December. ⁶¹)

### Die delphischen Monate waren: ⁴²)

1) Bukatios (Βουκάτιος), ungefähr unser September. ⁴³)
2) Heraos (Ἡραῖος), „ „ October. ⁴⁴)
3) Apellaos (Ἀπελλαῖος), „ „ November. ⁴⁶)
4) (unbekannt).
5) Daboporios (Δυδοφόριος), „ „ Januar. ⁴⁷)
6) Poitropios (Ποιτρόπιος), „ „ Februar. ⁴⁷)
7) Byfios (Βύσιος), „ „ März. ⁴⁸)
8) Artemisios (Ἀρτεμίσιος), „ „ April. ⁴⁹)
9) Herakleios (Ἡράκλειος), „ „ Mai. ⁵⁹)
10) Boalhoos (Βοαθόος), „ „ Juni. ⁵¹)
11) Ilaos (Ἰλαῖος), „ „ Juli. ⁵²)
12) Theorenios (Θεοξένιος), „ „ August. ⁶³)

Die Namen der Monate sind sicher, doch nicht die dem Bukatios, Boalhoos und Ilaos angewiesene Stelle.

Eine Untersuchung über die Entstehung dieser Monatsnamen, so wie über den Grund, weshalb verschiedene Staaten im Gebrauche mehrerer derselben übereinstimmen, würde mich hier zu weit führen.⁵⁴) Dafür stelle ich, da zu einem wirklichen Kalender auch eine Angabe der Festtage gehört, noch einen Festkalender der Athenienser zusammen.⁵⁵)

### 1. Hekatombäon.

Feste in Athen.       Feste außerhalb Athens.

Am 7. Konnibria.
    8. Theseia.⁵⁶)        11—15. Olympische Spiele.⁵⁷)
   12. Kronia.⁵⁸)        12. Sommer-Nemea.⁵⁹)
   14. Kleine Panathenäen.⁶⁰)
   16. Metökia od. Synökia.⁶¹)
   25 ff. Große Panathenäen.⁶²)

An unbekannten Tagen.
   Hekatombäa.⁶³)         Sommer-Isthmia.⁶⁵)
   Androgeonia.⁶⁴)        Hyakynthia⁶⁶) ⎫
                          Gymnopädia⁶⁷) ⎬ in Sparta.
                          Heräa in Argos.⁶⁸)

### 2. Metageitnion.

                 7. Karneia in Sparta.⁶⁹)

An unbekannten Tagen.
   Metageitnia.⁷⁰)
   Vielleicht auch die Aeora
      oder Aletis.⁷¹)

### 3. Boedromion.

Am 6. Marathonia.⁷²)
   12. Charisteria.⁷³)
   15—23. Große Eleusinia.⁷⁴)

An unbekannten Tagen.
   Aglauria oder Agraulia.⁷⁵)   Pythische Spiele.⁷⁸)
   Fest des Pan.⁷⁶)
   Boedromia.⁷⁷)

### 4. Pyanepsion.

**Feste in Athen.**           **Feste außerhalb Athens.**

Am 7. Pyanepsia und Oscho-
   phoria.⁷⁹)
   8. Theseia.⁸⁰)
   14—18. Thesmophoria.⁸¹)
   30. Chalkeia.⁸²)
An unbekannten Tagen.
   Apaturia.⁸³)
   Prokrosia.⁸⁴)

### 5. Mämakterion.

Mämakteria an einem
unbekannten Tage.⁸⁵)

### 6. Poseideon.

Am 6. Kleine Dionysia.⁸⁶)
An unbekannten Tagen.
   Poseidia oder Poseido-
      nia.⁸⁷)
   Haloa.⁸⁸)

### 7. Gamelion.

                    12. Winter-Nemea.⁸⁹)

An unbekannten Tagen.
   Gamelia.⁹⁰)
   Lenäa.⁹¹)

### 8. Anthesterion.

Am 1. Hydrophoria.⁹²)
   11—13. Anthesteria.⁹³)
An unbekannten Tagen.
   Kleine Eleusinia.⁹⁴)
   Diasia.⁹⁵)

### 9. Elaphebolion.

Am 8. Asklepieia.⁹⁶)
   9. Städtische oder große
      Dionysia.⁹⁷)
   Pandia, gleich nachher.⁹⁸)

### 10. Munychion.

**Feste in Athen.**      **Feste außerhalb Athens.**

Am  6. Delphinia. [99])
   16. Munychia. [100])
An unbekannten Tagen.
     Adonia. [101])
     Kybernesia. [102])

                                    Frühlings-Isthmia. [103])

### 11. Thargelion.

Am  6. 7. Thargelia. [104])     7. Daphnephoria in Thebä. [106])
   19. Kallynteria. [105])
   20. Bendideia. [107])
   25. Plynteria. [108])
An einem unbekannten Tage.
     Kleine Delia. [109])

### 12. Skirophorion.

Am 12. Skirophoria. [110])
   14. Dipolia oder Buphonia. [111])
   28. Herakleia. [112])
An einem unbekannten Tage.
     Arrephoria. [113])

## Anmerkungen zum 24. Kapitel.

¹) Vgl. Band 4. S. 341.
²) Vgl. oben S. 137. 136. 127.
³) Vgl. auch Plin. XXXIV, 6, 12.
⁴) Vgl. die etwas verworrene Rechnung bei Herod. 1, 32.
⁵) Vgl. Corp. Inscr. Gr. I n. 270.
⁶) Die ersten 10 Tage hießen μηνὸς ἀρχομένου oder ἱσταμένου, die zweiten 10 ἐπὶ δέκα oder μηνὸς μεσοῦντος, die dritten πρώτῃ, δευτέρᾳ, τρίτῃ, u. s. w. ἐπὶ εἰκάδι, in der Regel aber wurden die Tage vom dreißigsten an rückwärts gezählt, δεκάτῃ, ἐννάτῃ, ὀγδόῃ, u. s. w. mit dem Zusatze μηνὸς φθίνοντος, παυομένου, λήγοντος, ἀπιόντος. (Pollux I, 63. vgl. Schol. zu Aristoph. Vesp. 1129.)
⁷) Plut. Solon 25. vgl. Geminus Isag. 6.
⁸) Plut. Ibid. u. Diog. Laert. I, 25. Vgl. Aristoph. Nub. 1179.
⁹) Erst in der spätern römischen Zeit, wo auch in Griechenland der julianische Kalender eingeführt wurde, änderte sich die Sache. (Vgl. Geminus Isag. 6.) Es kam dadurch allerdings größere Consequenz in die verschiedenen Zeitrechnungen, da nun aber auch die Abweichungen, die aus der bisherigen Verschiedenheit der Schaltcykeln hervorgingen, firirt wurden, ward jetzt auch die frühere Uebereinstimmung correspondirender Monate für immer aufgehoben. Aus den Mondmonaten wurden wahrscheinlich nun Sonnenmonate.
¹⁰) Vgl. Band 4. S. 4.
¹¹) Vgl. z. B. Aristoph. Nub. 1179.
¹²) Vgl. oben S. 121.
¹³) Wenigstens bereits Ol. 72, 3. oder 490 v. Chr., wie sich aus Inschr. beweisen läßt. Vgl. Böckh vor dem Lectionskatalog der Berl. Univers. Ostern 1816.
¹⁴) Vgl. K. F. Hermann Ueber griech. Monatskunde u. s. w.

in b. Abhandlungen der Kön. Gesellsch. b. Wissensch. zu Göttingen 1845. S. 123—158.
<sup>15</sup>) Aristot. H. anim. V, 11. Etym. M. p. 321. Bekkeri Anecd. p. 247.
<sup>16</sup>) Plut. de exil. c. 6. vgl. Schol. zu Thuc. II, 15.
<sup>17</sup>) Vgl. Plut. Thes. 27. u. Etym. M. p. 204.
<sup>18</sup>) Pollux VI, 61. Harpocr. p. 259. Eustath. zu Hom. Il. II, 552. XIII, 589. XXII, 495.
<sup>19</sup>) Harpocr. p. 191. vgl. Epiphan. de haer. LI, 24. p. 446.
<sup>20</sup>) Plut. Caes. 37.
<sup>21</sup>) Hesych. T. I. p. 798. vgl. Plut. Praec. conj. c. 27.
<sup>22</sup>) Etym. M. p. 109. Joseph. Ant XIV, 10. 23. Macrob. Sat. I, 12.
<sup>23</sup>) Thuc. V, 19. (Plut. de virt. mul. c. 2.) Bekkeri Anecd. p. 249.
<sup>24</sup>) Harpocr. s. v. Μουνιχιών. Eustath. zu Hom. Il. p. 1165.
<sup>25</sup>) Dion. Hal. I, 63. Plut. Timol. 27. Etym. M. p. 443. Bekkeri Anecd. p. 263.
<sup>26</sup>) Plut. Ages. 28. Schol. zu Aristoph. Eccl. 18.
<sup>27</sup>) Vgl. Hesych. T. I. p. 1650.
<sup>28</sup>) Vgl. Thuc. IV, 119.
<sup>29</sup>) Thuc. V, 19.
<sup>30</sup>) Steph. Byz. s. v. Φλίους. Vgl. Hesych. T. II. p. 1514.
<sup>31</sup>) Hesych. T. I. p. 1126.
<sup>32</sup>) Thuc. V, 54.
<sup>33</sup>) Daß der Ἀπελλαῖος, Διόσθυος, Ἐλευσίνιος, Δελφίνιος und Πάνομος, die an andern Orten vorkommen, auch spartanische Monate waren, beruht nur auf Vermuthung.
<sup>34</sup>) Plut. Pelop. 25. Proclus zu Hesiod. O. et D. 502.
<sup>35</sup>) Proclus a. a. O. Hesych. T. II. p. 466.
<sup>36</sup>) Plut. Qu. Symp. III, 7, 1. VIII, 10, 3.
<sup>37</sup>) Vgl. Böckh im Corp. Inscr. Gr. I. p. 733.
<sup>38</sup>) Plut. Camill. 19. vgl. mit Ages. 28.
<sup>39</sup>) Plut. Camill. 19. Callimach. Epigr. 48.
<sup>40</sup>) Plut. de Is. et Osir. 69.
<sup>41</sup>) Plut. Aristid. 21.
<sup>42</sup>) Vgl. über sie besonders Curtius Anecdota Delphica. Berol. 1843. 4. u. Hermann de anno Delphico. (Programm.) Gotting. 1844. 4.
<sup>43</sup>) Corp. Inscr. Gr. n. 1688. 1702. 1703. Curtius n. 7. 11. 80. u. Hermann in d. angef. Abhandl. p. 15 ff.
<sup>44</sup>) Inschr. bei Curtius n. 27. Im Corp. Inscr. n. 1706. Ἡράπιος. Die ihm angewiesene Stelle ist nicht ganz sicher.
<sup>45</sup>) Inschr. im Corp. Inscr. n. 1705. u. bei Curtius n. 18. 23.
<sup>46</sup>) Inschr. bei Curtius n. 2. 13. 29. 37. e.

⁴⁷) Inschr. im Corp. Inscr. n. 1709. (wo er ᾽Αποτρόπιος heißt) u. bei Curtius n. 12. 15. 20. 22. 35. 37. a.
⁴⁸) Plut. Qu. Gr. 9. Corp. Inscr. n. 1688. 1704.
⁴⁹) Vgl. Corp. Inscr. n. 2954.
⁵⁰) Corp. Inscr. n. 1699. 1707. Curtius n. 3. 8. 9. 17. 33.
⁵¹) Curtius n. 16. 19. 26. vgl. Hermann p. 15.
⁵²) Corp. Inscr. 1708. 1710. Curtius 4. 6. 21. 32. (wo sich auch die Formen Ἰλαῖος und Εἰλαῖος finden). Vgl. Hermann p. 15.
⁵³) Corp. Inscr. 1700. Curtius n. 5. 10. 14. 24. 25. 28. 31. 34. 37. b. c. d.
⁵⁴) Vgl. darüber Hermann's angef. Abhandl. S. 51 ff.
⁵⁵) Schon Melon soll einen Kalender gegeben haben, worin auch die Fest- und Opfertage verzeichnet waren. Vgl. Ideler Chron. I. S. 319. 314. 322.
⁵⁶) Die Κοννίδεια waren eine Vorfeier der Θήσεια, welche zu Ehren des Theseus, der an diesem Tage nach Athen gekommen sein sollte (Plut. Thes. 12.), mit öffentlichen Spielen gefeiert wurden. (Vgl. Gellius XV, 20.) Das Hauptfest des Theseus fiel allerdings in den Monat Pyanepsion, da aber überhaupt der achte Tag eines jeden Monats dem Theseus geheiligt war (Schol. zu Aristoph. Plut. 1127.), scheinen auch jeden Monat dergleichen Feste gefeiert worden zu sein.
⁵⁷) Vgl. Band 4. S. 341.
⁵⁸) Zu Ehren des Kronos (Saturnus). Vgl. Schol. zu Aristoph. Nub. 397. Suid. u. Hesych. v. Κρόνια.
⁵⁹) Vgl. Band 4. S. 354.
⁶⁰) Vgl. oben S. 76.
⁶¹) Μετοίκια (Plut. Thes. 24.) oder Συνοίκια (Thuc. II, 15.), ein Fest zum Andenken an die durch Theseus erfolgte Vereinigung der zwölf Gemeinden zu einem attischen Gesammtstaate.
⁶²) Vgl. oben S. 74 ff.
⁶³) Zu Ehren des Apollo. (Etym. M. p. 321.) Vgl. auch Strab. VIII. p. 362., wo von Hekatomben in Sparta die Rede ist.
⁶⁴) Ἀνδρογεώνια, zum Andenken an Androgeos, den Sohn des Minos. (Hesych. s. v. ἐπ᾽ Εὐρυγύῃ. Vgl. Plut. Thes. 15. 16.)
⁶⁵) Vgl. Band 4. S. 353.
⁶⁶) Vgl. oben S. 84.
⁶⁷) Vgl. oben S. 85.
⁶⁸) Vgl. oben S. 86.
⁶⁹) Vgl. oben S. 85.
⁷⁰) Plut. de exilio 6. vgl. Schol. zu Thuc. II, 15.
⁷¹) Vgl. oben S. 81.
⁷²) Zur Feier des Andenkens an die an diesem Tage vorgefallene Schlacht bei Marathon. (Vgl. Plut. Camill. 19.)

⁷³) Χαριστήρια, ein Dankfest für die Befreiung Athens von der Herrschaft der 30 Tyrannen durch Thrasybul, der an diesem Tage von Phyle nach Athen zurückgekehrt war. (Vgl. Plut. de glor. Athen. 8.)

⁷⁴) Vgl. oben S. 23.

⁷⁵) Zum Andenken an den Opfertod der Aglauros oder Agraulos, einer Tochter des Kekrops, die sich, als das Orakel den freiwilligen Tod eines Atheniensers verlangte, von der Akropolis herabstürzte. (Hesych. s. v. Ἄγλαυρος. Philochor. p. 18. Siebelis. Plut. Alcib. 15. Vgl. auch Porphyr. de abstin. II, 54. Über ein gleiches Fest auf Cypern.)

⁷⁶) Πανὸς ἑορτή, welches angeblich auf ausdrückliches Verlangen des Gottes alljährlich mit Opfern und Fackelläufen gefeiert wurde. (Herod. VI, 105.)

⁷⁷) Zu Ehren des Zeus und Apollo. (Harpocr. u. Suid. s. v. Βοηδρόμια. Vgl. Callim. H. in Apoll. 69. u. Plut. Thes. 27.

⁷⁸) Vgl. Band 4. S. 351.

⁷⁹) Vgl. oben S. 80. u. 82.

⁸⁰) Zum Andenken an die Rückkehr des Theseus aus Kreta. (Plut. Thes. 36. vgl. mit c. 22.) Uebrigens vgl. oben Note 56.

⁸¹) Vgl. oben S. 76.

⁸²) Χαλκεῖα, ein sehr altes Fest, früher Ἀθήναια und Πάνδημος benannt (Suid. s. v. χαλκεῖα) und wahrscheinlich der Athene und dem Hephästos (Vulkan) als Erfindern und Vorstehern aller mechanischen Künste vom ganzen Volke gefeiert, später aber nur noch von den Metallarbeitern wohl nur zu Ehren des Hephästos begangen. (Harpocr. s. v. χαλκεῖα u. Pollux VII, 105.)

⁸³) Vgl. oben S. 81.

⁸⁴) Ein Saatfest zu Ehren der Demeter (Ceres) Proerosia. (Harpocr., Hesych. u. Suid. s. v. Προηρόσια, Letztere auch s. v. Εἰρεσιώνη.)

⁸⁵) Μαιμακτήρια, ein Fest, das man dem Zeus Mämaktes (d. h. dem Tobenden, Stürmenden; vgl. Harpocr. u. Suid. s. v. μαιμάσσει) feierte, um Verschonung mit Stürmen zu erflehen. (Harpocr. s. v. Μαιμακτηρίων.)

⁸⁶) Vgl. oben S. 77.

⁸⁷) Ποσείδια, Ποσειδώνια, zu Ehren des Poseidon (Neptun). Vgl. Hesych. s. v. Ποσείδια u. Athen. XIII, 59. p. 590. f.

⁸⁸) Ἁλῶα, das Erntedankfest zu Ehren der Demeter und des Dionysos. (Harpocr. s. v. Ἁλῶα. Demosth. in Naeer. §. 116. p. 1385. Eustath. zu Hom. Il. X. p. 772.)

⁸⁹) Vgl. Band 4. S. 354.

⁹⁰) Wahrscheinlich der Hera (Juno) als Ehestifterin gefeiert. (Vgl. Hesych. T. I. p. 798.)

⁹¹) Vgl. oben S. 77.

⁹²) Ein Trauerfest zum Andenken Derer, die einst bei einer

großen Ueberschwemmung umgekommen waren. (Hesych. u. Etym. M. s. v. Ὑδροφόρια.)
⁹³) Vgl. oben S. 78.
⁹⁴) Vgl. oben S. 72.
⁹⁵) Διάσια, zu Ehren des Zeus Meilichios (des Gnädigen). Vgl. Thuc. I, 126. u. Schol. zu Aristoph. Nub. 407. 862. Es war damit ein Jahrmarkt verbunden. (Aristoph. Nub. 407. Plut. Phoc. 49.)
⁹⁶) Ἀσκληπιεῖα, ein Fest zu Ehren des Aeskulap, das auch in andern Städten Griechenlands, namentlich aber in Epidaurus gefeiert wurde. (Plat. Ion c. 1. p. 530.)
⁹⁷) Siehe oben S. 79.
⁹⁸) Demosth. in Mid. §. 11. p. 517. Es wurde wohl zu Ehren des Zeus (vgl. Pollux I, 37. u. Etym. M. s. v. Μάρδια), nach Andern aber (Ulpian. zu Demosth. l. l. p. 320. Paris.) der Mondgöttin gefeiert.
⁹⁹) Δελφίνια, zu Ehren des Apollo Delphinios (Paus. I, 19. Pollux VIII, 119.). Auch auf Aegina wurde es gefeiert. (Schol. zu Pind. Olymp. VI, 156. u. VIII, 28.)
¹⁰⁰) Zu Ehren der Artemis (Diana Munychia am Vollmondstage gefeiert. (Plut. de glor. Athen. 7. Suidas T. I. p. 182.)
¹⁰¹) Ἀδώνια oder Ἀδώνεια (Suid. u. Etym. M. h. v.), ein besonders von Frauen begangenes Fest zur Erinnerung an den von Aphrodite (Venus) betrauerten Tod des Adonis. Die Feier begann mit dem Verschwinden des Adonis (ἀφανισμός), worauf das Suchen desselben (ζήτησις) folgte, dessen Bild in den sogenannten Adonisgärtchen (Ἀδώνιδος κήποι) versteckt war (Schol. zu Theocr. XV, 112. Suid. u. Hesych. h. v.), d. h. in Gefäßen, worein als Sinnbild des schnell hinwelkenden Lebens allerlei rasch keimende, aber auch bald wieder absterbende Pflanzen gesäet (Plat. Phaedr. p. 276.) und die an den Hausthüren (Plut. Nic. 13.) und in den Vorhöfen der Adonistempel (Philostr. Vit. Apoll. VII, 32. Sanchon. p. 22.) aufgestellt waren. Dem Auffinden des Bildes (εὕρεσις) folgte die Todtenfeier mit den gewöhnlichen Leichenceremonien, Zerraufen der Haare, Zerschlagen der Brust, Trauergesängen u. s. w. Das Bild ward in einen Sarg gelegt, im Tempel ausgestellt und dann bestattet, womit die Trauer endigte und einem ausgelassenen Freudenfeste Platz machte. Ueberhaupt vgl. Theocr. Id. XV. v. 84. 127. 134. 136 ff.
¹⁰²) Κυβερνήσια, ein Fest zum Andenken an Nausithous und Phäar, die Steuermänner (κυβερνῆται) des Theseus auf der Fahrt nach Kreta. (Plut. Thes. 17.)
¹⁰³) Vgl. Band I. S. 353.
¹⁰⁴) Siehe oben S. 82.
¹⁰⁵) Vgl. oben S. 88.
¹⁰⁶) Καλλιντήρια, blos im Etym. M. h. v. erwähnt.

¹⁰⁷) *Bevdidera, Bevdidea*, ein aus Thracien nach Athen verpflanztes Feſt zu Ehren der thracischen Göttin Bendis oder der griech. Artemis, das im Piräeus mit einem feierlichen Aufzuge (an welchem die in Athen anweſenden Thracier Theil nahmen), einem Fackelrennen und einer Nachtfeier begangen wurde. (Plat. Rep. I. p. 354. Procl. zu Timäus p. 27. Corp. Inscr. Gr. I. n. 157. Vgl. Xen. Hell. II, 4, 8.)

¹⁰⁸) Vgl. oben S. 83.

¹⁰⁹) *Δήλια*, ein Feſt zu Ehren des Apollo, zugleich aber auch der Leto (Latona) und Artemis. Das mit Wettkämpfen im Ringen und muſiſchen Künſten verbundene Hauptfeſt wurde in Delos ſelbſt gefeiert (Hom. IL. in Apoll. 147 ff. Callim. H. in Del. 307 ff. Thuc. III, 104.), kleine Delia aber auch in Athen (Pollux VIII, 107.).

¹¹⁰) Vgl. oben S. 83.

¹¹¹) *Διιπόλια* (*Διπόλια, Διιπόλεια*), ein uraltes Feſt, das zu Ehren des Zeus als Beſchützers der Stadt auf der Akropolis gefeiert wurde und auch *Βουφόνια* hieß, weil an ihm ein Stier geſchlachtet wurde. (Schol. zu Ariſtoph. Nub. 981. Aelian. V. Hist. VIII, 3. Paul. I, 28, 11. Porphyr. de abstin. II, 20. Hesych. u. Suid. a. v. *Διιπόλια*.) Es waren damit ſeltſame Gebräuche verbunden. Opferkuchen wurden auf eine eherne Tafel gelegt und eine Anzahl auserleſener Ochſen darum getrieben, derjenige Ochſe aber, der zuerſt einen Kuchen fraß, wurde getödtet. Es waren dabei drei beſtimmte Familien beſchäftigt. Der, welcher den Ochſen erſchlagen hatte, mußte zum Schein entfliehen und über das zurückgelaſſene Beil wurde Gericht gehalten.

¹¹²) *Ἡράκλεια*, zu Ehren des Herkules aller fünf Jahre im Piräeus gefeiert. Pollux VIII, 107.

¹¹³) *Ἀρρηφόρια*, eine myſteriöſe Vorfeier der Skirophorien, oben S. 83. beſchrieben. — Von vielen andern Feſten iſt nicht einmal der Monat bekannt, in welchem ſie gefeiert wurden.

# Register.

## A.

Aberglaube 58.
Abgaben in Athen 149.
Abstimmung in der Volksversammlung 119.
Abstimmung in der Helida oder dem Volksgerichte 129.
Achäischer Bund 158. 169.
Achaja, Staatsverfassung 128.
Adler (zur Rechten oder Linken) bei der Divination 62.
Admiralschiff 268.
Adonia, Fest 297.
ἄδυτον der Tempel 80.
Aegium, Hauptstadt des achäischen Bundes 160.
Aeora (αἰώρα), Fest 81. 100.
αἰῶραι 89.
Aegikorensi (αἰγικορεῖς) in Athen 114.
Aeskulaptempel mit Traumorakeln 49.
Aetolischer Bund 158.
ἀγάλματα 80.
ἀγαθοεργοί 227.
ἄγνιστος θυσία 41.
ἀγύρται 70.
Aglauria, Fest 290. 296.
Aglauros (Athene) 83.
Agoranomen (ἀγορανόμοι) in Athen 125. 148.
Agrionien (ἀγριώνια), Fest 87. 104.
Akarnanen (ihr Seherblick) 51.

ἄκακοι γῆες 282.
ἀκροτιστοί 224.
Alalkomenios, Monat 229.
Aleia (πλήτις), Fest 81. 100.
Allerheiligstes der Tempel 30.
Allöer 6. 21.
Allarist (Ἰππιλάμιος) 22.
Allersklassen in Bezug auf den Kriegsdienst 220.
Ammenfest (τιθηνίδια) 86. 104.
Ammonium, Orakel daselbst 51.
Amphiktyonies 210.
Amphissa von den Amphiktyonen zerstört 212.
Amykleis 59. 69.
ἀνάκρισις 186.
ἀναπτόριον der Tempel 80.
ἀνάρρυσις, ein Tag der Apaturien 81.
ἀνάστατος ἄρτος 102.
ἀναθήματα 13. 81.
Androgeonia, Fest 295.
Antre 264. 271.
ἄνοδος, ein Tag der Thesmophorien 78.
Anthela, Versammlungsort der Amphiktyonen 211.
Anthesterien (ἀνθεστήρια), Dionysosfest 78.
Anthesterion, Monat 22. 78. 288.
ἀντιγραμματεύς 144.
ἀντιγραφή 186.
Ἀπαρκτίας, Wind 272.

Apaturien 61.
Ἀπηλιώτης, Wind 271.
Ἀφελλαῖος, Monat 288. 269.
ἁψαμοίτεαι 155.
ἀποδέκται (Steuerkünstler) 93.
Apostelen (ἀπόκληοι) des ätolischen Bundes 158.
Apodekten (ἀποδέκται) in Athen 125.
Apollonische Feste 82. 85.
— Orakel 55.
ἄπυρα (Opfer ohne Feuer) 38.
ἀρχαὶ κληρωταὶ u. χειροτονηταί 147.
Archíon (ἀρχεῖον) in Sparta 109.
Archonten 112. 117. 159. 161.
Archon Basileus 117. 187.
— Eponymos 137.
ἄρχων τοῦ πατοῦ γαμεκοῦ 231.
Areopag 179. 200.
— gerichtliche Verhandlungen in ihm 187.
Argadeuter (ἀργάδεις) in Athen 114.
Ἀργεστής, Wind 273.
Arkadien, Staatsverfassung 120.
Arrephoren (ἀρρηφόροι) 10. 102.
Arrephoria, Fest 298.
Artemisios, Monat 289.
Arynen (ἀρύαται) 127. 151.
Aschenaltäre 29.
Asklepiela, Fest 297.
Astynomen (ἀστυνόμοι) in Athen 125. 148.
Athene Polias 61.
Athen's Staatsverfassung 112.
Atholethen 75.
Augen der Schiffe 202. 270.
Ausgaben des athen. Staats 150.
αὐτοσχεδίαι ἰσχάρεις 21.

B.

βάναυσος, Torius der Sklaven 187.
βασιλεύς (Archon) 84.
βασίλισσα 84. 79.
βασυαρία 89.
Bauchredner 59. 69.
Becken, eherne, zu Dodona 65.
Befreiung vom Kriegsdienste in Athen 27.

Begeisterung (Etstase) 48.
Beherzung, Besprechung 52. 69.
Belagerung 226. 244.
Belagerungstrahn 244.
Belagerungszustand 243.
Bendideia, Fest 298.
Beute, ihre Vertheilung 226.
Bewaffnung 228. 234.
Biber (βίβεω) in Sparta 110. 136.
Blid, böser 60.
Blumen- und Frühlingsfest 78.
Boathoos, Monat 289.
Böotarchen 130.
Böotischer Städtebund 154.
Boedromia, Fest 290. 296.
Boedromion, Monat 23. 288.
Bogenschützen 224. 228.
Bohnen, bei Abstimmungen gebraucht 123. 130.
βοινοί (i. 29.
βορέας, der Nordwind 272.
Brechen, Brechschildkröte 245.
βρίζα 80.
Brüderschaften, religiöse 3.
Brustpanzer 228.
Bürgerrecht in Athen 113.
Butalios, Monat 289.
βουλή, hoher Rath in Athen 120.
— des achäischen Bundes 161. 166.
βουλευτήριον, Sitzungslokal der βουλή 121. 144.
Bundesrath des ätolischen Bundes 158.
Bundesrath des achäischen Bundes 161.
Buphonia, Fest 294.
Bustrophedonschrift 171.
Bysios, Monat 289.

C.

Census in Athen 115.
Chalkeia, Fest 281.
Charisteria, Fest 298.
Charondas, Gesetzgeber 168.
Cheirotonie (χειροτονία) bei der Abstimmung 118.

χελώνη διορι ατίς 245.
χηνίσκος 270.
Χύες, ein Tag der Anthesterien 78.
χρηματίζειν 142.
χρησμοί 61.
Chthonia, Fest 87.
Χύτροι, ein Tag der Anthesterien 79.
Χιτρους θεωρείν 98.
Cirtha (Strafgericht der Amphiktyonen über sie) 212. 219.
Colonisirung 274. 278.
Colonien, äolische 276.
— ionische 277.
— dorische 277.
— lokrische u. s. w. 278.
Cultus I.
Cultusbeamte 11.

**D.**

Dadophorien, Monat 289.
δᾳδοῦχος 21. 34. 43.
Daedala, Fest 88.
Damatrios, Monat 289.
δημοσία der spartan. Könige 230.
Daphnephorien (δαφνηφόρια), Fest 88. 105.
δειπνοφοροῦντα 68.
Defalationen der Reiterei 240.
δικαστεύειν 31.
Delia, Fest 298.
Delos, Amphiktyonie 210. 212.
Delphinia, Fest 207.
Delphinios, Monat 289.
Delphi, Orakel daselbst 55.
— Amphiktyonie daselbst 211.
Demen in Athen 115. 130.
Demarchen (δήμαρχοι) 118.
δημοποίητος 137.
Demiurgen (δημιουργοί) 112. 137.
— des achäischen Bundes 101.
δημόσιος, δημόσιοι 201.
δημιουργοί 200.
Diäteten (διαιτηταί) 181. 202.
Diasia, Fest 217.
Dienstliste 224.
Dienstzeit des Militärs 226. 227.
Dipolia, Fest 268.

δίκαι (Privatklagen) 185.
Dikasterien des Volksgerichts 182.
δικαστικόν 204.
διμοιρία 205.
Dionysien, die ländlichen 77.
— die städtischen 78.
— die orgiastischen 80.
— an verschiedenen Orten 99.
Dionysios Leukos 77.
Diosthypos, Monat 289.
διφθέρα der Schleuderer 224.
Disciplin beim Heere 242.
Divination 44.
Dodona, Orakel daselbst 54.
*Indusnrius γαλαξίον* 65.
δοκιμασία der Priester 11.
δοπτιά, ein Tag der Apaturien 81. 100.
δορυφόρηνον 204.
Dracon, seine Gesetze 169.
δρώμενα, τά, Cultusgebräuche 19.

**E.**

Eilsmänner (οἱ ἕνδεκα) 180.
Einkünfte des athen. Staats 149.
Einnehmer 125.
εἰσφοραί (Staatseinnahmen) 150.
ἐκκλησία (Volksversammlung) in Sparta 111.
— in Athen 117.
— νόμιμος, κυρία, σύγκλητος 141.
ἐκκλησιαστικός μισθός 142.
ἐκ συλλογόρησις 145.
Ekklet 48.
Elaphebolion, Monat 79. 288.
Eleusinien 21.
Eleusinios, Monat 289.
Elis, Staatsverfassung 121.
ἔμβολος (Schiffsschnabel) 282.
Emporen (ἔμπελωροι) in Sparta 111.
ἐμφρουροι 124.
ἐμπορομαντεία 62.
Empusa 69.
Gnomoiarchen 230.
Enomotien (ἐνωμοτίαι) 229.

Enterhalten 264.
ἐπηλυσία 69.
Ephoren (ἐφῆται) 178. 199.
ἐφίππιον (Sattelbecke) 239.
Ephoren in Sparta 109.
ἐπιβάται 264.
ἐπιθώμιος 22. 34.
'Επιδαύρια, ein Tag der Eleusinien 21.
Epidemiurgen (ἐπιδημιουργοί) in Korinth 128.
ἐπιμελητεί. 147. — τοῦ ἐμπορίου 148.
ἐπιστάτης der Prytanis 121. 145.
ἐποπτεία bei den Mysterien 20.
ἐπώνυμος (Archon) 137.
      ..     (Ephorus) 138.
Erbliche Priesterthümer 10. 81.
Erbschaftsgesetze 170.
Erigone (u. Ikaros) 100.
ἐρυπήρες 231.
ἰσχάραι 6. 29.
      — αὐτοσχεδίαι 29.
Eisabwaben (Ἰσσαβουσιάδαι) 83.
εὐεργέτης als Ehrentitel 148.
Eumolpiden 34.
εὐθυδικία 205.
εὐθύνη der Priester 11.
Euthynen (εὔθυνοι) in Athen 124. 140.
Eupatriden (εὐπατρίδαι) 112. 137.
Εὐρόνοτος, Südostwind 273.
Εὖρος, der Ostwind 272.
εὐτραπέλοι (Bauchredner) 69.

## F.

Fallbrücke bei Belagerungen 246.
Feste und ihre Feier 71.
Festkalender 202.
Festungen 242.
Festungsdienst, -krieg 236. 243.
Fische nicht leicht geopfert 14. 37.
Flagge 204.
Flotte 260.
Fristgesuche vor Gericht 180.
Futtergeld der Reiterei 238.

## G.

Gamelia, Fest 291. 296.
Gamelion, Monat 77. 86. 288.
Gebet (und Stellung dabei) 12. 35.
Gefängnisse. Aufsicht über sie 180.
Geisterbeschwörung 59.
Geleonten (γελέοντες) in Athen 114. 138.
Geomoren (γεωμόροι) 112. 137.
Gerären, Priesterinnen 79.
Gerastios, Monat 289.
Gerichtliche Behörden 178.
Gerichtliches Verfahren 184.
Gerichtsgelder 185.
Gerichtswesen 177.
Gerusia, hoher Rath in Sparta 109.
      —         —   in Kreta 131.
Gesandtschaften 196.
Gesetze, merkwürdigere in Athen 173.
Gesetzgebung 168.
      —   in Sparta 169.
      —   in Athen 169. 171.
Gespenstige Wesen 69.
Getreidewächter in Athen 125.
Giftkraut 201.
Gleichtheil des Grundbesitzes in Sparta 108. 153.
Götter 5.
   — olympische, ihre Namen 27.
   — personificirte 27. 28.
Götterbilder 30.
Gottesdienst 1.
γραμματεῖς 144.
   — des ätolischen Bundes 159.
   — des achäischen Bundes 162.

γραφαί, öffentliche Klagen 185.
Grenzwächter (περίπολοι) 118. 198.
γυμνῆτες, γυμνήσιοι in Argos 151.
γυμνοί, γυμνῆτες 224.
Gymnopädien (γυμνοπαιδίαι), Fest 85. 103.
Gynäkokosmen (γυναικοκόσμοι) in Athen 125.

## H.

Hafeninspectoren 125.
Halbgötter 6.
Haloa, Fest 298.
ἅμιππος 224.
Harmosynen (ἁρμόσυνοι) in Sparta 111.
Haupthaar den Göttern geweiht 15. 36.
Heerwesen 223.
— spartanisches 228.
— athenisches 236.
ἡγεμών (Rottenführer) 231.
ἡγητορία 84. 102.
Heilige Orte 2.
Heiltempel mit Traumoraketn 81.
Hekatombäa, Fest 290. 295.
Hekatombäon, Monat 75. 288.
Hekatomben 15. 38.
Hekatombeus, Monat 289.
Helida (ἡλιαία), Volksgericht 132. 162.
— Vorgang in ihr 188.
ἐλλανοδίκαι beim Heere 232.
Heller (oder Seller) 54.
Helme 223.
Heloten (εἵλωτες) in Sparta 106. 133.
Heloten im Heere 224. 232.
ἡμεροσκόποι 244.
Heraprieftetin in Argos 127.
Heräaios, Monat 289.
Herden, Fest in Argos 68.
— — in Elis 82.
Herdos, Monat 289.
Heräklein, Fest 298.
Herakleios, Monat 289.
Heraiidus, Monat 86. 289.
Hermes Psychopompos 67.
Heroen und Heroinen 5. 23.
Herophile 65.
ἱερεύς 8.
Herodotus 12. 35.
ἱερομηνία 22. 34.
Hierömnemonen 214.

ἱερόμαντις 43.
ἱεροφάντης 21. 34. 43.
ἱεροποιοί 148.
Hinrichtungen (Arten derselben) 201.
ἱππαγρέται 249.
Hipparch 240.
— des attischen Bundes 158.
ἱππαρμοστής 231.
ἱππεῖς in Athen 115.
— in Kreta 131.
— in Sparta (Leibwache) 228.
Hippodromios, Monat 289.
ἱπποκόμος 241.
Hipponiken 34.
ὁλκάδες 262.
ὁλοκαυτεῖν 38.
Hopleten (ὁπλῖται) in Athen 44. 135.
Hopliten 224. 237.
ὅσιοι, Priester des delphischen Apollo 55. 68.
Hyacinthien (ὑακίνθια), Fest 84. 102.
Hybristika, Fest 86. 104.
ὑπασπισταί (Schildträger) 232.
ὑπηρέται 147. 241.
ὑπηρετικά πλοῖα 262.
ὑπομόσιαι 186.
ὑποζώματα am Schiffe 264.

## J.

Jahreseintheilung 286.
Ἴακχος, ein Tag der Eleusinien 28.
Ἴαπυξ, Wind 273.
Ikaros (und Erigone) 100.
Ilios, Monat 289.
Iphikrates (seine Reformen) 238.
Iphikratides 238.
Ἰσοτελεῖς in Athen 117. 141.

## K.

Kabiren 24. 45.
κάδος κύριος u. ἄκυρος 169.
καικίας, Wind 273.
Kalauria, Amphiktyonie daselbst 210. 218.
Kalenderwesen 286.
Kalenderfest (Daphnephorien) 59.

καλλιγένεια, ein Tag der Thesmophorien 76.
Kallynteria, Fest 292. 297.
Kampfart, -ordnung 235. 241.
Kanephoren 10.
Karneen (κάρνεια), Fest 85. 102.
Karneios, Monat 289.
Kassotis, Quelle 65.
Kastalia, Quelle 55.
καστόρειον (Marschlied) 214. 253.
κατάβλημα der Schiffe 264.
κατάλογος (Dienstliste) 224.
κατάπτωσις 238.
κελευστής auf den Schiffen 265.
Kellerfest (Eroden) 77.
Kerykten (κήρυκες) 84.
κλαρώται 155.
κλειδούχος (Tempeldienerin) 94.
Klisthenes, seine Einrichtungen 115.
Könige in Sparta 109. 132.
κοινοσωμία 29.
Kolakreten (κωλακρέται) 128. 142.
κῶμος 98.
Konnideia, Fest 295.
κόραξ bei Belagerungen 246.
Korinth, Staatsverfassung 127.
Kosmen (κόσμοι) in Kreta 131.
κουρεώτις, ein Tag der Apaturien 81. 100.
κρυπτογύλακες 142.
κρυπτεῖντης 211.
Kreta, Staatsverfassung 130.
Kriegführung 234. 241.
Kriegsbeute vertheilt 235.
Kriegsschiffe 261.
Kronia, Fest 290. 295.
κύρβεις 104.
Kybernesia, Fest 297.

L.

Lagerung, Lagerordnung 233.
Lamia 62.
Lanzen 228.
λαγγροπώλαι 231.
λεγόμενα, τά, Cultuslegende 19.
Leibwache in Sparta (ἱππεῖς) 226.

Lenden, Dionysosfest 77.
Lexiarchen in Athen 118.
Ληξαρχικὸν γραμματεῖον 137.
Λιβόνοιος, Λιβαγοίνης, Wind 273.
Λίψ, Wind 273.
λιθοβόλοι 247.
Lochagen (λοχαγοί) 230.
Lochen (λόχοι) des Heeres 229. 251.
Löhnung der Truppen 225. 255.
Lösegeld für die Gefangenen 235.
λογάδες 151.
λόγια 61.
Logisten (λογισταί) in Athen 124. 147.
λογιστήριον 147.
λογογράφοι 206.
Losung beim Heere 244.
Loostafel 52.
Lykurg's Gesetzgebung 169.

M.

Mämakteria, Fest 296.
Mämakterion, Monat 288.
μάγειροι bei den Opfermahlzeiten 34.
Magie 58.
Mahlzeiten, gemeinschaftliche, in Sparta 108.
μάντεις 8.
Mantik 47.
μαντεῖα 63.
Marathonia, Fest 290. 295.
Marine 259.
Marschlied 214.
Marschordnung 232. 240.
Maste 263.
Matrosen 264.
Mauerbohrer 245.
Mauerbrecher 245.
Megara, Staatsverfassung 129.
μέγαρον der Tempel 30.
μεῖον, Name des Opfers bei den Apaturien 100.
Menschenopfer 15.
Μέσης, Wind 273.
Messenien, Staatsverfassung 129.
Metageitnia, Fest 290.
Metageitnion, Monat 288.

Melöten (μέτοικοι) in Athen 118.
— im Heere 217.
μετοίκιον 118. 140.
Metötia, Fest 215.
Metronomen (μιτρονόμοι) in Athen 125. 148.
μνώται 155.
Monate in Athen 288.
— in Sparta 288.
— in Böotien 289.
— in Delphi 289.
Mondjahr in Athen 121. 286.
μονόμφιτα (ῥῆξις) 261.
Monotheistische Anschauung 27.
Moren (μόραι) beim Heere 229. 251.
Mormo 89.
Munychia, Fest 292. 297.
Munychion, Monat 288.
Mystagog (μυσταγωγός) 20. 42.
Mysterien 2. 18.
— eleusinische 21.
— samothrakische 24.
μύσται 41.

### N.

Nachrichter 201.
ναύαρχος 265.
Naukrarien (ναυκραρίαι) 114. 132.
Naukleren (ναυκλῆροι) 184.
νεαροποιητεῖα 89.
νεοδαμώδεις, Neubürger in Sparta 216.
Neoeren (νεωτέροι) 12. 34.
νηστεία, ein Tag der Thesmophorien 76.
Niesen, ominös 62.
Nomographen des Aetolischen Bundes 153. 164.
νομοφύλακες 111. 136.
Nomotheten 171.
Νότος, der Südwind 272.

### O.

ὀχιλη, ὄχανον 226.
Oelblätter zu Abstimmungen 145.
οἰνοχόοι bei den Opfermahlzeiten 35.
Ὀλυμπιάς, Wind 273.

Hellas. 1. Band.

Ocheflod, Amphiktyonie daselbst 210. 217.
Opfer, unblutige und blutige 14.
Opferhandlung, Hergang dabei 17.
Opferthiere 14. 17.
ὀγδαιμοί der Schiffe 262. 270.
Ophonomen (ὀψονόμοι) in Athen 125. 148.
Orakel 51.
— des Trophonios 53.
— des Zeus zu Dodona 54.
— — — zu Olympia 52.
— — — Ammon 54.
— des Apollo zu Delphi 55.
ὀργιῶντες 26. 129.
Orte, heilige 6.
Oschophorien (ὠσχοφόρια), Fest 80. 99.
Ostracismus in Argos 127.
— in Athen 119. 143.

### P.

παῖς ἀμφιθαλήριος 234.
Päodomen (παιδόνομοι) in Sparta 110.
Panamos, Monat 289.
Panathenäen 74.
Πάνδια 98.
Panfest 290. 296.
Panzer 228.
παραγρηγοί 205.
παραρρύματα am Schiffe 264.
πάρπλος (ναῦς) 262. 270.
παράσημον der Schiffe 264.
παράσιτοι, παρασίτειον 196.
παράπτωσις 186.
Patroklum 244.
πέλειαι, Priesterinnen zu Dodona 54.
Pelasten 224. 227.
Pempadarchen der Reiterei 240.
πεντακοσιομέδιμνοι in Athen 115.
Pentekosteren (πεντηκόστεροι) 230.
Pentekontyren (πεντηκόντεραι) 229.
περιρράμματα 60.
περίβολος der Tempel 29.
Perioden in Sparta 103. im Heere 251.

20

περίπολοι 112. 134. 237.
Personen des Cultus 8.
Phallus 12. 60.
Pharis (Crakel daselbst) 63.
φήμη 205.
Phemone (Pythia) 67.
φιλίτια 134.
Phliasios, Monat 289.
φοινικίας, Wind 271.
φορικέ 224.
φόροι (Staatseinnahmen) 150.
φρήτορες 26. 124.
φρητοφικόν γραμματείον 101.
Phratrien, Aufnahme der Kinder 81. 114.
Phratriarchen 114.
Phylarchen 210.
Phocis, von den Amphiktyonen gezüchtigt 212. 219.
πῖλος der Soldaten 228.
πιθοίγια, ein Tag der Anthesterien 78. 97.
Pittakus, Gesetzgeber 168.
πληροχόη, ein Tag der Eleusinien 24.
Plynterien, Fest 85.
Pnyx in Athen 117.
Polemarchen 129. 130. 137.
πωληταί 140.
πολιτογραφία 137.
Poitropios, Monat 289.
Polizei 190.
Polizei in Sparta 191.
— in Athen 191.
Polizeibeamte 125. 191. 192.
Polizeisoldaten 121. 148. 192.
πολέμαρτα 261.
πομπή 99.
Poristen (πομπαί) in Athen 126. 140.
πύρπαξ 222.
Poseidon, Monat 244.
Poseidia, Poseidonia, Fest 286.
προεξεφύδια 84. 102.
ὑφάπτις αὐτομάτορις 197.
Priester 8. 32.
Priesterinnen 10.

Priesterthümer, erbliche 10. 31.
προσθύλακτια 142.
πρόλογος, πρόναος 2.
πρύεδροι 145.
Proërosia, Fest 241. 286.
Prophet beim delphischen Crakel 55. 66.
προφύλακες 241.
πρόρρησις bei den Mysterien 22.
Prostaterios, Monat 288.
προστάτης 116. 140.
προστάσπις 208.
προθεσμία 208.
πρωτόκοσμος 155.
Proviantmeister 231.
πρόξενοι 107. 131.
Prytaneum, heiliges Feuer darin 241.
Prytanen, Prytanie 121. 144.
πρυτανεῖα, Gerichtsgelder 145.
ψιλοί (leichtes Fußvolk) 224.
πτέρυγες am Panzer 239.
Pyanepsien, Fest 82. 101.
Pyanepsion, Monat 78. 284.
πυλαία 213.
Pylagoren 214.
αύλωρος 244.
πυρφόρος 242.
Pythia 55.
Pythier (πύθιοι) 107. 131.

C.
Cnatêôs 254.

R.
Raam 261.
Räucherheerde 29. 261.
Rauchopfer 14.
Rath der Vier(Fünf)hundert in Athen 120. 144.
Redner 197.
Reiterei 224.
— in Athen 235.
— in Sparta 227.
Richterliche Behörden 178.
Rouben (κηφαλαι) 241.
Rosse der Reiterei gepanzert 239.

Ruder 263.
Ruderknechte 264.
Ruderlöcher 262.

**S.**

Σαλαμινία (ναῦς) 262.
σαμβύκη (Fallbrücke) 246.
Samothracische Mysterien 24.
Scholarchen, ihre Zahl 287.
Schorfrichter 201.
Schatzmeister 128.
Schiedsgericht 119. 143.
Schiedsrichter (Diäteten) 181.
Schiffe (Gattungen) 261. Theile 262.
    Geräthe 263. Bemannung 264.
Schilde 225. 250.
Schlachtgesang der Spartaner 254.
Schlachtordnung 244.
Schlauchhüpfen 77.
Schleuderer 224. 228. 247.
Schutzgeld (μετοίκιον) 118. 140.
Schutzverwandte (Metöken) in Athen 116.
Schwerter 228.
Schwurgericht (Heliäa) 182.
Scythen (Polizeisoldaten) 146.
Seekrieg 258.
Seesoldaten 264.
Seewesen 259.
Segel, -stangen 263.
σηκός der Tempel 7.
Seller (oder Heller) 54.
Senkblei 271.
σιτηρέσιον 225.
σιτοφύλακες (Getreidewächter) in Athen 125. 148.
Siciliten (παρεῖραι) 227.
Sitophorien, Fest 83. 101.
Sitophorien, Monat 83. 288.
Σκίρων, Wind 273.
Skiros 83.
Sklaven in Athen 117.
    — zum Kriegsdienste gebraucht 224. 232. 237.
Skytale der Spartaner 136.
Söldnerwesen 225.

Sold eingeführt 248.
Sold, Betrag desselben 225. 255.
Solon's Einrichtungen 112.
    — Gesetzgebung 171.
Sonnenschirm beim Feste der Skirophorien 83.
Sophisten, ihr Gehmahl 97.
Sophronisten (σωφρονισταί) in Athen 125. 148.
Sparta's Staatsverfassung 106.
Speere 228.
Specereien zum Opfer 14. 38.
αγορδοντες 221.
Staatsausgaben 150.
Staatsbeamte 123.
Staatseinnahmen 142.
    — verpachtet 122. 140.
Staatsverfassung in Sparta 106.
    — in Athen 112.
    — in Argos 126.
    — in Korinth u. Sicyon 127.
    — in Achaja 128.
    — in Elis 128.
Staatsverwaltung in Athen 120.
    — in Messenien 129.
    — in Arkadien 129.
    — in Megara 129.
    — in Theben 129.
    — in Kreta 130.
Städtebündnisse 157. 162.
στενιά, ein Tag der Thesmophorien 76.
Steuermann 265.
Steuerruder 261.
Strafen 170. 173 ff. 190.
    — beim Heere 211. 242.
Strafverschärfung 208.
Strategen 240.
    — des ätolischen Bundes 158.
    — des achäischen Bundes 161.
    — als Admirale 265.
Sühnopfer 17.
συμπόσιον des Königs in Sparta 210.
Symmorien 266. 272.
σύνδικοι 197.
στρηγορος, συνηγορικόν 197.

20*

σύνταγμα (die Losung) 244.
Syssitien in Sparta 108.
— — — beim Heere 229.

### T.

Tagemärsche 233.
ταμίας (Schatzmeister) 126.
— τῆς θεοῦ, τῶν θεῶν 142.
Taucher 265.
Tauwerk 283.
Taxen (τάξεις) 239.
Taxiarchen (ταξίαρχοι) 240.
τέλη (Staatseinnahmen) 150.
τέλεσαι 41.
Teilnisser (ihr Erbrecht) 51.
Tempel 7.
Tempeldiener 12.
Tempeleinkünfte 4.
Tempelsklaven 12.
Tempelzehnten 31.
Θαλαμίται 265.
Thargelien, Fest 82.
Thargelion, Monat 82. 288.
Theben, Staatsverfassung 120.
Theilnithlos, Monat 282.
θεοπρόποι 67.
Theoren in Arkadien 129.
Theorien (θεωρίαι) 56. 68.
Theorienkasse 142.
θεώρια 150.
Theoxenios, Monat 289.
Thekia, Fest 295.
Thesmophorien 76. 94.
Thesmotheten (θεσμοθέται) 137.
Thesmophylakes in Elis 124.
θῆτες in Athen 115.
θηταῖοι 26.
Thiere, die geopfert wurden 14.
θώραξ (Panzer) 224.
θρανῖται 265.
θυασίαι, Wind 273.
Thrien 63.
θυμιατήρια 29.
θύον, Specerei zum Opfer 36.
θύται bei den Opfermahlen 34.
τιμήματα (Staatseinnahmen) 150.
Timuchen (τιμοῦχοι) 129. 152.

Tithraidien (τιθηρίδια), Fest 86. 104. 128.
Todtenbeschwörung 59.
Todtenopfer 17.
Todtenorakel 50.
τομποῦροι, Priester in Dodona 64.
Tortur der Sklaven 187.
Toxoten (τοξόται) 224.
— (Polizeisoldaten) 146.
Train, Troß 233.
Traulopfer 16.
Transportschiffe 261. 269.
Träume als Offenbarungen 49. 61.
Traumdeutung 49.
Traumorakel 49.
Triakaden des spartan. Heeres 229.
Tribut der Bundesgenossen 122. 146.
Trierarchen 265.
Trieren 261.
Trittien (τριττύες) der Demen 115. 138.
Trophonios, Orakel des 53.
Truppen, leichte 224.
Truppen, schwere 224. 227.
τρύπανον, Kriegsmaschine 245.

### U.

οὐλαμός der Reiterei 230.
οὐραγός (Rottenschließer) 231.

### V.

Vergötterung 6.
Verpachtung der Staatseinnahmen 148.
Verpflegungsgeld bei den Truppen 225.
Vertrieung vor Gericht 204.
Vogelzeichen 50. 62.
Volksgericht (Heliäa) 182. Hergang darin 183.
Volksversammlung in Sparta 111.
— — in Athen 117.

### W.

Waffen der Hopliten 223. 218, der Peltasten 230. der Reiterei 230.

Waffen, beliebteste 248.
Wahrsager 8. 51.
Wahrsagerei 51.
Wasserialpertorrn 125.
Wehrpflicht 226. 227.
Weibgeldstrafe 13.
Weissagung 47.
Widder (Kriegsmaschine) 245.
Wild, nicht leicht geopfert 14. 37.
Windrose 272.
Wurfspießschützen 224.

**Ξ.**

ξενικόν 140.
ξόανα 30.

**3.**

Zahlmeister 128.
Zaleukus, Gesetzgeber 168.

Zahl (nöthige) der Stimmen 119. 143.
ζάκοροι 84.
Zauberei 58.
Zauberei treibende Gottheiten 58. 67.
Zauberei treibende Dichter, Philosophen ꝛc. 68.
Zechinen 31.
— von der Kriegsbeute 228.
Zeichen bei der Weissagung (Aberrische, leTurische ꝛc.) 50.
Zeichendeuterei 58.
Ζέφυρος, der Westwind 272.
Zeugen vor Gericht 189.
ζευγῖται in Athen 115. 139.
Zeus Ammon, sein Orakel 54.
ζῶμα am Panzer 239.
ζωστήρ 265.